2009-2010
年度版

実例でわかる福祉住環境

バリアフリー
デザイン・ガイドブック

高齢者の自立を支援する住環境デザイン

- **特集1** 豊かな空間を大切に　玄・ベルトー・進来
- **特集2** デザインの多様さを楽しむ　川口とし子
- **特集3** 介護保険制度の住宅改修の基本　溝口恵二郎
- **特集4** 団塊世代と高齢者住宅　青木康三郎

三和書籍

Barrier Free Design Guide Book 2009-2010
CONTENTS

特集　P.006 - 044

特集1　豊かな空間を大切に
全てをバランスよく自然体で設計する　　　玄・ベルトー・進来

特集2　デザインの多様さを楽しむ
コツをおさえて施主の要求に柔軟に応える　　　川口とし子

特集3　介護保険制度の住宅改修の基本
　　　溝口恵二郎

特集4　団塊世代と高齢者住宅
　　　青木康三郎

ゾーン別商品総覧　P.047- 302

1. 入浴ゾーン P.047-098

入浴行為・動作別にみる機器選び／入浴ゾーンの主な企業リスト 48
- 内装材料 50
  コルクタイル／タイル
- 浴室床材 52
  木材／すのこ／マット／天然系床材
- 建具 54
  3枚引戸／排水ユニット
- 浴槽・ユニットバス・シャワー関連・介護浴槽 56
  浴槽／システムバス／ユニットバス／シャワーブース／多機能シャワー／介護浴槽／簡易浴槽／入浴用リフト
- 浴室水栓金具他 71
  水栓金具／取替用水栓／スライドバー
- 照明・暖房 74
  浴室照明／浴室暖房
- 入浴補助用具 79
  シャワーチェア／マルチシート／入浴用踏台兼いす／シャワー車いす／トランスファボード／洗面器置台
- 浴室手すり 90
  入浴ボード／バスタブ手すり／後付け手すり／バー取付システム

2. 排泄ゾーン P.099- 132

● 排泄ゾーンの主な企業リスト 100
● 内装材料・洗面所暖房 101
　コルク・ゴム床材／洗面所暖房
● 建具 102
　戸
● 便器 103
　便器／リフォーム用便器／車いす対応便器／腰上げ便座／
　昇降便座／便座／小便器／しびん洗浄水栓／ポータブルトイレ／トイレブース
● 排泄関連用品 112
　しびん洗浄機器／紙巻器
● 洗面器・洗面器用水栓金具 114
　手洗いキャビネット／手洗い器／水栓金具
● 洗面化粧台 120
　洗面化粧台／車いす用洗面化粧台／洗面システム／
　洗面ブラケット／マルチシンク／多目的流し
● 照明 124
　照明器具
● 手すり 125
　トイレ手すり／折りたたみ手すり

3. 就寝ゾーン P.133 - 182

● 就寝ゾーンの主な企業リスト 134
● 内装床材・内装壁材 135
　コルクタイル／床暖用フローリング／天然敷床材／ビニール床／塗壁材／テラスサッシ
● 室内建具 143
　室内ドア／引戸／3連引戸／自動引戸／引戸改造システム／レバーハンドル
● ブラインド・カーテン 150
　シェード／ブラインド／レバーハンドル／スクリーン／カーテン／カーテンレール／間仕切
● ベッド・ベッド関連用品 155
　ベッド／ベッド補助手すり／マットレス／毛布／防水シーツ
● ポータブルトイレ 169
　ポータブルトイレ
● 家具 171
　テーブル／ソファベッド／電動昇降座いす／補助いす
● 呼び出し装置・拡大読書器・床暖房・照明等 176
　呼び出し装置／拡大読書器／床暖房／冷暖房システム／照明

Barrier Free Design Guide Book 2009-2010

CONTENTS

4. 食事ゾーン P.183- 212

- 食事ゾーンの主な企業リスト ... 184
- ●内装材料 ... 185
  コルクタイル／クッションフロア／フローリング／床暖房対応フローリング
- ●床暖房・加湿システム ... 190
  床暖房／加湿システム
- ●壁装材 ... 192
  壁タイル
- ●キッチン・キッチン収納 ... 194
  システムキッチン／昇降キッチン／ガスコンロ／台所収納
- ●キッチン用水栓 ... 204
  水栓金具／フットスイッチ
- ●調理・食事補助具等 ... 208
  調理用具／食事補助具／消火器／防水エプロン
- ●室内いす・室内車いす ... 211
  食堂いす／室内車いす／電動リクライニングいす
- ●照明 ... 212
  照明

5. 玄関・階段ゾーン P.213- 247

- 玄関・階段ゾーンの主な企業リスト ... 214
- ●屋内階段 ... 215
  システム階段
- ●床・階段関連部材 ... 217
  ノンスリップ
- ●内装材 ... 219
  腰壁／幅木
- ●建具 ... 220
  テラスサッシ／ハンドル／玄関ドア／玄関引戸
- ●玄関関連商品 ... 224
  シューズボックスベンチ／玄関収納／玄関ベンチ／収納いす／スロープ他／木製踏台／
  段差ステップ
- ●屋内手すり ... 228
  木製手すり／手すり／後付け手すり／はね上げ手すり／脱着手すり／
  後付け手すりレール／手すりブラケット／下地形成工法
- ●室内段差スロープ ... 243
  室内段差スロープ
- ●屋内照明 ... 245
  照明・拡大読書機

6. 移動ゾーン P.247- 202

- 多動ゾーンの主な企業リスト ... 248
- ●屋外床材・屋外壁材他 ... 249
  タイル（屋外）／ノンスリップ／床材／グレーチング／バルコニー床材／車いす用プランター
- ●防犯 ... 254
  セキュリティ
- ●屋外照明 ... 257
  屋外照明
- ●屋外手すり ... 259
  外部手すり
- ●スロープ ... 260
  スロープ
- ●トレーニング機器 ... 262
  トレーニング機器
- ●移動補助 ... 262
  車いす用階段リフト／ベッド用リフト／床走行リフト／天井走行式リフト／段差解消機／
  階段昇降機／車いす用階段移動装置／ホームエレベーター／歩行器／歩行車／杖／車いす／
  電動車いす／電動カート／車いすクッション／電動三輪・四輪車／福祉自動車

＊掲載企業一覧 ... 303

情報編 P.305 - 346

- ●融資／貸付／助成 ... 306
  1. 全国自治体による融資・貸付・助成
  2. 東京都 高齢者向け住宅改修費用の助成
- ●リフォーム融資等 ... 340
  高齢者向け返済特例制度
  リフォーム融資（高齢者向け返済特例制度）に係る制度改正
  リフォームローンの融資を受けるには　リフォーム検査
- ●高齢者総合相談センター一覧 ... 345

特集1

豊かな空間を大切に

全てをバランスよく自然体で設計する

（株）玄・ベルトー・進来 代表取締役
一級建築士

玄・ベルトー・進来

◆プロフィール
1956年新パリ生まれ。ベルギー・サンリュック大学建築学科卒業。東京大学大学院工学系修士課程修了。磯崎アトリエ勤務ののち、1990年（株）玄・ベルトー・進来設立。代表取締役。
●写真：Nacàsa & Partners

傾斜地に建つ家

　F邸は、共に医者であるご夫妻の家である。ご主人は接骨医であり、足の不自由な患者さんを何人も治療している関係上、自宅を建てる際に、バリアフリーを住宅設計の第一の条件としていた。
　私は、パリに生まれ、建築はヨーロッパの大学で学んだが、そこでは、住宅や他の建築はバリアフリーとして考えるべきだと教えられていたので、この物件を設計する前から、バリアフリーは特別なことではないと考えていた。しかし、このF邸については、バリアフリーが建築設計の非常に重要な、設計自体を超えた条件となっていた。
　F邸の敷地はもともと旅館だった跡地であり、その土地を購入されたお二人は、見晴らしの良い環境を喜びながら、そうした土地にありがちな敷地の傾斜に悩ん

F邸／あえて2階に設けた和室

でいた。ご夫妻の「車で玄関まで直接乗り入れできること」という設計条件に対し、地元の会社はすべて、敷地の低いほうに住宅を建てる計画案を提示していた。私が、敷地の一部をアプローチ斜路で造成することによって住宅を敷地の一番高い部分に配置するという案を提示したところ、すぐ私に設計依頼となった。

敷地をデザイン

　私はいつも環境を考慮しながら、可能な限りその敷地の形状や既存の生態系を生かして建築を設計することを心がけているが、このF邸は今までとは逆の姿勢で臨んだ。いわゆる建築を設計する前に、まずは敷地をデザインすることから始めたのである。当然コストもその分かかり、開発申請がらみの設計など余分に時間がかかる。しかしバリアフリー住宅になる以外にも、さまざまな利点がここから得られたので、私もお勧めできる案であったし、施主側もそれを理解し受け入れてくれたのだと思う。例えば家を敷地の一番高い部分に建てることで、将来子供たちのために離れを建てる場所が確保

F邸1階浴室／風景を楽しめる開放的な空間

できる。風通しがより良くなる。景観をより良い条件で楽しみながらも、プライバシーの確保にも有利になる。前面道路の車の騒音に対しても有利になる等である。

住宅計画全体のバランスが大事

F邸の設計に当たっては、1階で生活が完結することを方針とした。これは2世帯住宅でも取り入れたことのある平面系である。さらにこのF邸のように建て主が建設時元気であっても、1階で生活が成り立つ平面にするか、将来ホームエレベーター、または階段用昇降式チェアーを設置できるようにしたほうが当然良いと思うが、これも程度の話である。いつ作るかわからないエレベーターのために無理のある動線計画にしたり、なんでもかんでも1階に押し込んでしまっている家を建てるのも良くないのでは？ 住宅計画全体のバランスをとにかく見失わないようにするのが、個人的に一番大切だと思っている。

あえて和室を2階に

このF邸でいうバランスの話では、和室を1階に設けるか2階に設けるかは、いくつもの平面を検討しながら施主とともに悩んだ部分である。日本では最近の傾向として和室が住空間から姿を消している例が多く（最近スイス人に頼まれてローザンヌの家に和室を1室設計したことから考えると、日本はシュールな世の中になっている気がするが）、東京や大阪などの大都市の住宅であれば、和室の位置についてあまり悩むことはなかったであろう。だが、この九州の住宅にあっては、地方の風習として、和室での家族行事がまだ多い。だから、和室はやはり1階に設けるべきだというのが、一般的な見方であった。だが、私は、あえて2階に和室を設けた。結局、2階に設けられた部屋は、この和室以外に、子供室、2つ目の浴室とトイレであった。

基本動線を変えずに増改築

将来ホームエレベーターを増築できるように平面を考えた（11頁）。施主が生活しながらこの工事を施工することを可能にするために、建物の中ではなく玄関の西側にエレベーター棟を増築し、同時に、玄関の吹き抜けを部分的にふさいで2階のエレベーターホールをつくるという考えである。来客のコート掛けが書斎横の収納に移動することになるが、平面的に、エントランスの両側に階段動線とエレベーター動線ができ、住宅全体の基本動線をまったく変えることなくバリアフリー化ができるという計画である。

そして、食堂の天井高さにゆとりを持

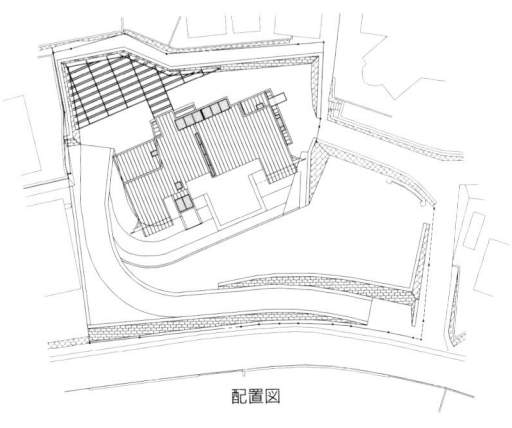

配置図

たせるために和室の床レベルを上げ、スロープを設けたことが、この将来のエレベーターの存在でより意味を持つようになるわけである。同じく、ゆとりのある天井をという考えのもとで床を上げた西側の子供部屋は、家族全員がすぐに足が不自由になることはないであろうから、バリアフリーから外れたゾーンとして残した。私自身、宿泊客としてこの部屋に泊まらせていただいたが、階段の存在や、景観に対する床のレベルが気持ちよかった。

日本式住まい方とバリアフリー

エレベーター以外のいくつかの他の部分にも、最初からすべてをバリアフリーで考えるかどうかという問題がある。なぜなら、バリアフリー建築に一番遠いのは日本の建築様式かもしれないからである。そして日本の生活習慣そのものが、このバリアフリーのアンティテーゼにあると言えよう——靴を脱ぐ、床に座る、床に寝る、浴槽の外で体を洗う、等々。

日本では、玄関では靴を脱ぐが、靴についた土や水を上履きゾーンに運びたくないので、段差を設ける。この点、F邸では、将来必要であれば玄関土足ゾーンのGLを上げられるように、玄関とGLレベルの関係を決めている。一方、最初から車いす生活を前提とする別の家では、20mmの段差で押さえた。

床に座る、寝る、という畳の上の生活は、顔を限りなく床面に近づけるので、なるべくフローリングやカーペット部分のほこりを舞い上がらせたくない。F邸では、上述した家族行事によく使われる部屋であり、家のほとんどの部分は将来バリアフリー化が可能になるコンセプトをもとに設計した住宅であることから、スロープ／踊り場のフローリング部分と畳部分の間の段差はなくしているが、例えばほこり対策を優先に考えた16頁の湯本邸では、あえて段差を設けた。

浴槽の外で体を洗うという日本式の入浴方法では、洗面室等の他の部屋に水が流れ移るのを避けなければならない。近年、この問題をふまえて開発された段差のない排水溝や引き戸のバリアフリーアイテムが多くなってきているが、F邸の設計の時点では、これらの製品がまだほとんどなかった。それに加えて、浴室延長にある外部テラスの床や目隠し壁が木の簀子であったことで、将来必要なときには同じシンプルな置き型簀子で対応す

F邸玄関／20㎜の段差にはこだわらない

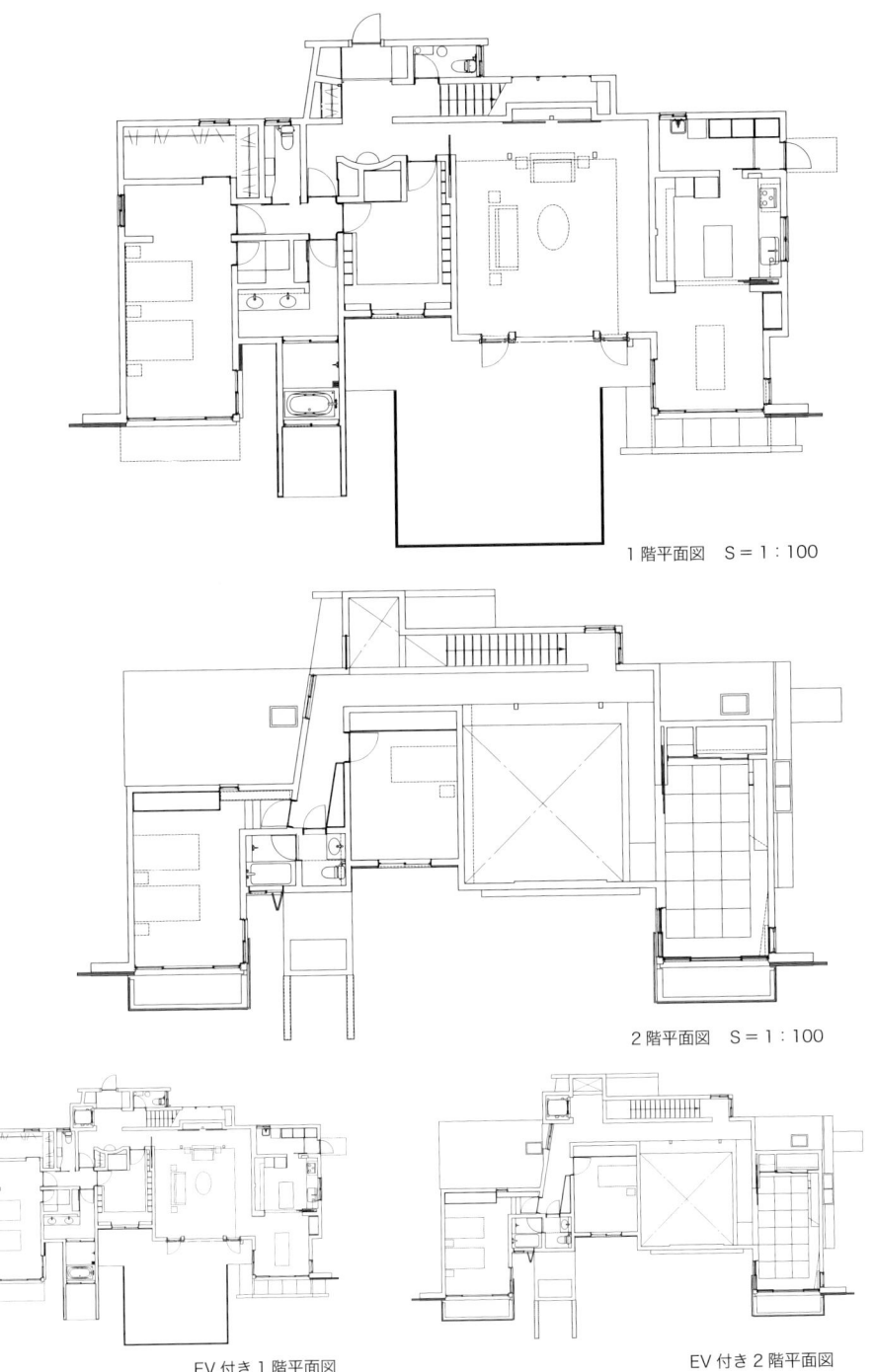

1 階平面図　S＝1:100

2 階平面図　S＝1:100

EV 付き 1 階平面図

EV 付き 2 階平面図

F邸リビング／ハイサイドライトから光がふりそそぐ

F邸リビング見上げ

ることにした。他にローコスト高齢者用住宅の浜邸（17頁）では、予算面で施主の同意をもとに、一般的な浴槽やトイレを単に設置することにしたが、周りに広めの空間を設けることによって介護がしやすいプラニングにし、効果があった。

　余談だが、日本の生活習慣は、ペットとの同居化をむずかしくしている。ヨーロッパでは家の中でも靴をはいたままの生活なので、住宅、喫茶店等に、犬は自由に出入りできる。そして日本の気候が、バリアフリー化をむずかしくしている2つ目の要因である。

靴を履いたり脱いだりすることに対応する段差以外にも、日本の住宅には、台風等を考慮して掃き出し開口部には段差がつきものだ。高齢化社会マーケットをターゲットにバリアフリーアイテムが近年多く開発されているが、コスト面、対応年数/メンテナンスフリー化を考慮してシンプルにいきたいところである。

　そしてまた、国土の狭さも、日本のバリアフリー化の敵なのである。

　Ｆ邸の和室については、和室に上がるスロープの勾配のことでかなり悩み、現在では他の住宅でこの勾配を超えなければ個人的にOKということで、自分個人の設計基準としている。つまりスロープを設ける余裕を確保するのは至難の技なのである。個人的な設計経験から、長者番付に載るほどのお金持ちの住宅でも、ほとんど無理だと言えると思う。スピルバーグの映画「グレムリン」に出てくる昇降椅子が、現実に使用できるものとして開発され、ホームエレベーターも日本で普及しつつある。しかし、メーカーを儲けさせるだけの24時間換気設備や煙感知器などの設備型の建築は疑問だし、点検費用の避けられないエレベーターにすぐ飛びつかなければならないことが悔しい。そのためにも、私は、このＦ邸のようにかなり頭をひねって、エレベーターを後工事にする設計に積極的に挑戦しようとした。

バリアフリーマインドを持つ

　最後に言いたいことだが、設計活動開始当時から、私はバリアフリー化信仰者ではなく、バリアフリー化マインドを持つ設計者だったと思う。

　床に段差がない。部屋と部屋の間に段差がない。……これは、高齢者や身体障害者だけでなく、健常者が掃除機を使う時にも楽である。また、近年、掃除ロボットに対しハートフル設計だと言える以外に、空間と空間の連続性のために大事な要

Ｆ邸/ダイニングキッチン

M邸／あえて3段の段差を設けたリビング

素である。床の仕上げ等の連続性も演出できる。

　ところが、昔の洋館の扉に下枠が意味なく設けられていたのを見かけるように、そして上に述べた3つの理由で、日本の伝統的な施工法が見切り、しきり、等を前提としていたように、私が設計者として独立した当時、これらの段差を避けることが大工さんとの戦いのひとつのきっかけであった。

　バリアフリーモード時代の今日では、さすがに、思いもしていなかったところに段差を施行されることはなくなったのだが。

リビングにあえて段差を

　そしてデザインレベルでもバリアフリー化信仰者でない証拠に、上の写真のM邸の広々としたリビングにあえて3段のレベルの違いを設けたのは、各ゾーンの使いわけによって、雰囲気を変えながら、地形になじませながら、より変化に富んだ空間を作り上げるためであった。

　バリアフリーの同じ流れにユニバーサルデザインという概念があるが、F邸のご主人は足腰に大きな負担をかけるので和式トイレは考えられないと言ってい

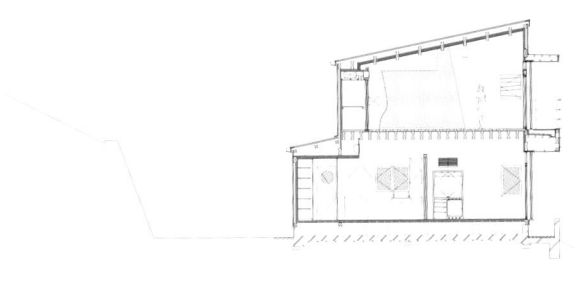

断面詳細図 1　S＝1：100

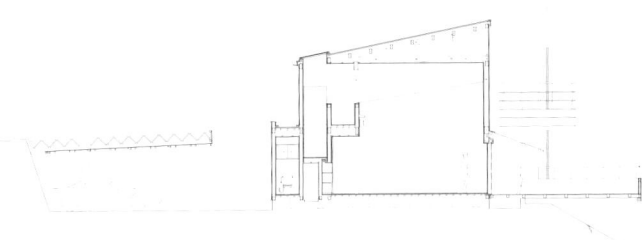

断面詳細図 2　S＝1：100

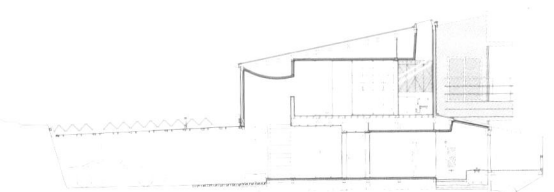

断面詳細図 3　S＝1：100

【建築概要】　F邸
所在地　　：九州
設計・監理：玄・ベルトー・進来
施工　　　：棟稜建設
構造　　　：木造
工事期間　：2000年5月～2001年3月
主要外部仕上：
　屋根／ガルバリウム鋼板、瓦棒葺き
　壁／樹脂系複層仕上げ材コテ押さえ
　　（ジョリパット）一部ヒノキ材貼り
　　木製保護着色塗装
内部仕上：
　床／ピンコロ石、オーク材フローリング、
　　琉球畳、タイル
　壁／和紙クロス、珪藻土漆喰、AEP塗
装、ビニールクロス、タイル
天井／和紙クロス、珪藻土漆喰、AEP塗
装、ビニールクロス、ケイカル板の上
VP塗装

工事金額：	
仮設工事	2,960,000
建築工事	54,880,000
給排水工事	5,300,000
電機工事	3,800,000
空調換気工事	5,300,000
システムキッチン工事	6,760,000
外構工事	6,760,000
合計（諸経費含む）	84,000,000
造成工事	30,460,000

長手方向立面図1

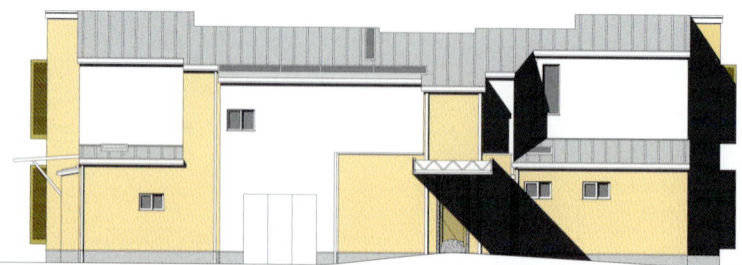

長手方向立面図2

た。だが、昨今の女子中学生は洋便器を気持ち悪がって学校等で和式トイレに入りたがるとか。またにじり口を持つ茶室ほどバリアフリーに違反した建築はないとも言えるので、完全なバリアフリー信仰者にはなりえないと思う。

住宅における24時間換気システムの話を最近よく耳にするが、私はこれに疑

湯本邸／キッチン・ダイニング・リビングと和室

浜邸／浴室と寝室を見る

問を感じている。同じく、高気密、高断熱という考え方にしても、特にメディアの扱い方に問題があると思っている。

　設備に頼りすぎる住宅の推進。しかし、最初にだめになるのは設備であり、さらにコンピューターのようにすぐ時代遅れになってしまうのも設備なのである。

住宅が建つ地域性も加味して設計

　気密性については、この考え方を日本全土に浸透させようとすること自体間違いだと思う。歴史とともに築き上げられてきた日本の伝統的な建築工法は、高温多湿な気候の中で、いかに自然な空気の流れを利用していくかが原点にあった。

　最近特に騒がれているホルムアルデヒドの問題も、建物の気密性を高めたために深刻になってしまったという説もある。

　「いきすぎ」の住宅、これが問題である。「環境」、「健康」、「バリアフリー」等、全てをバランスよく「自然体」で、そして住宅が建つ地域性を十分に加味してデザインをすべきだと思っている。

　さらに、豊かな空間こそ最も大事にすべきものなのだ。設備の次は仕上げ材が古くなり、その次は……となるが、空間は永遠に古くならないのである。

特集2

デザインの多様さを楽しむ
― コツをおさえて施主の要求に柔軟に応える ―

(有)アーキスタジオ川口　代表取締役
建築家

川口　とし子

　ここ数年、当事務所の設計業務の半分近くをリフォームが占めるようになった。そしてその8割近くが中高年代を施主とするケースであり、バリアフリー化は基本性能としてリフォームの最重要ポイントの1つとも言える。

　住まいのリフォームは、構造（木造・RC造・鉄骨造）、戸建てかマンションかによって、さまざまなポイントがある。

　ここではRC造マンションの1住戸のリフォーム、RC造3階建て住宅のリフォームおよび木造（軸組工法）2階建て住宅の2つのリフォーム事例にふれ、バリアフリー・リフォームのコツを探っていきたい。

老後に備え、最初で最後のリフォーム (M flat)

　築23年を越えたRC造大規模中層マンションの1住戸のリフォームである。施主はまだまだ元気な70代と50代の親子。

　手摺は浴室やトイレ等の最小限の箇所にとりつけ、その他は、玄関収納では一部サイドボード形式とし、靴の脱ぎ履きの際に

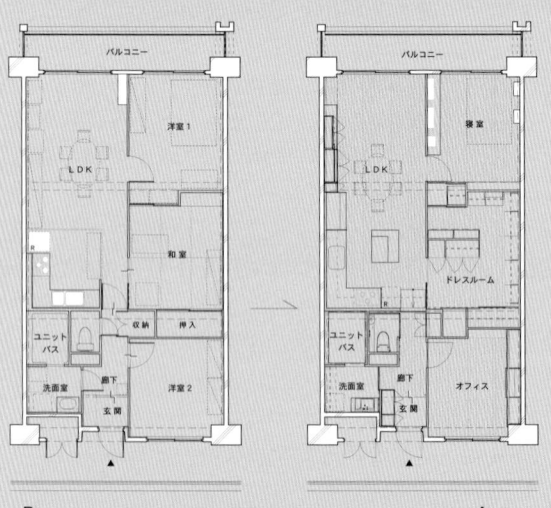

Before　　　　　　　　After

◆川口とし子プロフィール

1956年新潟県加茂市生まれ。日本大学理工学部大学院建築学修士卒業。(株)東畑建築事務所、アトリエホライン(ウィーン)を経て、1989年アーキスタジオ・オゾン設立。1993年、アーキスタジオ・川口と改称。代表取締役。一級建築士。

1998年秋より『和の融合』ムーブメント―〈日本の素材・形・心〉を21世紀へ繋げる活動―を開始。
[所属]
(社)日本建築家協会／(社)東京建築士会／日本建築学会会員

LDK／入口の段差部分にはスロープを設置

玄関／サイドボード：靴の着脱の際手を突ける

手を突けるものとした。

　またマンションではよくあることだが、経済設計で階高がぎりぎりの中、設備配管などが施工されるため、水回りの床高の調整のため床レベルに段差を生じている場合がある。この住戸では玄関・廊下からLDKに入るところで5cmほどの段差があり、住人も来客も不便を感じていた。段差分のモルタルをハツってLDKレベルとそろえ、洗面室の入口で段差をつけるのが良いのだが、近隣へのハツリ工事の騒音を配慮し、断念した。施主が高齢であるということは、近隣にも高齢で日中在宅している人が多いので、工事の騒音には特に配慮が必要となる。結局、LDK入口の段差部には、スロープを設置した。スロープも高齢者の足腰の状態によっては危ない場合もあるの

で、取り外し可能なものとした。

　さらにまたマンションの場合、間口が狭く奥行きが深いプランが通常で、この住戸もその典型であり、昼も照明をつけなくては読書もできない。高齢者には明るさが重要であるが、ただ単に照度をあげるのではなく、間接照明なども取り入れて目に優しい光空間にすることに配慮した。

　収納やシステムキッチンは、長年の生活習慣を整理し、その不便さを極力解消できる方向で計画した。例えば、几帳面で多忙な施主は、日頃から電話のそばにカレン

LDK／
　壁面収納にはホワイトボードも（上）

寝室／
　壁のシステムレールとデスク付きサイドボード（左）

ダーとホワイトボードが必須であった。そこで今回も壁面収納の電話コーナーを工夫し、カレンダーも設置できホワイトボードも引き出せる設計とした。このようなオリジナルな工夫は、高齢者の生活におけるアクティビティーを高め、予想以上に老化防止に効果的である。

両親を看取り、夫婦の老後を考えてのリフォーム (House in Akabane)

　築16年を越えたRC造3階建て、戸建住宅のリフォームである。80代のご両親を次々と見送った60代のご夫婦。自宅介護で苦労された奥様に元気を出してもらいたいというご主人のはからいもあって、リフォームの計画がスタートした。1階はガレージ、2階は現在60代の夫婦の住まい、3階が亡くなられた80代のご両親の住まいであった。今回は、2階のみのリフォームである。

　もともとこの家は施主の要望できちっと設計された住まいであり、照明計画等も落ちついた雰囲気を重んじたものであったが、現在の施主にとっては暗すぎる状態であった。今回は、間接照明と省エネに配慮した蛍光灯ダウンライトでより明るくすっきりとした照明計画とし、さらに雰囲気づくりのため壁面にブラケットも設置した。

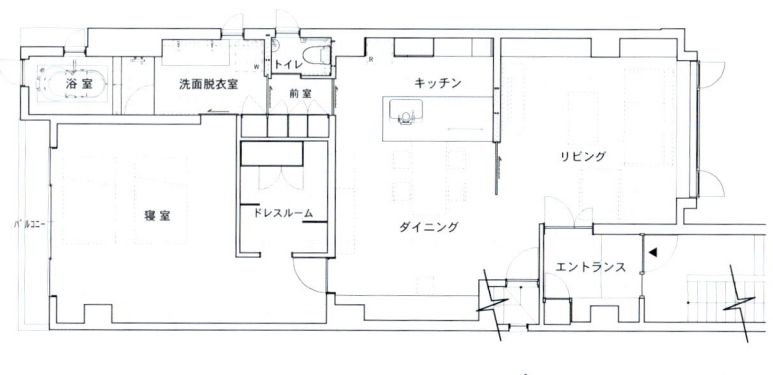

PLAN　　　　　　　　　After

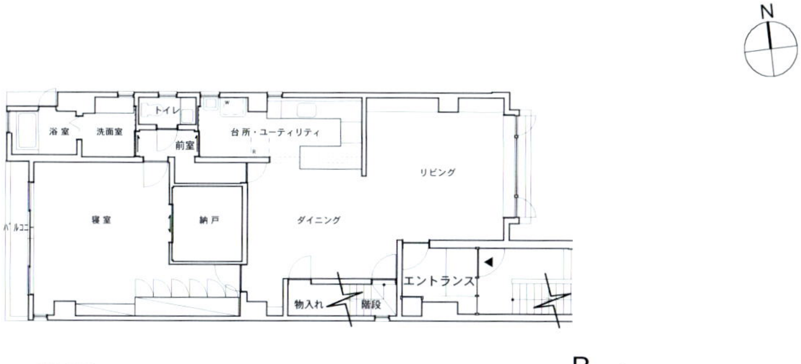

PLAN　　　　　　　　　Before

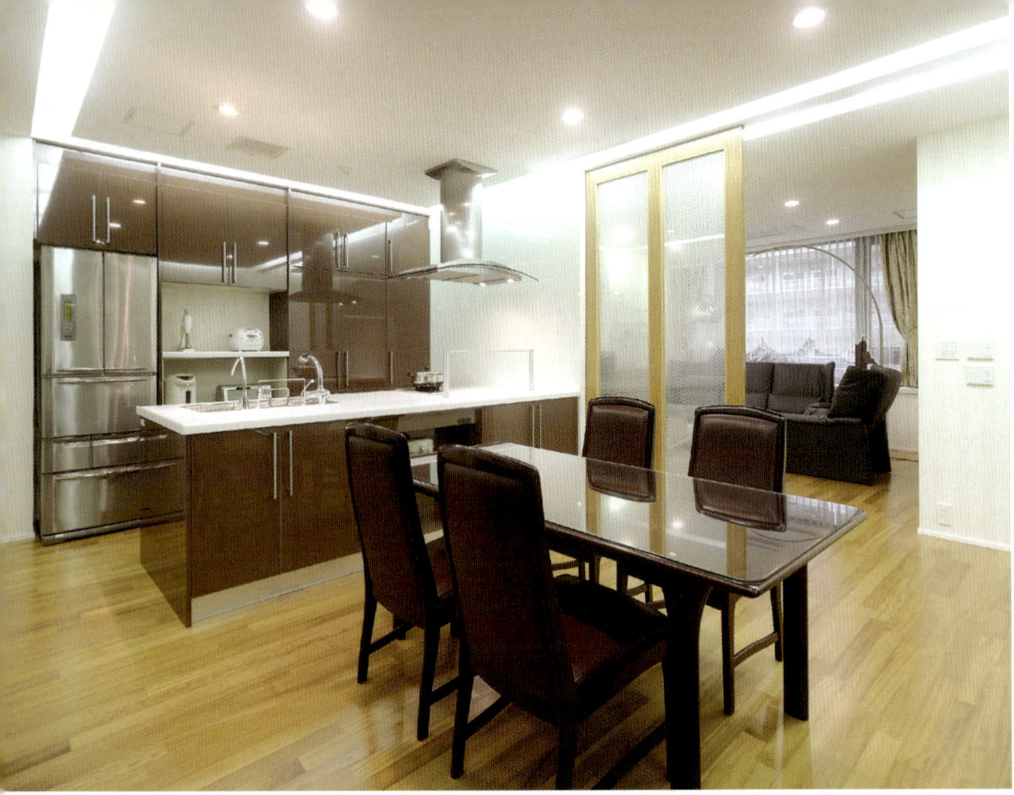

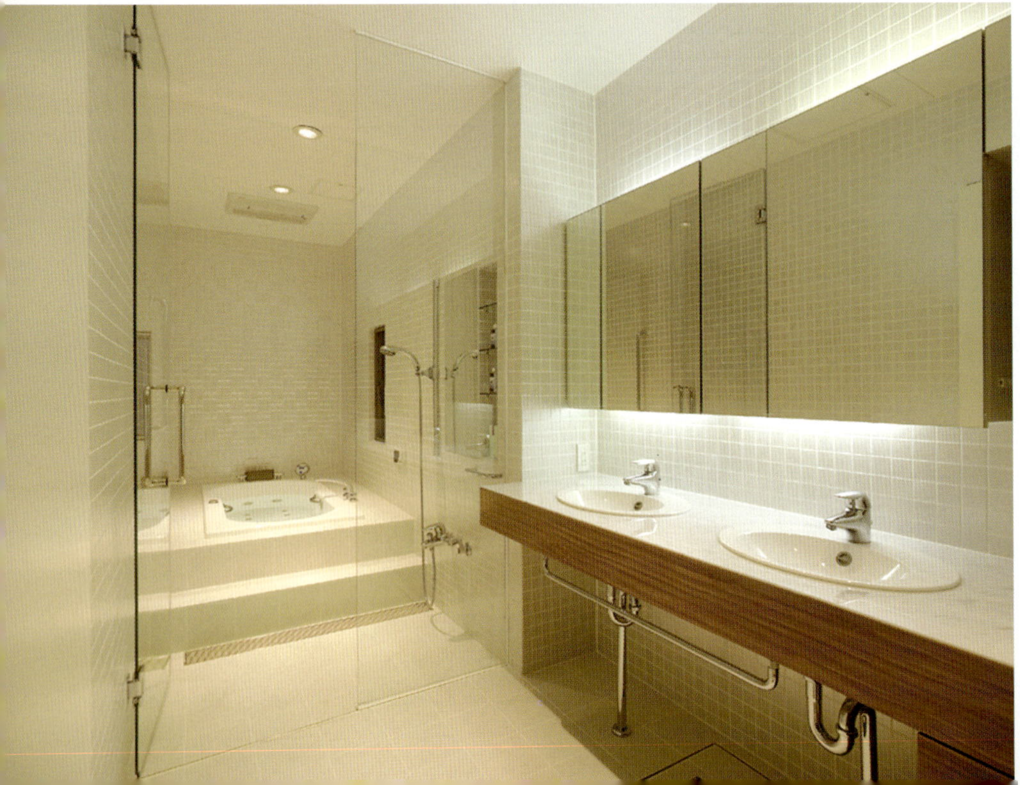

ダイニングキッチン／
　バリアフリーを考慮したアイランドキッチンは、夫婦で料理を楽しめる（左頁・上）
洗面脱衣室／
　ホテルのパウダールームのようなインテリア（左頁・下）
バスルーム／
　居ながらにしてリゾート気分が楽しめるジャグジーバス（右）

　水回りは間違いなく老朽化しており、16年前の浴槽はあまりにも貧相で、また浴室までの動線がすっきりしていない。そこでキッチンから浴室までの平面計画を整理して、浴室へアプローチしやすくした。動線計画をすっきり整理することも、バリアフリーの大きなポイントである。浴槽自体はジャグジーバスとし、居ながらにリゾート気分が楽しめるものとした。洗面脱衣室は、ホテルのパウダールームのようなインテリアとされた。
　またキッチンはアイランドキッチンで、まさしくバリアフリーとされ、夫婦で料理を楽しむことが意図された。静音タイプのレンジフードを設置するなどの細かな配慮もなされている。ダイニングの先が、キッチンと向かい合う形でご主人のパソコンコーナーとされ、夫婦のコミュニケーションがさらに深まるレイアウトにもなっている。
　高齢化に伴い室内空気環境が健康に与える影響は大きく、仕上げ材へも配慮がなされ、調湿性機能を持ったタイルが壁の一部に使用された。さらに、温水式の床暖房がLDKの各所、主寝室、洗面脱衣室に設置され、温熱環境にも細心の注意がはかられた。

病弱なお母様のために快適な住まいへとリフォーム (House in Sengoku)

　20年前に中古物件で購入した都心の狭小木造住宅のリフォームである。施主は、70代と40代の親子。病弱なお母様のために、明るく快適な住まいが求められた。

　具体的に設計を依頼された当初の施主の要望は、「母とこれからの生活を安心で安全におくれる家」ということで、

1. 長く暮らしていける家に（バリアフリーの家、介護しやすい家に）
2. 日当たりの問題（隣家が接近）
3. 20年前に購入した中古物件のため、耐震性に不安
4. 物が多いため収納を多くしたい

などであった。

　まず「お母様を介護しやすい明るい住まい」とするためには、思い切ったプランの見直しが必要となった。以前和室でお母様の寝室であった真ん中の空間を、北西の水回りとつなげて玄関＋LDKとし、南東の玄関・洋室をお母様の主寝室とすることにした。さらに玄関だったスペースを半畳ほど減築し、玄関ポーチを広くした。多少広くなった玄関ポーチにテラスサッシを介しての寝室となり、採光条件は向上し、さらに

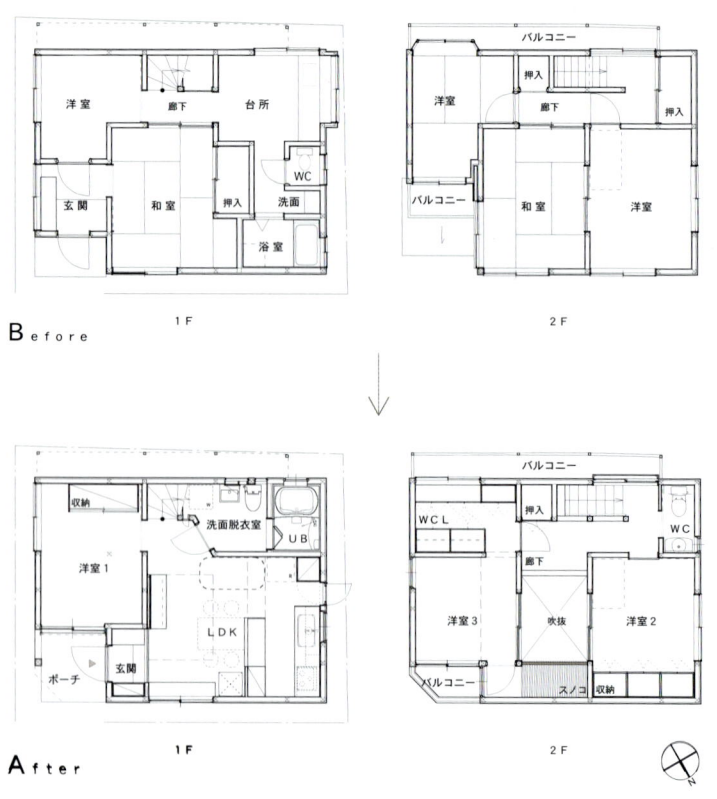

LDK／吹き抜けを設け明るい空間に

LDK／吹き抜けを見上げる（上）
玄関ポーチ／左手のシャッター奥は、お母様の寝室（左）
階段（下）

トイレ・洗面脱衣室／お母様の寝室の近くに

いざとなったときの介護もテラスサッシからアプローチしやすいものとなった。

LDKには1坪強の吹き抜けと1.5帖のスノコ天井が設けられ、スノコ天井の上はトップライトとされた。また吹き抜けに面する2階の各室は、吹き抜け側に障子が設置され、1階と2階のあらゆるスペースが採光・通風において流動的になり、快適さは既存と比べはるかに向上した。

今まで一番奥の暗いスペースにあったキッチンはLDとカウンターを介した対面型とされ、明るいスペースとなった。これで始終訪ねてくる嫁いだ娘一家とのコミュニケーションも、窮屈を感じずに済むものとなった。またトイレ・洗面脱衣室もお母様の寝室からすぐ近くとなり、病弱ではあるが家事担当されているお母様にも可能な限り家事を続けやすいものとなっている。

仕上げ材では、床の断熱性と柔らかな素材感ということで、厚さ21mmの無垢のパインフローリングが用いられ、LDの吹き抜け・トップライト側の2層分の壁は、珪藻土とし、全体に調湿性のある素材を使うことにも配慮された。

長男の独立、元気に老後を過ごすためのリフォーム (House in Nakaitabashi)

都心の築30年以上の老朽化した狭小木造住宅のリフォームである。施主は60代夫婦。20代終わりの長男は、近い将来独立する予定であり、長男の独立後、夫婦のシニアライフを考えてのスケルトンリフォームである。

施主の希望を整理すると、
1. 洗面脱衣室や洗濯機スペースが欲しい
2. 多くの親戚（2〜30人）が集まれるリビングが欲しい
3. 収納を充実させたい
4. 自然光の入る明るい家に
5. 木造の温かみや和の要素が欲しい

などであった。

現状は、延べ床面積50㎡ほどの狭小の家であり、洗濯機は玄関脇の屋外設置、浴室には脱衣場もない、2階の物干し用のベランダも老朽化し、奥様の家事の工夫も尋常でないという状態であった。ポイントは

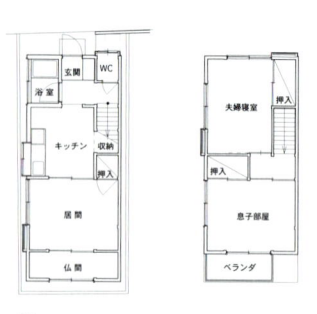

Before

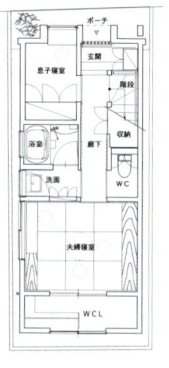 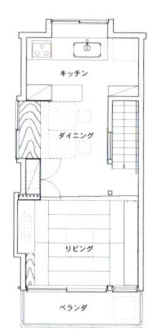

After

●写真：Nacása & Partners　　House in Nakaitabashi／ファサード（リフォーム後）

2階ダイニングキッチン／
　ダイニングキッチンから、居間・ベランダを見る（上）
階段／
　階段を通して光が1階に降りそそぐように工夫（右）

2階ダイニングキッチン

LDKをプランのどこに持っていくかであった。大勢の親戚が集える広々としたリビングは、最終的に小屋裏も空間に取り込みより大きな空間にできるように、2階設置となった。

1階は、奥に主寝室を設置、道路側から玄関と長男のスペース、浴室（UB）・洗面脱衣室や階段とし、階段下が物入れとトイレ（WC）とされた。

1階はプライベートなスペースと水回り、2階はパブリックなスペースへと、明快にゾーン整理された。

細かい段差のあった床レベルも、各階でフラットとすると同時に、これまで長身のご主人と長男は始終鴨居に頭をぶつけていたとのことで、天井高を極力確保し、天井側のバリアフリー化にも配慮した。

また吹き抜けは面積的に取ることがむずかしかったので、階段から光が1階にも降り注ぐような工夫が必要とされた。そのため屋根勾配を一部変更し、東側にハイサイドライトの高窓を設けた。玄関と階段を仕切っていた小壁は、ブレース構造ユニットを用い、採光を妨げないものとした。

またバリアフリー化のためというより以上に狭小なるが故に、建具は玄関の入り口も含めUB以外はすべて引き戸とされた。建具も適宜透光性のある素材となっている。2階リビングはベランダに面してバリアフリーサッシでつながり、よりいっそう開放感を高めるものとなった。

また建物の強度に配慮し、外周部内壁にはOSBボードを用いている。2階は開放感のある間取りとなったと同時に、耐震性もアップしている。OSBボードは、木のチップの柄を生かして水性塗料で拭き取り仕上げとされ、変化に富んだ仕上げとされた。床のフローリングも無垢のオーストラリア檜を用いるなど、丈夫さと元気の出るインテリア素材の選択にも配慮した。

バリアフリー・リフォームのコツ——多様なライフスタイルに合わせて——

以上の4つの事例から第一に言えることは、バリアフリー・リフォームでは施主のライフスタイルがいかに多様であるかを十分に理解することが大切であるということである。そしてそのコツを整理すると、

1. 収納やシステムキッチンは長年の生活習慣を整理し、その不便さを極力解消できる方向で計画
2. 目にやさしい間接照明と省エネに配慮した蛍光灯ダウンライトで、より明るくすっきりとした照明計画に
3. 動線計画をすっきり整理することも、バリアフリーの大きなポイント。時には思い切ったプランの見直しが必要
4. 高齢化に伴い室内空気環境が健康に与える影響は大きく、仕上げ材へも配慮が必要
5. 丈夫さと元気の出るインテリア素材の選択にも配慮する

などが挙げられる。

その他、照明計画のみならず、音の問題や家族のコミュニケーションのあり方への配慮等々、そのコツを数え上げたらきりがないほどである。そしてこの多様さがバリアフリー・リフォームデザインの楽しさであり、施主に喜んでいただけるリフォームの醍醐味であるとも言えよう。

【建築概要】

1. M flat

所在地	東京都港区
設計・監理	アーキスタジオ川口
施工	光正工務店
構造	鉄筋コンクリート造
築年数	24 年
改装面積	80.40 ㎡
改装期間	2005 年 7 月～8 月

主要内部仕上
　床　：メープル防音フローリグ厚 13
　壁　：PB 厚 12.5+ クロス、一部珪藻土
　天井：PB 厚 9.5+ クロス
工事金額
　A. 仮設工事（解体工事含む）　　　1,000,000
　B. 建築工事　　　　　　　　　　　9,560,000
　C. 電気・空調工事　　　　　　　　1,660,000
　D. 給排水設備工事　　　　　　　　　740,000
　E. ガス設備工事　　　　　　　　　　 40,000
　合　計　　　　　　　　　　　　　13,000,000

2. House in Akabane

所在地	東京都北区
設計・監理	アーキスタジオ川口（担当：川口・佐藤）
施工	デザインフォー
構造	鉄筋コンクリート造
築年数	16 年
改装面積	111.68 ㎡
改装期間	2005 年 9 月～12 月

主要内部仕上
　床　：イロコフローリング厚 11
　壁　：PB 厚 12.5+ クロス、一部エコカラット
　天井：PB 厚 9.5+ クロス
工事金額
　A. 仮設工事（解体工事含む）　　　1,200,000
　B. 建築工事　　　　　　　　　　　7,700,000
　C. 電気・空調工事　　　　　　　　2,500,000
　D. 給排水設備工事　　　　　　　　1,200,000
　E. 床暖房工事＋ガス設備工事　　　1,400,000
　合　計　　　　　　　　　　　　　14,000,000

3. House in Sengoku

所在地	東京都北区
設計・監理	アーキスタジオ川口
施工	関口工務店
構造	木造
築年数	33 年
改装面積	70 ㎡
改装期間	2006 年 11 月～07 年 3 月

外部仕上
　屋根：コロニアル葺
　外壁：アクリルリシン吹付
　開口部：アルミサッシ
主要内部仕上
　床　：フローリング
　壁　：PB12.5+ クロス、一部珪藻土
　天井：PB 厚 9.5+ クロス
工事金額
　A. 仮設工事（解体工事含む）　　　1,400,000
　B. 建築工事　　　　　　　　　　 10,950,000
　C. 電気・空調工事　　　　　　　　　650,000
　D. 給排水設備工事　　　　　　　　1,200,000
　合　計　　　　　　　　　　　　　14,200,000

4. House in Nakaitabashi

所在地	東京都板橋区
設計・監理	アーキスタジオ川口
施工	関口工務店
構造	木造在来工法
規模	地上 2 階建て
改装面積	50 ㎡
改装期間	2007 年 5 月～7 月

外部仕上
　屋根：ガルバリウム鋼板立ハゼ葺
　外壁：セメント系左官材、サイディング
　開口部：アルミサッシ
主要内部仕上
　床　：オーストラリア檜フローリング 厚 19
　壁　：OSB＋塗装、PB 厚 12.5+ クロス
　天井：PB 厚 9.5+ クロス
工事金額
　A. 仮設工事（解体工事含む）　　　1,000,000
　B. 建築工事　　　　　　　　　　 10,000,000
　C. 電気・空調工事　　　　　　　　1,200,000
　D. 給排水設備工事　　　　　　　　　500,000
　E. ガス工事　　　　　　　　　　　　130,000
　合　計　　　　　　　　　　　　　12,830,000

特集3

介護保険制度の住宅改修の基本

株式会社　高齢者住環境研究所
溝口恵二郎（一級建築士）

事前申請により
悪徳リフォーム業者は撤退

　平成12年4月にスタートした介護保険制度は、施行5年後の法改正（見直し）を平成18年4月に行い現在に至っています。

　住宅改修に限って言えば、介護保険制度がスタートしてから問題になっていた悪徳リフォーム業者を排除し、高齢者の身体機能に応じた適切な住宅改修が行われるよう、この法改正で従来の事後申請から事前申請が義務付けられ、行政のチェックが工事前に行われるようになっています。介護保険制度を利用してのケアプランを考えるケアマネジャーが、住宅改修の必要性を判断し、利用者にとって必要であれば住宅改修の理由書を事前に提出することになりました。

　事前申請に変わったことで悪徳リフォーム業者の排除と共に高齢者の身体機能に応じた適切な住宅改修が行われ、以前のような無駄な工事、役に立たない工事が減ったと考えられています。住宅改修事業者としては、申請に手間暇がかかるという事で、これを機に手を引いた事業者も少なくありません。継続して住宅改修事業者として仕事をしている事業者の多くは、在宅の高齢者と住環境整備の必要性を認識し、在宅生活を支える役割を担い続けることに意義を感じているものと思われます。

もう一度基本から考え直してみる

　介護保険制度がスタートし、住宅改修がサービスに加わってすでに8年が経過しているため、ケアマネジャーをはじめとする専門職や、利用者、その家族等に住宅改修の必要性もかなり認識され浸透してきていることは確かです。しかし、安易な考え、知識に流されないためにも、もう1度基本的な考えを周知徹底することが必要ではないかと考えています。

　住宅改修とは、高齢になっても、障害をもっても、住み慣れた住宅で、できる限り長く、自立して暮らすための生活基盤の整備のことです。在宅生活を継続していくための支援の1部であり、ケアサービスの1つとしてケアプランの中に位置づけられています。在宅生活といっても「こういう生活をしなさい」「こういう生活をした方が良い」という話ではなく、「その人がしたい生活」をし続けることに意味があり、そ

れを支援していくという考え方です。そして、住宅改修の目的は、高齢者の生活を改善することです。例えば、手すりを設置したとしても、これまで出来なかった動作ができるようになって生活しやすくなったというように、これまでの生活が改善されなくては何の意味もない工事になってしまいます。かつて介護保険制度スタート当初に多くみられた「改修ありき」の考え方は問題です。住宅改修によって利用者の生活上の行動範囲が広がり、安全性が増してはじめて意味のある住宅改修といえるのです。利用者本人のみの問題だけでなく、それによって家族の負担もより軽くなるという一石二鳥で、本人と家族の生活が改善されることを目指します。生活が改善されると、本人は「まだ頑張れるぞ」「今度はお風呂にも入れるかもしれない」「外出もできるかもしれない」と意欲が出てきて、生活への自信がついてきます。そして、ごく当り前の生活ができるようになるわけです。そのためには、住宅改修が効果的になされなくてはいけません。その第1歩は、高齢者の日常生活上の問題点を見出すことから始まります。

高齢者の日常生活から問題点を見直す、そして原因の絞り込み

高齢者の日常生活上の問題は、永年の慣れや、「そういうものなのだ」、というあきらめや思い込みなどで、なかなか本人自身からは要望が出てこないケースが多いのですが、家族や外部の支援者などが、本人の生活動作を冷静に観察することで、問題点を見出すことが可能です。「トイレへ行くのが大変だ」「入浴が大変だ」などはよく耳にする言葉ですが、何が大変なのか、原因の絞込みが必要です。そのためには、生活動作を細分化して考えていきます。「入浴が大変だ」という問題に直面した時、入浴動作を細分化してみます。

「寝室のベッドで起き上がる」「床に立つ」「寝室の出入口まで移動する」「出入口建具を開ける」「脱衣室まで移動する」「脱

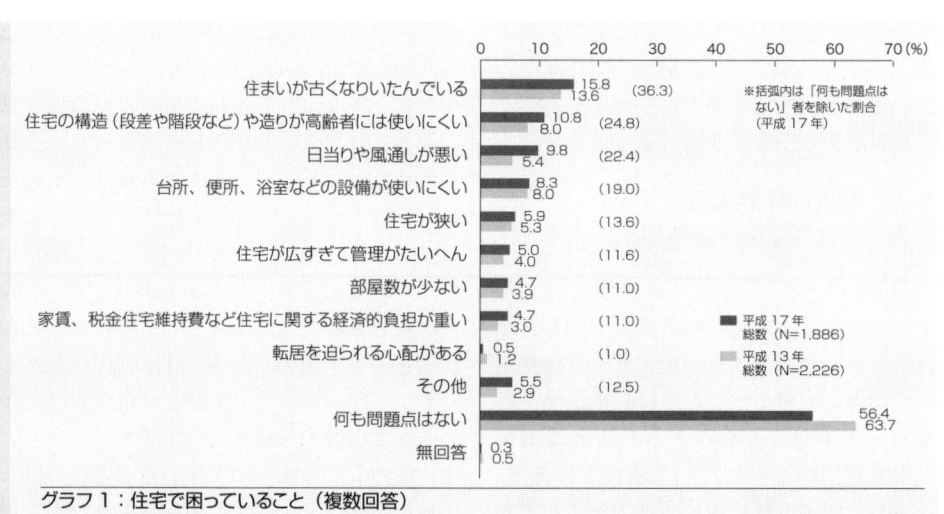

グラフ1:住宅で困っていること（複数回答）

内閣府「高齢者の住宅と生活環境に関する意識調査」（平成18年）より

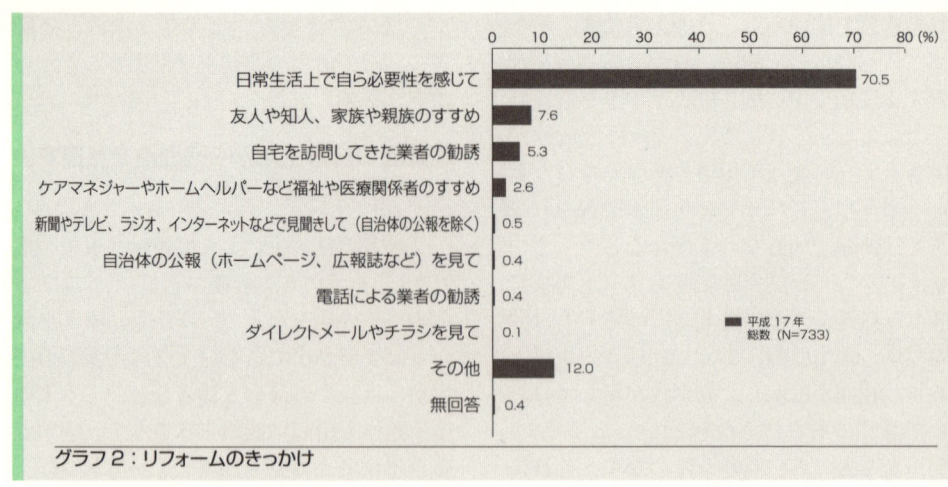

グラフ2：リフォームのきっかけ

衣室出入口建具を開閉する」「脱衣する」「洗い場に降りる」「シャワー水栓に近づく」「下洗いをする」「浴槽をまたぐ」「浴槽内でしゃがむ」――そして、その逆の繰り返しという一連の動作があります。どの部分でどの動作を行うときに問題があるのかを明確にしていくことにより、対処方法も明確になってきます。解決策としては、いきなり住宅改修をするのではなく、段階的に考えていくという考え方が必要です。なぜならば住宅改修は1度工事をしてしまうと、役に立たないからと元に戻すにも費用がかかり、建物も傷つきます。

**本人・家族の意識確認・
整理がなければ何の意味もない**

　段階的な考え方として、①住まい方をチェックする・家具の配置換えをする、②福祉用具を利用できるか考える、③福祉用具を利用しやすくするために住宅改修を考える、④住宅改修を考える――と段階を踏んで費用のかからない方法から考えて、最終的に住宅改修で対応する方法にたどり着くという経緯が必要でしょう。

　また、住宅改修をしたからといって完全に問題が解決するわけではないケースが多々あります。どうしても介助力に頼らざるをえない点があるからです。これらを整理したうえで、次に家族の意思確認、本人の意思確認が必要です。例えば「入浴が大変だ」の前提として、本人が「入浴したい」のか、家族が「入浴させたい」と思っているのか、それによって解決方法が異なるからです。本人が入浴したいと願っていても、家族が、そのための労力や危険を思うと、できることなら入浴サービスを受けさせたいと考えているのであれば、本人が入浴しやすいように住宅改修を行っても家族の満足は得られません。本人は入浴したくないと思っているにもかかわらず、家族が入浴させたいと思っている逆のケースもあります。最善の方法で住宅改修を行ったとしても、本人に生活動作を行う意欲がなければ、何の意味もありません。

　このように本人と家族の間で意見が異なる場合の住宅改修は、決して十分な効果が

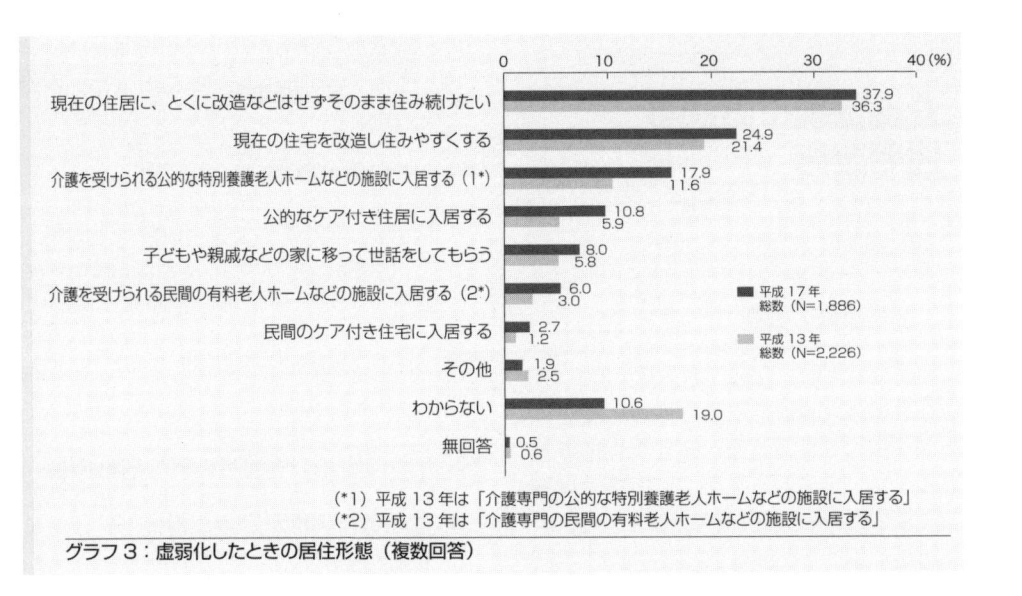

グラフ3：虚弱化したときの居住形態（複数回答）

項目	平成17年 総数(N=1,886)	平成13年 総数(N=2,226)
現在の住居に、とくに改造などはせずそのまま住み続けたい	37.9	36.3
現在の住宅を改造し住みやすくする	24.9	21.4
介護を受けられる公的な特別養護老人ホームなどの施設に入居する (*1)	17.9	11.6
公的なケア付き住居に入居する	10.8	5.9
子どもや親戚などの家に移って世話をしてもらう	8.0	5.8
介護を受けられる民間の有料老人ホームなどの施設に入居する (*2)	6.0	3.0
民間のケア付き住宅に入居する	2.7	1.2
その他	1.9	2.5
わからない	10.6	19.0
無回答	0.5	0.6

(*1) 平成13年は「介護専門の公的な特別養護老人ホームなどの施設に入居する」
(*2) 平成13年は「介護専門の民間の有料老人ホームなどの施設に入居する」

得られませんので、家族と本人の意向の確認と整理が必要です。そのためには、住宅改修や福祉用具の導入によって、便利になる点とある程度我慢しなくてはならない点を十分に説明すること、それによって本人や家族の日常生活がどのように変わるかを提示することが必要です。介護の負担を軽減させる目的で行う福祉用具の導入や住宅改修が、それまでと異なった介護力を引き出してしまうケースもありますので、そこまでの説明が不可欠です。また、本人、家族以外の外部の支援者への説明も含め、本人の生活を支えるすべての人が住環境整備のイメージを共有することが大切です。福祉用具の導入や住宅改修は、家族と業者だけで進められていくことが多く、工事中の変更や工事後も有効に使われないなどのケースを多く耳にします。

対費用効果という視点、そして説明

これらの過程を経ても、最終的に必要な費用が明確になった時点で、予算が合わない、そこまで費用をかけるつもりがないなどの経済的な理由で、すべてが白紙に戻ってしまうということがよくあります。住環境整備を行うかどうかの判断は、最終的には費用によるところが多いと思われます。ただ、費用がかかりすぎるという理由で何もしないよりは、理想的とはいえない改修でも、ある程度の生活の改善が見られることもあります。そのためには100％完璧な改修案はないという前提で、常に「対費用効果」という視点を持つこと、そして、それを利用者、家族に説明して納得してもらうことが必要です。

介護保険制度の住宅改修費の限度額は20万円と限られています。しかも、要介護度が3ランク上がらないとリセットされません。ということは、多くの要介護者にとっては大切な20万円であり、効果的に使うことが求められているのです。

介護保険における住宅改修

1. 住宅改修の概要

要介護者等が、自宅に手すりを取り付けるなどの住宅改修を行うとするとき※は、必要な書類（自宅改修が必要な理由書等）を添えて、申請書を提出し、工事完成後、領収証等の費用発生の事実がわかる書類等を提出することにより、実際の住宅改修費の9割相当額が償還払いで支給される。なお、支給額は、支給限度基準額（20万円）の9割（18万円）が上限となる。

※やむを得ない事情がある場合には、工事完成後に申請することができる。

2. 住宅改修の種類

① 手すりの取付け
② 段差の解消※
③ 滑りの防止及び移動の円滑化等のための床又は通路面の材料の変更※
④ 引き戸等への扉の取替え
⑤ 洋式便器等への便器の取替
⑥ その他前号の住宅改修に付帯して必要となる住宅改修

※法施行当初は、屋外における段差解消、床材の変更及び手すりの取付けなどの工事については、玄関ポーチの工事を除き、住宅改修費の支給対象としていなかったが、告示改正により、平成12年12月以降、玄関から道路までの（建物と一体でない）屋外での工事も住宅改修の支給が可能となった。

3. 支給限度基準額　20万円

・要支援、要介護区分にかかわらず定額
・ひとり生涯20万円までの支給限度基準額だが、要介護状態区分が重くなったとき（3段階上昇時）また、転居した場合は再度20万円までの支給限度基準額が設定される。

❖ 介護保険給付を受けられる福祉用具

1 厚生労働大臣が定める福祉用具貸与に係る福祉用具

介護保険の対象となる福祉用具は、介護保険法の第7条（貸与）に関する告示によって次のように定められている。

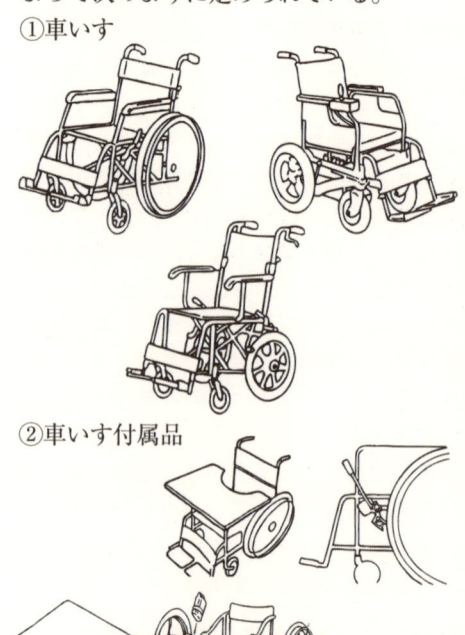

①車いす

②車いす付属品

③特殊寝台

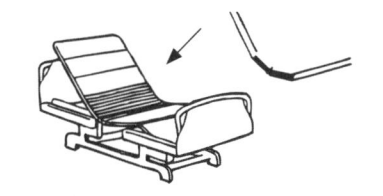

④特殊寝台付属品

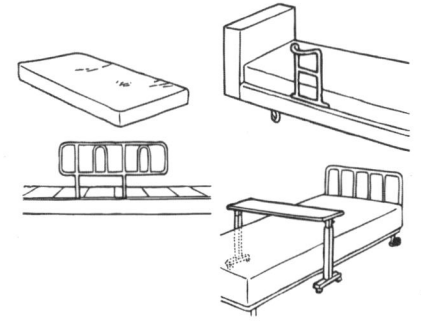

⑤床ずれ防止用具

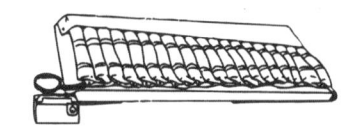

⑥体位変換器

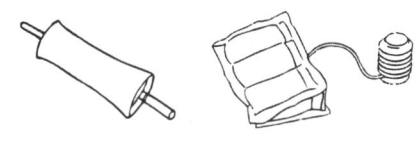

⑦手すり

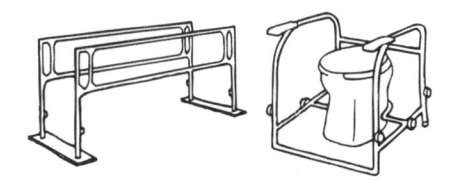

⑧スロープ

⑨歩行器

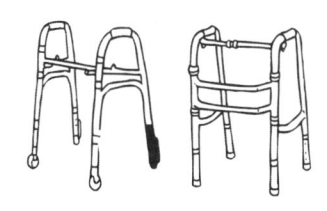

⑩歩行補助つえ

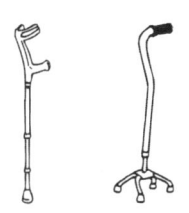

⑪認知症老人徘徊感知器

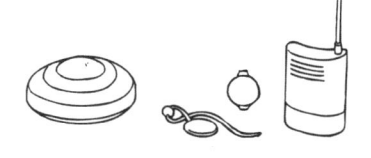

⑫移動用リフト（つり具の部分を除く）

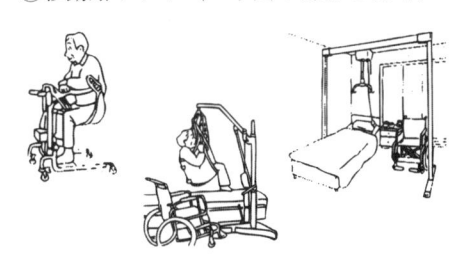

2 厚生労働大臣が定める居宅介護福祉用具購入費等の支給に係る特定福祉用具

介護保険の対象となる福祉用具は、介護保険法の第44条（購入）に関する告示によって次のように定められている。

①腰掛便座

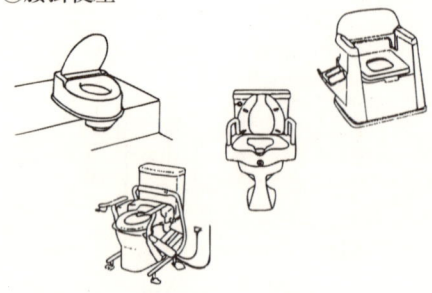

②特殊尿器

③入浴補助用具

④簡易浴槽

⑤移動用リフトのつり具の部分

資料：(財)テクノエイド協会

❖ 住宅改修の流れ

① 住宅改修についてケアマネジャー等に相談

↓

② 申請書類又は書類の一部提出
・利用者は、住宅改修の支給申請書類の一部を保険者へ提出
・保険者は提出された書類等により、保険給付として適当な改修か確認する。
（利用者の提出書類）
- 支給申請書
- 住宅改修が必要な理由書
- 工事費見積書
- 住宅改修後の完成予定がわかるもの（写真又は簡単な図を用いたもの）

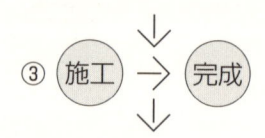

↓

③ 施工 → 完成

↓

④ 住宅改修の支給申請・決定
・利用者は、工事終了後領収書等の費用発生の事実がわかる書類等を保険者へ提出し、「正式な支給申請」が行われる。
・保険者は、事前に提出された書類との確認、工事が行われたかどうかの確認を行い、当該住宅改修の支給を必要と認めた場合、住宅改修費を支給する。
（利用者の提出書類）
- 住宅改修に要した費用に係る領収書
- 工事費内訳書
- 住宅改修の完成後の状態を確認できる書類（便所、浴室、廊下等の箇所ごとの改修前及び改修後それぞれの写真とし、原則として撮影日がわかるもの）
- 住宅の所有者の承諾書（住宅改修を行った住宅の所有者が当該利用者でない場合）

※ただし、やむを得ない事情がある場合については、④の段階において②の段階で提出すべき申請書類等を提出することができる。

特集4

団塊世代と高齢者住宅

NPO アクティブミドル国際協会
代表理事　**青木康三郎**

「2007年問題」の次のステップに

　昨年は団塊世代（狭義で1947年〜1949年生まれ、広義ではその前後も含めて5年間くらい）の一斉定年退職による「2007年問題」ということがマスコミ等で盛んに言われました。今年になってからは殆ど聞かれません。「高齢者雇用安定法の改正」により65歳までの定年延長・雇用確保が義務付けられたため、団塊世代の過半の人は雇用延長に応じて勤務を継続しているのです。

　しかし、とりあえずのど元は潤っても、その後の人生を明確に描ききれているわけでもないでしょう。65歳までにまだ少し時間があります。次のステップを確立するために、その間を「助走期間」ととらえて情報を仕入れ、人と交流するなどさまざまな体験をして準備する必要があります。また団塊世代がいままでに培った技量、経験を存分に地域社会に還元し、発展に貢献するときがきた——と前向きにとらえてみるのもいいでしょう。

75歳以上の人口が
1千万人増える

　さて団塊世代が近い将来、直面するのが高齢者の世代に仲間入りし、年金、医療、

介護保険制度を
背景とした
介護・住宅ビジネスの
変遷

- ❖ 介護事業者数：2000年9万社→2008年30万社
- ❖ 介護専用型有料老人ホーム：2005年1,285所→2008年2,855所
- ❖ グループホーム：2005年3,319所→2008年9,486所
- ❖ 高齢者住宅：2007年300棟7,000室（推計）

介護などの社会福祉受給者側になるということです。

国連の世界保健機構（WHO）では65歳からを高齢者と定義しています。65〜74歳までを前期高齢者、75歳以上を後期高齢者といって、近頃施行された後期高齢者医療制度（長寿医療制度）は、特にこの分類分けのことをいっているのです。日本では65歳以上を高齢人口といい、高齢化社会等の分類分けには、65歳が境目となっており、65歳になった時に老齢基礎年金を受給できるようになります。

その数は（1947年〜1949年生まれ）現在、680万人とされています。2012年〜2015年にはその年代のすべての人が上記の定義の高齢者に統計上、編入されます。2022年〜2025年には後期高齢者に編入されます。特に首都圏は大量の団塊世代が「金の卵」と持ち上げられ、集団就職で地方から上京して世帯を持ち、そのまま現在まで首都圏に住み続けています。現在、20歳以上の人口は50歳以上が半分以上を占め、2015年には4人に1人が65歳以上となります。毎年100万人が高齢者の仲間入りになる計算です。2025年には（国立社会保障・人口問題研究所の推計）75歳以上の人口は2166万人になるそうです。2005年には1163万人だったので約1千万

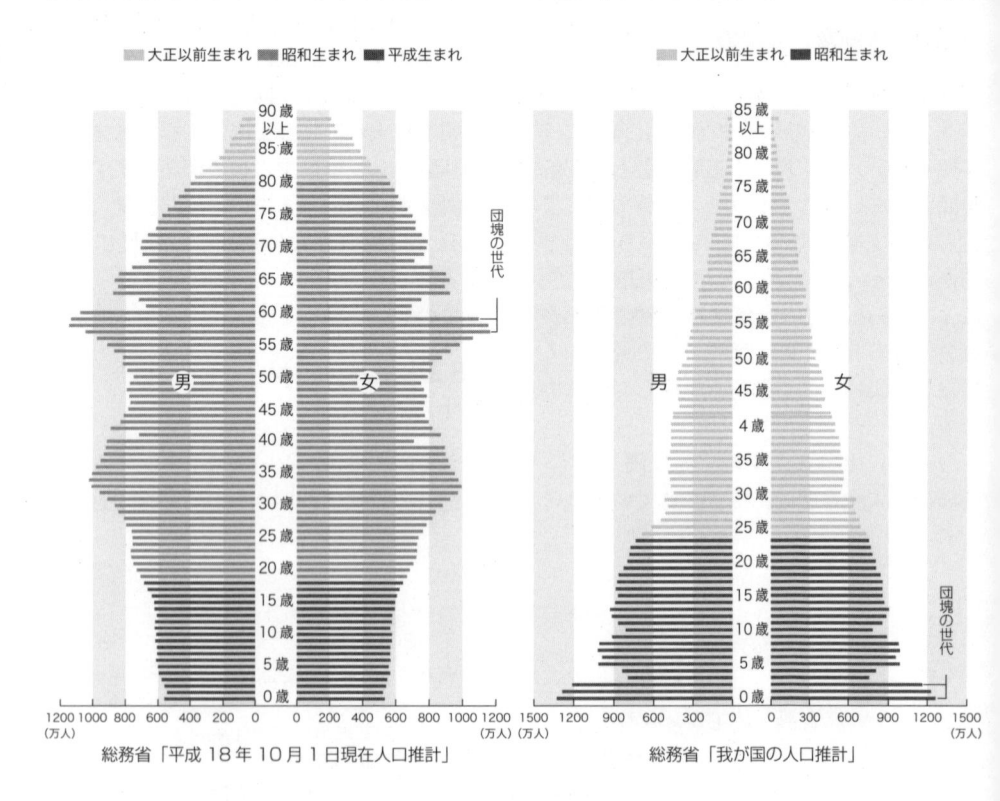

［グラフ1］2006年の日本の人口ピラミッド

［グラフ2］1949年の日本の人口ピラミッド

人増えることになります。

後期高齢者に対応する介護施設や認知症などの要介護度の高い人向けの介護施設は不足することが目に見えています。

自分らしさにこだわる団塊の世代

団塊世代は学生時代は受験戦争。大学時代は全共闘運動の中心。就職してからは猛烈社員。一方で家庭を大事にするニューファミリー。ビートルズも、ジーパンもニューミュージックも享受し、サブカルチャー世代とも呼ばれ、社会参加の意欲とそのファッション、ライフスタイルなどはそれ以前の世代と明らかに違って「自分らしさ」にこだわる資質を持っています。

介護施設・高齢者住宅業界が抱える現在の問題点

- 介護専用型有料老人ホーム、グループホームが総量規制により新設できなくなった。
- 介護人材が確保できず廃業に追い込まれる訪問介護、デイサービス事業
- 軽度要介護者に厳しいサービス利用
- 市区町村が誘致したい地域密着型施設サービスが採算が成り立たないため事業者が敬遠
- 在宅サービス―2006年の介護報酬改定により報酬10％ダウン。

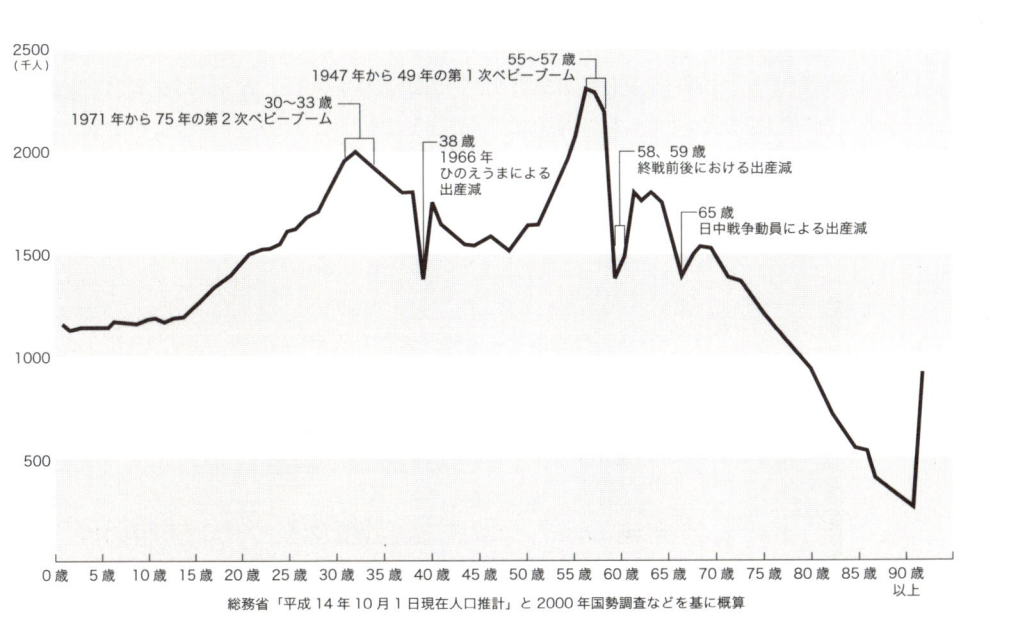

[グラフ3] 2004年の年齢別人口

総務省「平成14年10月1日現在人口推計」と2000年国勢調査などを基に概算

特に団塊の女性たちは男女平等を掲げる戦後の民主化教育を受けて育った世代で、自由な持ち時間を得たあとの社会活動意欲は高いのです。

老後に困ったとき「子供をあてにしていない」比率は、団塊の世代が突出。頼れば行動を縛られる。頼りはしないが美田も残さないという団塊の世代の子離れ・自立志向があります。

団塊の世代が必要とする高齢者住宅とは

そういった欲求に応える高齢者住宅が必要とされるのは言うまでもありません。高齢者住宅に関する環境は大きな変革期を迎えています。

介護・医療費の高騰を避けるために政府は介護療養病床を廃止し、介護施設への転換を促しました。その受け皿として有料老人ホームや高齢者専用賃貸住宅の医療法人による経営を解禁し、医療法人と他事業者との連携、地域医療と介護サービス等を組み合わせた複合施設展開などを勧めています。福祉は施しを受けるもの、施設に収容されるなどの悪いイメージを払拭し、健常者から要介護度の低い人から高い人まで、一貫した住宅機能の連携が求められています。介護保険給付対象の有料老人ホームの新設に対する総量規制は各市町村で続いています。高齢者専用賃貸住宅も専業の倒産などもあり、順風とも言えません。

集合住宅「ホリデーリタイアメント」

米国では中間所得層向きに健常者〜軽い要介護者までの高齢者住宅「ホリデーリタイアメント」が勢いを伸ばしています。なかではサークルなどのコミュニケーション活動が入居者同士で盛んに行なわれているそうです。

欧米に遅れた高齢者住宅の施策も団塊世代の高齢者の仲間入りで直近の重要な課題となりました。ハードだけでなく団塊世代が溶け込みやすいソフトの充実が高齢者住宅の目玉になります。そのことを捉えた事業者が今後、飛躍することと思います。

今後の有望な展開	
	❖ 介護保険給付対象外事業の拡大—宅老所、デイサービス＋ワンルーム
	❖ 高齢者住宅の普及拡大—新たな土地有効活用として商品メニュー化
	❖ ケア付き住宅と高齢者専用賃貸住宅
	❖ 多世代混在型集合住宅
	❖ 医療法人との提携により広範囲なニーズに応える一貫体制

商品総覧

1. 入浴ゾーン
50 〜 98

2. 排泄ゾーン
101 〜 132

3. 就寝ゾーン
135 〜 182

4. 食事ゾーン
185 〜 212

5. 玄関・階段ゾーン
215 〜 246

6. 移動ゾーン
249 〜 302

本誌「バリアフリー商品総覧」のゾーニングについて

●入浴・排泄ゾーン
　入浴行為は身体を清潔にするだけでなく、私たち日本人とって大きな楽しみの1つでもありますし、洗面行為は「おしゃれ心」を持ち続ける意味でも重要です。また、排泄はいつまでも自分の力で行いたいものです。ところが、これらの行為や、その場所にはたくさんの危険があり、それに備えることをまず考えなければなりません。

●就寝ゾーン
　高齢者の寝室を考えるときにたいせつなことは、高齢者にとっての寝室が、睡眠だけでなく、ゆっくりとくつろぐための空間だという点です。特に寝たきりの場合は、食事・着替え・排泄、時には入浴サービスを受けたりと日常生活のほとんどを寝室で過ごすわけですから、孤独になったり鬱状態にさせない、快適で安心できる環境づくりがポイントです。

●食事ゾーン
　食事を作る、食べる、くつろぐ、という行為は、高齢者の生活の中で大きなウエイトを占め、楽しみにしている部分です。家事はボケ防止にもなりますから、できるだけ長く調理が楽しめる工夫とともに、食事も楽しめて、くつろげる生活ができるような空間作りを心がけましょう。

●玄関・階段ゾーン
　玄関は、外部への出入り口として重要ですが、靴をはく（ぬぐ）際に転倒する危険があるので注意が必要です。階段は、上下の移動のための空間として重要ですが、転落して脊椎損傷などの重傷を負う危険性があるので、同じく要注意なゾーンです。

●移動ゾーン
　高齢者は身体機能や注意力が低下して、敷居につまずいて転んだり、階段から落ちたりという住宅内での事故が起こりがちです。移動に伴う危険をあらかじめ取り除いたり補助具を使用することで、自力で日常生活ができ、生活の範囲が広がります。介護が必要な場合でも、介助の手を楽にすることができます。

1. 入浴ゾーン

- 内装材料
- 浴室床材
- 建具
- 浴槽・ユニットバス
- シャワー関連
- 介護浴槽
- 水栓金具
- 照明・暖房
- 入浴補助用具
- 浴室手すり

※ 介マークは福祉用具給付の対象となる商品

●浴槽の選び方
浴槽は和洋折衷バスで100〜135cm、また深さは55cm程度が理想的とされています。浴槽の設置は浴槽床面から30〜50cmがまたぎやすい高さとされています。

●手すりの選び方
移動のためには、姿勢を保持するための横手すりを設置します。シャワーチェアなどからの立ち上がり動作を補助するのは縦手すりになります。浴槽をまたぐときには浴槽手すりなどが使われますが、身体の状況に合わせて最適な場所に設置します。

●空間の考え方
介助が無理のない姿勢でできるスペースが理想です。洗面所・脱衣室・便所をワンルーム化することでスペースを確保することができます。

●段差の解消
出入口に段差が生じないように、段差解消用の排水ユニットを利用したり、すのこを敷いたりします。

●水栓金具の選び方
水栓・シャワーの金具は操作の簡単なものにします。

ここに掲載した情報は2008年9月調査です。
価格は消費税込みで表示しています。

入浴ゾーン

■ 入浴行為・動作別にみる機器選び　　■ 本人の身体の状況・家屋条件・介護力によって変わります。専門家に相談することをお奨めします。

入浴動作	自立			介護
1 浴室に入る	歩行で移動		車いす移動	リフト移動
	段差を解消する 排水ユニット	すのこ	身体を支える　転倒を防ぐ 手すり／滑り止めマット	機器を使って移動する シャワー用車いす／入浴用固定式リフト
2 身体を洗う	立ち座りを楽にする シャワーチェア／洗面器置台		身体を支える 手すり	浴室水栓金具 簡単操作の水栓金具／多機能シャワー	介護浴槽 浴室以外で入浴する
3 浴槽への出入り	またいで出入りする		腰掛けて出入りする	リフトで出入りする
	身体を支える 手すり／浴槽手すり		踏み台・浴槽台として腰掛ける バスツール／バスボード	機器を使う 移乗台／入浴用固定式リフト
4 浴槽で暖まる	高齢者配慮浴槽 浴槽	滑り止め 手すり	身体を支える 手すり	立ち座りを楽にする 姿勢を安定させる 浴槽台	スベリを防ぐ 滑り止めマット

入浴ゾーンの主な企業
The main enterprise of bathing zone

	商品（企業）	頁		商品（企業）	頁
内装材料	コルクタイル　　　　　　　　　（千代田商会）	50	入浴補助用具	シャワーチェア　　（パナソニック電工ライフテック）	79
	タイル　　　　　　　　　　　　　　　（TOTO）	50		シャワーチェア　　　　　　　　　（クリスタル産業）	79
	タイル　　　　　　　　　　　　　　　（INAX）	51		シャワーチェア　　　　　　　　　　（イーストアイ）	80
	タイル　　　　　　　　　　　　　　　（INAX）	51		シャワーチェア　　　　　　　　　　（イーストアイ）	80
	コルクタイル　　　　　　　　　　（東亜コルク）	52		シャワーチェア　　　　　　　　　　（アロン化成）	81
浴室床材	木材　　　　　（協業組合ジャパンウッド）	52		入浴補助用具　　　　　　　　　　　　（TOTO）	81
	すのこ　　　　　　　　　　　　　　　（TOTO）	53		シャワーチェア　　　　　　　　　（相模ゴム工業）	82
	マット　　　　　　　　　　　　　　　（ウイズ）	53		マルチシート　　（アビリティーズ・ケアネット）	82
	天然系床材　　　　　　　　（上田敷物工場）	54		入浴用踏台兼いす　　　（星光医療器製作所）	84
建具	3枚引戸　　　　　　　　　　　　　（TOTO）	54		水まわり用車いす　　　　　　　　　　（TOTO）	84
	3枚引戸　　　　　　　　　（三協立山アルミ）	55		シャワー車いす　　　　　　　　　　　（ウチヱ）	85
	排水ユニット　　　　　　　　　　　（INAX）	55		トランスファボード　（パナソニック電工ライフテック）	86
浴槽・ユニットバス・シャワー関連・介護浴槽	浴槽　　　　　　　　　　　　　　　（メトス）	56		トランスファボード　　　　　　　　（アロン化成）	87
	浴槽　　　　　　　　　　　　　　　　（INAX）	57		トランスファボード　　　　　　　（相模ゴム工業）	88
	浴槽　　　　　　　　　　　（JFE建材住設）	57		洗面器置台　　　　　　　　　　　　　（TOTO）	88
	システムバス　　　　　　　　　　　（TOTO）	58		洗面器置台　　　（パナソニック電工ライフテック）	89
	ユニットバス　　　　　　　　　　　（TOTO）	58		洗面器置台　　　　　　　　　　　（アロン化成）	89
	ユニットバスルーム　　　　　　　　（INAX）	59	浴室手すり・手すり	入浴ボード　　　　　（竹虎ヒューマンケア）	90
	システムバスルーム　　　（パナソニック電工）	60		浴室手すり　　　　　　（DIPPER ホクメイ）	90
	ユニットバス　　　　　　　（サンウエーブ工業）	61		バスタブ手すり　（パナソニック電工ライフテック）	91
	ユニットバス　　　　　　　（積水ホームテクノ）	62		バスタブ手すり　　　　　　　　　　（アロン化成）	92
	システムバスルーム　　　（日立ハウステック）	63		バスタブ手すり　　　　　　　　　　（イーストアイ）	92
	シャワーブース　　　　　　　　　　（INAX）	63		浴室手すり　　　　　　　　　　　（相模ゴム工業）	93
	シャワーブース　　　　　　（積水ホームテクノ）	64		浴室手すり　　　　　　　　　　　　　（イズミ）	93
	シャワーブース　　　　　　　　　　（INAX）	65		浴室手すり　　　　　　　　　　　　　（TOTO）	94
	シャワーブース　　　　　　　　　　（TOTO）	66		手すり　　　　　　　　　　　　　　（アトラス）	95
	多機能シャワー　　　　　（パナソニック電工）	67		手すり　　　　　　　　　　　　　（アロン化成）	95
	多機能シャワー　　　　　　　　　　（TOTO）	66		手すり　　　　　　　　　　　　　　　（TOTO）	96
	昇降式介護浴槽　　　　　　　　　　（メトス）	68		後付け手すり　　　　　　　　　　（松屋産業）	91
	いす昇降式介護浴槽　　　　　　　（メトス）	68		後付け手すり　　　　　（DIPPER ホクメイ）	97
	介護浴槽　　　　　　　　　　　　（酒井医療）	69		ニギリバー　　　　　　　　　　　（リラインス）	98
	簡易浴槽　　　（アビリティーズ・ケアネット）	70		バー取付システム　　　　　　　　（リラインス）	98
	入浴用リフト　　　　　　　　　　（モリトー）	70			
浴室水栓金具他	水栓金具　　　　　　　　　　　　　（TOTO）	71			
	水栓金具　　　　　　　　　　　　　（TOTO）	71			
	取替用水栓　　　　　　　　　　　　（INAX）	72			
	スライドバー　　　　　　　　　　　（TOTO）	73			
	スライドバー　　　　　　　　　　　（INAX）	73			
照明・暖房	浴室照明　　　　　　　　　　　（オーデリック）	74			
	浴室照明　　　　　　　　　　　　（大光電機）	74			
	浴室暖房　　　　　　　　　　　　（東京ガス）	75			
	浴室暖房　　　　　　　　　　　　（東京ガス）	76			
	浴室暖房　　　　　　　　　　　　　（TOTO）	77			
	浴室暖房　　　　　（ヤマハリビングテック）	78			

内装材料
Interior material

(株)千代田商会
TEL (03) 3567-0569　FAX (03) 3561-2050

TOTO
TEL (0120) 03-1010

コルクタイル
暖かく、肌に違和感を感じさせないタイル

■ロビンソン浴室床タイル

施工例　冬マイナス10度になる八ヶ岳の別荘で使用

●特徴
・暖かく、肌に違和感を感じさせない
・弾力があるので、無機的な硬さがない
・滑らないとは言えないが、一般通念・概念や経験からは滑りにくいといえる
・腐蝕されないので、特別な手入れがいらない
・通常使用で、破損摩耗の懸念がない
・通常の磁器タイルと同様の方法で工事ができる

●価格

品番	ヨク・150DJR
	1㎡＝46枚 148×148×13mm
価格	￥38,640/㎡

http://www.chiyodashokai.co.jp

タイル
浴室専用のすべりにくい床タイル

■グリップフロアB　HNシリーズ150/200

アイボリー
AP15#HN10N(150角)
AP20#HN10(200角)

グレー
AP15#HN1N(150角)
AP20#HN1(200角)

ピンク
AP15#HN2N(150角)
AP20#HN2(200角)

ブラウン
AP15#HN3N(150角)
AP20#HN3(200角)

グリーン
AP15#HN4N(150角)
AP20#HN4(200角)

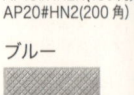

ブルー
AP15#HN5N(150角)
AP20#HN5(200角)

Gグレー
AP15#HN21(150角)
AP20#HN21(200角)

Gピンク
AP15#HN22(150角)
AP20#HN22(200角)

Gレッド
AP15#HN23(150角)
AP20#HN23(200角)

Gブラック
AP15#HN24N(150角)
AP20#HN24(200角)

●特徴
TOTO独自のピタリ面状が優れた耐すべり性を発揮。すべりによる転倒事故が心配される浴室に最適なタイルです。

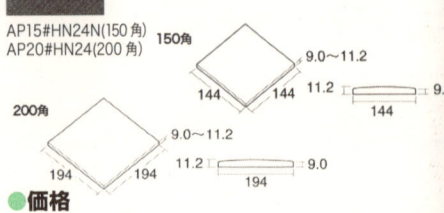

●価格

形状		品番	希望小売価格(円)	実寸法(mm)	目的共寸法(mm)
150角	平(ベーシック)	AP15#HN10N,1N〜5N	8,950/㎡	144×144	150×150
	平(グラニット)	AP15#HN21〜24	9,650/㎡	144×144	150×150
200角	平(ベーシック)	AP20#HN10,1〜5	10,800/㎡	194×194	200×200
	平(グラニット)	AP20#HN21〜24	11,400/㎡	194×194	200×200

http://www.toto.co.jp

内装材料
Interior material

(株) INAX お客さま相談センター
TEL (0120) 1794-00　FAX (0120) 1794-30

タイル　水まわりに滑りにくさと快適な歩行感を提供する

■レガークア

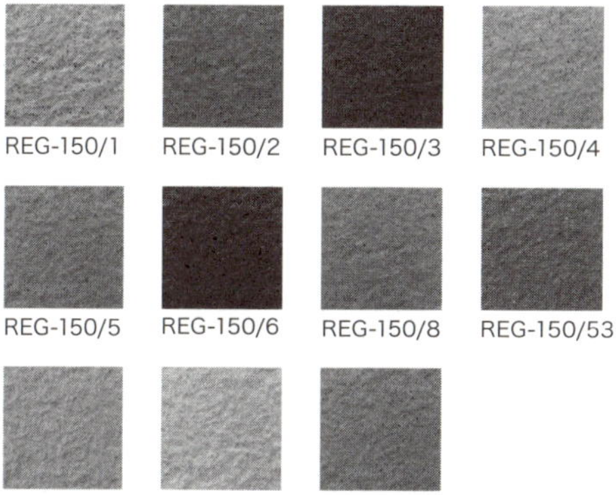

REG-150/1　REG-150/2　REG-150/3　REG-150/4
REG-150/5　REG-150/6　REG-150/8　REG-150/53
REG-150/54　REG-150/55　REG-150/56

※磁器質／無釉

●特徴
- プールサイド床などをも想定して徹底的に「滑りにくさ」を追求した構造だから、入浴中の歩行が今までよりも安心して行える。
- 豊富なカラーバリエーションの中から、好みの色を選べるので、入浴の楽しみも倍増。
- 抗菌商品は特注にて対応。

●仕様／価格

レガークア	
品番	REG-150/1…56
寸法	144×144×13mm（目地共寸法：150×150）
価格	¥12,915／㎡

http://www.inax.co.jp/

(株) INAX お客さま相談センター
TEL (0120) 1794-00　FAX (0120) 1794-30

タイル　浴室などの水まわり空間に適したタイル

■ミスティフロアキラミックⅡ

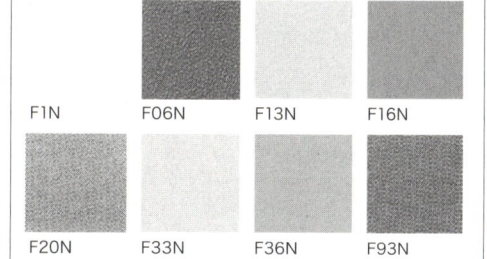

F1N　F06N　F13N　F16N
F20N　F33N　F36N　F93N

●特徴
抗菌機能を付加した計14色のタイル

ミスティフロアキラミックⅡ	
品番	NPKC-150／F1N…F93N
寸法	147.75×147.75×厚5.0mm
価格	¥11,550／㎡

■サーモタイル ミルキーDX Ⅱ

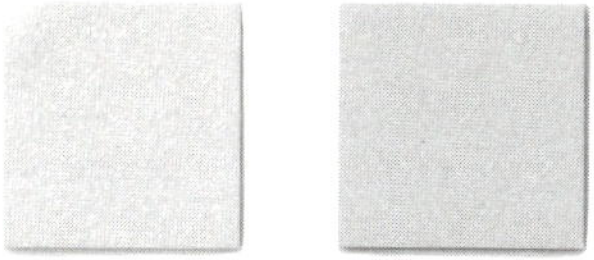

11N　12N

●特徴
すべりにくく、ヒンヤリ感の少ないやさしい感触の浴室用床タイル。他に50mm角、200mm角もある。

サーモタイル ミルキーDXⅡ　100mm角ネット張り	
品番	MLK-100NET/11N〜16N
寸法	目地共寸法 300×300×厚9.0mm
価格	¥11,235／㎡

■内装用防汚目地材 スーパークリーン　バス・トイレ

●カラー　8色
MJS/SS-11K（ホワイト）：¥3,780／袋（8kg）
MJS/SS-22K〜SS-42K（7色）：¥1,890／袋（4kg）

http://www.inax.co.jp/

入浴

内装材料／浴室床材
Interior material, Bathroom floor material

東亜コルク（株）
TEL（072）872-5691　FAX（072）872-5695

協業組合ジャパンウッド
TEL（054）296-6534　FAX（054）296-6546

コルクタイル
強度・耐摩耗性で優れた特製を発揮

■強化ウレタン仕上げコルク

●特徴
・ウレタン仕上げ：耐摩耗性をはじめとする保温性、弾力性、肌触り、経済性などトータルに優れている。
・表面へのウレタン樹脂塗布により、高い強度と美しい光沢を実現。

●ナチュラルカラー
- HK-L5 
- HK-25 
- HK-B5

●カラーコルクタイル
- CB-5 ブラウン 
- CD-5 ダーク
- CW-5 エクリュホワイト
- CE アース

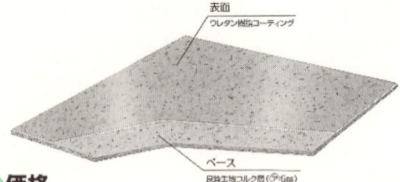

●価格

ナチュラルカラー

品名	厚み	㎡単価	枚単価
HK-L5	5mm厚	¥9,470/㎡	¥860/枚
HK-25	5mm厚	¥10,740/㎡	¥980/枚
HK-B5	5mm厚	¥12,710/㎡	¥1,160/枚

カラーコルクタイル

品名	厚み	㎡単価	枚単価
CD-5（ダーク）	5mm厚	¥10,740/㎡	¥980/枚
CB-5（ブラウン）	5mm厚	¥10,740/㎡	¥980/枚
CW-5（エクリュホワイト）	5mm厚	¥10,860/㎡	¥990/枚
CE-5（アース）	5mm厚	¥10,740/㎡	¥980/枚

●サイズ（全色共通）
W300 × D300 × 厚さ　※他に 3.2mm がある。

http://www.toa-cork.co.jp/

木材
さわやかな室内環境を創る無垢材

■ダイヤウッド

〈施工例〉バスルーム　国産桧・杉の無垢材

●特徴
・表面形状が大きい上、厚みをもたせているので保湿性はもちろん、室内の温度の吸・放湿性に優れ、結露を防ぐなど、いつも爽やかな室内環境を創る。
・入念に人工乾燥（含水率13％以下）させてあるので、冷暖房などからくる狂いが生じにくく、施工後も安定した状態を保つ。
・組合わせ（本ザネ加工）による連続壁のため、壁面積が広がり、音の反響がまろやかで吸音・遮音効果にも優れ（静岡県工業技術センター実験）、学校の音楽室や図書室など特に防音を要する室内の壁面内装に最適。
・塗装の際は内・外装とも浸透性塗料を使用のこと。

ダイヤウッド 本実 -15
DF-31／32　入数：10
3900 × 80 × 15mm
1束価格 ¥20,790
㎡価格 ¥6,663/㎡
2900 × 80 × 15mm
1束価格 ¥15,750
㎡価格 ¥6,789/㎡

ダイヤウッド クラシック -65
DC-01／02　入数：4
3900 × 65 × 32mm
1束価格 ¥11,550
㎡価格 ¥11,435/㎡
2900 × 65 × 32mm
1束価格 ¥9,240
㎡価格 ¥12,319/㎡

http://www.japanwood.web.infoseek.co.jp

浴室床材
Bathroom floor material

(株)ウイズ
TEL (06) 6536-9990　FAX (06) 6536-9980

TOTO
TEL (0120) 03-1010

マット
バスタブの内外に敷くスベリ止めマット

■スベリ止め浴槽マット「あんしん」

●特徴
- 表面に無数の弾力のある特殊加工が吸盤様に働く。
- 水に沈みやすく、重くしてある。
- 抗菌加工。
- 濡れても、水の中でもスベリ止め効果は変わらない。
- ビロードのような肌ざわりで快適。
- 吸盤も粘着テープもなしに置くだけですべらず、取り外しも楽。
- 浴室はもちろん、ベット脇や玄関マットとしても使える。

●マット断面図
断面図　0.26mm

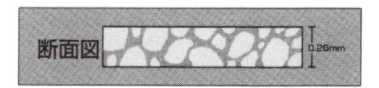

●価格
¥8,400

●仕様
カラー：グリーン
サイズ：400×550mm
材質：改質アクリル弾性体
重量：1kg

●取扱い上の注意
- 防カビ加工済商品だが、タンパク質、水垢、石けん等の付着物は、カビ発生の原因となり、スベリ止め効果が低下する。スベリ止め効果が低下した場合は、中性洗剤でやさしく洗い流す。
- 浴室で連続使用の場合、完全乾燥の必要はない。
- 直射日光はさける。

http://www.hello-with.com/

すのこ
浴室の出入口の段差をなくし安心入浴

■浴室すのこ（カラリ床）

●特徴
- 改造工事不要。洗い場の床にユニットを組み合せて置くだけ。
- すのこはユニット分割式ですき間の少ない幅広ユニット。
- すのこの水たまりを解消。翌朝には床が乾きます。

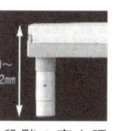

無段階の高さ調節で、60mm～172mm の高さに調節ができる。

持ち上げやすい手がかりで掃除が簡単。

裏面は汚れにくい形状で、髪の毛がからまりにくい。

●必要ユニット数例

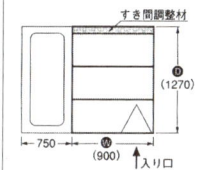

- 洗い場スペースが W=900、D=1270 の場合
（図はすのこ EWB461 を 3 枚使用した例）
- イージーオーダーも承る

●価格

EWB460（300 幅ユニット）　　　　　¥18,795
(950 サイズ)　　　　299×949 以下×60～172mm

EWB461（400 幅ユニット）　　　　　¥24,255
(950 サイズ)　　　　399×949 以下×60～172mm

EWB462（300 幅ユニット）　　　　　¥24,255
(1250 サイズ)　　　299×1249 以下×60～172mm

EWB463（400 幅ユニット）　　　　　¥32,025
(1250 サイズ)　　　399×1249 以下×60～172mm

http://www.toto.co.jp/

入浴

建具
Fittings

(株)上田敷物工場
TEL (0739) 47-1460　FAX (0739) 47-3225

TOTO
TEL (0120) 03-1010

天然系床材料
車いす・バリアフリー対応脱衣室用竹床材

■竹床材

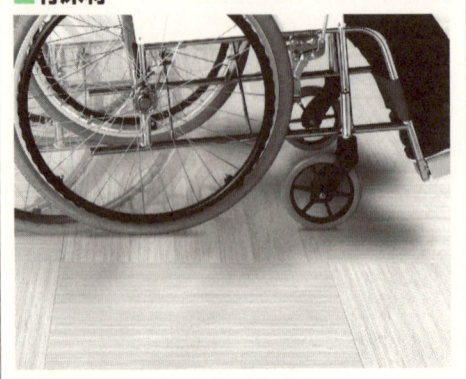

●**ホスケア竹**
HOS-B3
¥15,645／㎡（税込）

サイズ：W500mm×D500mm×厚み約5mm
重量：約5.2kg／㎡
入数：16枚／梱
表面材：竹100%
バック材：天然ゴム

●**構造図**
竹100%／基布／天然ゴム　約5mm

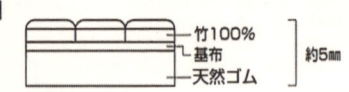

ホスケア竹
HOS-B3

●**特徴**
・組織が細かく、虫がつきにくいモウソウ竹の硬質の皮部分を使用。
・温度、湿度などの影響を受けにくいため、寸法安定性に優れています。
・環境にやさしい天然ゴムを使用。

●**用途**
＜一般家庭用＞車いす使用の洗面脱衣室
＜業務用＞高齢者福祉施設脱衣室

http://www.uedashikimono.co.jp/

3枚引戸
車いすを使う時も安心のフットガード付引戸

■段差解消3枚引戸

EWBS600R
¥165,900
1600サイズ
有効開口930mm

EWBS601R
¥141,750
1400サイズ
有効開口808mm

●**特徴**

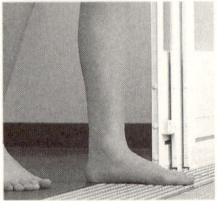

出入口の段差をなくし、つまずきや転倒の不安をなくした安心設計。

水はけのよいグレーチングと大容量のピットで水じまいがよくなり、より快適に。

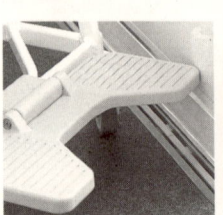

引戸の障子部には割れを防止するフットガードが付き、車いすなども安心して使用できる。

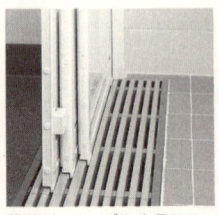

開閉がスムーズな上吊りランナー方式。下レールはグレーチングをガイドとしている。

●**材質**
枠本体：　　アルミニウム
ドア本体：　框　　アルミニウム
　　　　　　障子　スチロール板
　　　　　　引手　ポリプロピレン樹脂
　　　　　　　　　アルミニウム
グレーチング：ポリプロピレン樹脂

http://www.toto.co.jp/

建具
Fittings

株協立山アルミ (株)
TEL (0766) 20-2251

(株) INAX お客さま相談センター
TEL (0120) 1794-00　FAX (0120) 1794-30

3枚引戸 — ハンドルやロックにも細やかな配慮をした引戸

■バリアフリー対応3枚引戸

【寸法】
1625×1805mm

【カラー】
ホワイト

【有効開口幅】
6尺間：　940mm
4.5尺間：740mm

【セット価格】
6尺間：¥113,085
（樹脂パネル入り）

● 特徴
・握りやすく操作しやすい大型引手は、触れた時に冷たくない樹脂製。
・万一の事故に備えて、脱衣室側からも解錠できる安心設計のロックを採用。
・有効開口部は6尺間で940mm確保。介護の必要な方でも介護者と一緒に出入りがラクにできる。
・脱衣室と浴室の床段差も3mm以下なので、スムーズな出入りが可能。

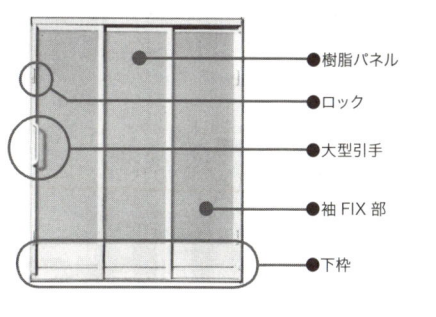

部位名称：
- 樹脂パネル
- ロック
- 大型引手
- 袖FIX部
- 下枠

排水ユニット — つまずきに配慮した出入口段差解消用

■トラップ付排水ユニット（出入口段差解消用）

● 特徴
水切性に優れ、乗っても安心な樹脂グレーチングを使用したシリーズ。

● PBF-TM3-90T（縦引きトラップ）

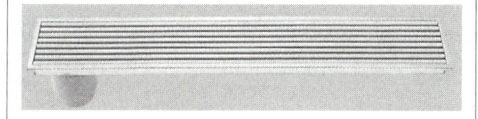

W894×D144×H178mm　　　　　¥27,300
PBF-TM3-90Y（横引きトラップ）　¥28,350

● PBF-TM3-75T（縦引きトラップ）

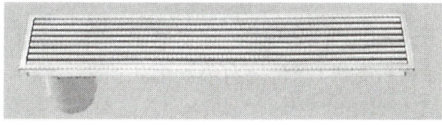

W744×D144×H178mm　　　　　¥24,150
PBF-TM3-75Y（横引きトラップ）　¥25,200

※出入口用以外に主排水用排水ユニットとしてもご使用になれます。別途主排水ユニットを設置し、水勾配も主排水ユニット側にとるよう施工すること。

入浴

http://www.sankyotateyama-al.co.jp/　　http://www.inax.co.jp/

浴槽
Bathtub

(株)メトス
TEL (03) 3542-3455　FAX (03) 3542-6765

浴槽

様々な人が入浴を楽しむことが出来る浴槽

■ 個粋

家族用

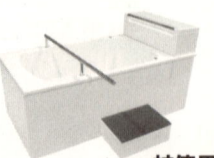

杖使用の方用

歩行器使用の方用

車椅子自操、介助の方用

● 特徴
・普通の浴槽としても利用するために、機械的な部分にはカバーをつけています。
・さりげなくサポートする手すりをいくつも設けています。また、手すりは垂直方向にも水平方向にも取り付けることができます。
・いす昇降機とシャワーキャリーが兼用できます。移乗介助の回数が少なく介護者にも負担をかけません。

● 価格
¥2,992,500 (税込)

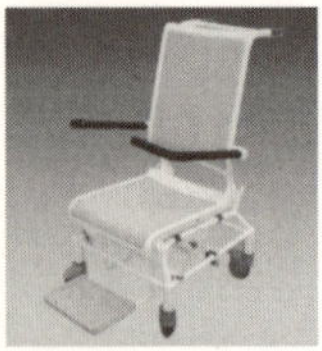

シャワーキャリー
・シャワーキャリーは価格に含まれています。

仕様	
寸法	W1565 × D800 × H830 (昇降機ボックス高)
重量	FRP 浴槽、昇降装置：160 kg シャワーキャリー：35 kg
使用湯量	280 ℓ (満湯量　約350 ℓ)
電源	単相 100V 50／60Hz　50A アース付 消費電力：800W 浴室内に配電盤を設置し、漏電ブレーカーを設けること (感電電流 15mA)
いす揚重能力	100 kg
配管接続	排水：2G オネジ接続口
材質	FRP 及びステンレス製
製造	昭和飛行機工業株式会社

● オプション
手すり　　　　　113,400 円(税込)
移乗ボード　　　 79,800 円(税込)
シートベルト　　　8.400 円(税込)

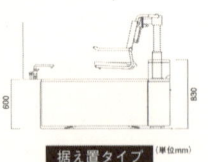

据え置タイプ (単位mm)

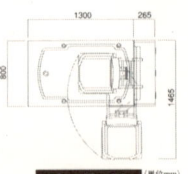

参照図 (単位mm)

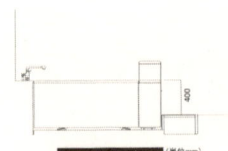

埋め込みタイプ (単位mm)

■ 個粋 ⁺

● 特徴
ゆったりサイズのプラス 17cm
個粋⁺も新登場！！

● 価格
¥3,675,00 (税込)

個粋より 17cm 長い

http://uchie.co.jp

浴槽
Bathtub

（株）INAX お客さま相談センター
TEL (0120) 1794-00 FAX (0120) 1794-30

浴槽　高齢者はもちろん家族みんなに優しい設計

■高齢者配慮浴槽
●特徴
- 浴槽内で体を安定させるための握りやすいハンドグリップ。
- 一旦腰掛けてから入浴できる移乗スペース。
- プッシュワンウェイ式排水栓。
- 立ち上がる時につかまりやすい細めのフランジ。
- 滑り止め用に底面凹凸模様。

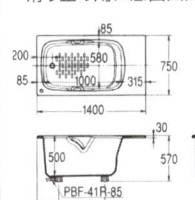

●シャイントーン浴槽
VBN-1420HPL/G15
¥285,600

●グラスティN浴槽
ABN-1420HPL/P91
¥205,800

■ニュージーニアル
●特徴
- 二方介助も可能な二方半エプロン仕様。
- 飽きのこないシンプルデザイン。
- 入りやすさや安全性を考慮したステップ付。

●1400サイズ
NB-1401DMBL/L11
¥215,250

●1200サイズ
NB-1201DMBL/L11
¥189,000

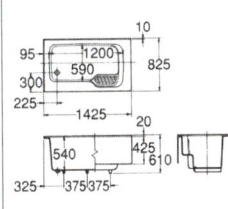

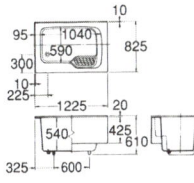

http://www.inax.co.jp/

JFE建材住設（株）
TEL (03) 5626-7012 FAX (03) 5626-7211

浴槽　使いやすさを重視したステンレス浴槽

■高齢者対応型ステンレス浴槽
●特徴

国土交通省の「長寿社会対応住宅設計指針」に基づいて作られたステンレス浴槽です。
- 高さ55cmだから楽々のまたぎ高さ
- 浴槽に安心してつかれる手すり付
- 入浴しやすい腰掛けスペース
- 湯底と腰掛けスペースにエンボスの加工
- 浴槽レベルを調整できるアジャスター付
- 耐久性を誇るステンレス製
- 清掃が簡単、清潔、快適

●1400サイズ
KS140SV　¥285,600
●ふろ蓋
TWC-120　¥12,810

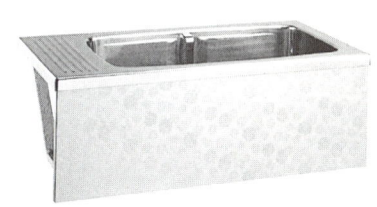

KS140SV
なでしこ（N）
（1方全エプロン簡易着脱式）

●1200サイズ
KS120SV　¥252,000
●ふろ蓋
TWC-100　¥10,710

KS120SV
なでしこ（N）
（1方全エプロン簡易着脱式）

http://www.jfe-kenzai.co.jp/product/

入浴

浴槽／ユニットバス
Bathtub, Modular bath

TOTO
TEL（0120）03-1010

TOTO
TEL（0120）03-1010

システムバス
座ったまま
ラクラク入浴

ユニットバス
スペースは
そのままでより大きなバスに

■戸建住宅用システムバスルーム　スプリノFタイプ（ベンチカウンタータイプ）

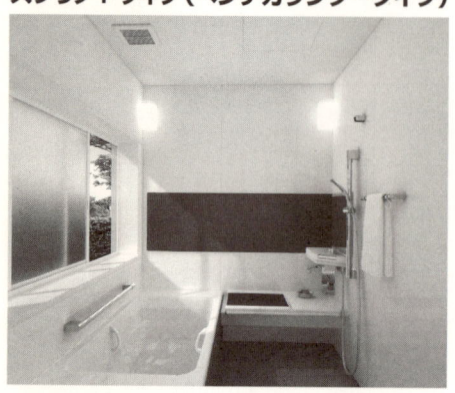

■WRひろがるシリーズ

● 特徴

・「魔法びん浴槽」二重断熱構造により、6時間後の温度低下はたったの2℃。

・「ソフトカラリ床」すべりにくくて、やわらかい。水はけもよく、翌朝の床はカラッとさわやか。

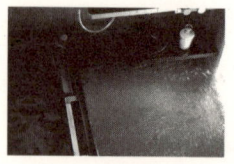

・「ヌメリま洗Ag+」スイッチを押すだけで、洗い場に銀イオン水を散布。排水溝のヌメリやにおいの元となる雑菌の繁殖を抑えます。

● 特徴

・独自のスリム構造と、配管経路の見直しにより、従来のシステムバスルームと建物の壁の間にあったデッドスペースを削除。
・サイズアップは壁の厚みを変えずに壁ジョイント部をスリムにしたことと、壁裏の出っ張りを抑えた薄型配管を採用することにより実現。
・お湯が冷めにくい「魔法びん浴槽」も基本仕様。

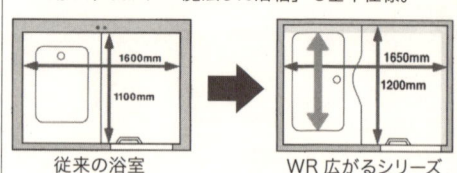

従来の浴室　1600mm／1100mm　→　WR広がるシリーズ　1650mm／1200mm

● 価格（本体）　※基本プランの場合

サイズ	本体希望小売価格（税込）
1721サイズ（1.25坪用）	¥1,774,500〜
1717サイズ（1坪用）	¥1,564,500〜

● 価格（万円）

サイズ＼タイプ	Qタイプ 手すり一体タッチ式水栓タイプ	Pタイプ スライドバータイプ	Xタイプ 洗面器置台カウンタータイプ
1316	1,210,650	1,147,650	1,093,050
1216	1,161,300	1,098,300	1,043,700
1117	—	1,098,300	—
1116	—	1,079,400	—

サイズ＼タイプ	Dタイプ ストレートカウンタータイプ	Tタイプ スリムカウンタータイプ	Sタイプ スッキリタイプ
1316	960,750	914,550	878,850
1216	911,400	865,200	829,500
1117	911,400	865,200	829,500
1116	892,500	846,300	810,600

※魔法びんなし仕様はマイナス¥47,250

http://www.toto.co.jp／

http://www.toto.co.jp／

ユニットバス
Modular bath

㈱ INAX　お客さま相談センター
TEL (0120) 1794-00　FAX (0120) 1794-30

ユニットバスルーム

動作のバリアフリーに加え、温度のバリアフリーも兼ね備えた安心の「温もり」空間を実現

■プレシオ〈BTD-1616TBSH〉

本体標準仕様価格	¥1,228,500
写真セット価格	¥1,349,040

写真セット仕様内訳
- 壁：200mm角タイル　（標準仕様）
- 浴槽：FRPオーバル浴槽　（標準仕様）
- 浴槽水栓：なし　（標準仕様）
- 洗い場水栓：スプレーシャワー＋鏡埋込サーモ水栓　（標準仕様）
- ドア：折り戸　（標準仕様）
- 換気設備：天井換気　（標準仕様）
- 収納：(S収納)ロングミラー＋収納棚　（標準仕様）
- 天井：ドームアップ天井　（標準仕様）
- 照明：間接型照明　（標準仕様）
- タオル掛　（標準仕様）
- 握りバー：I型　（標準仕様）
- 窓：引違い窓　＋¥102,900
- 窓開口補強セット：WR102S　＋¥3,465
- 強制循環追いだきセット　＋¥14,175

●サーモフロア
中空バルーンを含んだ独自の断熱層を持つ床。光熱費ゼロで不快な浴室床の冷たさを解決し、血圧変動を低減。

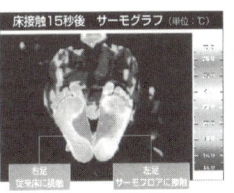

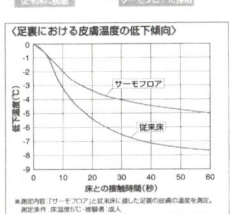

●サーモバス
- 厚さ20mmの保温材をサンドイッチした専用組フタで上から逃げていく温まった熱を閉じこめる。
- 厚さ30mmの専用浴槽保温材で浴槽を包み、温まった熱を逃さない。
- 専用の床保温シートが空気の層を作って防水パンを包み、床下から進入する空気を防ぐ。

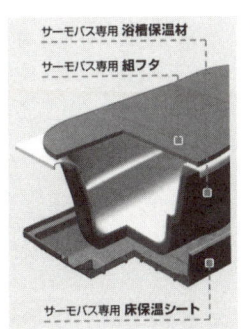

① 握りバー：浴槽への出入りや、洗い場での動作を助ける握りバー。
② 洗面器台：ムリのない姿勢で使える洗面器台。
③ フランジ：つかみやすく、またぎやすい形状のフランジ。
④ 床段差：入口段差は3mm以下、ドアの有効開口は650mm以上確保し、出入りがスムーズ。より大きな間口が確保できる3枚引き戸や、親子ドアも用意。
⑤ 浴槽握りバー：浴槽に握りバーを設置し、浮力で不安定になりがちな浴槽内での動きをサポート。

●シャワー・ド・バス（オプション）
- 10カ所のノズルから微細なシャワーを噴出し、身体全体を包み込ことにより、お湯につかるのと同じように全身が温まる。
- 湯量は一般的な浴槽の1/4～1/5。経済的で節水に役立つ。

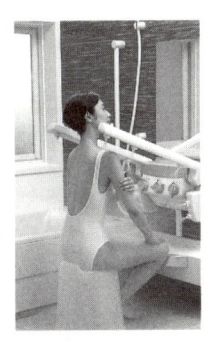

入浴

http://www.inax.co.jp/

ユニットバス
Modular bath

パナソニック電工（株）　お客様ご相談センター
TEL（0120）878-365

システムバスルーム

温度のバリアフリーを浴室全体で実現し、座って入れる「ゲンキ浴シャワー」を装備

■イーユ〈iu〉キモチ浴タイプ

本体標準仕様価格
iu（イーユ）
　キモチ浴タイプ
　1717 サイズ（1.0 坪）　ベースプラン価格　　￥1,103,760

写真プラン価格　　￥1,819,125
写真セット仕様内訳
追加オプション
　握りバーⅠ型Ｎタイプ　　　　　　　　　　＋￥22,050
変更アイテム
　浴槽：ニューアクレージュバス　　　　　　＋￥84,000
　壁：ビアンコマーブル柄　　　　　　　　　＋￥63,000
　ルーバー天井　　　　　　　　　　　　　＋￥181,965
　ゲンキ浴シャワーＳ　　　　　　　　　　＋￥150,150
　タオル掛けＮタイプ　　　　　　　　　　　＋￥6,300
　スライドバー　　　　　　　　　　　　　　＋￥34,650
　など

●ゲンキ浴シャワー
・ゲンキ浴シャワーは、温かく細かなミストが、肩腰、手の先から足の先まで包み込むように温めて、お湯のパワーを体の内側に届ける。
・座って入浴するから血圧の変動はわずか。体への負担が少ないから、お年寄りにも優しい。

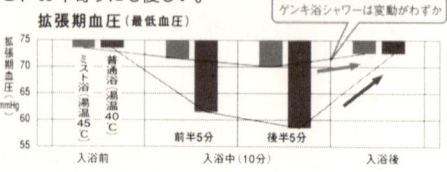

●浴槽はこすらずキレイ
・アクリル系人造大理石「ニューアクレージュ」は表面が滑らかで、汚れが付きにくく、落ちやすい。だから洗剤をかけてシャワーで流すだけでこすらなくてもキレイになる。

●温度のバリアフリー

●暖房換気乾燥機
・多彩な機能を装備した暖房換気乾燥機が標準装備。冬の一番風呂も快適。

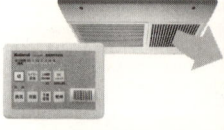

●まるごと保温
・浴槽は最新の真空断熱材で保温。さらに浴室も天井、壁、床すべてを断熱して、ひと部屋まるごと保温。暖かさを徹底して守ることで温度のバリアフリーを実現。

●キモチ浴あったかフロアー
・冬でも快適な床暖房。無数のミクロの凹凸で滑りにくく、すばやく乾燥する。また、掃除もしやすい。

●ユニバーサルデザイン
・出入口ドア：つまずきにくいわずか3ミリの段差。水が脱衣室側に流れ出ない設計。
・広縁浴槽：タマゴ浴槽は、広い縁に腰掛け、安定した姿勢で出入りできる。
・握りバー・スライドバー：立ち座りのときに安心のスライドバー、浴槽への出入りや入浴中に便利な握りバーを用意。
・カウンター：深くかがまずラクな姿勢で洗える、洗面器置きがついたカウンター。

http://national.jp/sumai/

ユニットバス
Modular bath

ンウエーブ工業（株）
EL (0120) 1905-21

ユニットバス

洗い場から浴槽への出入りをスムーズにサポートするシステムバスルーム

■ サンリフレ〈BR ワイド〉

● 特徴
- 浴槽の縁にある「腰掛けスペース」にいったん座ってから入浴することができるので、足腰に負担がかかりにくい。
- 「またぎ高」43cm、浴槽の底面と床の高低差もわずか 7cm の安心設計。
- ハンドグリップをつかめば浴槽内でも姿勢が安定。
- 握りバーは洗い場での立ち座りをしっかりサポート。
- 床には水を溜めない親水加工の「カラぴたフロア」を、また浴槽の底には滑り止めパターンをそれぞれ採用することで、滑りにくいから安心。
- 浴槽の縁の中央部分は、しっかり握れる 6cm 幅。

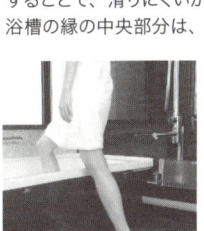

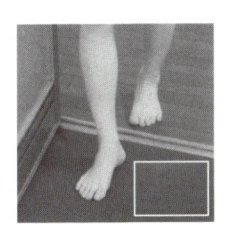

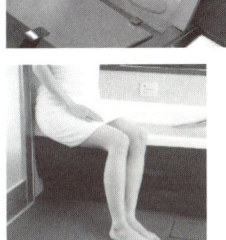

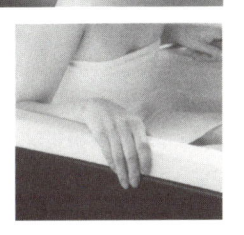

入浴

■ カドまる仕上げ

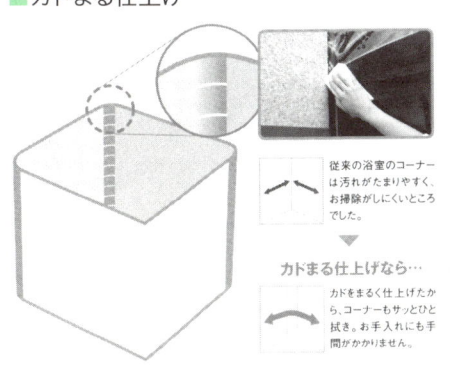

従来の浴室のコーナーは汚れがたまりやすく、お掃除がしにくいところでした。

↓

カドまる仕上げなら…

カドをまるく仕上げたから、コーナーもサッとひと拭き。お手入れにも手間がかかりません。

● 特徴
- お掃除のしにくかった浴室のコーナーをまるく仕上げました。カドの奥につなぎ目もなく、拭き掃除がとても簡単。
- 独自のラウンド形状につくられた部材で壁と壁をまるくつなぐ。

■ 浴室まるごと保温

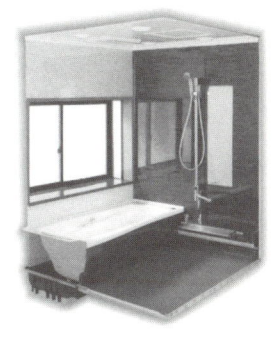

● 特徴
- 浴槽だけではなく面積の大きい壁パネルのほか、天井や窓など浴室全体を保温効果の高い部材で包み込んで、あたたかさをより長くキープする構造。
- 二重構造のガラス間にある 6mm の空気層が外気との温度差をやわらげることで、高い断熱効果を発揮。

● 価格例

1坪用

Ⅰグレード標準セット	¥1,572,900（税込）
写真プラン合計価格	¥2,152,500（税込）

ttp://www.sunwave.co.jp

ユニットバス
Modular bath

積水ホームテクノ（株）
TEL (03) 5521-0539　FAX (03) 5521-0540

ユニットバス

人間生活工学が作った可変浴室システム

■介護・自立支援浴室システム
●特徴
・滑りにくい床、さまざまな入浴姿勢を考慮した浴槽形状など、高齢者が安全に入浴できる。
・半身マヒなどの身体機能の状況に合わせて、バスタブの配置を左、中央、右と3パターンに変更ができる。入浴介護リフトの設置も可能。
・車いすやシャワーキャリーのとりまわしを想定し、足もと洗いにも対応できる湯桶台カウンター形状を採用し、出入りしやすく、介助しやすいゆとりのスペースを確保している。
・各部に適切に配置された手すり。

●価格

2020 Ⅱ型	¥2,564,100 〜
2020 Ⅳ型	¥1,986,600 〜
1621 S型	お問い合わせください
1618 S型	
1616 S型	

（工事費別）

2020型Ⅳ型

●ユーザー可変浴室システム（2024 Ⅱ型、2020 Ⅳ型）

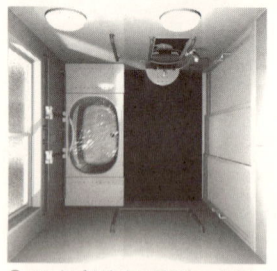

①バスタブを中央に配置し、自立した人が入りやすい状態になっている。

②バスタブを左、または右に配置することで、介護が必要な人（片マヒ）がシャワーキャリーなどで入浴しやすい状態になっている。

③突起の部分に座ることができ、2人で介護するのに適した広さを確保している。

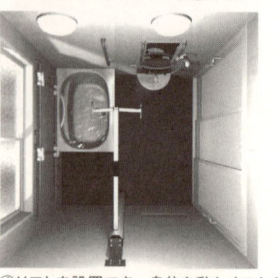

④リフトを設置でき、身体を動かすことがむずかしい人をお風呂に入れるときに介護しやすい状態を作り出せる。

●浴室システム 1618 S型

設置必要寸法
1,535 × 1,695 mm

●浴室システム 1621 S型

設置必要寸法
1,695 × 1,845 mm

http://www.sekisui-hometechno.co.jp/

ユニットバス／シャワーブース
Modular bath, Shower booth

《株》日立ハウステック
TEL (03) 5248-5500　FAX (03) 5248-5514

《株》INAX　お客さま相談センター
TEL (0120) 1794-00　FAX (0120) 1794-30

システムバスルーム
深みのある質感が格調高い空間を生み出す

■ COCUAS（コキュアス）

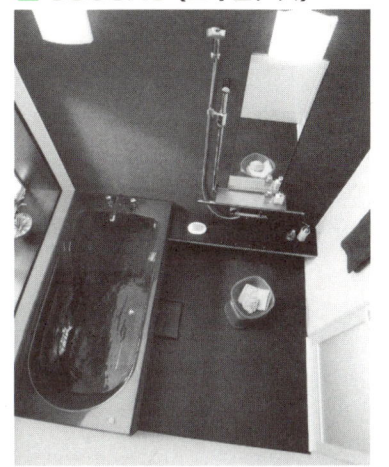

温もリッチ仕様　写真セット価格　¥1,650,500

● 特徴

床
・新開発の「3（み）体験フロア」を搭載。乾きやすい上に、滑りにくさと汚れにくさを兼ね備えた、安全でお掃除しやすい浴室が実現できる。

3（み）体験フロア

● ミクロストップ
・浴槽底の凸部に微細な砂目加工を施し、滑りにくくすることで、お子様からお年寄りまで安心して入浴できる。

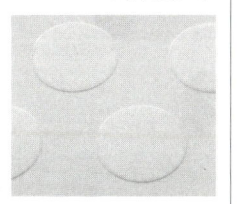

● 本体基本価格　（温もリッチ仕様）

	マベラスメタルライン	マベラス	マベラスクアドラ	アートウォール	ディンプル	プライティアライト	プライティアマット
1620	¥1,897,350	¥1,592,850	¥1,466,850	¥1,466,850	¥1,440,600	¥1,414,350	¥1,414,350
1616	¥1,514,100	¥1,262,100	¥1,157,100	¥1,157,100	¥1,136,100	¥1,115,100	¥1,115,100

http://www.hitachi-ht.com

シャワーブース
気軽に使えるセカンドバスにぴったり

■ シャワールームユニット

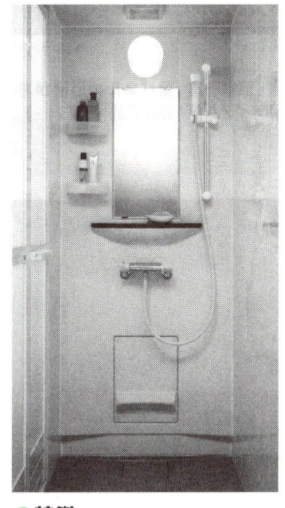

SPB-0812TBSH
本体標準仕様価格
¥535,500

● 特徴
・防水性、防湿性に優れ2階にも設置可能なので、セカンドバスとしての使用にもおすすめ。

カウンター　　サーモ水栓

フットレスト 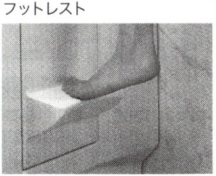　　収納棚

● 仕様
サイズ：800×1150mm（内寸）
タイプ：ビルトインタイプ
壁：200mm角デザインタイル貼
床：濃色岩肌調仕上げ

※スライドバーはオプション

http://www.inax.co.jp/

入浴

シャワーブース
Shower booth

積水ホームテクノ（株）
TEL (03) 5521-0539　FAX (03) 5521-0540

シャワーブース

快適な使い勝手を実現した、介護のしやすいシャワーブース

■介護・自立支援シャワーブース

● 1420 型

● 1116 型

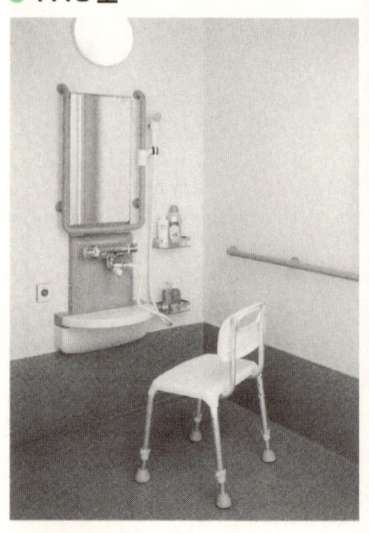

● 特徴
- 手元でお湯の出し止めができるクリック・シャワーヘッドを採用。
- 折りたたみ式の湯桶台カウンターの高さは、身長や身体特性、介護のしやすさに合わせて、8cmの範囲で変更できる。
- 適切な位置に手すりを配置してある。
- 1420型は、コンパクトな空間にトイレとシャワーを合理的に配置。車いすでの使用も可能。

● 湯桶台カウンター
（高さが変えられる）

● 上面図

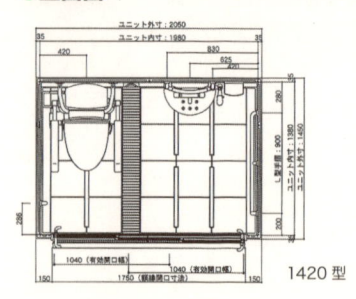

1420 型

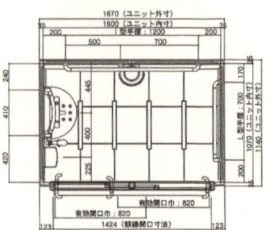

1116 型

● 価格 / サイズ

	1420 型	1116 型
価格（工事費別）	¥1,410,465 ～	¥723,450 ～
外寸	1450 × 2047 × 2294 mm	1140 × 1670 × 2294 mm
内寸	1380 × 1977 × 2114 mm	1070 × 1600 × 2114 mm

※非常連絡ボタンはオプション。
※カラーは5色から選べる。

http://www.kaigoshien.com

㈱INAX　お客さま相談センター
TEL (0120) 1794-00　FAX (0120) 1794-30

シャワーブース
Shower booth

シャワーブース

お風呂のように からだを温められる全身浴シャワーユニット

入浴

■シャワー・ド・バスユニット

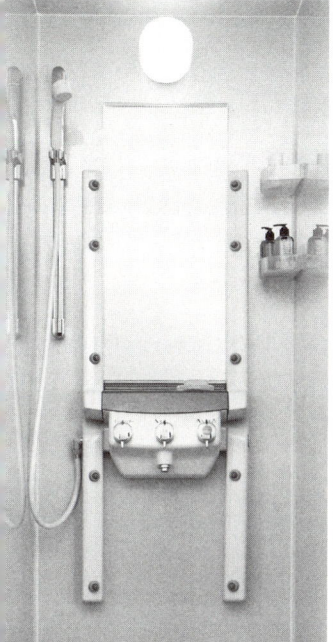

● SPBS-0812LBEH

本体標準仕様価格
¥709,800
サイズ：800×1150mm（内寸）
壁：鏡面鋼版（他に化粧鋼版、タイル仕様あり）
床：濃色岩肌調仕上げ
※写真のスライドバーはオプション

● スイッチ付ハンドシャワー

洗髪や洗顔はスプレー吐水のハンドシャワーでスピーディーに。手元スイッチでオン・オフできるので節水にも効果的。

● アームとノズルの角度調整

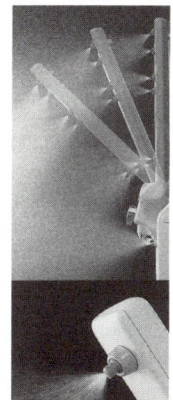

自在に角度設定できるアームとノズルの噴射角度を体格に合わせて調節。最適な状態でシャワーを当てられる。

●特徴

・設置スペースはわずか0.7帖大。10カ所のノズルからお湯を霧状に噴出し、体全体を包み込むため、シャワーだけでお湯につかるのと同じように全身が温まる。
・アームの角度は体格や使用時の姿勢に合わせて自由に調整可能。座りながらのシャワーも快適。

温熱効果

5分間の全身シャワーで体の芯まであたたかく。使用する水量も浴槽入浴の1/4以下と経済的です。

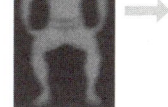

入浴前の体温 36.5℃ → 入浴後の体温 37.3℃
使用水量：約50L

● 専用サーモ水栓

吐水とハンドシャワーの切り換えハンドル（右）とは別に、全身シャワー用の開閉ハンドル（中央）を設けた使いやすいデザイン。

http://www.inax.co.jp/

シャワーブース／水栓金具
Shower booth, Bathroom faucet

TOTO
TEL (0120) 03-1010

(株) INAX お客さま相談センター
TEL (0120) 1794-00　FAX (0120) 1794-30

シャワーブース
押入れにぴったり納まるシャワーユニット

■押入れシャワールーム
寝室から浴室への移動が困難な方のために開発したシャワーユニット。押入れを利用して簡単に設置できる。

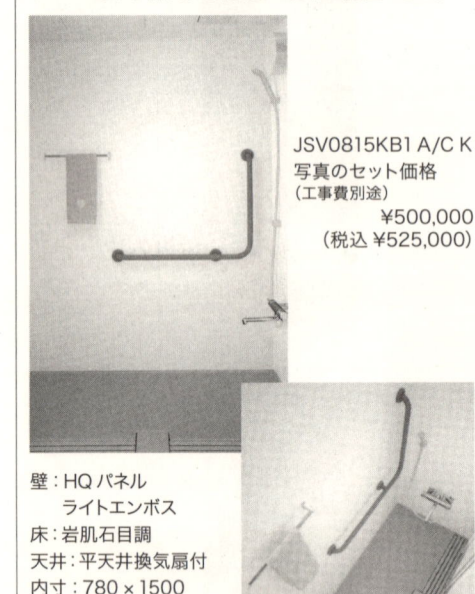

JSV0815KB1 A/C K
写真のセット価格
（工事費別途）
¥500,000
（税込 ¥525,000）

壁：HQパネル
　　ライトエンボス
床：岩肌石目調
天井：平天井換気扇付
内寸：780×1500
　　　×2027mm

インテリアバー

●特徴
1. ゆったりスペース
   奥幅1500mmで使いやすい機能的空間。
2. 水栓操作もラクラク
   サーモ水栓で温度調節もラクにできる。
3. 広々開き、左右どちらからでも出入りできる3枚引戸。
4. 段差のない出入口
   つまずきを防ぎ、車いすでも出入りできる。
5. インテリア・バー
   立ち座りがスムーズに行えるバーを設置。

http://www.toto.co.jp/

水栓金具
抗菌ハンドルで掃除もラクで使いやすい

■壁付バス水栓

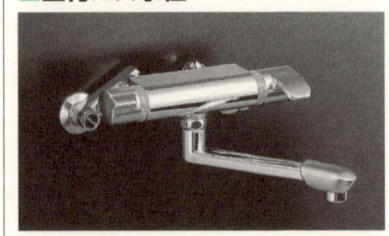

アステシア
BF-7345T　¥49,350
サーモスタット／ソフトサーモ／昇温防止

■シャワーバス水栓（バス吐水・洗い場兼用）

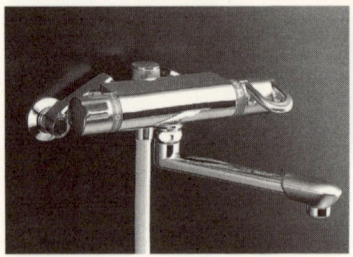

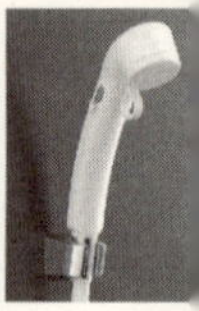

アステシア
BF-7145TW　¥62,370
サーモスタット／ソフトサーモ／防カビホース／スイッチシャワー／昇温防止

■シャワーバス水栓（バス吐水・洗い場兼用）

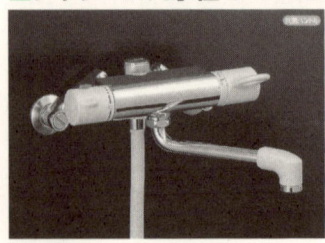

ミーティス
BF-M145TW　¥48,720
サーモスタット／ソフトサーモ／防カビホース／昇温防止／スイッチシャワー

http://www.inax.co.jp/

多機能シャワー
Multifunctional shower

パナソニック電工(株) お客様ご相談センター
TEL 0120-878-365

TOTO
TEL (0120) 03-1010

多機能シャワー　イスに座って広がる新しい入浴生活

■座シャワーE(電子制御タイプ)

イスつき　¥336,000　(浴室用電源 23,100円含む)

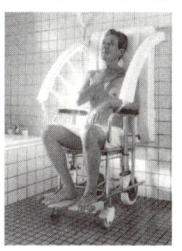

イスなし　¥315,000　(浴室用電源 23,100円含む)

※座シャワーEには、電気が必要です。設置の際は、必ず浴室用電源と併せてご注文ください。

● 電子制御の特徴
・最初からあたたかいお湯が噴出。
・使用中も湯温が一定。
・加圧ポンプ内蔵で勢いのあるシャワー。

手元でラクに操作ができるリモコン式

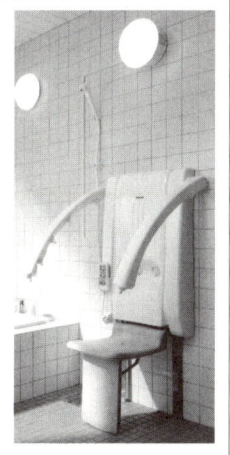

● 基本の特徴
・身体に負担をかけない安心・安全入浴法
・全身シャワーで浴槽入浴なみの湯熱効果
・浴槽にお湯をためることなく、サッと入浴
・使用湯量1/4の経済性、浴槽掃除の手間もなし

ttp://nationnal.jp/sumai/

多機能シャワー　3種の吐水口を備えた多機能シャワー

■シャワーバー

TMC95
¥254,100

● 特徴
・シャワーが全身に降り注ぎ、湯船につからなくても入浴したような感覚。
・頭上からのオーバーヘッドシャワー、横からのボディシャワー、ハンドシャワーを装備。
・シャワーブースの中でスペースを取らない、シンプルでスマートなデザイン。

ハンドシャワー 　　オーバーヘッドシャワー

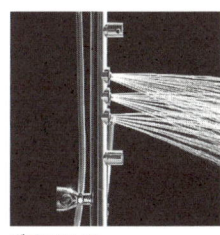

ボディシャワー 　　同時吐水(オーバーヘッド+ボディ)

http://www.toto.co.jp/

入浴

介護浴槽
Nursing bathtub

(株)メトス
TEL (03) 3542-3455　FAX (03) 3542-6765

昇降式介護浴槽
伝統的デザインと機能の昇降式浴槽

■ クラシックライン

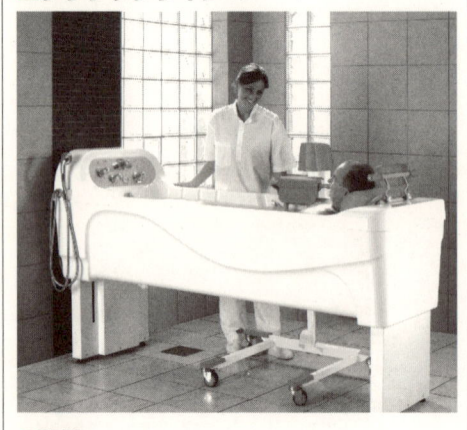

● 特徴
・電動昇降式ストレッチャーとの組み合わせにより、楽に入浴が可能。
・床や壁に浴槽の固定が無いので、設置が容易。
・浴槽を洗浄、消毒できるシステムを装備。

● サイズ

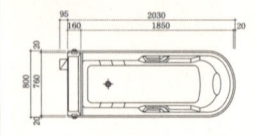

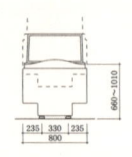

（単位：mm）

● 価格 / 仕様

価格	¥2,992,500
本体重量	120kg
使用湯量	約 300L
材質	本体ー FRP 製、脚部ー SUS
可動機構	電源アクチュエーター作動方式、コントロール方式、タッチパネル式 電源：入力 AC200V　出力：DC24V 消費電力：200VA
付属品	フットレスト、グリップハンドル、給水・給湯ユニット
カラー	（標準色）ホワイト

http://www.metos.co.jp/

(株)メトス
TEL (03) 3542-3455　FAX (03) 3542-6765

いす昇降式介護浴槽
入浴者の自立を促す人にやさしい浴槽

■ メトス　セラ

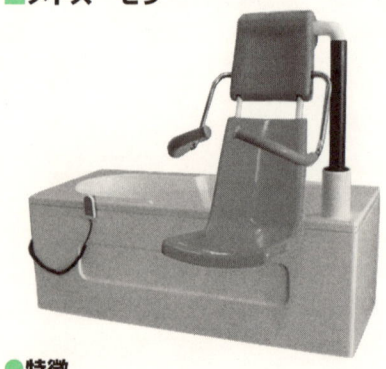

● 特徴
・浴槽、いすともに日本人の体型に合わせた曲線美のコンパクト設計。
・いすは油圧モーター作動により、静かでゆっくり上下します。
・いすはホールド感たっぷりですが、背の部分と座の部分にベルト用のスリットを付け、ベルトがずれないようにしてあります。
・いすを一番上に上げても、入浴者の目線は介護者の目線を超えません。
・いすがリクライニングし、肩までゆったりつかり、リラックスして入浴できます。

● サイズ

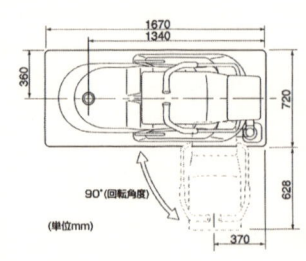

（単位:mm）

● 価格 / 仕様

価格	¥3,444,000
本体重量	140kg
使用湯量	約 260L
材質	本体：FRP 製、脚部：ステンレス
付属品	シートベルト・側面パネル
カラー	本体：ホワイト、いす：希望色にできます

http://www.metos.co.jp/

介護浴槽
EnNursing bathtub

酒井医療（株）販売促進部
TEL (03) 3814-8590　FAX (03) 3814-9198

介護浴槽

ひとりひとりのADLレベルに応じた入浴環境を

■パンジーi
●スタンダードセット PNS-310

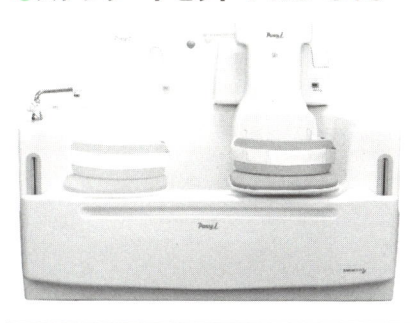

●**特徴**

電気工事不要な据置型
・電機工事がほとんど不要で、給排水設備があれば簡単に設置できます。さらにユニットバスへの設置も可能。

入浴者に合わせた設定が可能
・左右選択できる昇降ユニットや自立を支援するオプションの組合せで、入浴者のADLレベルに合わせた入浴安今日をつくることができる。
※移動昇降ユニットは、PNS-310のみの機能

乗り心地良く、安全なシートを採用
・腰掛けやすいシートは、クッション性の高い素材を使用。手すり・背当でベルトを標準装備し、快適で安心の入浴を実現

価格　￥1,980,000

[構成] パンジーⅡ浴槽　PN-300DC1台／移動式昇降ユニット　PN-310DC1台
[仕様] 外形寸法：1300（L）×812（W）×942（H）mm／浴槽内寸：1140（L）×628（W）×590（D）mm
質量：約110kg、実使用湯量：約290ℓ、電源：DC24V、排水目皿：65A、材質：浴槽・カバー／FRP、フレーム／ステンレス

●パーソナルセット PNS-320

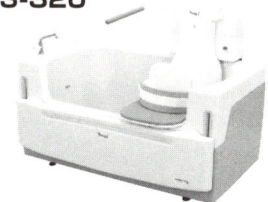

価格　￥1,780,000

[構成] パンジーⅡ浴槽 PNS-300DC1台／固定式昇降ユニット／PN-320DC1台
[仕様] スタンダードセットと同様

●シンプルセット PNS-300

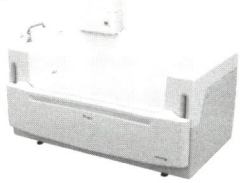

価格　￥1,300,000

[構成] パンジーⅡ浴槽　PN-300DC1台／コントロールユニット　PN-301DC1台
[仕様] 外形寸法：1300（L）×812（W）×947（H）mm
浴槽内寸：1140（L）×628（W）×590（H）mm
質量：約70kg、実使用湯量：約295ℓ、電源：DC24V、
排水目皿：65A
材質：浴槽・カバー／FRP、フレーム／ステンレス

●外観図

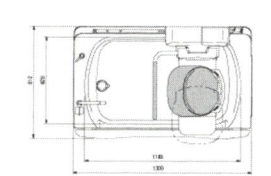

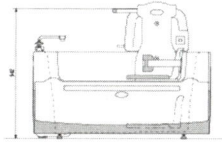

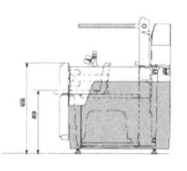

http://www.sakaimed.co.jp

簡易浴槽／入浴用リフト
Simple bathtub, Lift for bathing

アビリティーズ・ケアネット（株）
TEL（03）5388-7200　FAX（03）5388-7402

（株）モリトー
TEL（0586）71-6151　FAX（0586）72-4555

簡易浴槽　部屋の中での入浴、洗髪を可能にした、簡易タイプ

■ニュー湯っくん（簡易浴槽）

●特徴
・部屋の中での入浴が可能。
・折りたたんで、持ちはこびや収納が簡単にできる。

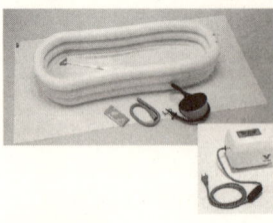

●本体仕様
材質：（本体）ポリウレタン
寸法：最大幅72×長さ180×高さ30cm
重量：2.1kg　耐熱温度：約70度

●価格
ニュー湯っくん（5002-21）　¥68,040

●セット内容
・浴槽本体
・付属品（防水シート、排水ホース、ステップポンプ 洗髪ベルト）

■洗髪プール

●特徴
・空気でふくらます簡易洗髪プール。
・ベッド等に寝かせたまま洗髪できる。
・空気を抜けば小さくたためるので、収納に便利。

●仕様
材質：（本体）ポリ塩化ビニール
カラー：白
寸法：全幅55×全長68×厚さ22cm
重量：800g
付属品：エアポンプ1個

●価格
洗髪プール（B669-00）　¥5,040

http://www.abilities.jp/

入浴用リフト　簡単に安全に静かに移動

■介護リフトつるべー　※介護保険レンタル対象品

● F1セット（主に、風呂、居室、玄関での使用）

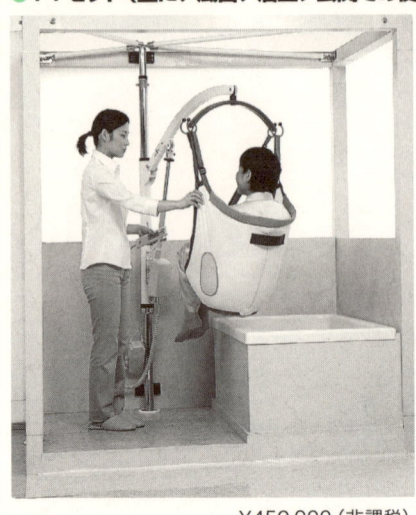

¥450,000（非課税）
（ステンレス製アーム付、吊り具・取付工事費は含まない）
吊り上げ安全重量：100kg以下
コントローラー：入力AC100V／出力DC24V

● F2Rセット（F1セットの2関節タイプ）

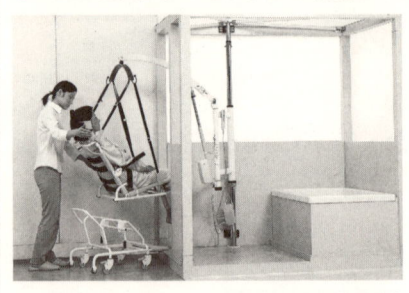

¥498,000（非課税）
（ステンレス製アーム付、吊り具・取付工事費は含まない）
※バッテリー仕様は、プラス¥20,000

●特徴
ユニットバスでも取り付け簡単。浴室の洗い場と脱衣室の段差があればF2Rセット、なければF1セットを。

http://www.moritoh.co.jp/

浴室水栓金具他
Bathroom faucet and others

TOTO
TEL (0120) 03-1010

水栓金具 — いま使っているシャワー金具を取り替えるだけ

■取り替え用シャワー

●特徴
・今お使いのシャワー金具に取り付ければクリックシャワー（手元でシャワーの出し止めができる）に大変身。

●クリックシャワー

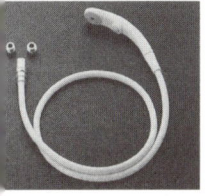

THY707-5 ¥12,495
・クリックシャワー後付けタイプ

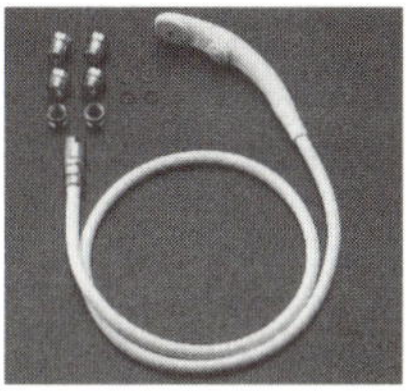

THY707-6 ¥15,015
・クリックシャワー後付けタイプ

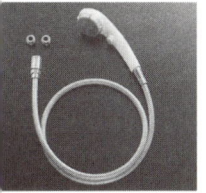

TH769MH ¥20,370
・マッサージクリックシャワー後付けタイプ

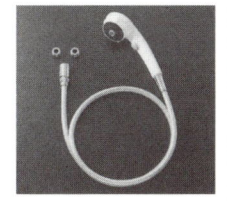

THYC14H ¥20,370
・ワンダービートクリックシャワー後付けタイプ

●取り替え手順

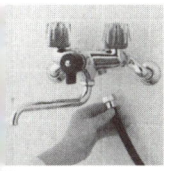

①シャワーホースを本体から外します

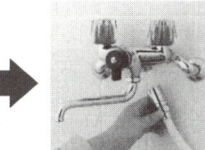

②取り替えタイプのクリックシャワーを本体に取り付けます

http://www.toto.co.jp/

TOTO
TEL (0120) 03-1010

水栓金具 — お湯も心地よく。シャワーも快適、安心。

■サーモスタットシャワー水栓

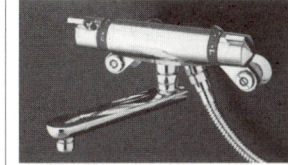

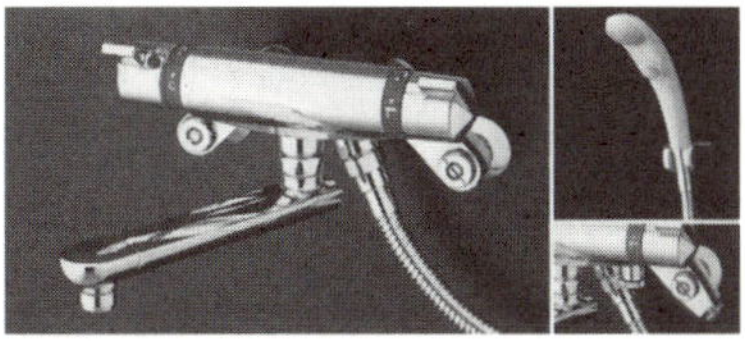

TMF40WFN ¥74,970

TMHG40C ¥43,155
・サーモスタット
・スプレーシャワー（節水）
・クリック、ワンダービート有

■タッチスイッチ

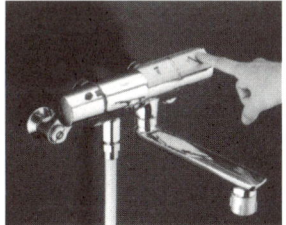

●特徴
・吐水・止水は簡単タッチ操作。
・お年寄りや握力の弱い方にも簡単に使えます。

●価格 **TMN40CT** ¥72,135
・サーモスタット
・スプレー（節水）シャワー

●サーモスタット混合栓の特徴

・形を変えても熱せられると一瞬のうちに元に戻るSMA（形状記憶合金）なので設定温度の変化を最小限に抑える。
・ハンドルの目盛りを合わせるだけで、安定した湯が出せる。
・断熱性に優れた構造。
・4人家族で、年間バスタブ43杯分の節水。

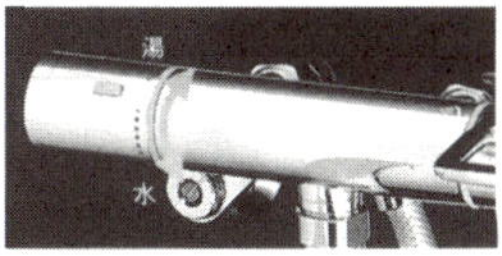

SMAサーモユニット 湯 水
バイアスバネ
SMA（形状記憶合金）コイル
湯 水

http://www.toto.co.jp/

入浴

浴室水栓金具他
Bathroom faucet and others

(株) INAX　お客さま相談センター
TEL (0120) 1794-00　FAX (0120) 1794-30

取替用バス水栓

壁工事なしで、壁付ツーハンドル水栓からサーモスタット付水栓へ

■ミーティス

●洗い場用

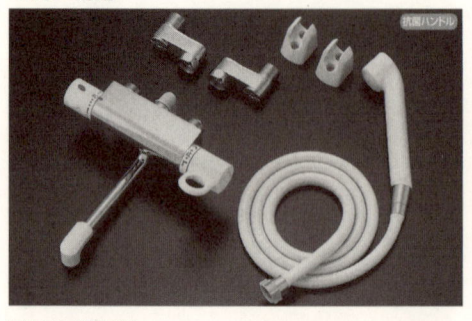

BF-M145T-AT
サーモスタット付シャワーバス水栓
￥38,220

●洗い場浴槽兼用

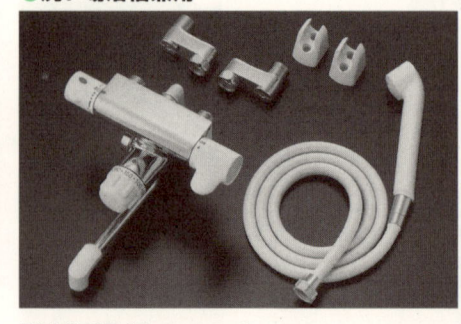

BF-M140T-AT
サーモスタット付シャワーバス水栓
￥63,525

●特徴
・ハンドルタイプから好みの湯温が即座に出せるサーモスタット付水栓に壁工事なしで変更できる。
・文字がはっきり見やすく、回しやすい。
・昇温防止機能、ソフトサーモ機能、防カビホース、抗菌ハンドル、定量止水機能（M140Tのみ）など機能も充実。

●取替可能な水栓の確認方法
・壁付ツーハンドル水栓である。
・取付可能寸法が90～160mmで、吐水口の長さが170mm程度である。
・水栓本体に向かって右側が給水、左側が給湯である。
・水栓メーカーを確認（INAX以外にも対応できるので問い合わせのこと）。
・アダプターが必要な場合は型を選定（アダプター別売）。

取付可能寸法 90～160mm
170mm

●取替方法

脚を残したままツーハンドル水栓の本体を取外す

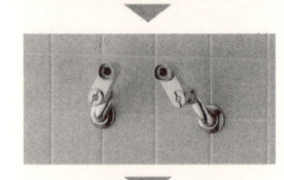

取付脚を取付ける

サーモスタット水栓本体を取付ける

http://www.inax.co.jp/

浴室水栓金具他
Bathroom faucet and others

TOTO
TEL (0120) 03-1010

（株）INAX　お客さま相談センター
TEL (0120) 1794-00　FAX (0120) 1794-30

スライドバー｜ハンドシャワーの取付高さを調節できる

■スライドバー

スライドバー
TS131A1　¥20,685
（長さ 700mm）

片手で簡単スライド　　便利な首振りハンガー

●特徴
・ハンガー部を上下させることにより、ハンドシャワーの取付高さを調節することができる。
・ハンガー部が回転するので、吐水方向・角度も調節できる。
・シャワー金具に併設が望ましい。

■インテリア・バー

●特徴
・スライドバーと手すりを1本にまとめた1台2役タイプ

インテリア・バー
TS135GY12S　¥26,250
（長さ 1200mm・φ 32mm）

http://www.toto.co.jp/

スライドバー｜シャワーの角度や高さが自在に調節できる

■スライドバー

入浴タイムをさらに心地よくするスライドバー。シャワーの角度や高さが自在に調節できるので、快適性がさらにアップ。

BF-27A (600)　¥9,818
（長さ 600mm）

BF-27A (800)　¥10,973
（長さ 800mm）

BF-27A (1000)　¥11,550
（長さ 1000mm）

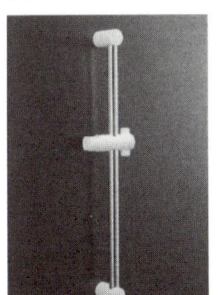

BF-27B (600)　¥5,775
（長さ 600mm）

BF-27B (800)　¥6,930
（長さ 800mm）

BF-27B (1000)　¥7,508
（長さ 1000mm）

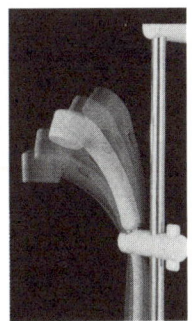

好みに合わせてハンドシャワーの高さや角度を自由自在に調節できるスライドバー。バスタイムをより快適にするアイテム。

http://www.inax.co.jp/

入浴

浴室照明
Bathroom lighting

オーデリック（株）
TEL (03) 3332-1123　FAX (03) 3332-1412

大光電機（株）
TEL (06) 6222-6250　FAX (06) 6222-6252

浴室照明　軽く、取扱いが簡単なグローブ

■強化プラスチック バスルームライト

●特徴
強化プラスチックグローブは、あやまって落としても割れにくく、ランプの交換時にも軽くて取扱いが簡単。

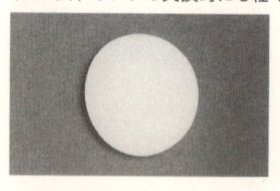

OW 009 205　¥5,460
径220φ　出142mm
ミニクリプトン球
(60W×1)
壁面取付専用
※温泉での使用は不可

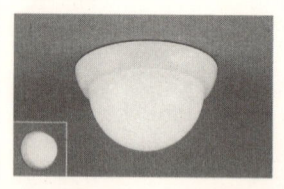

OW 009 264　¥6,510
径270φ　高147mm
ミニクリプトン球
(60W×1)
壁面・天井面取付兼用
※温泉での使用は不可

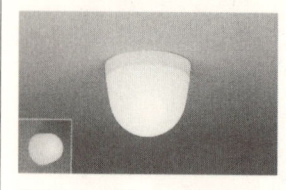

OW 009 351　¥5,229
径165φ　高130mm
ミニクリプトン球
(40W×1)
壁面・天井面取付兼用
※温泉での使用は不可

http://www.odelic.co.jp/

浴室照明　疲れをほぐすやさしい光

■浴室用白熱灯

使用例：DWP-34923×2

●特徴
ポリカーボネート製で、万が一落としても怪我の心配が少ない。

DWP-34923　¥7,350
ポリカーボネート　乳白
60W

DWP-32224　¥7,035
ポリカーボネート
透明・乳白（シボ加工）
60W

DWP-30965　¥5,145
ポリカーボネート　乳白
60W（蛍光灯）

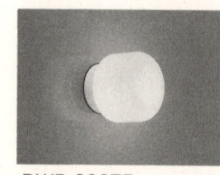

DWP-30975　¥4,095
ポリカーボネート　乳白
40W

http://lighting-daiko.co.jp

浴室暖房
Bathroom heating

東京ガス新宿ショールーム
TEL (03) 5381-6000

浴室暖房

温度のバリアフリーを実現する浴室暖房にミストサウナ機能をプラス。体の負担が少なく体が芯から暖まる

入浴

■ミストサウナ付浴室暖房乾燥機・ミスティ

●特徴
- ミストサウナは、高温・低湿度のドライサウナと異なり低温・高湿度で、体に負担をかけずに発汗を促し、入浴効果が得られる。
- 天井あるいは壁掛け式の浴室暖房乾燥機に内蔵されたノズル*から、温水が細かいミストとなって温風とともに噴出される。*別ユニットタイプもあります。
- ほとんどのシステムバスに設置可能。壁掛け式であれば在来浴室や、今お使いのお風呂に後付設置が可能。
- ABDタイプ、YBDタイプに搭載のマイクロミストタイプであれば、ミスト粒子が微細で濡れにくく、入浴のお手伝いをする人の使い勝手に優れる。
- 浴室暖房、浴室乾燥、衣類乾燥、涼風機能も全機能搭載。

使用例 FBD-4108AUSK-M

●ミストサウナに期待される効果

保温
- 体の芯から暖まる。通常の全身浴と比べても手足の先まで暖まる。湯冷めしにくく、暖かさが持続する。

健康
- ミストサウナは全身浴に比べ、水圧がかからないため、体への負担が少なく入浴効果が得られる。
- 浴槽をまたぐという動作が不要なので、動作負担、転倒等の心配も軽減。
- 無理のない入浴で入浴後はリラックス。

美肌
- 毛穴が開き汗とともに、お肌の汚れや老廃物を洗い流す。
- 入浴後はお肌の水分量をアップ。

使用例 ZBD-4507AUSK-M

使用例 ABD-4107ACSK-M

商品名	ABD-4107ACSK-M	FBD-4108AUSK-M	ZBD-4507AUSK-M
本体寸法	H277×W470×D672mm H50×W648×D500mm（グリル）	H283×W620×D170mm	H240×W620×D168mm H102×W400×D106mm（ミストユニット）
本体重量	13.0kg	7.5k	6.8kg、3kg（ミストユニット）
設置方式	浴室内・天井設置	浴室内・壁掛設置	浴室内・壁掛設置
新築／既築	新築あるいはリフォーム	既築後付	既築後付
適応浴室	システムバス 1.5坪まで	システムバスあるいは在来浴室 1.5坪まで	システムバス あるいは在来浴室 1.5坪まで
価格※（税込）	¥189,000	¥152,250	¥126,000

※別途熱源機とシステム工事費が必要

http://www.tokyo-gas.co.jp/

浴室暖房
Bathroom heating

東京ガス新宿ショールーム
TEL (03) 5381-6000

浴室暖房

ガスのパワーですばやく温度のバリアフリーを実現、ヒートショックを防いで冬の入浴も安心・快適。乾燥・換気機能も充実

■浴室暖房乾燥機
●特徴：一台でいろいろな機能が付いて1年中大活躍。
・浴室暖房：温風がスピーディーに浴室を暖め、安全で快適な入浴を実現。
・衣類乾燥：浴室が乾燥室になり、天気や時間を気にせず洗濯物を乾燥できる。
・浴室乾燥：浴室全体を乾燥させ、カビも発生しにくく、気になるにおいも排出。
・涼風：ほどよい風で、夏も涼しく快適に入浴できる。
・換気：暖房専用タイプを除く。

●ホットドライ[壁掛設置タイプ] 
浴室の壁に取り付ける、スタンダードな壁掛タイプ
FBD-4108AUSK
希望小売価格　￥76,650
本体寸法：W580 × D170 × H240 mm
定格出力：4.1KW
(在来浴室、システムバス　1.5 坪まで)

●ホットドライ[天井設置タイプ] 
リフォーム、新築のお宅に
FBD-3306KCSK
希望小売価格　￥72,450
本体寸法：W450 × D495 × H200 mm
グリル寸法：W470 × D345 × H77 mm
定格出力：3.3KW
(システムバス 1 坪まで)

●ホットドライ[脱衣所設置タイプ] 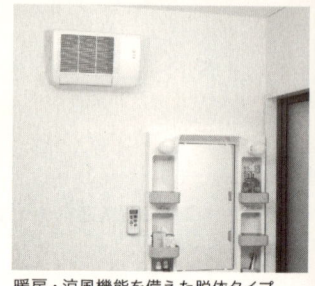
暖房・涼風機能を備えた脱衣タイプ
FH-2301AUS
希望小売価格　￥49,350
本体寸法：W400 × D145 × H240 mm
定格出力：2.3KW

※別途TESの専用熱源機と専用熱源機とシステム工事が必要。TESについては204ページ参照。

■浴室・脱衣室暖房乾燥機 [天井設置タイプ]

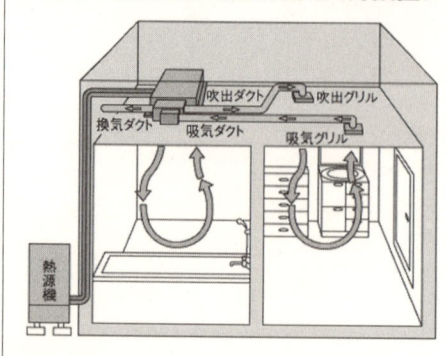

BBD-3806ACKSK-S
希望小売価格
￥111,300（工事費別※）
本体寸法
W590 × D485 × H25 mm
グリル寸法
W590 × D485 × H25 mm
定格出力：3.8KW

・ユニットバスや脱衣室の天井部分に設置。
・大能力のスピード暖房。
・イニシャルコストもランニングコストも経済的。
・入浴前に暖房運転しておけば、浴室も脱衣所も快適なあたたかさになります。

※別途ＴＥＳの専用熱源機とシステム工事が必要。TESについては204ページを参照。

http://www.tokyo-gas.co.jp/

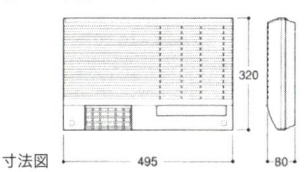

浴室暖房
Bathroom heating

後付けで簡単に取り付けられる浴室暖房乾燥機

■ らくらく三乾王（浴室暖房乾燥機）

● 特徴
- 天井に取り付けるだけの手軽な後付けタイプの浴室暖房乾燥機。
- 浴室暖房乾燥機の後付けを簡単に素早く行えます。

● 価格　TYR110R（戸建住宅用）¥102,900

　　　　TYR100R（集合住宅用）¥102,900

　　　　本体寸法：570 × 380 × 120mm

● 取り付け方法

①ドッキング方式
（換気扇が中央に近い場合）

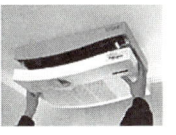

換気扇にドッキングするから天井を傷つけません。

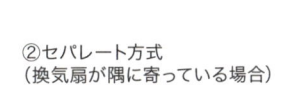

②セパレート方式
（換気扇が隅に寄っている場合）

換気扇とは別に設置して、設置場所の自由度をアップさせます

■ 洗面所暖房機

● 特徴
- 薄型ファンを採用し、スリムで圧迫感のない超薄型デザイン。
- 洗面所の壁に設置するので、大掛かりな工事も不要。
- 浴室には暖房機があるけど、洗面所にも欲しいという家庭におすすめ。

● 価格　TYR320R　　¥72,450
　　　　幅495 ×奥行き80 ×高さ320mm

　　　　TYR300N　　¥60,900
　　　　幅495 ×奥行き80 ×高さ320mm

寸法図　495　80　320

http://www.toto.co.jp/

入浴

浴室暖房
Bathroom heating

ヤマハリビングテック
TEL 053-485-7154

| 浴室暖房 |

体に負担が少ないミストサウナ＆パワフル暖房

■ミストⅡ（暖房・サウナ）

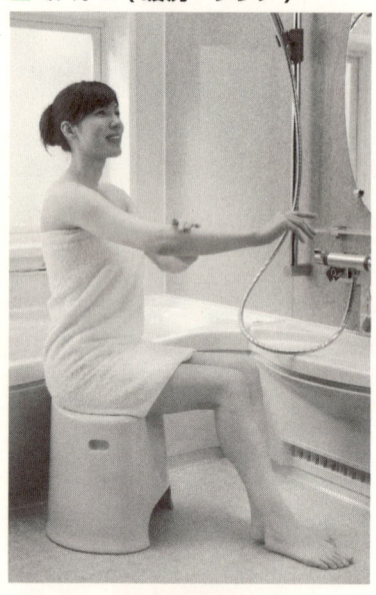

●特徴

サウナとして

- 肌に浸透しやすい霧のようなミスト
  霧吹きの水滴は約100～300ミクロン。それに比べミストⅡは約1～3ミクロン。
- 体の負担が少なく楽に入れるサウナ
  ミストは温度40°前後、室温約100％。乾燥式サウナのような高温の熱気による息苦しさがなく、肌や髪にやさしいサウナ。
- 汚れや老廃物を洗い流す
  ミストサウナの発汗効果は通常入浴の約1・5倍というデータがあるほど。汗をかくと毛穴が開き、皮膚の汚れや老廃物などを汗とともに洗い流す
- 不純物の少ないミスト
  ミストは水道水を沸騰させて出た湯気（蒸留水）に近く、清潔感がある。
- お肌しっとりポカポカ感も長続き
  ミストサウナは乾燥肌にも最適。細かい水粒で肌になじみやすいため、通常入浴よりも肌の保水量が上がるといわれている。
- 湯冷めしにくく、ポカポカ感が長続き
  通常入浴よりも、むしろ体の温まりが長続きし、湯冷めしにくいのが特長。

暖房として

8・1kW※の高い暖房能力で、すぐにポカポカ
- 強力温水パワー。下吹き出しのミスト暖房は、冷たさを感じやすい足元から浴室全体をスピーディに温め、冬の一番風呂の温度差も解決する。

※給湯温度60℃、吸込空気温度20℃の時。

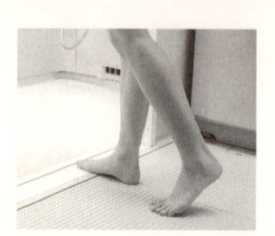

8・1kW※の高い暖房能力で、すぐにポカポカ

不純物の少ないミスト

ミストⅡ発生のしくみ
熱源に給湯機を使う熱交換方式です。
吸気／高温水／ファン／熱交換器／ミスト吹出し
特許登録済

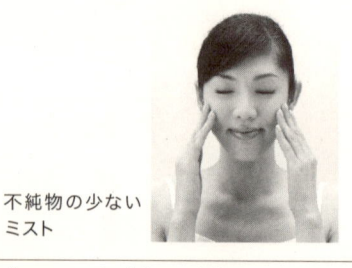

http://www.yamaha-living.co.jp/

入浴補助用具
Bathing support too

パナソニック電工ライフテック (株)
TEL (06) 6908-8122 FAX (06) 6908-2414

クリスタル産業 (株)
TEL (052) 821-4416

シャワーチェア
狭いお風呂の中でも邪魔にならないコンパクトなサイズ

■ シャワーチェアーコンパクト 折りたたみタイプ

約20cm

※折りたたみ時

VALSY07R（オレンジ）
VALSYC07B（ブルー）

● 価格　¥16,800（税込）

● 特徴
・狭いお風呂の中でも邪魔にならないサイズ
・浴槽に移乗可能な構造
・折りたたんだ時、その状態で自立
・クッションがソフトで肌触りがよい
・座面・背もたれ共に取り外して洗うことが出来る

● 仕様
サイズ：W40 × D40 〜 46.5 × H55 〜 65cm
座面高：31.5 〜 41.5cm（6段階調節）
カラー：座・背ベース／ホワイト
　　　：座面・背もたれクッション／オレンジ、ブルー
重量：2.9kg

■ バスツールコンパクト可変 1215

VALSBCK10R

● 仕様
サイズ：W32 × D26 × H12、15cm
高さ2段階調節（3cmピッチ）
重量：1.8kg

● 特徴
・天板は滑りにくいエラストマーを一体成形。
・脚部が天板より外側にあるので天板の端を踏んでも倒れにくい設計。

● 価格　¥16,275（税込）

※他にも、高さ15,17.5,20cmで3段階調節可能な〈バスツールコンパクト可変1520、価格¥16,275〉をはじめ11品種もある。

http://www.net-kaigo.com

シャワーチェア
日本の浴室環境を考慮したコンパクトベンチ

■ シャワーベンチ
● 特徴
日本の浴室環境を考慮し設計されたシャワーベンチ。
従来の欧米型シャワーベンチよりもコンパクト。

● SL-206

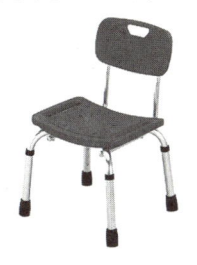

● 価格／仕様

価格	税込	¥10,500
座高	310 〜 422mm	
座から背もたれ	（上端）280mm	
全幅	410mm	
全奥行	410mm	
座幅	390mm	
座奥行	285mm	
重量	2.6kg	
材質	アルミ製	

● SL-207

● 価格／仕様

価格	税込	¥8,400
座高	310 〜 422mm	
全幅	410mm	
全奥行	370mm	
座幅	390mm	
座奥行	285mm	
重量	1.9kg	
材質	アルミ製	

入浴

入浴補助用具
Bathing support tool

（株）イーストアイ
TEL（03）3897-9393　FAX（03）3897-9535

シャワーチェア　家庭での使用におすすめの小型タイプ

■シャワーベンチ すま〜いる・家庭用タイプ

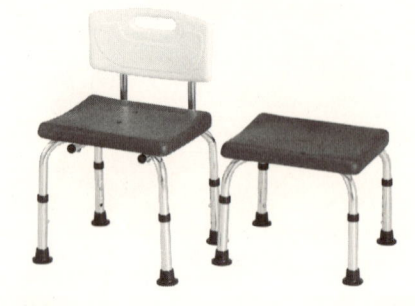

●特徴
・おしりにやさしいクッション付き。クッションを取り外しても使用可能。
・座面ボードが平らなので浴槽への横移動がスムーズ。
・後脚を後ろに伸ばして安定性を高めている。
・使用時の体の位置が安定するように座面ボードのサイドと後方を盛り上げ、横滑りを防止。
・座面の高さはプッシュボタンで5段階調節可能。

●背付きタイプ　FCBSX
¥11,550（税抜¥11,000）

使用時最大サイズ：幅44.5×奥行41.5×高70.5cm
座面サイズ：幅39×奥行30cm
座面高さ：32.5〜42.5cm
背もたれ高さ：60.5〜70.5cm
重量：3.3kg

●背無しタイプ　FCNSX
¥8,925（税抜¥8,500）

使用時最大サイズ：幅44.5×奥行41.5×高44cm
座面サイズ：幅39×奥行30cm
座面高さ：32.5〜42.5cm
重量：2.4kg

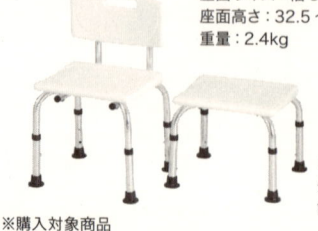

クッションを取り外しても使用可能。

※購入対象商品
http://www.easti.co.jp/

（株）イーストアイ
TEL（03）3897-9393　FAX（03）3897-9535

シャワーチェア　手すりが付いて使用者も介助者もやさしい入浴用いす

■シャワーベンチすま〜いる

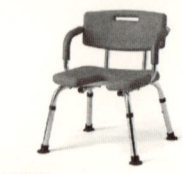

FCWS（ブルー）
¥19,950
（税抜¥19,000）

※FDWS（オレンジ）
¥19,950（税抜¥19,000）

●特徴
・明るいブルーとオレンジの2色から選択可能。
・広い座面で背もたれ付き、介護が楽なU字型座面。
・使用者の姿勢を保持して、立ち上がりに便利な手すり付き。背もたれの強度も高めている。
・手すり部には握りやすい発泡ゴム付き。
・座面が低いロータイプと高いハイタイプの指定も可。
・座面と背もたれはやさしい肌触りのクッション付き。取り外しても使用できる。

●仕様
使用時最大サイズ：幅57×奥行56×高67.5cm
座面高さ：スタンダードタイプ　32.5/35/37.5cm
　　　　　ハイタイプ　　　　　40/42.5/45cm
　　　　　ロータイプ　　　　　25/27.5/30cm
脚：幅55〜57×奥行55〜56cm　重量：3.7kg

■シャワーベンチすま〜いるミニ

FCMS（ブルー）
¥18,900
（税抜¥18,000）

※FDMS（オレンジ）
¥18,900（税抜¥18,000）

●特徴
・明るいブルーとオレンジの2色から選択可能。
・一般座面タイプの手すり付きシャワーベンチ。
・座面と背もたれはやさしい肌触りのクッション付き。取り外しても使用できる。
・座面が低いロータイプと高いハイタイプの指定も可能。

●仕様
使用時最大サイズ：幅57×奥行48×高70cm
座面高さ：スタンダードタイプ　32.5/35/37.5cm
　　　　　ハイタイプ　　　　　40/42.5/45cm
　　　　　ロータイプ　　　　　25/27.5/30cm
脚：幅55〜57×奥行47〜48cm　重量：3.1kg

※購入対象商品
http://www.easti.co.jp/

入浴補助用具
Bathing support too

アロン化成（株）
TEL（03）5420-1556　FAX（03）5420-7750

TOTO
TEL（0120）03-1010

シャワーチェア
入浴に、より安心と快適さを

■ 安寿 ひじ掛けシャワーイス HP

● 特徴
・座面高は 35 〜 50cm まで 7 段階に調節可能。
・肘掛け跳ね上げ仕様で側方からの介助に便利。
・座面には柔らかく冷たくない厚手のソフトパッドを付属。
・座ったまま局部の洗浄が可能な U 字溝。
サイズ：幅 54.5 〜 59 ×奥行 49 〜 52.5 ×高さ 67 〜 82cm
（座面までの高さ 35 〜 50cm）
重量：約 5.2kg
カラー：ベージュ
材質：座面・背もたれ：PE
肘掛け：PP
肘掛けグリップ：エラストマー
ソフトパッド：EVA
脚パイプ、背もたれパイプ、肘掛けフレーム：アルミニウム

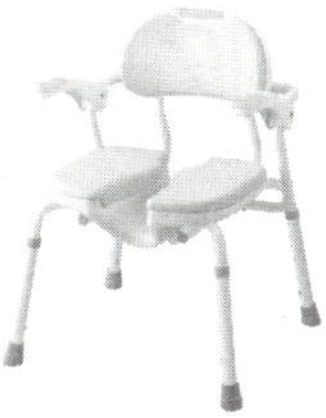

■ 安寿 折りたたみシャワーベンチ Mini

● 特徴
・狭い浴室への出入りや介助スペースの確保が可能。
・すばやく、簡単に折りたたみ。
サイズ：幅 38.5 ×奥行 40 〜 44 ×高さ 62 〜 66cm（座面までの高さ 38 〜 42cm）（折りたたみ時：幅 38.5 ×奥行 18 ×高さ 72 〜 77cm）
重量：約 3.2kg
カラー：レッド、ピンク、ブルー
材質：座部・背もたれ：PE
ソフトパッド：EVA
パイプ：アルミニウム

■ 安寿 背付シャワーベンチK "くるり 180"

● 特徴
・座ったまま楽に身体の向きを変えられます（180°回転）
・座面・背もたれはソフトパッド仕様で痛みや冷たさを緩和。
サイズ：幅 48 〜 51 ×奥行 50 〜 56 ×高さ 68 〜 83cm（座面までの高さ 36 〜 51cm）
重量：約 4kg
材質：座部・背もたれ：PE

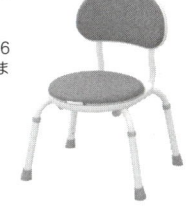

http://www.aronkasei.co.jp/

入浴補助用具
安全でスムーズに入浴するための補助用具

■ シャワーチェア

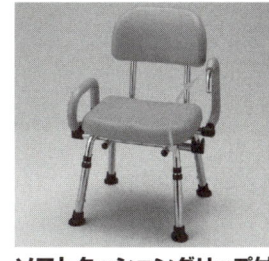

ソフトクッショングリップ付
EWB243B　￥26,250
W500 × D520 × H660 〜 760mm

● 特徴
・可動式（はね上げ式）のグリップ付き。
・座面背もたれにソフトクッションを採用座り心地がよく、座位をラクに保てる。
・グリップはロック付きで安心。

■ トランスファーボード（樹脂タイプ）

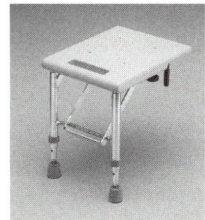

EWB200　￥30,450
W420 × D330 × H370 〜 570mm

・脚は折りたたみが可能
・浴槽の高さに合わせて座面の高さが調節できる。
・コンパクトサイズなので狭い浴室にもおすすめ。

■ バスリフト

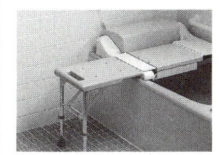

EWB100RS　￥312,900
W645 〜 760 × D575 × H150mm

・浴槽での立ち座りや出入りをサポート。シート部分は電動で昇降するため、入浴介助の負担も軽減。
・本体は浴槽リムに載せて内側に突っ張るだけなので簡単に取り付けられる。
・シートは脱着できるので家族の入浴にも差し支えない。
・バスリフト接続キットを使用してトランスファーボードとセットで使用できる。

http://www.toto.co.jp/

入浴

入浴補助用具
Bathing support tool

相模ゴム工業（株）
TEL (046) 221-2239　FAX (046) 221-2346

アビリティーズ・ケアネット（株）
TEL (03) 5388-7200　FAX (03) 5388-7502

シャワーチェア
福祉の国スウェーデンが生んだ入浴用具

■ シャワーストゥール B タイプ

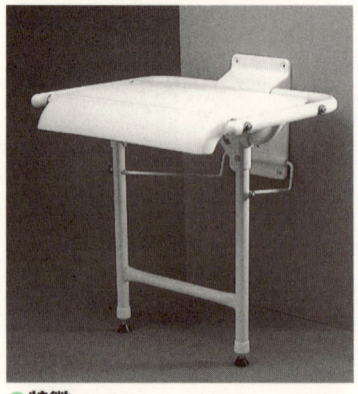

● 特徴
・折りたたみ式なので、使用しない時は場所をとらない。
・壁に固定するタイプなので、座って安心。

● 価格
RB1075（切込無）　¥49,350
RB1076（切込有）　¥51,450

● サイズ
W495 × D450 × H500mm
（折りたたみ時）D90mm

● 重さ
4,500g

■ シャワーチェア B タイプ

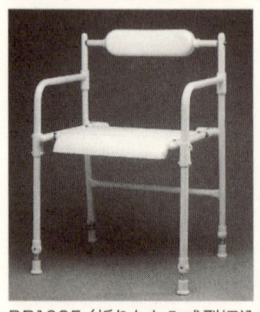

RB1085（折りたたみ式型切込無）　¥56,700
RB1086（折りたたみ式型切込有）　¥59,850

http://www.sagami-gomu.co.jp/

マルチシート
折りたたみ式で、ちょっとした腰かけに便利

■ マルチシート

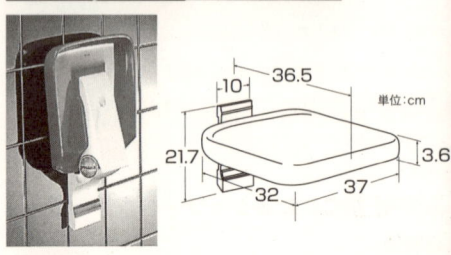

単位:cm
36.5　10　3.6　21.7　32　37

● 特徴
・狭い浴室や階段の踊り場、キッチンなどに設置する小さな腰掛け。
・浴室でのシャワーチェア、疲れたときのちょっと休みに便利。
・折り上げておくと邪魔にならず、必要なときに座面を降ろして使える。

● 固定タイプ
NO.5442-05 赤／¥67,200
NO.5442-15 白／¥67,200

● 材質
フレーム：アルミ製
シート：プラスチック

※浴室のシャワーチェアの他に、廊下や階段でのちょっとした腰かけにも便利。
※折りたたみ収納式で狭い場所にも設置できる。

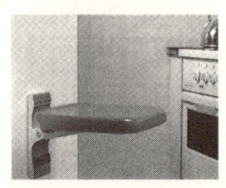

キッチンの小さな腰かけとした例

http://www.abilities.jp/

入浴補助用具
Bathing support tool

竹虎ヒューマンケア（株）
TEL (03) 3762-2686　FAX (03) 3762-3718

パナソニック電工ライフテック（株）
TEL (06) 6908-8122　FAX (06) 6908-2414

シャワーチェア　スペースをとらない、折りたたみタイプの入浴イス

■シャワーバスター　折りたたみタイプ

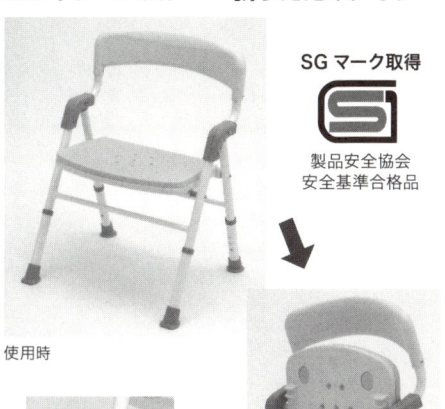

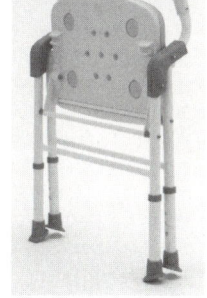

SGマーク取得
製品安全協会
安全基準合格品

使用時
調節の仕方
折りたたみ時

● 特徴
・品質を保証するSGマークつきの製品です。
・座面の高さはご利用者に合わせて3段階に調節できます。
・背もたれは座り心地よく、身体にフィットする形状です。

● 仕様
材質：[座面・背もたれ]ポリエチレン [ひじ掛け]ポリプロピレン [本体フレーム]アルミニウム [座面クッション]EVA [脚先ゴム]TPR
サイズ[折りたたみ時]：W500×D135×H800～850mm、[座高高さ]370～420mm(25mmきざみ、3段階)
重さ：3.2kg
特記事項：座面クッション、脚先ゴムの別売もございます。
座面クッション：¥2,310（税込）脚先ゴム：¥525（税込）

● 価格　　　　　　　　　　　　　　¥13,650（税込）

http://www.taketora-web.com/

シャワーチェア　折りたたみタイプでもゆったり座れる幅広座面

■シャワーチェアー折りたたみタイプ角形（VALSYK08B・OR）

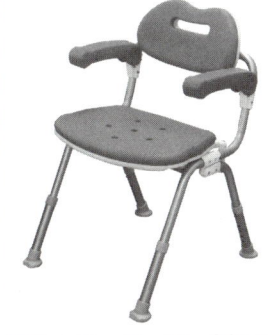

約20cm
※折りたたみ時

■シャワーチェアー折りたたみタイプU形（VALSYC08B・OR）

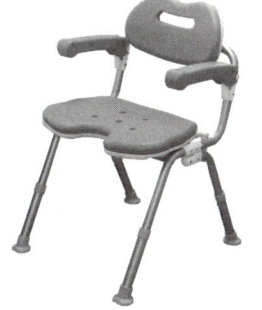

約20cm
※折りたたみ時

● 特徴
・浴槽に移乗可能な構造。
・折りたたんだ時、その状態で自立（おりたたみ時厚み20cm）。
・ゆったり座れる幅広座面（座面幅47cm）。
・長時間座っても疲れにくいソフトクッション。

● 仕様
・サイズ／W50.5×D45～54×H65～75
・座面高／33～43cm（2cm間隔6段階）
・カラー／座・背スペース：ホワイト
・座面・背もたれクッション／オレンジ・ブルー
・重量／4.4kg

● 価格　　　　　　　　　　　　　　¥21,000（税込）

http://www.net-kaigo.com

入浴

入浴補助用具
Bathing support tool

(株) 星光医療器製作所
TEL (072) 870-1912　FAX (072) 870-1915

TOTO
TEL (0120) 03-1010

入浴用踏台兼いす
踏台としてもいすとしても使える

■ 入浴用踏台兼椅子　アルコー92型

● 特徴
・水に浮かない丈夫でさびないステンレス製。
・希望のサイズでも製作できる。

● 価格
¥13,650

● サイズ

品番	サイズ
100055	W450 × D250 × H100mm
100056	W450 × D250 × H150mm
100057	W450 × D250 × H200mm
100058	W450 × D250 × H250mm
100059	W450 × D250 × H300mm

■ アルコー192型（角をカバーしたタイプ）
※ 300mmのみ補強棒あり

● 価格
¥13,650

● 材質
マット部：発砲ウレタン一体成型
金属部：SUS304 ステンレス

http://www.aruko.co.jp/

水まわり用車いす
生活のあらゆる場面で使用できる車いす

■ 水まわり用車いす

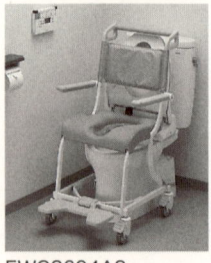

EWCS604AS
4輪キャスタータイプ
ソフトシート
¥99,750

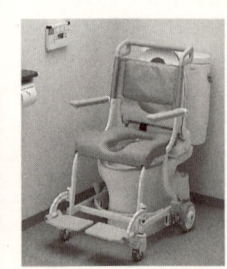

EWCS607AS
ホイールタイプ
ソフトシート
¥115,500

● 特徴
・トイレ、シャワー浴、室内の移動と生活のあらゆる場面で使用できる。
・軽量で小回りがきく省スペース、省力タイプの介助用車いす。
・アームレストは介助に便利なはね上げ式。
・ホイールタイプは、後輪に段差を乗り越えやすい大形車輪を採用。介助の労力を軽減する。
・使用する便器の高さによって座面の高さを3タイプから、セットするシートを4種から選べる

■ 水まわり用車いす シャワー用（低座面タイプ）

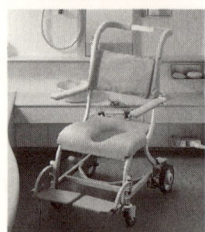

EWBS443R
低座面タイプ・小穴シート
¥115,500

● 特徴
・床に足が届くように座面高さを400mmと低く設定している。ベッドやいすからの移乗もラクにできる。
・セットするシートを4種類から選べる。

■ 水まわり用車いす6輪タイプ

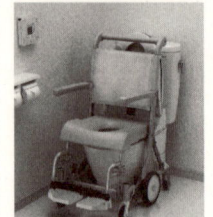

EWC620AR
¥119,700

● 特徴
・ドア開口500mmでも通過できるコンパクト設計。
・浴室出入口や部屋の敷居など70mm程度までの段差が乗り越えやすい。
・背もたれは、身体状況や姿勢に合わせて張り調節ができる。

http://www.toto.co.jp/

入浴補助用具
Bathing support tool

ｳﾁｴ（株）
TEL（06）6482-0230　FAX（06）6401-6372

シャワー車いす

部屋から浴室への移動が楽にでき、そのままシャワーを浴びられる

■シャワースカールB

メッシュシートタイプ　　U型穴有りシート

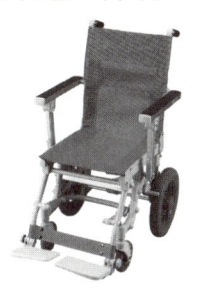

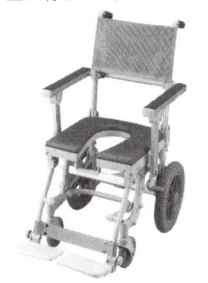

SW-6011　　　　　　　SW-6023
¥102,900　　　　　　　¥102,900

● 仕様
・サイズ：全幅52×全長85×全高88cm
・折畳み時サイズ：全幅52×全長40×全高75cm
・重量：10kg（メッシュ）　11kg（U型シート）
・パイプカラー：ホワイトグレー
・材質：本体／アルミ（粉体塗装仕上げ）
：シート／ナイロンメッシュ（メッシュタイプ）、ウレタン発泡体（U型シートタイプ）

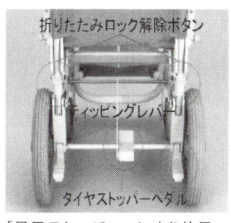

「足元ストッパー」により片足でワンタッチロックができる。後輪はノーパンクタイヤ。

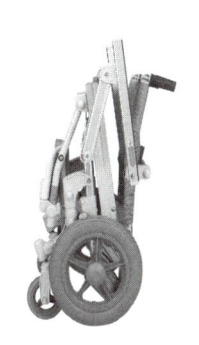

コンパクトに折り畳みが可能。また、折り畳んだまま自立する。

● 特徴
・部屋からお風呂に移動し、そのままシャワーを浴びられる。
・肘かけは左右ともはね上げ式なので、浴槽への横移動が楽。
・折りたたむと自立し、コンパクトになる。
・足元ワンタッチロック式。
・本体素材がアルミパイプなので軽量。
・背シートはマジックテープで張り具合を調整可能。

■くるくるチェアC

KR U-154
¥102,900

● 仕様
重量：約12kg
材質：
〈本体〉アルミ（粉体塗装仕上げ）
〈シート〉発泡体ウレタン

● 特徴
・座面が360度回転。（90度ごとにロック）。
・肘掛けは左右ともはね上げ式。
・フットレスは片側ずつ着脱可能。
・座高は5段階（42～50cm）の調節が可能。

寸法：全幅47×全長86×全高84.5～92.5cm
　　　前座高42～50cm、座幅40×奥行40cm

■くるくるベンチB

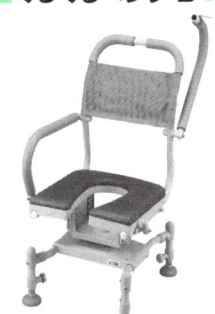

KR U-313
¥52,290

● 仕様
重量：8.3kg
材質：
〈本体〉アルミ（粉体塗装仕上げ）
〈シート〉発泡体ウレタン

● 特徴
・座面が360度回転（90度ごとにロック）。
・肘掛けは左右ともはね上げ式。
・座面の高さは座面下と脚部の2箇所で39～52cmの範囲で調節可能。

寸法：全幅47×全長57.5×全高81～94cm
　　　前座高39～52cm、肘から前座20cm

http://uchie.co.jp

入浴補助用具
Bathing support tool

パナソニック電工ライフテック(株)
TEL (06) 6908-8122 FAX (06) 6908-2414

トランスファボード

浴槽にしっかりセットできるバスボード

■バスボード

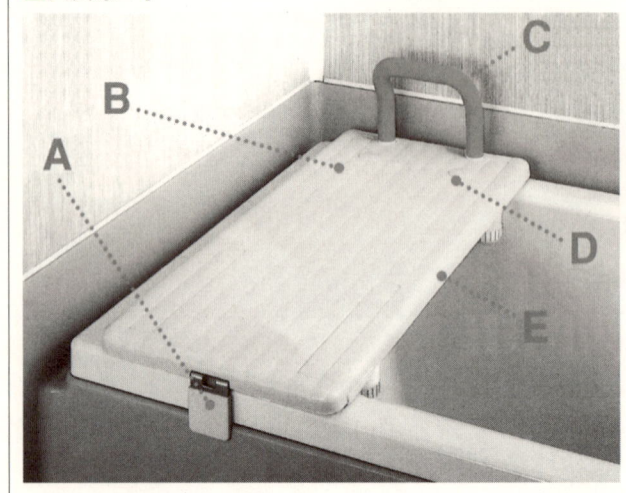

●特徴
A: 止め金具でしっかり固定
B: スライド溝穴部分にカバー
C: 手触りがソフトなハンドル
D: ハンドルの位置も変更可能
E: 丈夫で乗りやすい22mmの厚さ
F: スライド式の握りやすい固定具
G: 浴槽を傷めないゴム付き

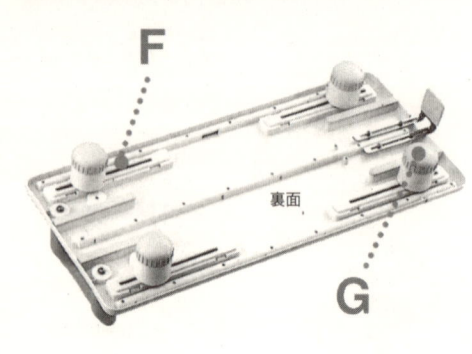

スムーズに体重移動できる安心設計です。

●価格／サイズ (cm)

品番	バスボード S	バスボード L
品番	VALSBDSOR	VALSBDLOR
価格	¥21,000	¥23,100
サイズ	W72×D32×厚2.2	W82×D32×厚2.2
重量	3.5kg	3.9kg

●材質
本体・固定具・ハンドル芯材：ポリプロピレン
本体芯材：ステンレス鋼
ハンドル皮覆材：オレフィン系エラストマー
固定具カバー・滑止め・止め金具カバー：エチレンプロピレンゴム

http://www.net-kaigo.com

入浴補助用具
Bathing support tool

アロン化成（株）
TEL (03) 5420-1556　FAX (03) 5420-7750

トランスファボード

湯気の中でも
見やすい赤色を枠などに使用

■ 安寿 バスボード U-S、L

●特徴
・滑りにくく、握りやすい太さのグリップ。取付位置も2箇所選べる。

●サイズ
U -S
W68 × D32 × H21cm
U -L
W73 × D32 × H21cm
カラー：ホワイト（本体）、レッド（グリップ）

■ 安寿 高さ調節付浴槽台 R

●特徴
・浴槽の深さに合わせて、15、17.5、20、22.5cm の4段階に高さを調節できる。

●サイズ
（ミニ）
W32.5 × D28.5 × H15〜22.5cm
（標準）
W43 × D35　× H15〜22.5cm
カラー：ホワイト（本体・シート）、レッド（天面板）

■ 安寿 ステンレス製浴槽台 R

●特徴
・シリーズ全14アイテムの品揃えで浴槽の広さや深さ、使用状況に応じて種類の選択が可能。
・2種類の天板サイズと2種類の天面シート、高さのバリエーションも豊富に用意。

●サイズ
（ミニ）W33 × D30 × H10〜20cm
（標準）W41.5 × D34 × H10〜30cm
重量
（ミニ）約2.2〜約3.1kg
（標準）約2.6〜約4.3kg
カラー：ホワイト×レッド

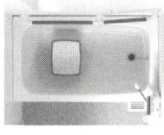

天板幅ミニサイズ
底面幅の狭い浴槽にもピッタリ収まる。

天板高さ低床タイプ
立ち上がり動作の補助に浴槽台を使ってもしっかりお湯につかれる。

ソフトクッション
ゆっくりお風呂につかってもおしりが痛くなりにくい。

http://www.aronkasei.co.jp/

入浴補助用具
Bathing support tool

相模ゴム工業（株）
TEL（046）221-2239　FAX（046）221-2346

TOTO
TEL（0120）03-1010

トランスファボード
思いやり設計で安心・清潔・使いやすい

■ バスボードフレッシュ

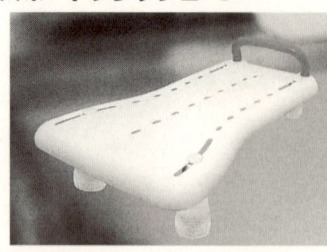

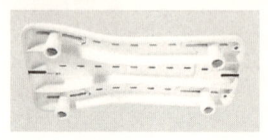

バスボード裏面
※裏面の突起やクボミをできるだけ排除したので、洗浄が簡単になり、より衛生的。

● 特徴
・滑り止めを考えた表面模様が付けられ、安全性が高い。
・水切り効果を配慮してデザインされた排水孔が付いている。
・バスボードの一方の端が幅広くデザインされ、動きやすくなっている。
・手すりは握りやすい楕円形をしたプラスチック製。
・四隅にあるストックバーがバスボードをしっかり固定。

● 仕様／価格

	69cm	74cm
製品番号	RB1014	RB1017
サイズ	幅360 奥行690 ×厚さ35mm	幅360 奥行740 ×厚さ35mm
取付サイズ	390〜636mm	432〜686mm
耐荷量	130kg	
材質	本体・手すり：ポリプロピレン ストッパーゴム：エラストマー	
手すりの色	オレンジ	
価格	¥21,000	¥21,000

http://www.sagami-gomu.co.jp/

洗面器置台
洗顔もラクラク。体に負担がかからない

■ 洗面器置台

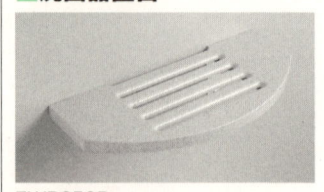

EWB650B　　　¥21,000

W605 × D305 × H33mm
カラー：グレー系(G)、ブラウン系(B)

● 特徴
・洗面器を上に置いて、ラクな姿勢で体や髪が洗える。

洗面器を床に置いた場合
腰を曲げるので、体に負担がかかる。

洗面器置台を使用した場合
楽な姿勢なので、体に負担がかからない。

■ ふろいす

● 特徴
・座面を高くして立ち座りの動作をラクにしたふろいす。

EWB220H30　　　¥2,730
座面高さ 300mm

EWB220H40　　　¥3,360
座面高さ 400mm

http://www.toto.co.jp/

入浴補助用具
Bathing support tool

パナソニック電工ライフテック（株）
TEL (06) 6908-8122　FAX (06) 6908-2414

アロン化成（株）
TEL (03) 5420-1556　FAX (03) 5420-7750

洗面器置台　かがまずに楽な姿勢で洗髪・洗顔

■ 洗面器台

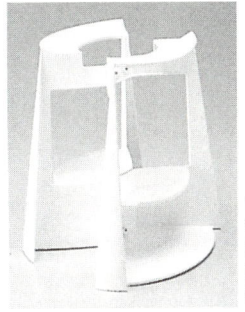

VALSRY11
¥2,310
W30 × D30 × H33cm
重量：0.8kg
材質：ポリプロピレン

別売の風呂イスや市販のシャワーチェアでも腰をかがめず、楽な姿勢で使える。

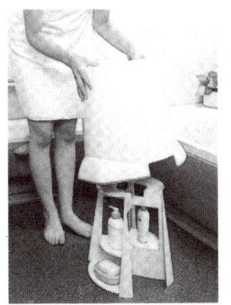

風呂イス 38（SRY01）の中に収納できる。中棚には小物が置ける。

■ 風呂イス 38

VALSRY01
¥2,940
W40 × D35 × H41cm
重量：1.3kg
材質：ポリプロピレン

■ 風呂イス 38/ 回転式

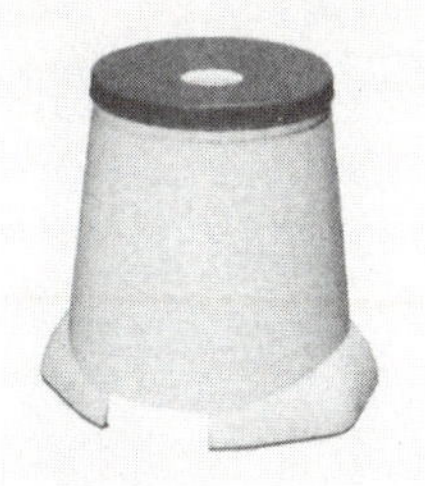

VALSRY03
¥11,340
W40 × D35 × H38cm
重量：2.3kg
材質：本体 ポリプロピレン
　　　座面カバー エラストマー

http://www.net-kaigo.com

洗面器置台　楽な姿勢で腰への負担を軽くするスタンド

■ 安寿 湯おけスタンド

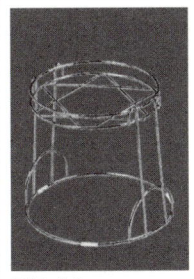

スタンド S 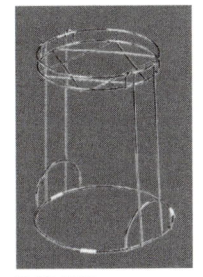　　スタンド M

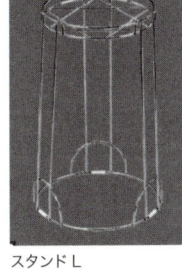

スタンド L

● 特徴
・自分に合った高さで湯おけが使える。
・風呂いすの高さに合わせて、3 種類用意。

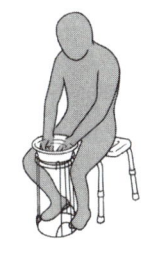

● 使用方法
湯おけスタンドを風呂いすにできるだけ近づけ、両ヒザの間に置き、下部ワイヤーに足を乗せて使う。

● 価格／仕様

製品名	湯おけスタンド S	湯おけスタンド M	湯おけスタンド L
高さ	25cm	35cm	45cm
対応いす高さ	20〜25cm	25〜35cm	35〜45cm
重量	約 0.4kg	約 0.5kg	約 0.6kg

・上径×下径はすべて 23 × 27cm
・材質：ステンレス

http://www.aronkasei.co.jp/

入浴

浴室手すり
Bathroom handrail

竹虎ヒューマンケア (株)
TEL (03) 3762-2686　FAX (03) 3762-3718

DIPPER ホクメイ (株)
TEL (06) 6752-0241　FAX (06) 6758-6485

入浴ボード
日本人の入浴スタイルに合わせてつくられた入浴ボード

■ ベンチバスター

品番：103320

● 特徴
・従来品のバスボードのように、入浴時に取り外す必要がなく使用できます。
・取り付け幅は3段階調節で、いつでもボードの中心で取り付けることができます。
・座面は固定式で安定性があり、安心です。
・並み板を使用すれば、取り付けたままフタができます。
・介護保険適用商品

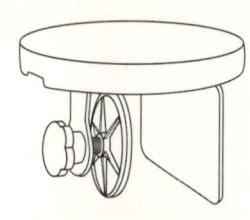

① ベンチバスターに腰を掛ける → ② 体の向きを変えて → ③ ラクラク入浴

● 材質
ポリエチレン／ステンレス／合成ゴム

● サイズ
座面直径：30㎝
座面の高さ：3㎝
対応縁幅：5.0～11.5㎝（浴槽段差0.5㎝まで対応可能）
重量：2.8 kg

● 価格　￥20,790（税込）

http://www.taketora-web.com/

浴室手すり
取り付け簡単、工事不要の浴室手すり

■ 入浴バー コメット　※介護保険適用品

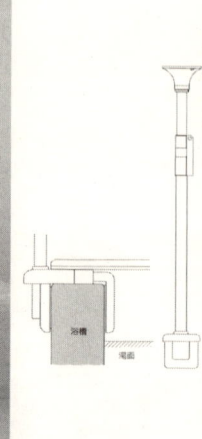

● 特徴
・浴槽壁を挟み込み、天井で突っ張って取り付ける浴室用の手すり。浴槽への出入りをサポートする。
・アーム部は取り外しができるので、使いやすい位置や高さに付け替えることが可能。
・5～20㎝の浴槽壁に取り付けが可能。
・はさみ部には滑り止めパーツがついているので横滑りの心配がない。

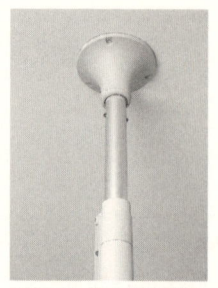

風呂タブを挟み込んで固定　　天井で突っ張って取り付ける

● 価格
本体部　￥63,000
アーム部　￥21,000

http://www.dipper-hokumei.co.jp/

浴室手すり
Bathroom handrail

松屋産業（株）
TEL (0827) 22-2211　FAX (0827) 22-2218

後付け手すり
加齢による変化に対応する格子状手すり

■ テスリックス

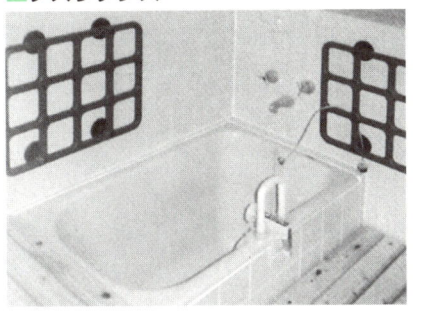

● 特徴
・従来の手すりと違い格子状なので、つかむ所が多い。
・グリップ性能が良く滑りにくい。
・身長の差があっても対応できる。
・加齢による変化への対応が良い。
・手すりが暖かい。
・取付位置の決定が楽。
・人間工学に基づいている。
・浴室以外にも階段、トイレ、玄関など場所を選ばず使用できる。

● 仕様
材質：プラスチック（ポリプロピレン）
　　　木（オーク材）
サイズ：600 × 450 mm
カラー：レッド、アイボリー、ブラウン（以上プラスチック製）
　　　　オーク（木製）

身長差に対応

● 価格
テスリックス（プラスチック製）	￥11,000
テスリックス（木製）4×3	￥28,000
テスリックス（木製）4×2	￥26,000
接着キット	￥3,000

http://www.tesrix.com/

パナソニック電工ライフテック（株）
TEL (06) 6908-8122　FAX (06) 6908-2414

バスタブ手すり
洗い場からも浴槽内からも握りやすい形状

■ 入浴グリップ

● 特徴
・洗い場からも、浴槽内からも握りやすい形状で入浴が楽にできる。
・浴槽ふちの湾曲（R形状）に最大3cmまで対応できる。
・ハンドルの高さを調節可能（3段階可変）。
・浴槽内への出っ張りを少なくする独自の3ピース構造。
・浴槽側のグリップは3カ所に取り付け可能。

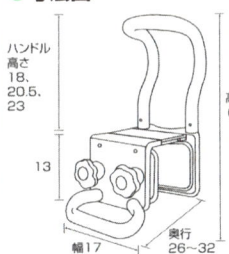

● 寸法図

ハンドル高さ 18、20.5、23
高さ43.7（3段階可変）
13
幅17　奥行 26～32

VALSBGOR
● 価格　￥21,000（税込）

〈R形状のかまちに対応〉
浴槽ふちの取り付け可能幅は4.5～13cm。取り付け幅が17cmで、湾曲の幅が3cmまで対応。

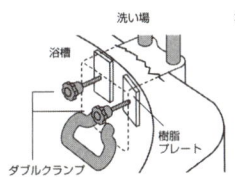

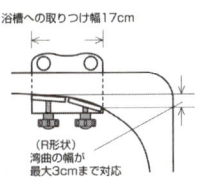

洗い場／浴槽／樹脂プレート／ダブルクランプ
浴槽への取りつけ幅17cm
（R形状）湾曲の幅が最大3cmまで対応

■ 風呂イス38/回転式

VALSRYO3
￥12,600（税込）
W40 × D35 × H38cm
重量：2.3kg
材質：本体 ポリプロピレン
　　　座面カバー エラストマー

http://www.net-kaigo.com

入浴

浴室手すり
Bathroom handrail

アロン化成（株）
TEL (03) 5420-1556　FAX (03) 5420-7750

（株）イーストアイ
TEL (03) 3897-9393　FAX (03) 3897-9535

バスタブ手すり
高さの調節が6段階で可能な浴槽手すり

■ 安寿 高さ調節付浴槽手すり UST-130

●特徴
・浴槽の上縁から11～26cm（6段階）の範囲で握りやすい高さを選ぶことが可能。
・浴槽の出入り時にあらゆる角度からグリップを握れるようにループ形状のグリップを採用。

●サイズ・重量
幅20×奥行27～33×高さ37～39cm
重量：約3.9kg

●カラー
ホワイト（本体）、レッド（グリップ）

●材質
手すり本体・本体フレーム：ステンレス
グリップ表面・すべり止め：エラストマー
内グリップ本体・押圧板・フレームカバー・ハンドルスペーサー：PP
スライド板カバー・段差補正板：PE
上縁ゴム：合成ゴム

http://www.aronkasei.co.jp/

バスタブ手すり
手すりを付けたままお風呂のフタができる

■ バスアーム・ステンレス FAS

●特徴
・グリップは浴室内の湯気の中でも分かりやすいオレンジ色。
・手すりを付けたままお風呂のフタができる。
・錆に強いステンレス製。
・大型ハンドルで工具を使わず、取り付け・取り外しが簡単。
・手すり部は滑りにくい塗装をしている。
・浴槽の縁を挟む部分には浴槽に優しく、滑りにくいゴムマット付き。
・取付可能浴槽縁幅が12.5cm～20.5cmまでのワイドタイプ（FASW）もある。

●仕様
全長：37cm　全幅：15cm　手すり部：26cm
取付浴槽縁幅：5～14cm
重量：2.4kg
材質　本体：ステンレス（一部アイボリー粉体塗装）
　　　ハンドル：樹脂

●価格
FAS ￥12,600（税抜￥12,000）
FASW（ワイドタイプ）￥15,225（税抜￥14,500）
※購入対象商品

http://www.easti.co.jp/

浴室手すり
Bathroom handrail

相模ゴム工業（株）
TEL (046) 221-2239　FAX (046) 221-2346

イズミ（株）
TEL (076) 451-6225　FAX (076) 451-6801

浴室手すり　フランジカップ付きで仕上がりがきれい

■ シュアーグリップ SC

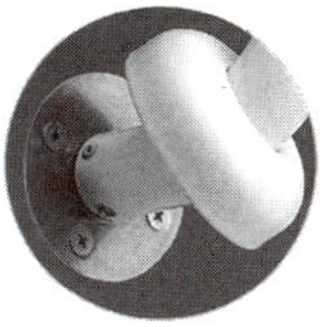

● 特徴
・ステンレス手すりをあたたかみのある良質樹脂でコーティング。
・施工が簡単、サイズが豊富。

I 型

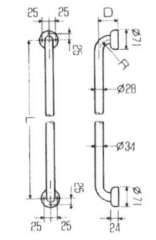

	28φアイボリー	価格
30cm	SC2832	¥7,770
40cm	SC2842	¥8,295
50cm	SC2852	¥8,820
60cm	SC2862	¥9,345
70cm	SC2872	¥9,975
80cm	SC2882	¥10,185
90cm	SC2892	¥10,395

L 型

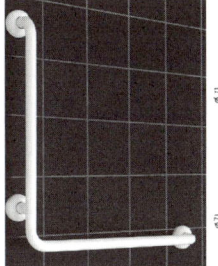

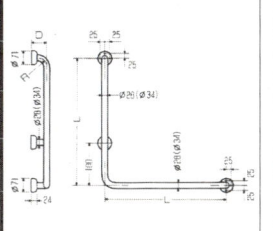

	28φアイボリー	価格
40×40cm	SR2402	¥15,645
50×50cm	SR2502	¥16,275
60×60cm	SR2602	¥16,695
60×40cm	SR2642	¥16,275
60×40cm（逆L）	SL2642	¥16,275

※φ28 ホワイト、φ34 アイボリー、ホワイト有り

http://www.sagami-gomu.co.jp/

浴室手すり　ユニットバスにも取り付けることができる

■ システム手すり

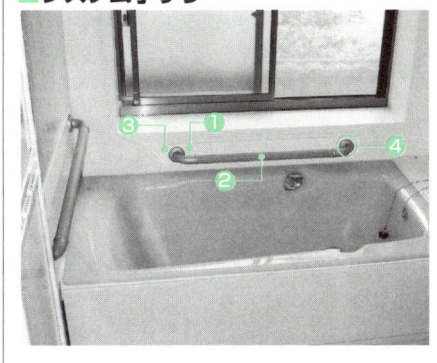

● 特徴
・ユニットバスなど、下地のない壁にYアルミベースを取り付けることにより、手すりが設置できる。
・取り付け方法は、Yアルミベースにアルミベース接着剤（別売）とビス（同梱）を併用する。
※壁種によってはボードアンカー（別売）が必要。

● 上の写真の使用部材
① Yアルミベース
② C35 アルミアイパイプ
③ Yベースサイド
④ C35 ベースエンドエルボ

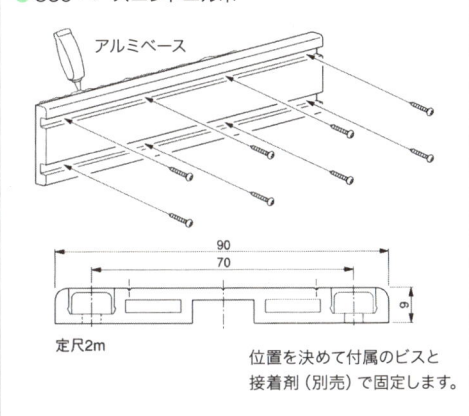

定尺2m

位置を決めて付属のビスと接着剤（別売）で固定します。

● Yアルミベース価格

¥9,450

http://www.izumi-web.com

入浴

浴室手すり
Bathroom handrail

TOTO
TEL (0120) 03-1010

浴室手すり

浴室空間での使い勝手、
安全性を配慮した新しいタイプの手すり

■インテリアバー

●特徴
・握りやすく、すべりにくい。新しいグリップ形状。また、全タイプとも握り部分の表面樹脂に抗菌剤を採用。

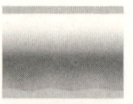

セーフティタイプ  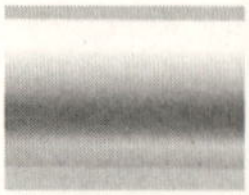　　フラットタイプ

●カラーバリエーション（全8色）※セーフティタイプの場合

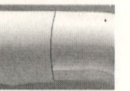

ペールホワイト 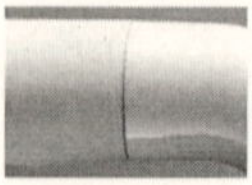　パステルピンク 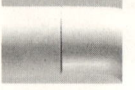　パステルアイボリー 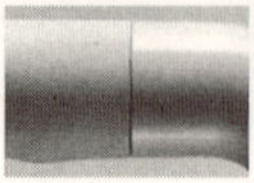　ハーベストブラウン

●Iタイプ

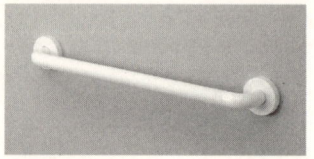

TS134GY6S
¥12,810
4本ねじ固定
セーフティタイプ
φ32mm 長さ60cm
※30・40・50・70・80・90cm 有
※50mmピッチでサイズの変更可

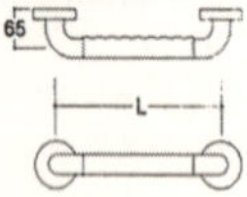

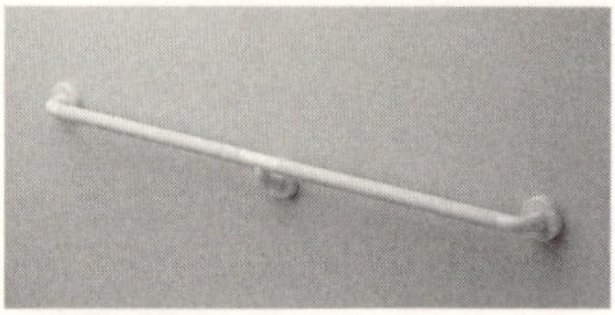

TS134GFY12S
¥21,420
4本ねじ固定
セーフティタイプ
φ32mm 長さ120cm
※80・180cm 有
※50mmピッチでサイズの変更可

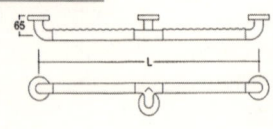

●Lタイプ

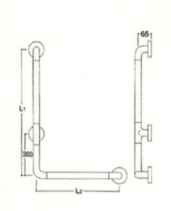

TS134GLMY8
¥26,250
4本ねじ固定
セーフティタイプ
φ32mm 80×60cm
・逆勝手でも使用できます
※60×60cm 有

●オフセットタイプ（浴室用）

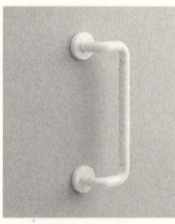

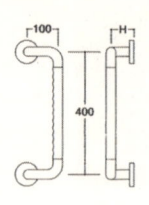

TS134GDY4S
¥12,705
4本ねじ固定
セーフティタイプ
φ32mm 前出寸法8cm、長さ40cm
・浴室への出入りに便利な新形状
※前出寸法12cm 有

http://www.toto.co.jp/

浴室手すり
Bathroom handrail

（株）アトラス
TEL (06) 6765-2360　FAX (06) 6765-2366

アロン化成（株）
TEL (03) 5420-1556　FAX (03) 5420-7750

手すり
浴室にトイレに、場所を選ばない抗菌仕上げ

■ 補助手すりセグランサ
● 特徴
・トイレ・洗面所・浴室用木目調合成樹脂製手すり。抗菌剤配合。
・ポリカーボネイトの芯材、木粉入り発泡塩ビの被覆材を使用しているので腐食の心配がない。

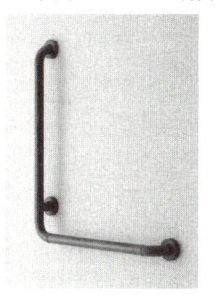

SR-802-1(L)(R) H350W250　￥19,000
SR-802-2(L)(R) H700W500　￥20,800
SR-802-3(L)(R) H700W600　￥21,000
SR-8686（出隅）（入隅） W1＝600、W2＝600　￥21,600

● SR-835　￥9,900
● SR-804　￥10,000
● SR-806　￥10,600
● SR-808　￥11,000
● SR-8686（出隅）　￥21,600

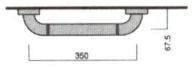

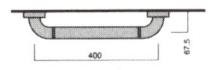

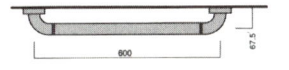

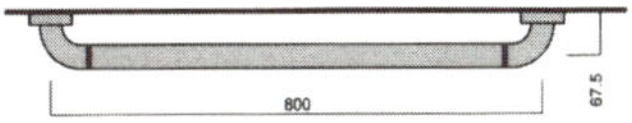

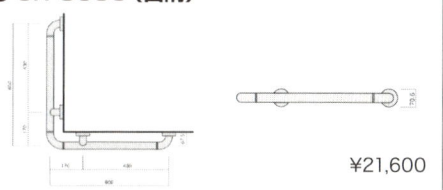

http://www.atlas-net.co.jp/

後付け手すり
補強せずに手すりが取り付け可能

■ 安寿 台座付住宅用手すり（ユニットバス用）

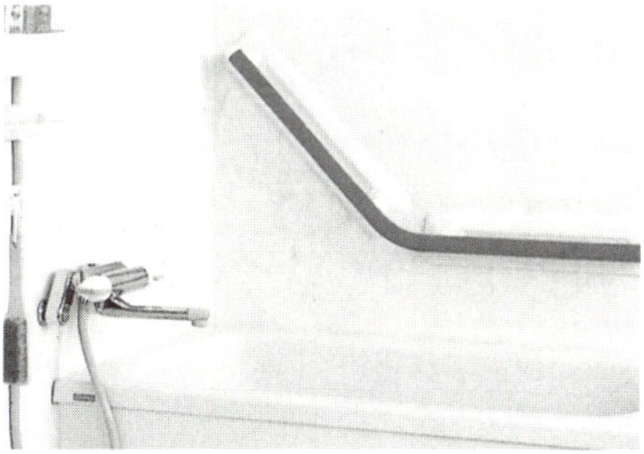

● 特徴
・壁裏に柱のない薄いユニットバスの壁（10mm前後）に後付けできる。
・湯気の中でも見えやすいようパイプに赤色も用意。
・手すりの表面は抗菌処理してあり、すべりにくくソフトな握り心地。

● 注意
以下の壁には「ユニットバス用」は取り付け不可能。
大判タイル／FRP／天然大理石／天然木／ホーロー

● 固定方法
ネジを締めると穴に差し込んであったプラスチックアンカーが作用し、壁を挟むようにして固定する。

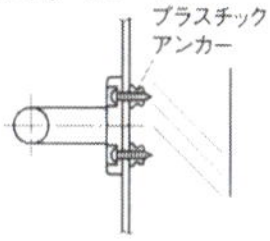

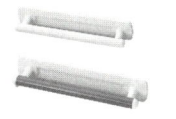

UB-400
カラー：ホワイト・レッド
材質：PVC／50×9×10cm

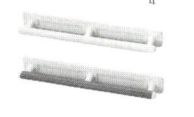

UB-600
カラー：ホワイト・レッド
材質：PVC／70×9×10cm

UB-L
カラー：ホワイト・レッド
材質：PVC／60×9×80cm

UB-L45
カラー：ホワイト・レッド
材質：PVC／94×9×45cm

http://www.aronkasei.co.jp/

入浴

浴室手すり
Bathroom handrail

TOTO
TEL （0120）03-1010

後付け手すり

必要な時に、必要な場所に、
後から簡単な工事でシステムバスに取り付けられる手すり

■インテリアバー（UB 後付けタイプ）

●特徴
・TOTO のユニットバスルーム及びシステムバスルームに後付けできる手すり。
・グリップ部はソフトな感触の軟質樹脂採用。
・グリップ裏面に凹凸形状を施しており、水に濡れた手でもしっかり握ることができる。

セーフティタイプ

●施工方法

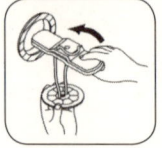

φ50 を開け壁裏にアンカーを投入 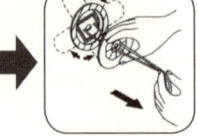 → ひもを引っ張りアンカーを展開  → 取付金具を固定後、手すりを取り付ける

●カラーバリエーション

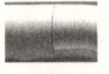

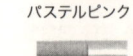

ペールホワイト 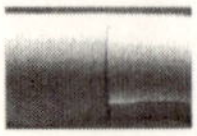　パステルピンク
パステルアイボリー 　ハーベストキャメル 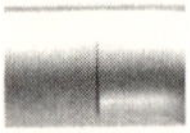

●Ｉタイプ

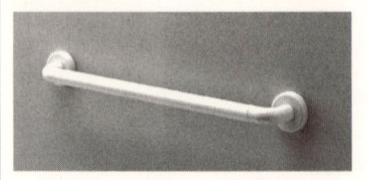

TS134GU6#SC1
¥17,220

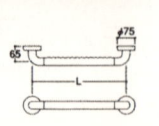

品番	取付心 L(mm)	価格
TS134GU3R	300	¥15,330
TS134GU4R	400	¥15,960
TS134GU5R	500	¥16,590
TS134GU6R	600	¥17,220
TS134GU8R	800	¥18,375

●Ｌタイプ

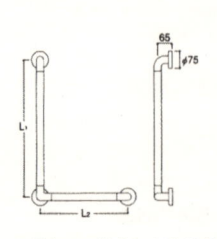

※握りバー部（L1・L2）は組み替え可能

品番	取付心 L1 (mm)	取付心 L2 (mm)	価格
TS134GLU64R	600	400	¥28,035
TS134GLU66R	600	600	¥29,295
TS134GLU86R	800	600	¥30,660

http://www.toto.co.jp

浴室手すり
Bathroom handrail

PPER ホクメイ（株）
TEL (06) 6752-0241　FAX (06) 6758-6485

（株）吉野商会
TEL (03) 3805-3544

後付け手すり　ユニットバスにもビス・ボルトを使わない手すり

■マグネットバー（鋼板入り壁面専用）

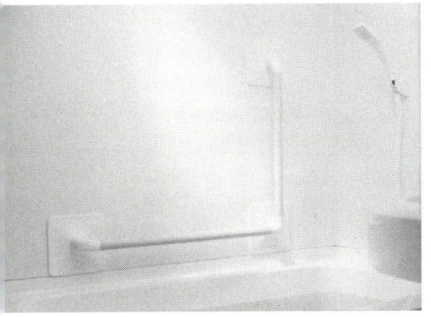

※介護保険適用品

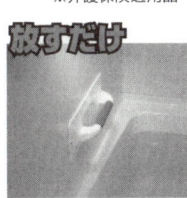

● 特徴

ユニットバスに多い鋼板入りの壁面にもっと手軽につけられないかと開発された手すり。
本体下に取付けられたマグネットシートにより、ユニットパネルに簡単に取付けできる。ユニットパネルとの垂直方向の加重に対して十分な効果を発揮。
粘着面によりマグネットだけでは不足の横方向への加重に対して対応。
取っ手部分とマグネット部分は金属ボルトによって強力に接合されているため、十分な強度を確保。

● 価格

品番	品名	サイズ芯々(mm)	価格
MG-240	補助取っ手	240	¥12,600
MG-410	セパレート	400	¥14,700
MG-600	セパレート	600	¥15,750
MG-440	L型セパレート	400×400	¥24,150
MG-660	L型セパレート	600×600	¥26,250

ttp://www.dipper-hokumei.co.jp/

後付け手すり　これさえあれば安心　毎日の入浴が楽しくなります

■バスグリップ

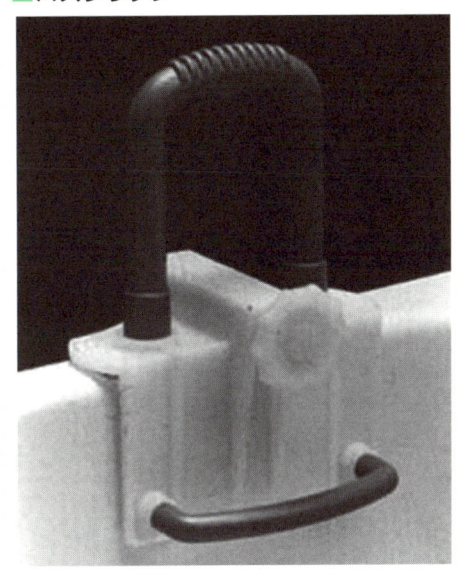

● 特徴

浴槽の縁幅が5・5㎝～14㎝あで幅広く対応（4・6㎝～5・4㎝の場合は別売り部品を使用）。多少変形している浴槽にもしっかり固定することができる。

● 仕様

サイズ：幅225×奥行175×高さ300mm（縦グリップの高さ180mm）
重量：1・5kg
色：紫・白
材質：ナイロン樹脂
価格
15,800（税抜価格）

http://www.yoshino-syokai.co.jp/

入浴

浴室手すり
Bathroom handrail

(株)リラインス
TEL (03) 3479-9203　FAX (03) 3479-9200

(株)リラインス
TEL (03) 3479-9203　FAX (03) 3479-9200

ニギリバー　リラインス社の後付取付システムに対応

■ R7107 ニギリバー

I 型 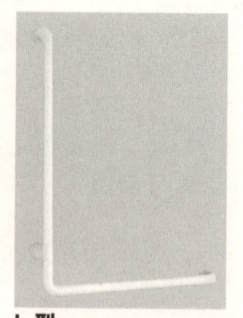　　L 型

● 特徴
・抗菌仕様。
・特注サイズも可能。

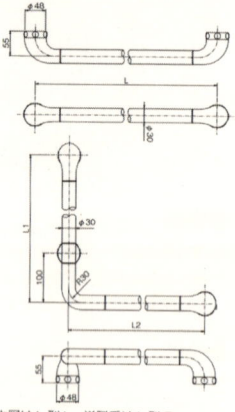

● 材質
パイプ　芯材：ステンレス
　　　　被膜：半硬質塩化ビニル
ブラケット：ポリアセタール／ABS 樹脂

● 仕上げ
パイプ：ホワイト色
ブラケット：ホワイト色

本図は L 型 L、逆勝手は L 型 R

	サイズ (cm)	価格 (税込)
I 型	35	¥6,510
	40	¥6,615
	50	¥7,245
	60	¥7,350
	80	¥7,980
	85	¥8,190
L 型	70 × 50	¥14,700
	70 × 60	¥15,120

http://www.le-bain.com

バー取付システム　ユニットバス内後付ニギリバー取付システム

■ パラシュートプラグキット II

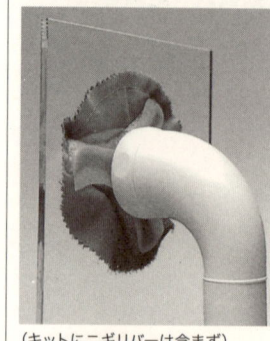

(キットにニギリバーは含まず)

● 施工前確認手順
・適応壁厚は 5〜20mm。
・壁裏には 30mm 以上の奥行き空間が必要。
・プラグ差し込み位置より半径 50mm の壁裏に、遮蔽物のない場所に取り付ける。
・パラシュートプラグ 1 箇所につき 80kgf 以上の強度を保つ壁に使用する。
・推奨作業温度 20℃。充填後、約 70 分で硬化し、取付作業可能となる。

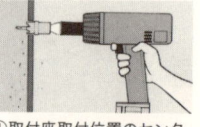

① 取付座取付位置のセンターに φ20mm の穴を開ける。
② φ20mm の穴へ、パラシュートプラグを差し込む。
③ 凝固剤を充填する。(手回しでも充填できる) 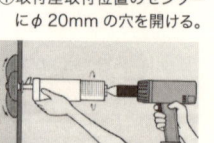
④ 取り付け座、及びニギリバーの取り付けナットをしっかり止めて作業終了。 

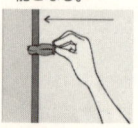

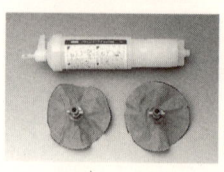

R42-6　¥5,775 (税込)

キット内容
凝固剤ボトル 1 本
M6 パラシュートプラグ 2 個

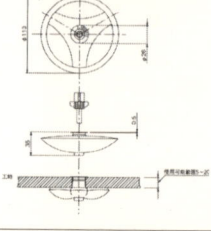

※ このシステムはリラインス社ニギリバーのみ対象として設計されている。
※ パラシュートプラグは、リラインスの登録商標。

http://www.le-bain.com

2. 排泄ゾーン

- 内装材料
- 暖房・建具
- 便器
- 排泄関連用品
- 洗面器用水栓金具
- 洗面化粧台
- 照明
- 手すり

※ 給 マークは福祉用具給付の対象となる商品

●便器の選び方
便器は洋式便器で、温水洗浄便座や便器洗浄遠隔操作装置（リモコンやセンサーで流す）が付属しているものが使い勝手がよいです。また立ち上がりが困難な人には立ち上がり補助便座や昇降便座がありますが、身体状況に合わせて選択しましょう。動力に頼るわけですから、一度試乗してみるのがよいでしょう。高さ 45cm の車いす対応の便器もあります。

●手すりの選び方
トイレでの動作は便器に座って、そして立ち上がるという動作をしているわけですが、空間の広さと日頃の習慣で人によってまちまちです。一般的には側面の壁には横手すり、縦手すり、L型手すり、前方には横手すりが使われます。またトイレガードも利用されます。車いすを利用する人にとっては手すりはさらに重要です。身体状況に合わせて選びましょう。

●空間の考え方
高齢化するとトイレが近くなります。寝室とトイレを隣接させたいものです。最近では押入れをトイレにするユニットも販売されています。

●建具の選び方
ドアは外開き戸にして、手すりを設置するか、引戸にします。

ここに掲載した情報は 2008 年 9 月調査です。
価格は消費税込みで表示しています。

排泄ゾーンの主な企業
The main enterprise of excretion zone

	商品（企業）		頁
内装材料 暖房・建具	コルク・ゴム床材	（日本テクマ）	101
	洗面所暖房	（ピーエス）	101
	戸	（TOTO）	102
便器・便座・トイレブース	便器	（TOTO）	103
	便器	（INAX）	104
	便器	（TOTO）	105
	リフォーム用便器	（TOTO）	106
	リフォーム用便器	（INAX）	106
	車いす対応便器	（INAX）	107
	車いす対応便器	（TOTO）	107
	腰上げ便座	（アビリティーズ・ケアネット）	108
	昇降便座	（TOTO）	108
	便座	（パナソニック電工ライフテック）	109
	便座	（アロン化成）	109
	小便器	（TOTO）	110
	小便器	（INAX）	110
排泄関連品・手洗い器・水洗金具・洗面化粧台等・照明	しびん洗浄機器	（TOTO）	111
	紙巻器	（INAX）	112
	紙巻器	（TOTO）	113
	手洗キャビネット	（TOTO）	113
	手洗キャビネット	（INAX）	114
	手洗い器	（TOTO）	114
	手洗い器	（サンウエーブ工業）	115
	手洗い器	（INAX）	115
	手洗い器	（エービーシー商会）	116
	手洗い器	（エービーシー商会）	117
	水栓金具	（TOTO）	118
	水栓金具	（INAX）	119
	洗面化粧台	（TOTO）	120
	洗面化粧台	（INAX）	120
	洗面化粧台	（サンウエーブ工業）	121
	車いす用洗面化粧台	（TOTO）	121
	洗面システム	（積水ホームテクノ）	122
	洗面ブラケット	（アビリティーズ・ケアネット）	122
	多目的流し	（TOTO）	123
	多目的流し	（INAX）	123
	照明器具	（オーデリック）	124
	照明器具	（オーデリック）	124
	照明器具	（大光電機）	125
	トイレ手すり	（TOTO）	125
	トイレ手すり	（TOTO）	126
	トイレ手すり	（アロン化成）	127
	トイレ手すり	（イーストアイ）	128
	トイレ手すり	（TOTO）	128
	トイレ手すり	（TOTO）	129
	トイレ手すり	（ラックヘルスケア）	129
	手すり	（ナカ工業）	130
	トイレ手すり	（TOTO）	131

	商品（企業）		頁
手すり	トイレ手すり	（TOTO）	131
	トイレ手すり	（相模ゴム工業）	132
	折りたたみ手すり	（田邊金属工業所）	132

内装材料／洗面所暖房
Interior material, Washroom heating

(株)日本テクマ
TEL (06) 6373-8930　FAX (06) 6373-8931

ピーエス(株)
TEL (03) 3485-8189　FAX (03) 3485-8779

コルク・ゴム床材
天然コルク70％とゴムで合成された床材

洗面所暖房
24時間安心の温かさをつくる

■ コムコーク

¥12,390／㎡（標準サイズ）
1800 × 900 × 3.2mm

・現場でのカット加工が容易。
・厚さは特注として 2.2mm、2.5mm、4.5mm、6mm ができる。

● 特徴
1. 塩素ガス皆無、有毒ガス極少
2. 滑りにくい
3. 歩行感が良い
4. 吸音効果が高い
5. 薬品と油に強い
6. 保温効果が高い
7. 省資源型の循環適合商品
8. 耐摩耗性に優れている
9. 難燃性が極めて強く、火炎拡張指数ゼロ
10. 施工性がよい
11. メンテナンス性がよい
12. 重荷重に対しても耐久性 がある
13. 静電気防止がある
14. 防カビ性、防ダニ性に優れ、自然の抗菌作用が働いている

■ CLP アクアデッキ

¥14,490／㎡
（標準サイズ）

1800 × 900 × 3.0mm
・浴室、プールサイド等に最適で、多く使用されている。

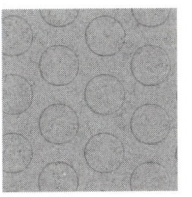

CLP1050

■ 放射型スポット電気ヒーター
● スポット電気ヒータ HR (E) TST タイプ

● 特徴
・ラジエータ内に温水を循環させ、穏やかに暖房を行う。
・低い温度設定での連続運転が経済的で、且つ快適になる。
・タオルウォーマーとしても使用できる。
・洗面所、脱衣所などで、居室との温度差をなくすことで健康管理にも役立つ。

● 寸法図

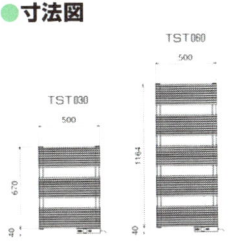

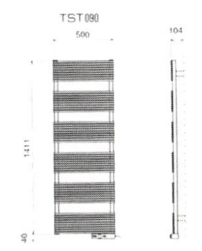

TST030　TST060　TST090

※この他のサイズ、種類を豊富に取り揃えている。電話にて問い合わせのこと。

定格電圧：AC100V
定格消費電力：
　　　300W・650W
W50 × D10.4
× H67〜141.1cm

TST030　　¥91,200
TST060　　¥102,200
TST090　　¥115,600

排泄

http://www.ps-group.co.jp

建具
Fittings

TOTO
TEL (0120) 03-1010

戸

引戸の操作性・安全性とドアの省スペース性の両者の長所を併せ持った、新しい構造のドア

■引込み戸

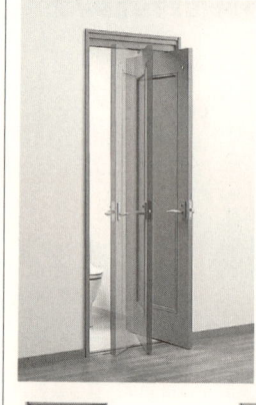

●特徴
・ドアの軌跡がコンパクトなので、体をほとんど動かさずに、ドアの開閉ができる。
・ドアの前出が少ないため、狭い廊下でも通路幅を確保できる。
・レイアウト上の制限が少ないため、狭い空間での間取り制約を緩和した。
・万一ドアが開かなくなったときでも、ドアを壊さずに開放できる逆開放機構を装備。
・900サイズは有効開口幅が780mm(取っ手を除く)なので、車いすのかたにおすすめ。

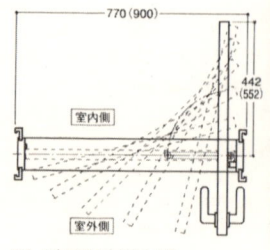

※( )内は900サイズの寸法。

框
770サイズ
EWDS10PAR1
¥151,200
W770 × D113 × H2045mm
900サイズ
EWDS10PAR2
¥151,200
W900 × D113 × H2045mm

フラット
770サイズ
EWDS10KAR1
¥163,800
W770 × D113 × H2045mm
900サイズ
EWDS10KAR2
¥163,800
W900 × D113 × H2045mm

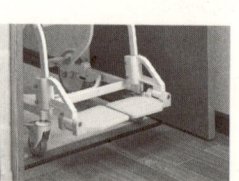

足元のレールは埋め込み式。段差がなく安心して使用できる。また、浅溝なので掃除もしやすい。

ドアノブに比べてつかみやすく、軽い力で開閉できるレバーハンドルタイプと、レバーハンドルでは操作が困難なひとのためにバータイプの取っ手を用意。

■3枚連動引戸

・3枚の扉がスムーズに連動し、全開すると間口が広く取れ、車いすでの出入りがラクになる。

EWDS20PJ
¥188,475

■クローザー付片引戸

・巻きバネの働きで、通過後ゆっくり自動的に閉まる自閉式吊戸。全開時にはストッパーが効き、開けたままにすることができる。

EWDS40MJL1
¥131,775

http://www.toto.co.jp/

便器
Toilet

TOTO
EL (0120) 03-1010

気持ちのいいトイレを作る便器を、
目的に合わせて選べる豊富なバリエーション

●ネオレストAタイプ

・0.4坪のスペースにも手洗器が設置できるなど、限られたトイレスペースが広々使えるコンパクトサイズ。

●価格（一般地・流動方式兼用タイプ）
¥283,500～

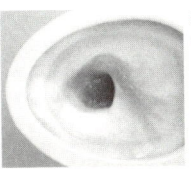

新洗浄方式『トルネード洗浄』
・便器全体を"ぐるっと""しっかり"洗浄。
・水道直結給水なので連続使用が可能。

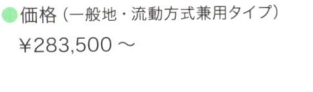

お掃除ラクラク『フチなし形状』
・汚れがついても、サッとひとふきお掃除ラクラク。
・見えない部分がなくなり確認も簡単。

●シリーズ

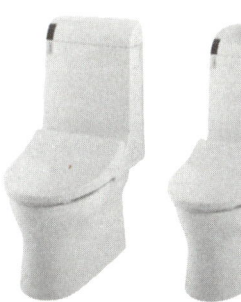

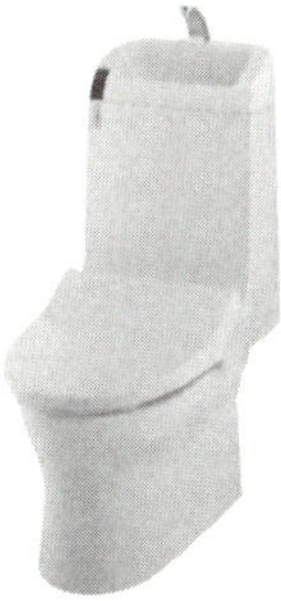

Zシリーズ
¥210,525～
ウォシュレット一体形便器。汚れが付きにくい「クリーンコート便座」を採用。また便座・便ふたがワンタッチで取り外しでき、清潔に保てる。

手洗なし　手洗付

●ウォシュレットアプリコット

シリーズ

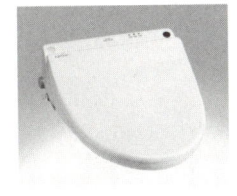

¥109,200～
スリムで先進機能が満載のアプリコットシリーズ。全て自動で行える便ふたオート開閉、オート洗浄つきタイプもある。

●ネオレストX2

CES9923RJ（ホワイト）
¥406,350
「フチなし形状」や「トルネード洗浄」など、掃除の手間を減らす機能が満載。また、凹凸のないデザインは清掃性に優れる。

●ピュアレストEX

CS260BP+SH261BA
（便座：ウォシュレットアプリコットF1）
セット価格　¥221,183
・汚れにくい設計のトルネード洗浄。
・コンパクトだが座り心地ゆったり。

●トイレ用手すり

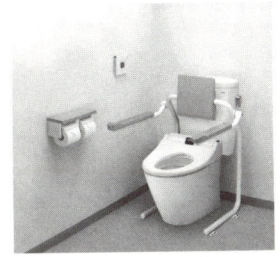

E WC262（背もたれ付）
¥43,050
E WC263（背もたれなし）
¥38,640

排泄

http://www.toto.co.jp/

便器
Toilet

（株）INAX　お客さま相談センター
TEL（0120）1794-00　FAX（0120）1794-30

便器

便器とタンクの組み合わせ自由自在。
希望の機能に応じて選べる

● プロガード　アメージュⅤ便器

● 特徴
- 大洗浄6ℓ小洗浄5ℓの「超節水EC06トイレ」
- ガンコな水アカ汚れが固着せず表面がツルツルのままなので、掃除が簡単。手入れはスポンジとマイルドな洗剤（中性）で充分。洗剤や掃除に使う水の量も減らせる。
- プロガード加工表面は水をはじく特徴があり、細菌が繁殖しにくく清潔。

GBC-320SU
DT-V150U
CW-E59QA-R
　　　セット価格　￥273,525

● おしリフト

CWA-40　　　　￥110,040
足腰の弱い方から立ち座りに不便を感じる方まで、トイレでの排泄の自立を幅広くサポート。昇降は安全性に配慮したエアバック式。便器に固定するため余分な出っぱりもなく床の掃除も簡単。

● 流せるもん
リモコン自動洗浄ハンドル

ハンドル部 　　リモコン

CWA-67A　￥15,750
（普通便座、暖房便座、シートタイプシャワートイレと組み合わせる場合）
センサーが大と小を着座時間で判断し、自動的に便器を洗い流す。

● シャワートイレ PASSO

CW-E59　　　￥182,700
おしり洗浄／ビデ洗浄／リモコン／点字表示／便フタワンタッチ着脱／暖房便座／着座センサー／スーパー節電／Wパワー脱臭／リラックスミュージック／フルオート便座／ほのかライト

● SATIS

● 特徴
- 世界最小のタンクレス・トイレ。奥行き65cmのボディだから、空間が広く使える。
- 手をふれなくても、フタが開く「ノンタッチ便フタ開閉」や「パワフル＆マイルド洗浄」など便利な機能付。
- 水アカ汚れを防止するプロガードを標準装備。
- 「超節水EC06トイレ」

GBC-901SU/BWI　　￥51,450
DV-318GU-R/BWI　￥284,550
セット価格　　　　￥336,000
（写真セット　￥533,610）

● アメージュC脱臭シャワートイレ

GBC-110STU + DT-C152U
　　　　　　　　￥161,070
コンパクトで基本機能が充実。省スペース設置タイプ。貯湯量0.9L、吐水量0〜0.9L／分。W節水だから効果抜群。リモコン／スーパー節電／脱臭「超節水EC06トイレ」

http://www.inax.co.jp/

便器
Toilet

TOTO
TEL (0120) 03-1010

便器 | 2つの水流を融合させた新システム

■ ネオレスト AH タイプ

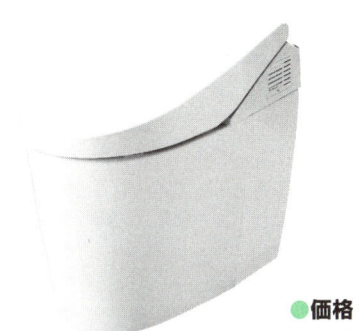

● 価格
¥320,250 ～ 372,750

● 特徴
- 水道から直接流れる水と、内蔵タンクから加圧されて流れる水、2つの水流を融合させた世界初の洗浄技術「ハイブリッドエコロジーシステム」搭載。
- 低水圧現場でも設置できます。
- 「フチなし洗浄」「トルネード洗浄」で掃除の手間が減らせます。
- 「サイレントモード」機能で夜中のトイレも気になりません。

http://www.toto.co.jp/

TOTO
TEL (0120) 03-1010

便器 | 背もたれやカウンターが座った姿勢をサポート

■ レストパル SX〈くつろぎ〉

UWSCEILFW5A2122AS
（手洗器、手すり、背もたれ、収納、化粧鏡を含む）

写真セット価格
¥602,280

● 特徴
- 手すりやカウンターが座った姿勢の保持や、立ち座りをサポートする。
- 背もたれが姿勢を保持し、ラクに用を足せる。
- 滑らかな形状で、汚れがたまらない「フチなし形状」をはじめ、「クリーンコート便座」や「ノズルまわりすっきり形状」など、汚れにくく掃除しやすい工夫を満載。

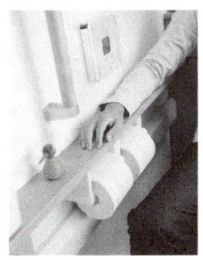

幅 90mm、高さ 700mm の使い勝手の良いカウンター

着座したときの姿勢を保持する背もたれ。

● 寸法

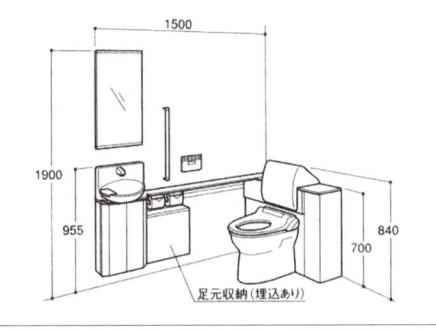

（1500 / 1900 / 955 / 840 / 700　足元収納（埋込あり））

http://www.toto.co.jp/

排泄

便器
Toilet

TOTO
TEL (0120) 03-1010

(株)INAX お客さま相談センター
TEL (0120) 1794-00　FAX (0120) 1794-30

リフォーム用便器　配管工事なしで便器の取り替えができる

■ QRシリーズ（リモデルタイプ）

CS60BM
SH61BAK
TCF6121RAM
（ウォシュレット SIA）
写真セット価格
¥196,875

● 特徴

リモデル便器は、排水アジャスターにより、いろいろな排水心の便器に対応。設備排水管の移設を行わずに床の取り壊し工事や配管工事なしで、最新型の便器に交換することができる。

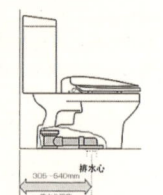

給排水位置はそのまま、便器だけを簡単に交換できる。

■ ネオレストハイブリッドシリーズ AH タイプ（リモデルタイプ）

● 価格（一般／流動兼用）
リモデル便器　ネオレストシリーズ
・AH　　¥330,750〜
・A 　　¥294,000〜
・D 　　¥239,400〜

http://www.toto.co.jp/

リフォーム用便器　給排水管をいじらず便器だけ交換可能

■ 一般洋風便器（プロガード仕様）

（取替前）　→　サイホン式

GBC-250S
GDT-3810HU+NB
暖房便座
　　セット価格　¥115,395

■ アメージュV シャワートイレ（リトイレ）
（プロガード仕様）

GBC-340S
DT-V283HU
セット価格
¥247,275
※棚手すりは別売

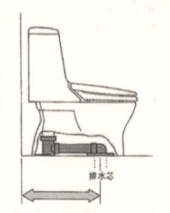

200〜550mm
まで対応可能。

● 特徴

・壁・床工事なしで便器を丸ごと最新型に交換できる。
・お尻を洗う温水洗浄機能もつけられ、快適な使い心地でトイレのグレードアップに最適。
・大小切り替えハンドルが付いた W 節水
・水アカ汚れを寄せつけないプロガード加工で掃除もラクになる。

http://www.inax.co.jp/

便器
Toilet

TOTO
TEL（0120）03-1010

（株）INAX　お客さま相談センター
TEL（0120）1794-00　FAX（0120）1794-30

車いす対応便器　座面が通常より高い大便座

■車いす対応便器

CS20AB
SH30BA
TCF593A
セット価格
¥244,650

●特徴
・座面の高さが通常の便座より高く450mm程度となっており、下肢が不自由で上肢の力のみで移乗される方や立ち座り動作が困難な方(リウマチの方)等におすすめする便器。

■補高便座

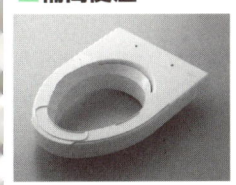

〈50mmタイプ〉
EWC441（エロンゲートサイズ）　¥22,260

〈30mmタイプ〉
EWC451（エロンゲートサイズ）　¥22,260

●特徴
・補高便座をセットすると座面が従来より30〜50mm高くなるので、既設の便器では高さが足りず立ち座りがしづらい場合に最適。
・今までどおりにウォシュレットが使用できる。

■やわらか補高便座

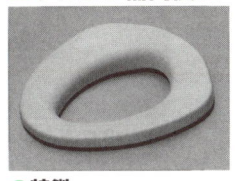

EWC401（エロンゲート便座用）　¥8,190
寸法：360×400mm
EWC400（レギュラー便座用）　¥8,190
寸法：370×370mm
材質：共に発泡ポリウレタン

●特徴
・便座の高さが30mm程度アップする。
・ソフトで座り心地のよい便座。
・丸ごと洗えて清潔。
・便座の穴におしりがはまってしまう方にもおすすめ。

http://www.toto.co.jp/

車いす対応便器　車いすの高さを考慮した便器

■車いす対応便器
●C-35

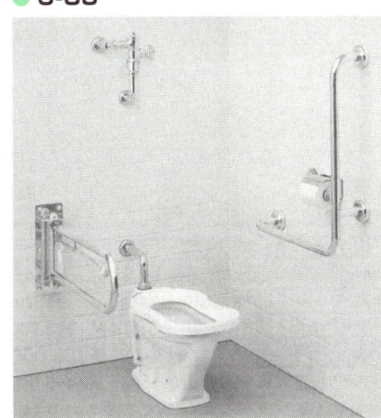

便器	C-35	¥65,835
リモコンフラッシュバルブ	CFR-170 KW7PK	¥40,425
必要部材		¥8,715
セット価格		¥114,975

※手すり別売

●特徴
・下半身に障害をお持ちの方、車いすをご使用の方、および高齢者の利用を考慮。
・便器座面の形状がまゆ型なので、両肢で便器をはさみ込み座位の安定がはかれます。
・汚れが付きにくいよう溜水面を大きめにとり、清掃性に配慮。

●C-5KR

セット価格
¥471,083
(C-5KRSM/BN8、OKC-581、OKC-2BTJ、CW-E55A-NECK/BN8 他のセット)

http://www.inax.co.jp/

排泄

便器
Toilet

アビリティーズ・ケアネット（株）
TEL（03）5388-7200　FAX（03）5388-7502

TOTO
TEL（0120）03-1010

腰上げ便座　いろいろなタイプをそろえた腰上げ便座

■腰上げ便座　据置き式　介護保険購入対象品

B150-00　￥18,690

●特徴
・洋式トイレの上に載せて、便座の前部分を10cm高くする。
・座面後部は前部より3cm高く、前傾して立ち上がりやすい形状。

●仕様
固定できる便器：便座開口部の幅20cm以上、奥行26cm以上。

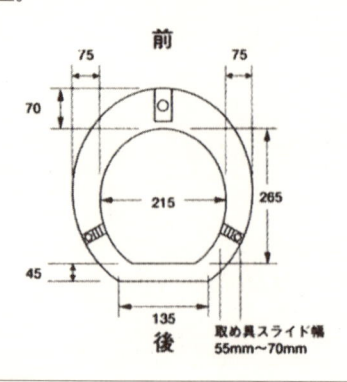

寸法図：
- 前後 75 / 75
- 70
- 215
- 265
- 45
- 135
- 取め具スライド幅 55mm〜70mm

http://www.abilities.jp/

昇降便座　昇降方法を切り替えできる電動式便座昇降機

■トイレリフト

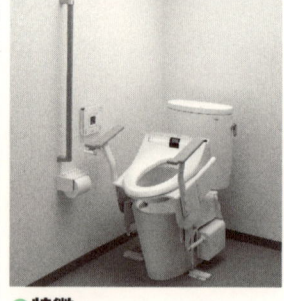

EWCS141J
（ウォシュレットアプリコットF用）
（斜め昇降セット時）

●特徴
・便座が上下して、着座、立ち上がりを補助する電動式便座昇降機。
・身体状況に合わせて、斜め、垂直の昇降方法を選べ、切り替えできる。
・斜め昇降では、便座の角度が0〜15°の範囲で昇降し、好みの位置で止めることができる。
・垂直昇降では安定した姿勢で垂直方向に117mm昇降し、好みの位置で止めることができる。
・アームレストは便座と一緒に昇降するので安心。※すっきりとしたデザインのアームレストなしタイプEW-CS140J（ウォシュレットアプリコットF用）もある。
・アームレストなしタイプはスイッチ類（リモコン、レバー、フットスイッチ）を後付けできる。

斜め昇降セット時
・おじぎをして立ち上がるような自然な立ち座り動作で立ち上がれる方。
・前方へ押し出される感じが立ちやすい方。

垂直昇降セット時
・立ち上がるときに「高さ」が足りず、前に押し出されて不安定になる方。
・脚が曲げづらい方、頭を前方に傾けることに不安を感じ、座位を安定させたまま立ち上がりたい方。

●価格
EWCS141J〈ウォシュレットアプリコットF用〉
￥138,180
EWCS140J〈ウォシュレットアプリコットF用〉
￥119,280

http://www.toto.co.jp/

便器 / Toilet

パナソニック電工ライフテック（株）
TEL (06) 6908-8122　FAX (06) 6908-2414

便座 — 使いやすい洋式トイレを手軽に実現

■洋風便座据置型N　VALTY5BE

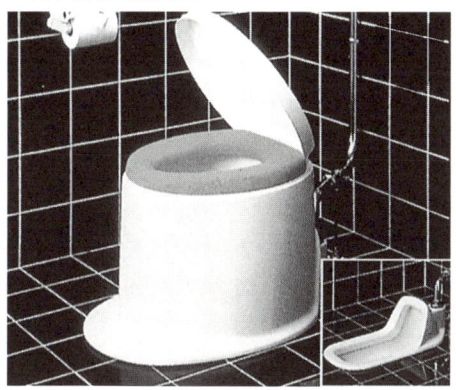

¥15,960（税込）

W44×D60×H39cm
便座高 37.5cm
・本体、便座、便ふたに抗菌加工。
・便座カバー付。

■洋風便座両用型DX　VALTY8BE

¥15,120（税込）

W42.5×D65×H21.4cm
・便座は人間工学に基づくデザインを採用。
・便座・便ふたがゆっくり閉じるダンパー付。
・便座カバー付き

http://www.net-kaigo.com/

アロン化成（株）
TEL (03) 5420-1556　FAX (03) 5420-7750

便座 — ポンと置くだけで洋式トイレに早変わり

■サニタリエースHG 据置式

色：アイボリー、ライトブルー
W42×D61×H44cm

装着許容寸法図
A ： 18.5cm 以上
B ： 25cm 以上
C、D ： 30cm 以上
（D は方向変え時）

●特徴
・抗菌加工の便座・ふたが静かに閉まる。
・置くだけで和式から洋式に早変わり。
・トイレの位置に応じて、便座の向きを前後逆にできる。

■サニタリエースHG 両用式

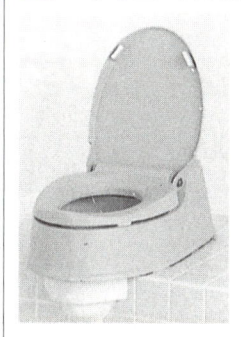

色：アイボリー、ライトブルー
W40×D63×H21.5cm

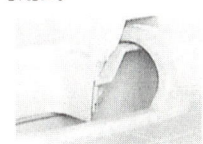

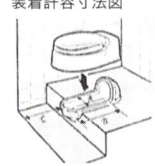

装着許容寸法図
A ： 17cm 以上
B ： 42cm 以上
C ： 30cm 以上

●特徴
・抗菌加工便座・ふたが静かに閉まる。汚れにくく掃除も簡単。
・置くだけで和式から洋式に早変わり。

http://www.aronkasei.co.jp/

排泄

便器
Toilet

TOTO
TEL（0120）03-1010

（株）INAX　お客さま相談センター
TEL（0120）1794-00　FAX（0120）1794-30

小便器　スッキリ形状で使いやすく清浄性の良い小便器

■床置小便器

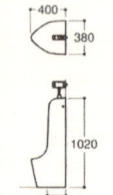

UFH507C
セット価格　¥131,775
W380 × D400 × H1020mm

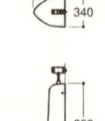

UFH508C
セット価格　¥61,425
W340 × D360 × H890mm

●特徴
・小便器の縁がない、スッキリ形状。
・間口部分が広いので使い勝手が良い。
・スプレッダー洗浄と防汚技術「セフィオンテクト」で清掃性・節水性にも優れている。
・ストールタイプと壁掛式の2種類

http://www.toto.co.jp/

小便器　防汚・抗菌タイプで清潔に使える小便器

■小便器

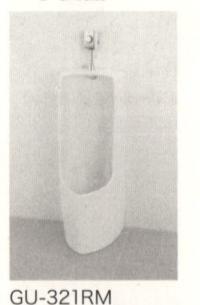

GU-321RM
床置タイプ中形小便器
プロガード仕様
写真セット価格
¥80,693
W380 × D380 × H920mm
・トラップ着脱式

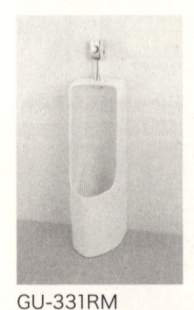

GU-331RM
床置タイプ小形小便器
プロガード仕様
写真セット価格
¥61,268
W380 × D380 × H880mm
・トラップ着脱式

■センサー一体型ストール小便器

AWU-506RAML
壁掛タイプ
¥212,205
W350 × D420 × H995mm
・まるごと床掃除ができる壁掛タイプ

AWU-807RAML
床置タイプ
¥200,760
W410 × D380 × H1110mm

●特徴
・センサー一体型のすっきりとした形の小便器
・凹凸がなく拭きやすい台座形状
・少量で洗浄するスプレッダー洗浄方式
・スーパーAI節水制御機能：約2Lで洗浄。追加洗浄が必要となると、予測した時間までに、次の使用者が来ない場合には、約2Lで追加洗浄する。

http://www.inax.co.jp/

便器
Toilet

TOTO
TEL (0120) 03-1010

しびん洗浄水栓 — トイレでしびん洗浄ができる

■ ケアクリック
T95WRX　¥26,985

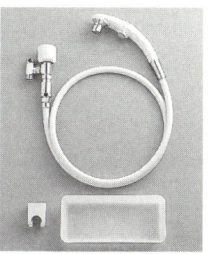

・便器を取替えずに、止水栓部に取付けるだけで、しびん洗いや便器洗い機能が追加できる。
・便利なON/OFFボタン付、手元で簡単に切り替え可能で、節水になる。
・水はねの少ない泡まつ吐水に加えて調圧弁付。

■ しびん洗浄水栓
T95ARX　¥76,020

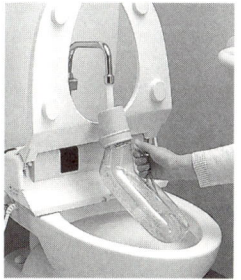

・取り付け上の制約が少なく、ウォシュレットとの併設が可能。
・ソフト吐水で水ハネを極力抑えた設計。

使用例

■ パウチ・しびん洗浄水栓
T95VLV2R　¥92,820

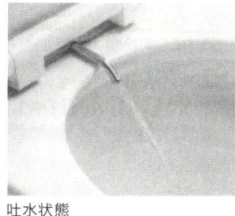

・「汚物流し・洗浄器具」として、既存の腰掛便器に後づけ可能。
・プレートは丈夫なステンレス製で部品交換も簡単にできる。
・洗浄ノズルは使いやすい45度の固定式。

吐水状態

http://www.toto.co.jp/

（株）吉野商会
TEL (03) 3805-3544

ポータブルトイレ — 使い方いろいろ！小さくしまえて持ち運び楽々

■ ベンラックエース

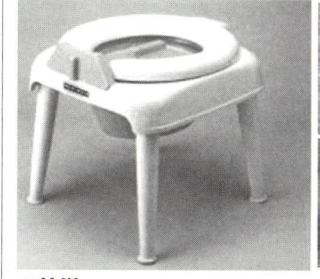

● 特徴
・室内、スポーツ、レジャー、災害時など使い方はいろいろ。小さくしまえて身持ちはこびにも便利。和式トイレで使えば洋式のように使える。

● 仕様
サイズ：幅370×奥行400×高さ360mm
重量：2.3kg　色：白
材質：ABS樹脂・(ポット) PP
価格
9,100円（税抜価格）

■ ベンラック短脚エース

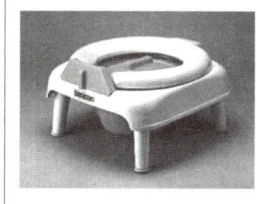

● 仕様
サイズ：幅370×奥行400×高さ210mm
重量：2.0kg　色：白
材質：ABS樹脂・(ポット) PP
価格
¥9,200（税抜価格）

■ 室内用便器

● 特徴
・介護の必要なお年寄りや御病人に
・お子様のよるように…

● 仕様
サイズ：幅285×奥行350×高さ95mm
重量：1.1kg　色：白　材質：ポリエチレン

価格
¥9,100（税抜価格）

http://www.yoshino-syoukai.co.jp/

排泄

しびん洗浄機器／紙巻器

Urinal Syringe, Paper HIolder

(株)INAX　お客さま相談センター
TEL（0120）1794-00　FAX（0120）1794-30

(株)INAX　お客さま相談センター
TEL（0120）1794-00　FAX（0120）1794-30

しびん洗浄機器

しびんや汚れ物の水洗いに

■ケアサポート水栓（しびん洗い用）

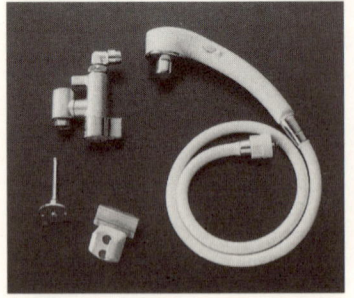

SF-319　　　¥34,440

●特徴
・便器鉢内でしびんや汚れ物の水洗いが可能。一般洋風便器の給水管に取り付ける水栓。 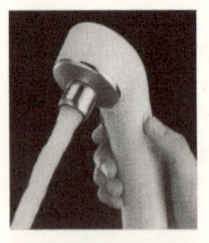
・ワンタッチで吐水、止水の切り替えが可能。操作性、節水に優れている。
　（適性流量　4～7L／分） 
・操作しやすい90度開閉レバーハンドル。開閉状態が一目で分かり、使用後の閉じ忘れ防止に役立つ。

●セット例

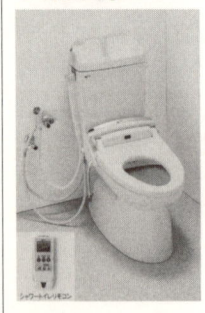

SF-319（手元スイッチ付ケアサポート水栓）
BC-320SU/BN8（便器）
DT-V180U/BN8（タンク）
CW-US121-NEBC（シャワートイレ）
CF-92（シャワートイレ用止水栓）

セット価格　¥259,245

紙巻器

片手で簡単に切れる抗菌仕様紙巻器

■ワンタッチ式紙巻器
● プレノスシリーズ

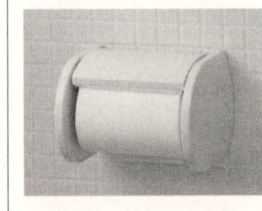

CF-A23D　　¥3,045
W16.9×D12.1×H11.2cm
＜カラー＞N90
※ISO抗菌仕様
※ワンハンドカット機能付

CF-A23P　　¥3,675
W16.8×D12.1×H11.2cm
＜カラー＞パールシルバー塗装
※ワンハンドカット機能付

● ウッディーシリーズ

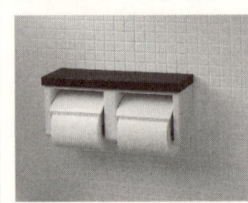

CF-A63K／KJ　¥7,140
W32.8×D11×H14.8cm
＜カラー＞KJ、KA、WA
※ISO抗菌仕様
※ワンハンドカット機能付
※芯無しペーパーにも対応

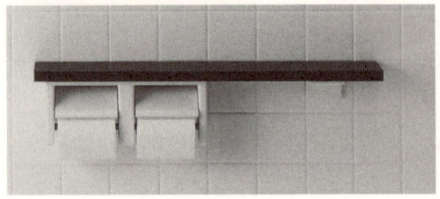

NKF-2W/KJ　¥18,375
W70.0×D11.0×H14.8cm
＜カラー＞KJ、KA、WA
※ISO抗菌仕様
※ワンハンドカット機能付
※紙巻器カラーはホワイト

http://www.inax.co.jp/

http://www.inax.co.jp/

しびん洗浄機器／紙巻器
Urinal Syringe, Paper holder

TOTO
TEL (0120) 03-1010

紙巻器
片手で簡単にセット。カットもラクラク

■ 紙巻器

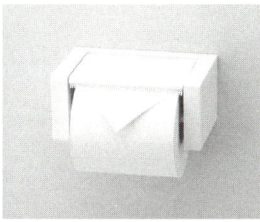

YH51R
¥2,783
W16.8 × D10 × H7.5cm

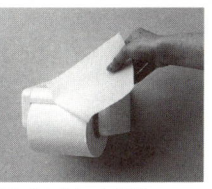

ワンハンドカット機能
ペーパーをつまみ、引き上げるだけでカットできる。

ワンタッチ機能
下から押し込むだけで簡単にセットできる。

■ 天然木手すり（紙巻器一体型）
● 特徴
・手のひらや肘などで体を支えることができるので、握力を必要としない。

手のひら全体で体を支えることができる。

トイレで新聞を読んだり、疲れているときのひじ掛けに。

YHB62N#MR
¥17,640
W69 × D13 × H11.6cm

YHB62#NR
¥28,665
手すり W3.2 × D5.5 × H66.5cm
木棚 W69 × D13 × H11.6cm

http://www.toto.co.jp/

TOTO
TEL (0120) 03-1010

手洗いキャビネット
豊富な部材、充実の機能ドレッサー

■ レストルームドレッサースリムタイプ G
● カウンタータイプ（1500 サイズ）

セット価格
¥276,360
（手洗器（自動水栓／電気温水器付）／化粧鏡／トイレキャビネット）

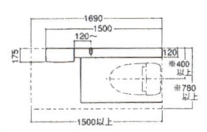

■ レストルームドレッサーシステムシリーズ

・トイレ空間に必要な手洗い機能、収納性、インテリア性を追求して生まれたレストルームドレッサー。
・専用の大便器と連動させることで、トイレ空間全体の消費電力もコントロールするタイプも。

セット価格
¥686,963
（1690mm）
（大便器、アームレスト、化粧鏡、化粧棚、タオル掛け含まず）

セット価格
¥328,178
（1690mm）
（大便器、アームレスト、インテリア・バー、化粧鏡、タオル掛け含まず）

http://www.toto.co.jp/

排泄

手洗いキャビネット／手洗い器
Washroom cabinet, Washbowl

(株) INAX　お客さま相談センター
TEL (0120) 1794-00　FAX (0120) 1794-30

TOTO
TEL (0120) 03-1010

手洗いキャビネット　コンパクト設計で使いやすいキャビネット

■化粧棚付コーナー手洗器

GL-C68EAB
/KAW
¥109,200

コーナーミラー
キャビネット
LKF-321
¥59,010

写真セット価格
¥168,210

・場所をとらずに機能的で美しい手洗い収納空間が生まれます。
・トイレや2階の廊下隅などで使えます。

■コーナー手洗キャビネット

GL-C68CWLB/WAW

・空間を効率よく使えるコーナー置き。
・掃除用具が収納できる木製キャビネットタイプ。

写真セット価格
¥223,860

■セレビオ／アークタイプ

GL-B35KWL165B/DBG2 など
写真セット価格　　　¥544,740

・待たずにお湯が使え、寒い冬も快適に手洗いができる。

http://www.inax.co.jp/

手洗い器　省スペースで トイレを広く使える

■手洗い器

YSC46AMS
セット価格
¥65,940
W350 × D210 (埋込代 90) ×
高さ 990 mm

・わずか 120～130mm のでっぱりでトイレ内を広く使える。

レストルームドレッサー
GT シリーズ
UHLD2M1SA
※ハンドル式水栓仕様
¥113,900

・曲線を生かしたシルエットと質感のあるキャビネットでゆとりのある空間を演出。

LSH870 A P
セット価格
¥42,840
460 × 205 mm

オートストップ水栓セット
LSJ870 A PFM
¥72,870～

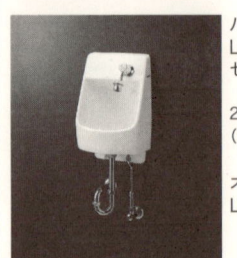

ハンドル式単水栓セット
LSH570 A P
セット価格
¥45,255
270 × 227 mm
(埋込必要寸法 70cm 以上)

オートストップ水栓セット
LSJ570 APNF
¥63,105～

http://www.toto.co.jp/

手洗い器
Washbowl

サンウエーブ工業（株）
TEL 0120-1905-21

（株）INAX　お客さま相談センター
TEL (0120) 1794-00　FAX (0120) 1794-30

手洗い器
飾り棚にもなる 清潔感あふれるカウンター

■トイレカウンター＜シェルトBMⅡ＞

扉カラー
ナチュラルチェリー　N339
ジオホワイト　W339

●特徴
・飾り棚にもなる、清潔感あふれるカウンター
・ミラーキャビネットの扉をスライドさせると、片方は収納棚になっています。

●カウンター

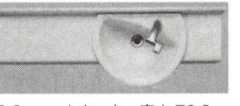

メラミンカウンター
奥行 22.8cm ×カウンター高さ 76.8cm
※ボウルを含んだ奥行きは 33.9cm

人造大理石カウンター
奥行 24cm ×カウンター高さ 75.8cm
※ボウルを含んだ奥行きは 35cm

スワン型水栓

●価格

間口 (cm)	メラミンカウンター	人造大理石カウンター
180	¥136,290	¥184,380
165	¥129,255	¥173,040
150	¥122,430	¥162,855
135	¥116,340	¥153,405
120	¥110,565	¥144,480

※ミラーキャビネットは含みます　※価格はすべて税込み価格です。

http://www.sunwave.co.jp

手洗い器
狭いトイレにも設置可能

■手洗い器
●壁付タイプ（自動水栓アクエナジー）

GL-A74MC/BW1
¥98,280
46 × 20 × 27.5cm

●特徴
・清潔さ、節水効果、高い経済性でパブリックに最適。
・壁からの前出寸法が 20cm と小さく設置場所を選びません。

●壁付タイプ（ハンドル水栓）

GL-A74HC/BW1
¥45,360
46 × 20 × 27.5cm

●壁付タイプ（プッシュ式セルフストップ）

GAWL-71AP(P)/BN8
¥54,915
25 × 42 × 19cm
プロガード仕様

http://www.inax.co.jp

排泄

手洗い器
Washbowl

(株)エービーシー商会
TEL (03) 3507-7158　FAX (03) 3581-4939

手洗い器

だれにでも使いやすくデザインされた洗面カウンター

■ラピード® ホスピタリティーカウンター
●特徴
①ユニバーサルデザイン
　車いすを利用されている方でもお一人で洗面できるように設計されている。ボウルの底や吊り金具に邪魔されず膝をカウンターの中まで入れるため、介助される方の負担も大幅に軽減できる。
②シンプルで洗練されたフォルムが13タイプ
　ゆるやかな曲面がやさしい表情を醸し出している。用途、使用場所に合わせて選べる。現場に合わせた連結や切り欠きも可能。
③消毒薬や化粧品を使っても安心
　すぐれた耐薬品性があり、消毒薬や化粧品などにより表面が侵される心配がない。

● RHS-H　中型
RHS-H　オーバーフロー無し 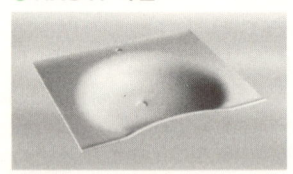
RHS-HP　オーバーフロー有り
ボウル深さ：140mm
ボウル容量：7.0L
カウンター幅：900mm～
対応色：標準色すべて

● RHS-F　深型 
RHS-F　オーバーフロー無し
RHS-FP　オーバーフロー有り
ボウル深さ：154mm
ボウル容量：9.8L
カウンター幅：900mm～
対応色：カメオホワイト、グレイシアホワイトのみ

● RHS-G　深型 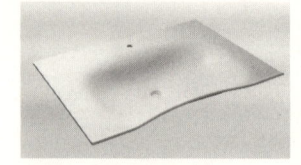
RHS-G　オーバーフロー無し
RHS-GP　オーバーフロー有り
ボウル深さ：148mm
ボウル容量：9.5L
カウンター幅：900mm～
対応色：カメオホワイト、グレイシアホワイトのみ

● RHS-T　浅型 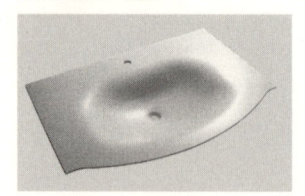
RHS-T　オーバーフロー無し
RHS-TP　オーバーフロー有り
ボウル深さ：140.5mm
ボウル容量：6.0L
カウンター幅：900mm～
対応色：カメオホワイト、グレイシアホワイトのみ

● RHS-HS　中型シングル 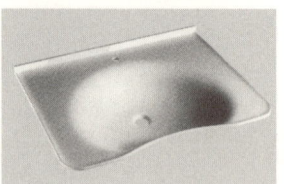
RHS-HS　オーバーフロー無し
RHS-HSP　オーバーフロー有り
ボウル深さ：141mm
ボウル容量：7.0L
カウンター幅：800mm
対応色：標準色すべて

● RHS-C　中型 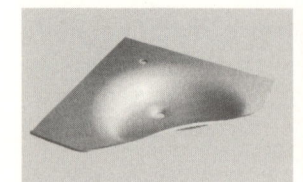
RHS-C　オーバーフロー無し
RHS-CP　オーバーフロー有り
ボウル深さ：123.5mm
ボウル容量：5.6L
カウンター幅：1060.6mm
対応色：標準色すべて

※その他に「RHS-A」「RHS-B」「RHS-D」「RHS-R」「RHS-MS」「RHS-HSR」「RHS-HSL」などもある。
※専用ブラケット、専用排水金具も用意している。
※形状・価格の詳細は問合わせのこと。

http://www.abc-t.co.jp

手洗い器
Washbowl

（株）エービーシー商会
TEL (03) 3507-7158　FAX (03) 3581-4939

手洗い器

カウンターの色とボウルの色を
自在にコーディネートできる画期的な洗面カウンター

■ラピード® アソートカウンター

●特徴
① 6,316通りの組み合わせが可能
　サニタリースペースの豊富な14タイプから選択できる。
② イージーメンテナンス
　素材にデュポン™コーリアン®を採用しているため、汚れが染み込みにくく、イヤな臭いが付かない。日常の汚れは簡単なお手入れで美しさを保つ。また、カウンターとボウルは、一体成型品のような仕上がりで、継ぎ目にゴミや汚れが溜まる心配もない。
③ すぐれた加工性
　素材特性を生かした曲げ加工や現場に合わせたバックガードの取り付け、穴あけ、連結も可能。

排泄

●ラウンド

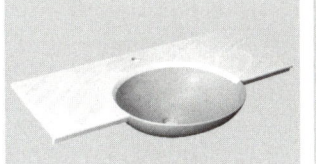

Round　オーバーフロー無し
Round-P　オーバーフロー有り
ボウル深さ：152 mm
ボウル容量：5.6L
カウンター幅：900mm～

●オーバル

Oval　オーバーフロー無し
Oval-P　オーバーフロー有り
ボウル深さ：152 mm
ボウル容量：9.0L
カウンター幅：900mm～

●ビーンズ

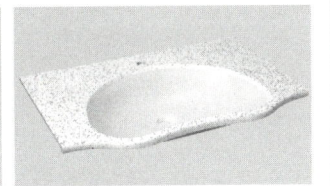

Beans　オーバーフロー無し
Beans-P　オーバーフロー有り
ボウル深さ：149 mm
ボウル容量：9.0L
カウンター幅：900mm～

●スクエア

Square　オーバーフロー無し
Square-P　オーバーフロー有り
ボウル深さ：141 mm
ボウル容量：8.5L
カウンター幅：900mm～

●ハーモニー

Harmony　オーバーフロー無し
Harmony-P　オーバーフロー有り
ボウル深さ：153 mm
ボウル容量：11.0L
カウンター幅：900mm～

●クレーターS

Crater　オーバーフロー無し
ボウル深さ：142 mm
ボウル容量：7.77L
カウンター幅：900mm～

※その他に、ボウルが一回り小さい「ラウンドM」「オーバルM」「スクエアM」「ビーンズM」などもある。
※専用ブラケット、専用排水金具も用意している。
※形状、価格の詳細は問合わせのこと。

http://www.abc-t.co.jp

水栓金具
Lavatory faucet

TOTO
TEL（0120）03-1010

水栓金具

操作が簡単で
出し止めの多い洗面所に最適

■自動水栓「アクアオート」
手を差し出すと吐水、遠ざけると止水。センサが人の手を感知して吐水・止水を自動的に行う。

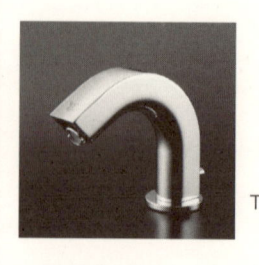

TEN41BX
¥60,480

■シングルレバー混合栓
レバーハンドルの操作ひとつで、吐水・止水から吐水量・温度調節まで簡単にできる。

タッチスイッチ・ホース付きタイプ
・吐水時のこまめな出し止めは簡単な押す操作。
・吐水口を手前に引き出して使うことができる。洗面器内の掃除のときなど、すみずみまで水が届くので便利。

TLN32T
¥71,820

吐水口回転タイプ
・スパウトの先端が360°回転するので、うがいなどに便利。

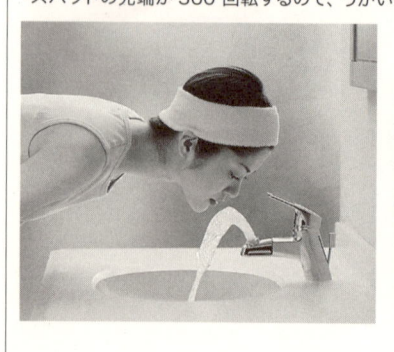

TLHG31D
¥38,430

http://www.toto.co.jp/

水栓金具
Lavatory faucet

（株）INAX　お客さま相談センター
TEL（0120）1794-00　FAX（0120）1794-30

水栓金具

シンプルで使いやすい水栓

■アクエナジー付自動水栓

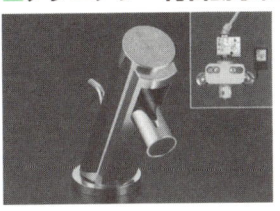

AM-91K
（ポップアップ式）
¥107,205

●特徴
・吐水口のセンサーが感知して手を近付けると自動吐水。自己発電機内蔵型なので、余分な電源を必要としない。
・高い節水率を誇る節水スプレー。

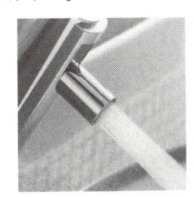

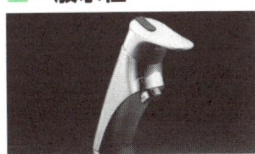

■一般水栓

LF-47
¥24,255

■立水栓

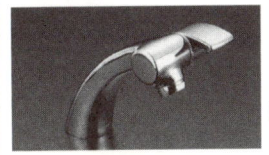

LF-503
¥16,590

■シングルレバー

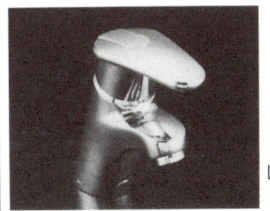

LF-A340SXC
¥44,940

http://www.inax.co.jp/

（株）INAX　お客さま相談センター
TEL（0120）1794-00　FAX（0120）1794-30

水栓金具

吐水・止水にかかる負担を軽減する水栓

■サーモスタット付自動水栓

AM-123T（100V）
湯水切替スイッチ付
¥124,950
吐水口長さ 13.5cm、
高さ 14.3cm

■シングルレバー混合栓（ソフトシングル対応）

LF-A 345SX
¥66,150
ホース引出し泡沫水栓
吐水口長さ 12.8cm

LF-B350S
¥29,085
吐水口長さ 10.5cm

ソフトシングル対応
ウォーターハンマーとは、急に水を止めた時に生じる「ドン」という不快な音のこと。ヘッドパーツ「ソフトシングル」の採用により、ウォーターハンマーを低減している。

■ホース引出式シングルレバー洗髪シャワー混合水栓

SF-810S　¥61,950
吐水口長さ 13.5cm

・ラクな姿勢で洗髪できる、吐水口の高さを調整するリフトアップ機能付き（12cm）。
・ホースが引き出せる（35ｃm）ので洗髪のすすぎや洗面器の清掃に便利。

http://www.inax.co.jp/

排泄

洗面化粧台
Washroom cabinet

TOTO
TEL (0120) 03-1010

（株）INAX　お客さま相談センター
TEL (0120) 1794-00　FAX (0120) 1794-30

洗面化粧台　車いすでの使用を考慮した洗面化粧台

■フェアリー（間口 1650mm）

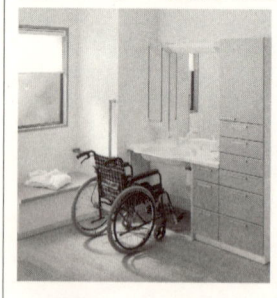

間口 1650mm
セット価格
¥447,700
（税込 ¥470,085）

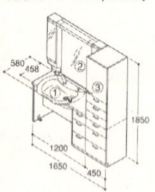

●特徴
・ひじ置きスペースを広くとっているので、ひじをついてラクに安定して使用でき、さらにひじからの伝い水もしっかり受け止める水じまいのよいレリーフ形状。
・車いすでもスムーズにアプローチできる薄型カウンター。
・排水トラップは右奥に。車いす使用時にもじゃまにならない。

■フェアリー（間口 1200mm）

間口 1200mm
セット価格
¥449,800
（税込 ¥472,290）

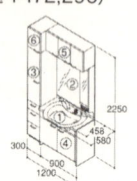

■フェアリー（間口 750mm）

間口 750mm
セット価格
¥220,000
（税込 ¥231,000）

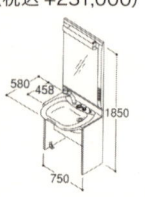

http://www.toto.co.jp/

洗面化粧台　車いすでアプローチしやすい洗面器一体型の薄型カウンター

■ドゥケア・カウンター／コンポタイプ

インテリア性の高い4色扉のバリエーション

間口 1350mm
セット価格
¥450,450

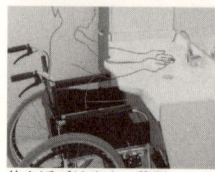

体を近づけやすい薄型、ラウンド形状のカウンター。

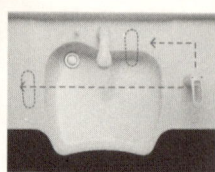

レバーハンドルの取付位置を手前に設けることができます。

トールキャビネットは車いすに座ったままで見やすい位置に調整できる可動鏡付。

近づくとゆっくり明るくなる自動照明点灯。操作が不要で、消し忘れもありません。

■ドゥケア・カウンター／フリータイプ

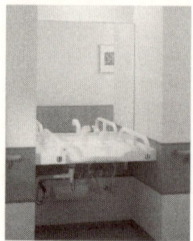

間口 1000mm
セット価格　¥266,595

大型鏡、カウンターにあわせて、間口 900〜1200mm の範囲で 1mm ピッチで対応が可能です。

http://www.inax.co.jp/

洗面化粧台
Washroom cabinet

ンウエーブ工業（株）
EL 0120-1905-21

TOTO
TEL （0120）03-1010

洗面化粧台

手前に動かせ使いやすいマルチ収納ミラー

■ サンヴァリエ〈ピット〉

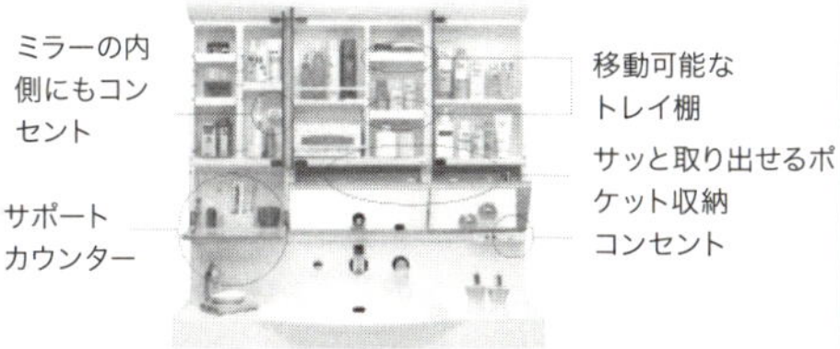

- ミラーの内側にもコンセント
- サポートカウンター
- 移動可能なトレイ棚
- サッと取り出せるポケット収納
- コンセント

● 特徴
・使いやすいポジションに角度を変えられるマルチ収納ミラーは、一番の特徴です。 
・ミラーの裏側は必要なものがスッキリ片付く全面収納

■ 〈ピット〉のセットプラン例

グループ3
レディッシュウッドシリーズ
ルミナンス A372
カウンター：ホワイトW
間口 100cm

セット合計価格
¥373,800

グループ4
シルキーパールシリーズ
シルキーグリーン G374
カウンター：ホワイトW
間口 120cm

セット合計価格
¥427,500

http://www.sunwave.co.jp

車いす用洗面化粧台 立っても座っても使用できる洗面化粧台

■ NEW コンポーネント・J 座ってラクラクシリーズ

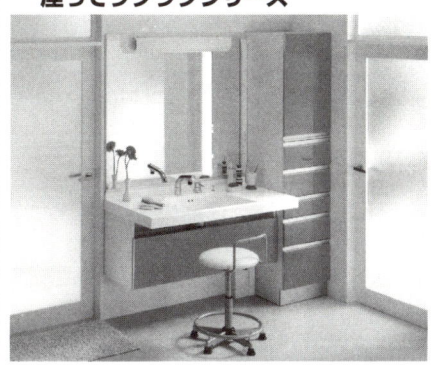

LDSJ120FE
（洗髪・洗面化粧台） ¥316,800（税込¥332,640）
LMJ1200H
（化粧鏡 一面鏡） ¥83,300（税込¥87,465）
LTSJ454BR
（トールキャビネット 450mm） ¥122,100（税込¥128,205）
セット価格
¥522,200（税込 ¥548,310）

● 特徴
・設置時に、家族の使い勝手にあわせた洗面カウンターの高さが自由に設定できます。
・ゆっくり使える洗面化粧台。高齢者にも、お子様にも、やさしい使い勝手です。
・タッチスイッチ水栓をはじめ、選べる水栓金具。設置位置も自在です。

ロングサイズ

操作性に優れた、扱いやすいロングレバーを採用。

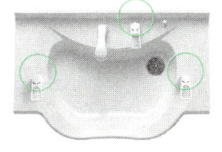

水栓レバーの取り付け位置を、正面、右、左の3タイプから選べる。

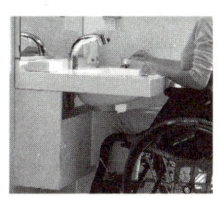

将来はキャビネットを外して、座った時も足下がひろびろなので、車いすでの仕様もラクラクです。

http://www.toto.co.jp

排泄

洗面化粧台／洗面ブランケット
Washroom cabinet, Wash bracket

積水ホームテクノ（株）
TEL（03）5521-0539　FAX（03）5521-0540

アビリティーズ・ケアネット（株）
TEL（03）5388-7200　FAX（03）5388-7502

洗面システム
使いやすさを追求した介護・自立支援洗面システム

■ LS04 洗面

価格　¥136,500

● 特徴
・ベッドの傍や居室空間にもマッチするコンパクトサイズ。

蛇口は自由に向きが変えられ、吐水口は360度回転。うがいやバケツへの給水にも便利です。

■ LS06 洗面

価格　¥204,750 〜

http://www.kaigoshien.com

洗面ブラケット
使用者の状態に応じて位置を調節

■ マルチ洗面ブラケット
　上下昇降タイプ（ガススプリング式）

※商品には洗面陶器・排水金具は含まれない。

● 特徴
・ガススプリングの働きにより、力をかけることなく洗面陶器の高さを調節できる。

● 仕様
材質　フレーム：アルミ合金
　　　支柱：ステンレス
昇降ストローク：30cm

● 寸法図

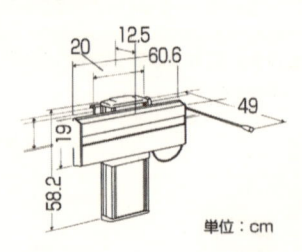

単位：cm

● 価格
5443-06　¥294,000

■ 上下・横移動タイプ（ガススプリング式）

● 特徴
・昇降に加えて左右の位置も調節できる。
※商品には洗面陶器・排水金具は含まれない。

● 価格
5443-07　¥315,000

http://www.abilities.jp/

マルチシンク
Multi-sink

TOTO
TEL (0120) 03-1010

（株）INAX　お客さま相談センター
TEL (0120) 1794-00　FAX (0120) 1794-30

マルチシンク｜使い勝手を考えた流し

■マルチシンク
広いボウルと適度な深さで多目的に使用が可能。

SK510D
マルチシンク（大形）
セット希望小売価格
¥67,040（税込 ¥70,392）
　　　　　　　（Pトラップの場合）
W50 × D44 × H24cm
実容量 10L

SK500
マルチシンク（小形）
セット希望小売価格
¥25,890（税込 ¥27,185）
　　　　　　　（Pトラップの場合）
W44 × D40 × H27.5cm
実容量 8.5L

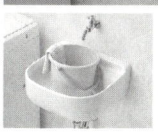

マルチシンクは10Lのバケツがジャストフィットする大きさ。

■洗濯流しユニット
- ユーティリティにつきものの、ぞうきんや洗剤など小物の整理が簡単にできるキャビネット付きの洗濯流しユニット。
- 流しはバケツがすっぽり入るビッグサイズ。
- 石けんを置くスペースや玉鎖付のゴム栓など使い勝手を十分に考えている。

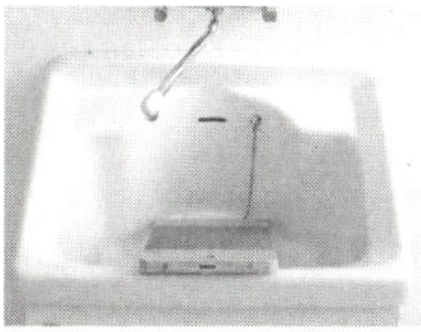

LAA604A
¥91,600（税込 ¥96,180）
W60 × D50 × H84cm
実容量 24L
洗濯かご付

http://www.toto.co.jp/

多目的流し｜用途を選ばない深ばちシンク

■多目的流し

S-21S/BU8
写真セット価格
¥84,893
W50 × D45 × H40.5cm
（容量 19L）

オーバーフロー位置

●特徴
- オーバーフローの付いた深ばちシンク。
- カッティングボードの収まりがよい段付シンク。
- 吐水口長さ170mmとした専用混合水栓を用意。
- 野菜の下洗い、生け花の水揚げ、靴の泥落とし、洗濯など多目的に利用できる。

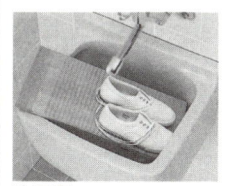

洗濯板
別売品　SF-21B
¥4,883

カッティングボード
別売品　SF-21M
¥3,780

※はちの水溜め用の排水フタと、排水のつまりを防ぐ目皿を装備。

■バック付大型流し

S-2／BW1
W90 × D46 × H25.5cm
写真セット価格
¥88,830

http://www.inax.co.jp/

排泄

照明
Lighting

オーデリック（株）
TEL (03) 3332-1123　FAX (03) 3332-1412

| 照明器具 | 洗面所に
ぴったりのミラーライト |

■ブラケット

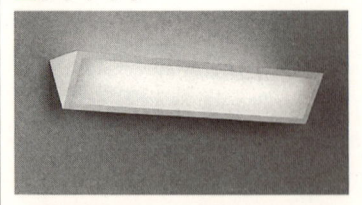

OB 071 520　　　￥14,490
蛍 20W

OB 071 551　　￥14,700
白 40W

●ミラーライト
洗面所の照明は、健康チェックという観点からも、顔色を自然に美しく見せることが重要。面光源である蛍光灯は影ができにくいため、鏡上部に設置できる。白熱灯の場合は、鏡に光を当てず、しかも顔の左右が均等に明るくなるよう鏡の上部か左右に2ヵ所設置する。

蛍光灯 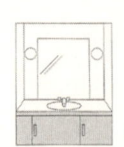　　　　白熱灯

オーデリック（株）
TEL (03) 3332-1123　FAX (03) 3332-1412

| 照明器具 | 人感センサ、
ソフトスタート機能付き照明 |

■人感センサ付きシーリング（ソフトスタート）

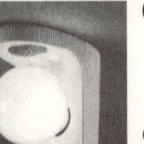

OL 013 227
￥9,975
白 60W

●人感センサ
人感センサは、人間の動きを体熱で感知して点灯・消灯する便利な機能。人の微かな動きまでキャッチするセンサを使用しているので、動きの少ないトイレでも、しっかり点灯。

■シーリング（ソフトスタート）

OL 013 108
￥12,390
径 160φ　高 184
一般電球（60W×1）
ガラス（乳白）

OL 013 107
￥9,975
径 160φ　高 176
一般電球（60W×1）
ガラス（ケシ）

●ソフトスタート
深夜のトイレでは、いきなり照明をつけるとまぶしくて目に負担がかかるが、ソフトスタート照明は、徐々に明るくなるので目への負担を軽減する。

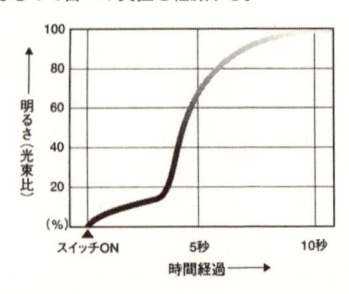

http://www.odelic.co.jp/

照明／トイレ手すり
Lighting

大光電機（株）
TEL （06）6222-6250　FAX （06）6222-6252

TOTO
TEL （0120）03-1010

照明器具　ゆっくり点灯。人に優しいソフトスタータ付

■シーリング

使用例：DCL-35145

●人感センサー（トイレ灯）

・ゆっくり明るくなるソフトスタータ機能付き。
・つけっぱなしができる強制ON機能付き。
・点灯照度を2段階調節することができる。
・白熱灯モードに設定すると、ランプ寿命が延び、ランプ交換回数を低減します（ロングラン機能）。

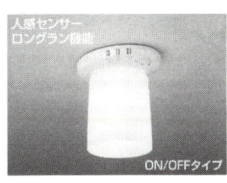

DCL-35145　￥9,975
アクリル　乳白　60W　ON/OFFタイプ

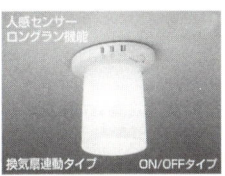

DCL-35344　￥13,125
アクリル　乳白　60W　換気扇連動タイプ　ON/OFFタイプ

http://www.lighting-daiko.co.jp

トイレ手すり　床固定式だから壁の補強工事不要

■トイレ用手すり（はね上げ式）

EWC264R
（ネオレスト用）
￥43,050

●特徴
・座位の安定を保つのに役立つクッション性の高い背もたれ付き。
・アームレストははね上げ式で、介助や車いすでのアプローチの邪魔にならない。
・固定方法は床に小ねじ止めするだけなので、施工も簡単。

■トイレ用手すり

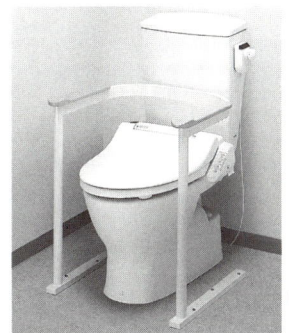

EWC210R
￥34,230

●特徴
・壁の補強工事などが困難で、手すりが取り付けられないトイレにも設置できる簡易手すり。
・アームレストの高さが調整可能、又、狭いトイレ等ではアームレストの前後調節もできる。
・便ふたをはずさずに使用できる。
・木製のアームレストは住宅にマッチする。

http://www.toto.co.jp/

排泄

手すり
Handrail

TOTO
TEL（0120）03-1010

トイレ手すり

レストルームをくつろぎ空間に変えるひじ掛け。
あたたかみのある天然木を使った手すり

■ アームレスト600／750

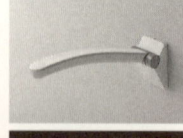

EWC700　¥38,640
W120×D600×H285
EWC701　¥40,845
W120×D750×H312

● 特徴
・デザイン性の高い、なだらかな曲線形状のアームレスト。
・はね上げ式で、掃除の際の邪魔にならない。
・壁固定式なので、さまざまなレイアウトに対応可能。
・カラーバリエーションは、ペールホワイトとイエローオーカの2色。

■ 天然木手すり

● I型

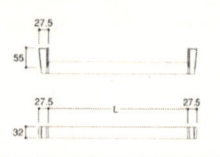

品番	長さ（mm）	価格
YHB402	400	¥9,870
YHB602	600	¥11,025
YHB802	800	¥12,180

● L型

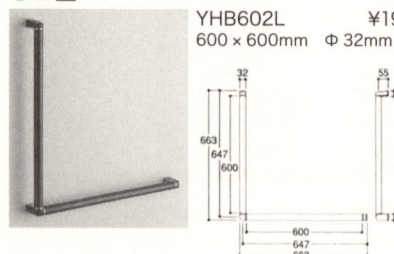

YHB602L　¥19,845
600×600mm　Φ32mm

■ 紙巻器一体型

● 62シリーズ

YHB62R（Rタイプ）
YHB62L（Lタイプ）
¥28,665
W710×D130×H750mm　Φ32mm

YHB62NB
¥19,845
W690×D130×H156mm

● 61シリーズ

YHB61FLLA
¥22,050
W600×D120×H764mm
Φ32mm

YHB61FL1A
¥30,870
手すり：W35×D60×H683mm
Φ32mm
棚：W1100×D120×H107mm

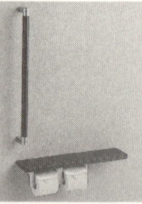

YHB61FLA
¥22,050
手すり：W35×D60×H683mm
Φ32mm
棚：W600×D120×H107mm

YHB61NA
¥12,180
W600×D120×H107mm

http://www.toto.co.jp/

手すり
Handrail

アロン化成（株）
TEL（03）5420-1556　FAX（03）5420-7750

（株）INAX　お客さま相談センター
TEL（0120）1794-00　FAX（0120）1794-30

排泄

トイレ手すり
洋式トイレがひじ掛け仕様に早変わり

■ 安寿 洋式トイレ用フレーム S‐はねあげ

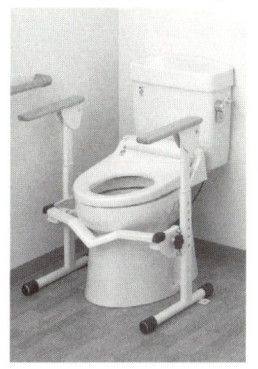

● 特徴
- ドアが横にあるトイレや、介助の際にじゃまにならないはね上げ式ひじ掛け。
- ひじ掛けの高さは、55～70cmの6段階に調節可能。

独自の挟み込み方式で洋式便器にしっかり固定できる。

手すりがはね上げ式なので、便器の横にドアがあるトイレでもじゃまにならない。

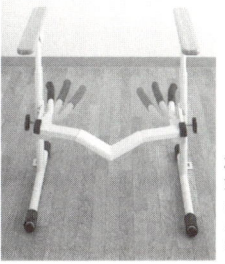

2本の固定バーで挟み込む方式を採用し1台で普通の便器・タンクレス・簡易水洗などほとんどの洋式便器に固定できる。

● 仕様
サイズ：幅64×奥行50×高さ55～70cm
重量：約9.5kg
材質
フレーム：スチール（エポキシ系粉体塗装）
ひじ掛け：タモ材（ウレタン樹脂塗装）
カラー：ホワイト

http://www.aronkasei.co.jp/

手すり
手のひらで身体を支えることができる棚手すり

■ 棚手すり

L タイプ
NKF-3W／KA（左右共通タイプ）
W70×D11×H14.8 cm（手すり 60×φ3）
棚／オレフィン化粧板　手すり部／天然木　JIS 抗菌仕様
※紙巻器はワンハンドカット機能付
カラー：KJ,KA,WA　　　　　　　　¥21,630

● 特徴
- 棚手すりは手のひらや肘でからだのバランスを支えることができる。

棚手すり　　　　　　　　　　　　木手すり

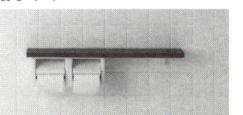

NKF-2W/KJ（左右共通）
W70×D11×H14.8
棚／オレフィン化粧板 ISO 抗菌仕様
カラー：KJ,KA,WA
　　　　　　　¥18,375

NKF-1S（600）/KC
(60×φ3 cm)
カラー：KJ,KA,WA
　　　　　　　¥10,605

■ アクセサリーバー（L 型）

NKF-320（600）/N90
　　　　　　　　　　　¥23,625
（アクセサリーバーφ3 cm）
ISO 抗菌仕様
65.2×65.2
カラー：N90,BU8,LR8,N60

http://www.inax.co.jp/

手すり
Handrail

(株) イーストアイ
TEL (03) 3897-9393　FAX (03) 3897-9535

TOTO
TEL (0120) 03-1010

トイレ手すり　壁・床工事なしで組立・取付けが簡単

■ 折りたたみタイプ

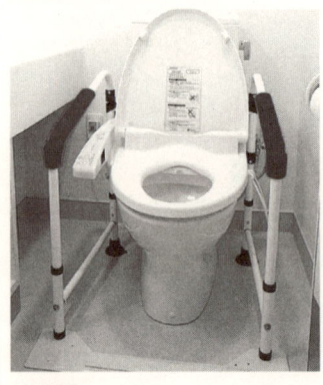

MW50
¥15,750

● 特徴
・工具なしで簡単に組立てができる折りたたみタイプのトイレの手すり。
・組立は手すり部を広げ、踏み板と合わせるだけで完成。
・使用者に合わせて手すりの高さはプッシュボタンで2.5cmずつ3段階調節できる。
・握り手部はお手入れしやすい樹脂製。
・両サイドの手すりは後方が高くなっているので、もたれるような楽な姿勢で手すりを握ることができる。
・コンパクトに収納できるので保管しやすく、組立てや設置も簡単に行えるのでレンタル業者様におすすめ。

● 仕様
床面サイズ：幅 66.5 ×奥行 68cm
手すりサイズ：前・幅 55.5cm
　　　　　　　後・幅 49.5 ×奥行 51cm
背パイプ高さ：54 〜 59cm
前踏板サイズ：幅 66.5 ×奥行 15cm
使用時手すり内幅：前・51cm　後・47cm
重量：4.1kg

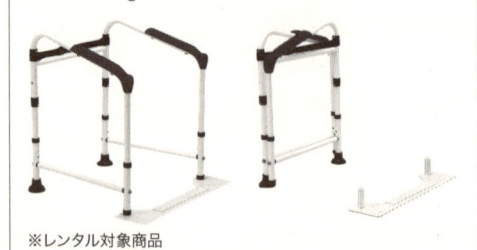

※レンタル対象商品

http://www.easti.co.jp/

トイレ手すり　アームレストの高さを別々に調整できる手すり

■ トイレ用手すり（段違い式）

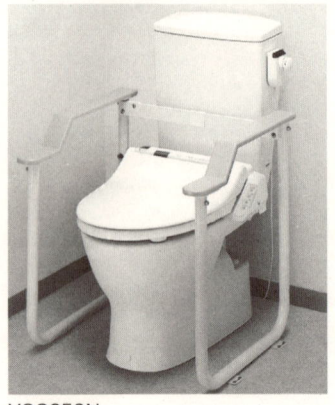

YGC250N
¥36,750

● 特徴
・一段低いアームレストの先端を使用すれば立ち上がりが楽にできる。
・身体状況に応じて左右のアームレストの高さを別々に調整できる。

● 仕様
本　　体：鋼管塗装仕上
アームレスト：天然木
カラー：本体 / パステルアイボリー
　　　　その他 / ナチュラル
高さ調節：調整リング (ポリエチレン、H=30mm × 3 本、4 ケ所) による調整
重　量：11.3kg
寸　法：622 × 580 × 630 〜 720mm

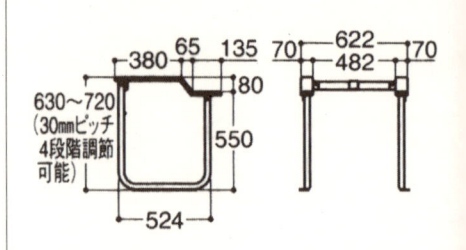

http://www.toto.co.jp/

手すり
Handrail

TOTO
TEL (0120) 03-1010

ラックヘルスケア（株）
TEL (06) 6244-0636　FAX (06) 6244-0836

トイレ手すり　身体状況に合わせ、様々なバリエーションが可能

■ トイレ用手すり（システムタイプ）

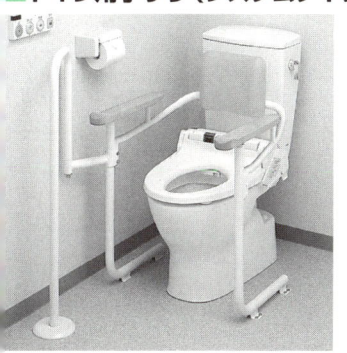

● 特徴
- アシストバー、背もたれの脱着・後付けが可能。
- アームレストは左右を入れ替えることで幅調整が可能。左右別々の高さ調整も可能。
- 隅付ロータンク式便器にも取付け可能。
- アシストバーはトイレへのアプローチ時や、衣服を着替えさせる際に便利。
- アシストバーは左右どちらにも取付け可能。

● 価格
EWCS223-1　アシストバー・背もたれ付き
（ウォシュレットアプリコットN用）¥61,530

● バリエーション

EWC220　¥38,850

EWCS222-1　¥45,780

EWC221　¥54,600

EWC224-1　¥69,300

http://www.toto.co.jp/

トイレ手すり　壁や床に穴をあけず固定できるトイレ手すり

■ トイレサポートフレックス

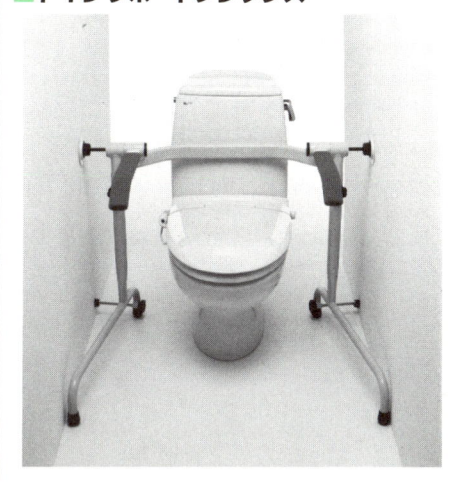

● 特徴
- 狭いトイレ室でも工事のいらない簡単取り付け。（部屋幅780mm～900mmに対応OK。アジャスターを交換すれば部屋幅750mm～990mmまで対応可能。）
- タンクの形状や温水洗浄便座などのトイレの規格を問わず取付が可能。
- 据え置きポータブルトイレにも使用可能。
- アームレストは上下でき、邪魔にならない。
- 付属パーツでアームレストの高さを625mm、645mm、665mm、685mmと4段階に調節可能。
- 床固定金具付。

● 価格／仕様

価格	¥33,600
材質	フレーム　スチール＋粉体塗装
重量	8.5kg
サイズ	W78～90×D68.5×H54～60cm

http://www.lac-hc.co.jp/

排泄

手すり
Handrail

ナカ工業（株）
TEL (03) 5437-3722　FAX (03) 5437-3723

手すり

だ円の形状により、手のひらの接触面積が大きくなり、使いやすい手すり

■愛の手オーバル「Ainote OVAL」

●特徴
・人間工学をもとに、選定された 40×32mm の安定感のあるだ円笠木。
・ステンレスバフ仕上げの支柱は外形 ϕ 42.7 で安定感があり、メンテナンスも楽。
・壁の強度に不安がある場合でも、床支持タイプをそろえているので安心して施工が可能。

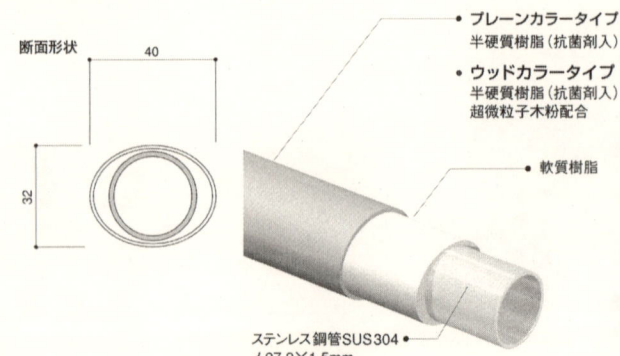

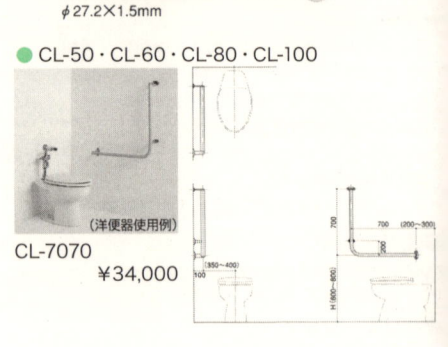

断面形状　40／32

- プレーンカラータイプ　半硬質樹脂（抗菌剤入）
- ウッドカラータイプ　半硬質樹脂（抗菌剤入）超微粒子木粉配合
- 軟質樹脂
- ステンレス鋼管SUS304　ϕ 27.2×1.5mm

●P-3　￥76,000

●CL-50・CL-60・CL-80・CL-100
（洋便器使用例）CL-7070　￥34,000

●CS（横可動式）・CU（縦可動式）
※ペーパーホルダー（オプション）あり。

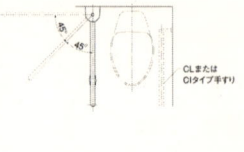

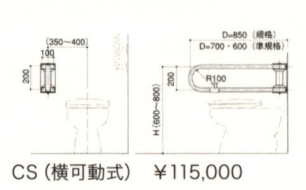

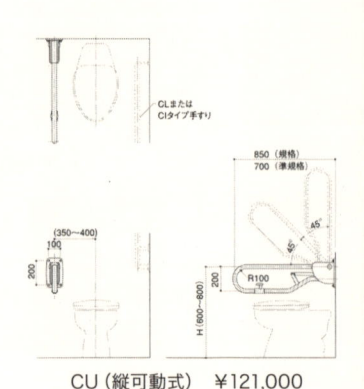

CS（横可動式）　￥115,000
CU（縦可動式）　￥121,000

※（　）内の寸法は参考値

http://www.naka-kogyo.co.jp

手すり
Handrail

TOTO
TEL (0120) 03-1010

トイレ手すり — 紙巻器を取り付けた便器脇用手すり

■ はね上げ手すり（紙巻器付タイプ）

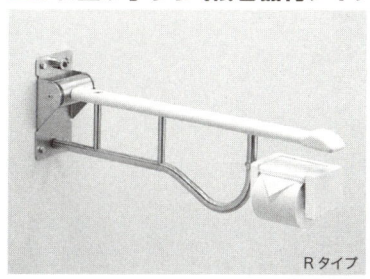

Rタイプ

● 特徴
- 使わないときははね上げておけるので便器まわりのスペースを確保できる。
- 突然落ちたりしない、フリーストップ機能を採用
- 手すり部分は移乗・座位安定を配慮した、握りやすい楕円形状。
- 紙巻器付は身体をほんの少しひねるのもたいへんな場合でも使いやすく、2個目の紙巻器としても便利な手すり。

● 仕様
サイズ：長さ 700mm と 800mm
カラー：パステリアイボリー／木目調ナチュラル
タイプ：Rタイプ（便器にむかって右側に設置する場合）
　　　　Lタイプ（便器にむかって左側に設置する場合）

L(mm)	品番（Rタイプ）	価格
700	TS138HPR7	¥69,510
800	TS138HPR8R	¥71,715

L(mm)	品番（Lタイプ）	価格
700	TS138HPL7	¥69,510
800	TS138HPL8R	¥71,715

※最大耐荷重は垂直荷重 1kN、水平荷重 600N。
※木下地以外の壁に取付ける場合は施工方法にあった金具を同時に注文すること。

http://www.toto.co.jp/

TOTO
TEL (0120) 03-1010

トイレ手すり — ボードと手すりを一体化

■ 前方ボード付手すり

● 特徴
- 排泄しやすい前傾姿勢を支えるためのボードと、立ち座りの動作をラクにする縦手すりを一体化。
- 老人介護施設の居室スペースなど、管理の行き届いた施設におすすめ。
- はね上げ式のボードは、突然落ちたりしないフリーストップ機構を採用した安心設計。

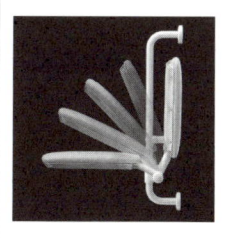

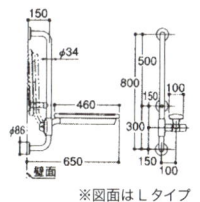

※図面はLタイプ

● 価格

TS138FBR #SC1* （Rタイプ）　　¥79,380
※Rタイプ：便器に向かって右側に設置

TS138FBL #SC1* （Lタイプ）　　¥79,380
※Lタイプ：便器に向かって左側に設置

http://www.toto.co.jp/

排泄

手すり
Handrail

相模ゴム工業（株）
TEL（046）221-2239　FAX（046）221-2346

（株）田邊金属工業所
TEL（06）6302-3681　FAX（06）6302-3685

トイレ手すり
おもいやり設計。トイレのひじ掛け用

■フリーアーム
●タテ型

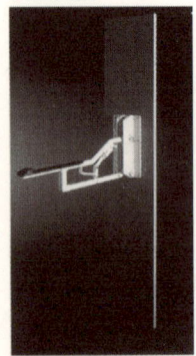

RT1142　￥29,400
全長71cm
重2,500g
取り付けプレート
30.4×16.5cm

※垂直方向に位置を変えられる。

●サポート型

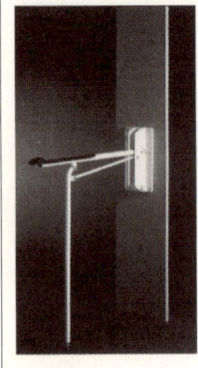

RT1143　￥26,250
全長71cm
重2,400g
取り付けプレート
30.4×16.5cm

※壁への荷重が少ない。

●特徴
・スウェーデンetac社から直輸入。
・タテ型と壁への負担を少なくするサポートタイプ。
・壁に固定するトイレ用ひじ掛け。
・はね上げが可能で、タテ型とサポート型の2種類。

http://www.sagami-gomu.co.jp

折りたたみ手すり
普段はたたんでじゃまにならない手すり

■折りたたみ手すり「じゃません！とって」

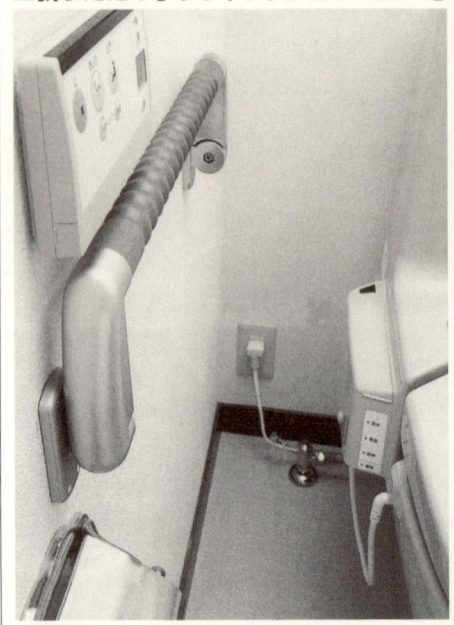

●特徴
・普段はすっきりたたんで、使うときしっかり持てる。
・防菌仕上げのグリップは天然木を使用し、確実ににぎれる波形のデザイン。
・取りつけが簡単。

●材質
手すり：天然木（ライトオーク）
ブラケット：亜鉛ダイキャスト
カバー板：ABS樹脂
フィルム：PET

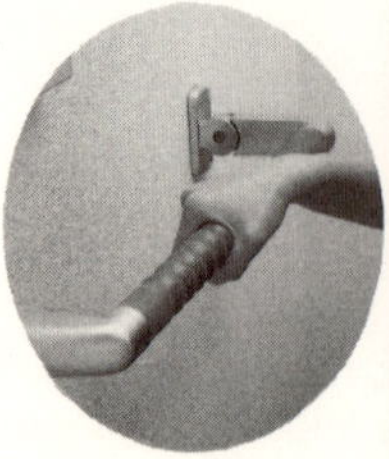

●サイズ
450×φ30×50 mm（収納時）
※使用時は150 mm、耐荷重100kg
※手すりは切断して長さ調整ができる。

●価格
￥8,800／式（本体・ネジ・プラグ）

http://www.tanner-wago.co.jp

3. 就寝ゾーン

- 内装床材・内装壁材
- 室内建具
- カーテン・ブラインド
- ベッド・ベッド関連用品
- ポータブルトイレ
- 家具
- 床暖房・冷暖房・照明

※ 福 マークは福祉用具給付の対象となる商品

●介護ベッドの選び方
身体状況に合わせてベッドを選びます。ベッドの高さは腰かけて足のうら全体がつくぐらいが理想とされていますが、介護を受ける場合には約 60cm ぐらいがよいとされています。また、寝たきりにならないように動作が楽にできることが大事です。

●仕上げ材の選び方
床材は滑らず、クッション性のあるものにします。天井材は寝ている時間が長いことを考慮して、色・デザインを選びます。

●空間の考え方
寝室は睡眠のためだけでなく、くつろいでコミュニケーションしたり、来客をもてなしたり、趣味を楽しんだりする空間です。お年寄りをベッド空間に閉じ込めない工夫が必要です。

●収納の考え方
使用頻度の高いものは手の届く範囲にできるだけ収納します。

●段差解消の考え方
出入口の段差は 3mm 以内が基本ですが、それ以上の段差には段差スロープを設置するのが一般的です。しかし、人によってはこのスロープをいやがる人もいますので、車いす移動以外はよく話し合いましょう。

ここに掲載した情報は 2008 年 9 月調査です。
価格は消費税込みで表示しています。

就寝ゾーンの主な企業
The main enterprise of bed zone

	商品（企業）		頁
内装床材	コルクタイル	（千代田商会）	135
	コルクタイル	（東亜コルク）	136
	コルクタイル	（千代田商会）	138
	床暖用フローリング	（東洋プライウッド）	137
	床暖用フローリング	（佐藤工業）	138
	天然敷床材	（上田敷物工場）	139
	ビニール床	（タジマ）	140
	塗壁材	（水土社）	141
	塗壁材	（水土社）	142
	テラスサッシ	（YKK AP）	142
室内建具・建具・ドア金具・ブラインド・スクリーン・カーテン・間仕切	室内ドア	（ベスト）	143
	室内ドア	（東洋プライウッド）	145
	引戸	（東洋プライウッド）	145
	引戸	（ウッドワン）	146
	引戸	（ウッドワン）	147
	3連引戸	（東洋プライウッド）	141
	自動式引戸	（阿部興業）	149
	シェード	（ヨコタ）	150
	ブラインド	（東洋ブラインド工業）	150
	レバーハンドル	（ベスト）	151
	ハンドル	（ユニオン）	151
	プリーツスクリーン	（MOLZA）	152
	スクリーン	（セイキ総業）	153
	カーテン	（サンゲツ）	153
	カーテンレール	（ヨコタ）	154
	間仕切	（ヨコタ）	154
ベッド・ベッド関連用品・マットレス	ベッド	（パラマウントベッド（株））	155
	ベッド	（シーホネンス）	156
	ベッド	（フランスベッド）	157
	ベッド	（パラマウントベッド）	158
	ベッド	（フランスベッド）	159
	ベッド補助手すり	（パラマウントベッド）	160
	テーブルその他	（パラマウントベッド）	161
	ベッド補助手すり	（フランスベッド）	162
	ベッド補助手すり	（吉野商会）	163
	ベッド補助手すり	（イーストアイ）	164
	ベッド補助用品	（フランスベッド）	164
	マットレス	（ケープ）	165
	マットレス	（パラマウントベッド）	166
	マットレス	（フランスベッド）	167
	毛布	（いすず産業）	168
	防水シーツ	（竹虎ヒューマンケア）	168
	ポータブルトイレ	（パナソニック電エライフテック）	169
	ポータブルトイレ	（ウチヱ）	170
	テーブル	（シーホネンス）	171
	テーブル	（デアマイスター）	171
	テーブル	（デアマイスター）	172
	テーブル	（ウチヱ）	172

	商品（企業）		頁
ポータブルトイレ・家具・空気清浄機・冷暖房・照明等	ソファベッド	（デアマイスター）	173
	電動昇降座いす	（ウチヱ）	173
	補助いす	（デアマイスター）	174
	補助いす	（デアマイスター）	175
	呼び出し装置	（アビリティーズ・ケアネット）	176
	拡大読書器	（ナイツ）	176
	床暖房	（東京ガス）	177
	床暖房	（シームレス床暖房）	178
	床暖房	（東京ガス）	179
	ポータブルトイレ	（TOTO）	180
	照明	（山田照明）	181
	照明	（ヤマギワ）	182

内装床材
Interior floor material

（株）千代田商会
TEL (03) 3567-0569　FAX (03) 3561-2050

コルクタイル

ポルトガルのロビンソンブラザーズ社の製品で150年の歴史がある

■ロビンソンコルクタイル

色調ライト (L)　色調メディアム (M)　色調ライトL (LA)　色調メディアムA (MA)

床用コルクタイルは、焼結して作るが、その焼結の温度の高低、時間の長短により、明るいブラウン色から黒檀層までちがった色の製品ができる。左記の色調には、それぞれ表面仕上げとして、RB2タイプ、P2Nタイプがある。
日本・ポルトガルコルク工業会登録シックハウス対策品。

● 表面仕上げ別特性
1. PLAタイプ（生地のまま）
人肌と間違える程の感触を与えるコルクそのものの生地製品で、工事後、表面塗料を塗る。
2. RBS2タイプ（ワックス焼き込み仕上げ）
PLAタイプに独自の技法でワックスを焼き込んだ、感触のよいワックス焼き込み製品。
3. P2Nタイプ（ポリウレタン塗装仕上げ）
コルク生地にポリウレタンを塗装したもので、光沢がある。

● 厚さ別特性
1. ミニマルクラス＝厚さ3.2mm
施行場所に厚さの制限がある時などに使用。コルクの良さが味わえる限界の厚さの製品。
2. マイナークラス＝厚さ4mm
厚さ制限などのある場合に使用。3.2mmの製品より特性は上。製品は2種類のみ。
3. ポピュラークラス＝厚さ5mm
このクラスの製品は木造住宅で一番使用され、コルクの良さを発揮でき、最も種類が豊富。
4. スタンダードクラス＝厚さ7mm
コルクの持っている、保温、断熱、吸音、弾力の特性が発揮される。
5. エキストラクラス＝厚さ10mm
「家」とは「床を作ること」と言われるほど床は家の大切な部分。床に比重をおく方に。
6. 二重貼りの厚床仕上げ
コルクを二重に貼ることで、断熱、吸音、弾力の性能を増加させるので、集合住宅向き。

就寝

● RB2タイプ／ワックス焼き込み仕上げ（ポピュラークラス 5mm厚）

品番	品名	サイズ（単位／mm）	材料価格
RB2・CCL	CCライト	305×305×5	¥6,583/㎡
RB2・L	ライト	305×305×5	¥8,085/㎡
RB2・LA	ライトA	305×305×5	¥8,893/㎡
RB2・M	メディアム	305×305×5	¥9,817/㎡
RB2・MA	メディアムA	305×305×5	¥10,626/㎡

● P2Nタイプ／ポリウレタン塗装仕上げ

品番	品名	サイズ（単位／mm）	材料価格
P2N・LP	ポリ・ライト	305×305×5	¥11,434/㎡
P2N・LAP	ポリ・ライトA	305×305×5	¥12,127/㎡
P2N・MP	ポリ・メディアム	305×305×5	¥12,936/㎡
P2N・MAP	ポリ・メディアムA	305×305×5	¥13,629/㎡

■コルクフローリング

ライト色 (LC)　メディアム色 (MEC)

● ポピュラークラス　5mm厚

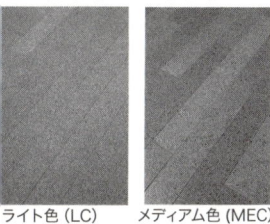

品番	品名	サイズ（単位／mm）	材料価格
75LC	ライト色 75LC	900×75×5	¥11,319/㎡
75MEC	メディアム色 75EMC	900×75×5	¥14,091/㎡
150LC	ライト色 150LC	900×150×5	¥11,319/㎡
150MEC	メディアム色 150LMC	900×150×5	¥14,101/㎡
450LX	450LX ライト	450×450×5	¥10,794/㎡
450MX	450MX メディアム	450×450×5	¥13,566/㎡

tp://www.chiyodashokai.co.jp

内装床材
Interior floor material

東亜コルク（株）
TEL (072) 872-5691　FAX (072) 872-5695

コルクタイル

弾力性・保温性・肌ざわり・耐摩耗性などに
優れたトッパーコルク。床暖適用品

■フローリングタイプ（面取加工）

BW-LF（淡色）

BW-BF（濃色）＜床暖用＞

ワックス仕上げ
耐摩耗性・保温性・弾力性・肌ざわり・経済性などに優れる。

● 価格

品名・品番	価格／㎡
BW-LF フローリング 5mm 900×100×5/7mm	¥10,400
BW-BF フローリング 5mm 900×100×5/7mm	¥13,280

■コルクタイプ

BO-5　30×30×0.5cm
PLA-5　30×30×0.5cm 
HMY-5　30×30×0.5cm 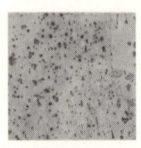
XA-5　30×30×0.5cm 
TIR-5　30×30×0.32/0.5cm 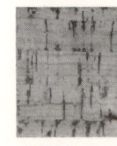
TIR-D5　30×30×0.5cm

● 価格

品名・品番		価格／㎡
BO	5mm	¥9,700
PLA	5mm	¥9,700
HMY	5mm	¥11,900
XA	5mm	¥11,900
TIR	5mm	¥12,240
TIR-D	5mm	¥13,050

■ナチュラルカラー　30×30×0.32/0.4/0.5cm

HK-L5　30×30×0.32/0.4/0.5cm
HK-25　30×30×0.32/0.5cm
HK-B5　30×30×0.32/0.5cm 
CE-5（アース）　30×30×0.5cm
CB-5（ブラウン）　30×30×0.32/0.5cm 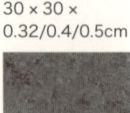
CD-5（ダーク）　30×30×0.32/0.5cm
CW-5(エクリュホワイト)　30×30×0.5cm 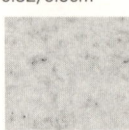

強力ウレタン仕上げ
弾力性・保温性などに優れたフロア用の一般的な表面仕上げ。

● 価格

品名・品番		価格／㎡
HK-L5	5mm	¥9,470
HK-25	5mm	¥10,740
HK-B5	5mm	¥12,710
CE-5	5mm	¥10,740
CB-5	5mm	¥10,740
CD-5	5mm	¥10,740
CW-5	5mm	¥10,860

※消費税は入っておりません。

http://www.toa-cork.co.jp/

内装床材
Interior floor material

東洋プライウッド（株）営業企画部　企画管理課
TEL (052) 205-8451　FAX (052) 205-8450

床暖用フローリング

工法で選ぶ、耐久性低ホルマリンのフローリング材

■アジア銘木フローリング

無垢材、低ホルマリン仕様で健康にも環境にもやさしく安全
FS7350N（クリア塗装）　￥18,900／束（0.5坪入）
ナラ無垢材　　幅90×長さ1,820×厚み15mm
樹種は、他にカバ桜、チーク、カリンなど計11種類ある。

■床暖房対応床材　ハイクオリティーフロアー　グレイタス

耐摩擦性、耐汚染性、耐久性、耐キャスター性能
FF47-NT1（ナチュラル色）　￥30,450
オーク（バーチ）材単板貼り　幅303×長さ1,818×厚み12mm
カラーバリエーションは他にフレッシュ色、リアル色。

●特徴
・美しく滑らかな、厚塗り家具調塗装。
・傷やへこみに強いキャスター対応床材。
・WAXがけも必要ありません。
・環境に優しく、虫害をうけにくい。
・針葉樹合板と特殊耐水MDFの複合基材。
・施行性に配慮した実形状。
・耐熱仕様で、床暖房や電気カーペットにも対応。

FF47-MA1（ミディアム色）　￥30,450／坪
幅303×長さ1,818×厚み12mm

FF47-DB1（ダークブラウン色）　￥30,450／坪
幅303×長さ1,818×厚み12mm

■スーパーグロスフロアートレドG　等巾タイプ横溝付（101巾）

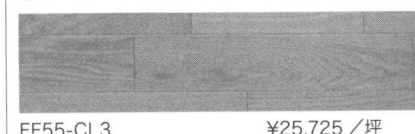

●特徴
・光沢のある滑らかで滑りにくい塗装。
・色合いにより樹種を厳選。
・傷・キャスターに強い床材。
・汚れに強く、美しさ長持ち。
・WAXがけも必要ありません。

FF55-CL3　￥25,725／坪
幅303×長さ1,818×厚み12mm

■直貼りフロアーT6

FU61-CL1（クリアー色）　￥28,350／束
幅300×長さ1,818×厚み6.5mm

■床暖房システム

●特徴
・パネルヒーター12mmタイプは根太にダイレクトに施工可能。
・温度センサーをパネル内に最初から組み込むことによって現場でのトラブルを軽減。また、パネルの大型化により結線の手間を少なくしている。
・主暖房としてだけでなく、暖めたい場所に部分的に敷くこともできるため、目的に合わせて使用できる。
・有害物質を排出せず、ファンによる対流でホコリなどを舞い上がらせることもないため、健康に優しい。
・体質改善や健康の維持に効果があるとされているマイナス電位発生機能を装備。

就寝

http://www.toyoplywood.co.jp/

内装床材
Interior floor material

(株)千代田商会
TEL (03) 3567-0569　FAX (03) 3561-2050

コルクタイル
キッチンからリビングまでひとつながりで

■コルクタイル

●特徴
・ポルトガルのロビンソン社のコルク。
・床用のコルクタイルは一般の木質床材に比べ柔らかく弾力がある。
・カーペットと大差ない暖かさが感じられ、耐水性、耐摩耗性、耐腐食性もある。
・洋風化した生活にマッチしながらも、床に座る生活にも違和感を与えない。
・断熱、吸音、結露防止を兼ね備える。
・日本・ポルトガルコルク工業会登録シックハウス対策品。

色調ライト（L）

RB2・L
¥8,085／㎡
305×305×5mm

表面仕上げの種類
RB2 タイプ：ワックス焼込み
P2N タイプ：ポリウレタン塗装
GO タイプ：強化ウレタン塗装
RICH タイプ：強化被膜
PLA タイプ：生地のみまま

http://www.chiyodashokai.co.jp

佐藤工業(株)
TEL (0547) 45-2174　FAX (0547) 45-2176

床暖用フローリング
スーパードライ処理でひび割れ、狂いを防止

■ソリッド15　スーパードライオーク
（根太間床暖房マット対応可）

●根太貼りタイプ

強靭で優れた耐久性と質感。オーク柾目のムク材ならではの特徴を活かし、床暖房によるひび割れ、狂いなどを防止するスーパードライ処理で仕上げている。また、ファインセラミックUV（紫外線）照射による硬質塗装を施している。ムク材のため車いすでも利用できる。

■オークムク材

ナチュラル (DN-78)

アンバーブラウン (DA-78)

アンティークライト (DL-78)

ミストブラウン (DM-78)

●価格　　¥54,600／坪
　　　　　¥27,300／梱　¥16,545／㎡

オークムク材　D70×H1,818×厚さ15mm
1梱包　13枚入り／1.65㎡ (0.5坪)

http://www.skfloor.com／

内装床材
Interior floor material

（株）上田敷物工場
本社 TEL (0739) 47-1460　FAX (0739) 47-3225

天然敷床材

足触りがソフトで、滑りにくい天然素材を使用
かんたん、きれい、きもちいい、夢の低価格を実現

■ハイ ホスケア　籐ベスト

HDX-TB-1

HDX-TB-2

就寝

●特徴
・籐100％。
・バック材に天然のゴムを使用し、床面へのなじみが良い。
・酸化チタンの光触媒反応で、殺菌・消毒効果を発揮。
・耐久性に優れ、長期間清潔に使用可能。

構造図：ハイ ホスケア®籐ベスト

籐材
第1基布
天然ゴム
厚み：約6mm

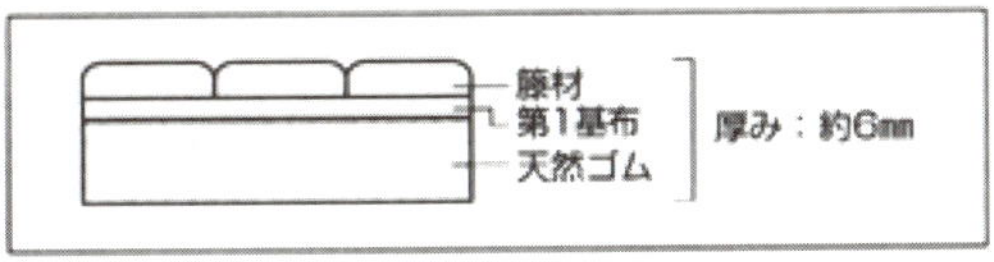

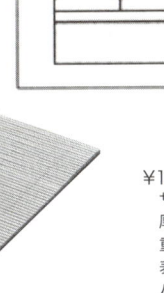

¥12,474／㎡（税込）
サイズ：40cm×40cm
厚　さ：約6mm
重量：約5.5Kg
表面材：籐100％
バック材：天然ゴム
入数：24枚／梱

http://www.uedashikimono.co.jp/

内装床材
Interior floor material

(株)タジマ
TEL (03) 5821-7731　FAX (03) 3862-5908

ビニール床

耐久性、防汚性、防災性に優れた、
高齢者福祉施設向け床材

■マジェスタ（ビニル床シート）高齢者福祉施設向

● 特徴
・汚れにくさ
・デザイン性
・施工しやすさ
・耐久性

● 価格
￥3,950／m²
厚さ 2mm
W1,820mm×長さ 9m
下地：モルタル

389-50　389-22　389-86
389-51　389-23　389-87

■タピスセレクト（カーペットタイル）高齢者福祉施設向

● 特徴
・防汚性、防災性
・取替えやすさ
・衝撃音遮断性

450-184

● 価格
￥8,400／m²
厚さ 6.5mm
縦 500 mm×横 500mm
下地：モルタル、木造

■木調巾木（内装巾木）住宅・福祉施設向

● 特徴
・デザイン性
・防汚性

● 価格
￥300／m(H60)
￥320／m(H75)
H60・75 mm×長さ 25m
下地：モルタル、木造、鉄板、
スレート

MB-52　MB-54　MB-59　MB-55

http://www.tajima.co.jp/

室内建具／内装壁材
Indoor fittings, Interior wall material

東洋プライウッド（株）営業企画部　企画管理課
TEL（052）205-8451　FAX（052）205-8450

（有）水土社
TEL（0465）66-1780　FAX（0465）66-1781

3連引戸
広い開口　握りやすいハンドル引き手

■ 3連引戸セット

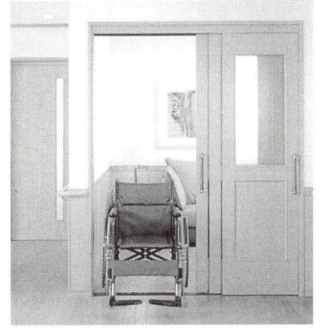

レール段差3mm
車椅子もラクラク通る。

ハンドル引き手

● 特徴
・外扉の開閉に連動して内扉が自動開閉する。軽くスムーズに開閉するので、子供やお年寄りの方でも快適に使える。

● 価格

1枚パネル扉
組合せ価格　7梱包
¥210,000 ～
（壁厚 124～135mm）

上1枚ガラス扉
組合せ価格　7梱包
¥252,525
（壁厚 124～135mm）

● サイズ
引戸枠　高 2,030 ×幅 1,635 ×見込 120mm（3方枠）
扉　　　高 1,974 ×幅 592 ×厚さ 30mm
有効開口幅　800mm

● カラー
- CL：クリアオーク
- RE：リアルオーク
- WS：スモーキーホワイト
- FH：フレッシュバーチ
- NT：ナチュラルバーチ
- MA：ミディアムバーチ
- DB：ダークブラウン

http://www.toyoplywood.co.jp/

塗壁材
臭いの気になる老健施設などに最適の壁材

■ 塗壁材
ドロプラ白竹炭 ※告示対象外品

● 特徴
・合成樹脂などの化学物質を一切含まない、天然素材の壁材「ドロプラクリーム」に、白竹炭（白く焼成した竹炭）を添加した壁材。
・白竹炭の持つ効果により、シックハウスの原因となるVOCsの吸着・分解に優れる。
・消臭・防臭効果により、部屋をより快適に保つ。
・防火・防カビ効果がある。
・静電気が起こらないので、空気中の埃などを寄せ付けない。
・クリーム状なので、化学物質を一切含まない自然素材でありながらローラーで手軽に塗ることが出来る。

● 参考仕上げ例
● 内部
（ルナファーザーまたはオガファーザー壁紙の上に、ドロプラ白竹炭仕上げ）
・壁紙貼り　　　　　　　　　　　¥1,500 ～／（材工）
・ドロプラ白竹炭（ローラー塗）　¥1,300 ～／（材工）
● 内部
（12.5平ボード下地）
・ドロプラ白竹炭（下塗～上塗）　¥1,400 ～／（材料代）
※下地処理が必要。

● 価格
ドロプラ白竹炭（20kg／缶）　　　　　　¥24,150

http://www.suidosya.co.jp/

就寝

141

内装壁材
Interior wall material

(有) 水土社
TEL (0465) 66-1780　FAX (0465) 66-1781

YKK AP (株)　品質保証顧客サービス室
TEL (0120) 72-4414　FAX (03) 5610-8079

塗壁材

環境と健康に配慮した建築資材

■ 塗壁材
ドロプラクリーム・ドロプラ珪藻土（プレミックス）
※共に告示対象外品

ドロプラ珪藻土（内部）仕上げ　ドロプラクリーム塗装仕上げ

● 特徴
・合成樹脂などの化学物質を含まないので安心。
・ドロプラクリームは、クリーム状なのでローラーで手軽に塗れて、コストも割安。また、イタリア磨などの高級仕上げもできる。
・ドロプラ珪藻土は、シーラー処理をせず（ビス頭目地処理必要）平ボードの上に一発仕上げを可能にし、ローコストを実現。

● 参考仕上げ例
● 内部〈ドロプラ珪藻土〉
（12.5 平ボード下地）
・コテ波仕上げ　　　　　　　¥2,200 〜／（材料代）
※下地処理が必要。
● 内部〈ドロプラクリーム〉
（ルナファーザーまたはオガファーザー壁紙の上に、ドロプラクリーム仕上）
・壁紙貼り　　　　　　　　　¥1,500 〜／（材工）
・ドロプラクリーム（ローラー塗）¥1,100 〜／（材工）
● 外部〈ドロプラクリーム〉
（モルタル下地）
・ドロプラクリーム（下塗〜上塗）¥1,200 〜／（材料代）
※最後に撥水剤を塗ってください。

● 価格
ドロプラクリーム（無香性）(20kg／缶)　　¥16,000
ドロプラ珪藻土（プレミックス）(14kg／袋)　¥11,000

http://www.suidosya.co.jp/

テラスサッシ

つまずきの心配がない「ノンレール構造」を採用

■「テルモア II」下枠ノンレール

● 特徴

安全性に配慮 
下枠の段差を 3mm 以内に抑えてあり、つまずきの心配がない。

清掃性に配慮 
フラットな形状のレールなので、日頃の清掃は下枠上面を雑巾などで拭くだけ。

まるでレールがないかのようなフラットレールの採用と、レールの間にフラット形状の下枠アタッチメントカバーを設置することで、つまずきの心配をなくしている。

● サイズ
幅（W）6 尺(1,690mm) と 9 尺(2,600mm) と 12 尺(3,510mm)（メーターモジュールも用意）、高さ（H）2,000mm 〜 2,200mm で対応

● 仕様
半外付タイプ（大型引手付）

● カラー
外観：プラチナステン、ホワイト、ブラウン、カームブラック、グレイの 5 色

● 価格　　¥96,900 〜 259,800

http://www.ykkap.co.jp/

室内建具
Indoor fittings

(株) ベスト
TEL (03) 3257-7700　FAX (03) 3256-2708

室内ドア　車いす利用の方でも使いやすいやさしい設計。有効スペースが広い

■アールムーブドアシステム

● 特徴
・ドアの開閉時に位置移動が少なくてすみ、出入りが楽にできる。

● 仕様
ドア寸法　DH2100mm 以下× DW700 ～ 1200mm
ドア厚　　36 ～ 40mm
ドア重量　30kg 以下

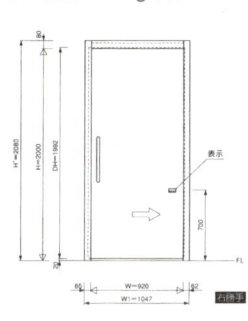

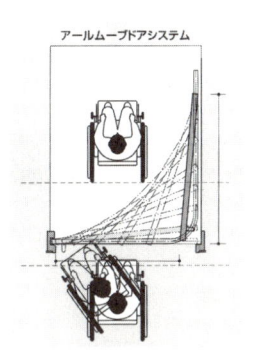

■半自動2連片引き吊戸システム

● 特徴
・有効開口寸法を、定められた範囲内でより広く取りたい場合に最適。
・従来の1本引では、戸袋スペースが開口1/2必要ですが、これを2枚連動にすることによって戸袋スペースは1/3になります。

● 仕様
使用ドア木製ドア、アルミドア、軽量鋼製ドア
有効開口750 ～ 2200mm
ドア寸法DH2200mm 以下
　第1ドア DW1：415 ～ 1140mm
　第2ドア DW2：545 ～ 1270mm
　　(第1ドア・第2ドアの重ね寸法40mm、引き残し130mmとした場合)
ドア厚36 ～ 42mm
ドア重量20 ～ 50kg 以下 (1枚あたり)
重ね寸法40mm 以上で設定

● 連動片引き計算式

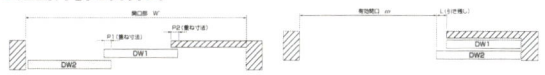

・有効開口　$\omega = \{W'' - L - (P1+P2) \div 2\} \div 3 \times 2$
・開口部　　$W'' = \{(\omega \div 2) \times 3\} + \{(P1+P2) \div 2\} + L$
・$DW1 = \{W'' + P1 + P2 - L\} \div 3$
・$DW2 = DW + L$

就寝

http://www2.best-x.co.jp/

143

室内建具
Indoor fittings

東洋プライウッド（株）　営業企画部　企画管理課
TEL (052) 205-8451　FAX (052) 205-8450

室内ドア

軽く開いて
出入りもゆったり車椅子もラクラク

■ドミナスシリーズ

● 片開き戸　アールガラス

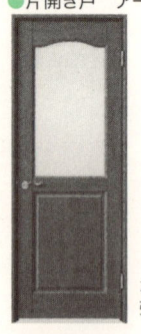

カスミ型板
強化ガラス

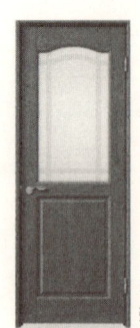

クロスライン
強化ガラス

ステンド調
熱処理ガラス

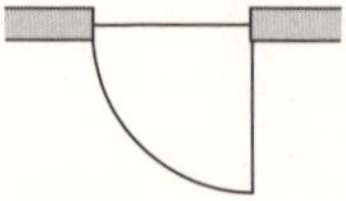

● 片開き戸　アールデザインパネル

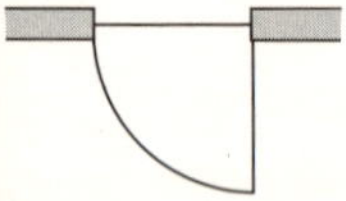

● 高さ8尺 片開き戸 上2枚ガラス（クロスライン強化ガラス）

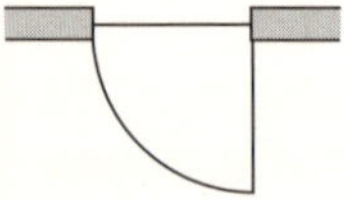

● 上吊り式片引き戸 アールデザインパネル

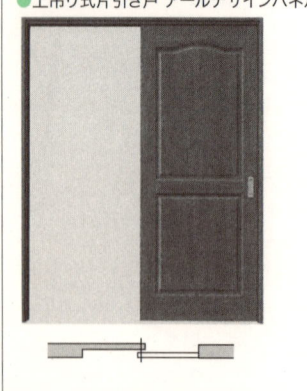

● 戸車式片引き戸 アールデザインパネル

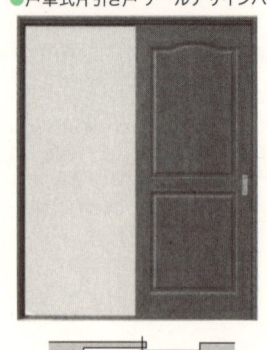

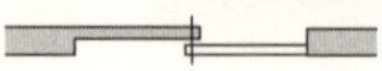

● 価格
アールガラス カスミ型板強化ガラス
　　　セット4梱包／¥141,330～
アールガラス クロスライン強化ガラス
　　　セット4梱包／¥167,055～
アールガラス ステンド調熱処理ガラス
　　　セット4梱包／¥188,055～
アールデザインパネル
　　　セット4梱包／¥139,230～
高さ8尺開きドア　上2枚ガラス
　　　セット4梱包／¥231,000～
上吊り式片開きアールデザインパネル
　　　セット3梱包／¥155,400～
戸車式片引き戸アールデザインパネル
　　　セット3梱包／¥155,400～

http://www.toyoplywood.co.jp/

室内建具
Indoor fittings

東洋プライウッド（株）　営業企画部　企画管理課
EL (052) 205-8451　FAX (052) 205-8450

引戸

にぎりやすいハンドル引き手で、広い開口、開け閉めも簡単

■ バリアフリー建具

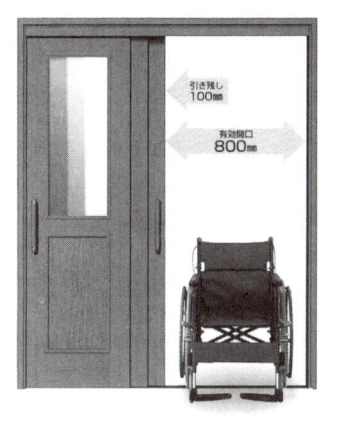

引き残し 100mm
有効開口 800mm

● 特徴
広い開口、にぎりやすい引き手で開け閉めも簡単。従来の開口の引き違い戸に比べても余裕の開口なので、お年寄りが車椅子に乗ったままでも楽に出入りができる。しかも、扉は3枚連動しているので開け閉め操作も簡単。狭いお部屋の解放感や一体感の演出にも効果を発揮する。

ハンドル引き手
扱いやすい24φのハンドル引き手を使用。ぬくもり感のある木製ハンドル。また引き残しは、100 mm を確保しながら有効開口幅も 800mm もとれる。

レール段差 3mm、車椅子もらくらく通る。

就寝

● パスティオ MF シリーズ　片引き戸

上1枚ガラス扉
（ミスト調熱処理ガラス）

組合せ価格
税込 ¥120,435／セット
4 梱包

枠外幅 W1,818 ×
枠外高 H2,044mm
壁厚 124 〜 135mm
カラーバリエーション：
クリアオーク柄他計 7 色

片引き戸
敷居のないフラットフロア（上吊りタイプ）

扉を上で吊り上げているため床にはまったく段差がない。車椅子の乗り入れも非常にスムーズ。また子どもの転倒事故も防止できる。

● パスティオ MF シリーズ　三連片引き戸

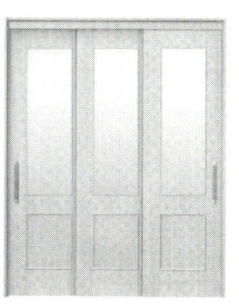

上1枚ガラス扉
（カスミ柄強化ガラス）

組合せ価格
税込 ¥252,525／セット 7 梱包
枠外幅 W1,635 ×
枠外高 H2,032mm
壁厚 124 〜 135mm
カラーバリエーション：
クリアオーク柄他計 7 色

上1枚パネル扉

組合せ価格
税込 ¥210,000／セット 7 梱包
枠外幅 W1,635 ×
枠外高 H2,032mm
壁厚 124 〜 135mm
カラーバリエーション：
クリアオーク柄他計 7 色

http://www.toyoplywood.co.jp/

室内建具
Indoor fittings

(株)ウッドワン
TEL (0829) 32-3333　FAX (0829) 32-6237

引戸

引戸でありながら後施工で取り付けが簡単。
3尺モジュールで最大限の有効開口を確保

■ソフトアート／アウトセット上吊り引戸

●特徴
- 開口部に枠のない納まりなので、後付けで簡単に取り付けられる。
- 3尺モジュールでドア以上の開口巾を確保できる。
  (有効開口 750mm 以上／3尺廊下つきあたりに設置するケース)
- 価格もドアなみ。
- トイレあるいは洗面所など、必要に応じて間仕切り対応も可能。

●横断面図

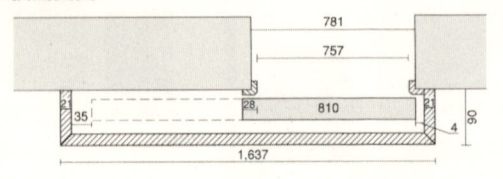

●壁に外付けする場合

(STEP1)　(STEP2) 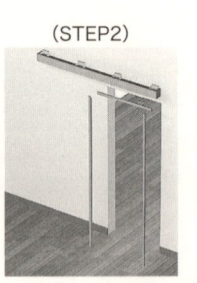　(STEP3)

STEP1　下地材を補強したうえで3尺の開口を仕上げる。

STEP2　見切り材と幕板セットを取り付ける。

STEP3　引戸(上吊りタイプ)を吊り込む。

●価格

	Q-KK (20)	Q-LK (20)	Q-AR (20)	Q-BR (20)
引戸 (807mm)	¥60,795	¥65,730	¥45,465	¥35,700
専用枠	¥22,995	¥22,995	¥22,995	¥22,995
セット価格	¥83,790	¥88,725	¥68,400	¥58,695

http://www.woodone.co.jp/

室内建具
Indoor fittings

(株)ウッドワン
TEL (0829) 32-3333　FAX (0829) 32-6237

引戸　従来の上吊りの欠点を解消。躯体接合金具により枠の強度がアップ

■ソフトアート
●上吊りタイプ引戸 Q-BR(G タイプ)

NN(ニューナチュラル)　**CB**(センターブラウン)　**DB**(ダークブラウン)

就寝

●特徴

・従来の上吊りの欠点を解消

扉の自重による鴨居の垂れ、下端のこすれ、たてつけ不良などクレームが発生しやすい。

躯体接合金具により枠の強度アップ。後々の微調整も可能。

・上吊りだから「敷居なし」

・ブレーキの強弱の調整ができる

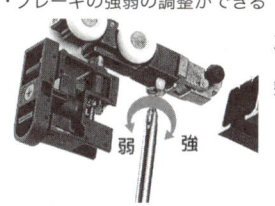

弱　強

扉をいったんはずし、ドライバーで強弱の調整をする。

・扉の上下が調整できる

ドライバーで上下調整ができる。

●価格

セット価格 ¥125,475
(枠外巾：1644mm　DW：810mm)

引戸	¥35,700 × 2
専用枠材	¥44,730
ケーシング	¥9,345

http://www.woodone.co.jp/

室内建具
Indoor fittings

マツ六（株）
TEL (06) 6774-2222　FAX (06) 6774-2248

引戸改造システム

開き戸をそのまま使用して、低予算で引戸に改造

■エコ引戸

リフォーム前 ▶ リフォーム後

● 特徴
- 現在ある開き戸（ドア）をそのまま使用して、その場で短時間に引戸へ改造できるシステム部品。
- 化粧カバー等を使って従来の金物加工跡をきれいに隠せる。
- 上吊りレールを採用しているため、高齢者でも軽い力で開け閉めできる（初動重さ約700g）バリアフリー仕様。
- 扉をそのまま使うため廃棄物がほとんど出ない環境配慮型商品。
- 幅880mm以下、高さ2,030mm以下、厚さ28～36mmの扉サイズに対応。（扉の重量は20kgまで対応）。

■エコ引戸簡易タイプ
- エコ引戸の縦枠カバーの無いタイプ。
- 開き戸が古すぎて再利用が出来ない場合でも、扉を別途製作することで低予算で改修可能。
- ドア三方枠を別途現場で意匠を凝らしたい場合に最適。

■たたみ用ガイドローラー
- 畳の部屋側に引戸を付けるのに最適。

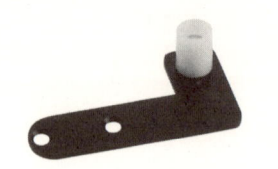

● 価格　（消費税・運賃・工事費は含まず）

商品コード	品名	材質	色	価格
013-8400	エコ引き戸　ダークオーク	ABS樹脂他	ダークオーク	30,000円
013-8410	エコ引き戸　ライトオーク	ABS樹脂他	ライトオーク	30,000円
013-8500	たたみ用　ガイドローラー	スチール	ブラック	4,500円

http://www.mazroc.co.jp/

室内建具
Indoor fittings

河部興業（株）
TEL (03) 3351-0222　FAX (03) 5269-9149

自閉式引戸

医療施設用引き戸として最適な安全・軽量・耐久性・を備えた自閉式オートスライドドア

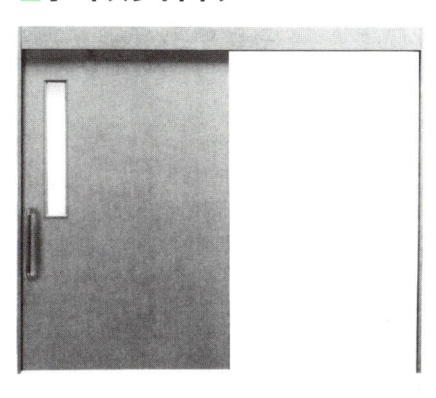

■オートスライドドア

●特徴

高齢者・医療施設の居室入口等では基本的な機能の他に人へのやさしさが求められます。温かい木質系の質感を採用し、リーズナブルなコストの設定が可能となっています。
通常の片引きタイプの他に両側から手摺の設置が可能となる戸袋が一体となった戸袋タイプもご用意しております。

サイズ (mm)	参考サイズ			最大製作可能サイズ	
	幅	高さ	枠見込	幅	高さ
片引	2325	2155	207	2335以下	2200以下
戸袋	2525	2185	169	2335以下	2200以下

※片引・戸袋共通／扉厚：40mm（対扉重量：30kg）、最大有効開口：1075mm

●自動式上吊金具

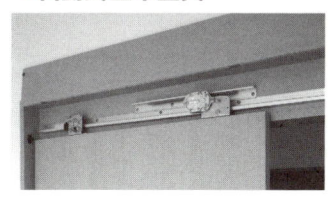

・エンドレスタイプの粘性ダンパーと傾斜レールに組み込んだラックの採用で取り扱いが簡単です。
・戸尻側ブレーキは扉を強く開けた場合でも衝撃をやわらげ、扉やストッパーの破損を防ぎます。
・病院やケアハウス等、室温が一定に保たれる場所に最適です。
・粘性ダンパーに空転機構を採用することにより、ラック突入時の衝撃を緩和させることができます。

就寝

●デザインバリエーション

■片引タイプ	HA-001-□（R・L） ¥135,000	HA-006-□（R・L） ¥140,000	HA-039-□（R・L） ¥150,000	HA-040-□（R・L） ¥155,000
■戸袋タイプ	HAT-001-□（R・L） ¥180,000	HAT-006-□（R・L） ¥185,000	HAT-039-□（R・L） ¥195,000	HAT-040-□（R・L） ¥200,000

※最大製作可能サイズ内での設計価格です。

http://www.abekogyo.co.jp

ブラインド
Window shade

(株)ヨコタ
TEL 03-3831-4141　FAX 03-3831-4144

東京ブラインド工業(株)
TEL (03) 3443-7771　FAX (03) 3443-7775

シェード
小型化と静音を追求した高機能電動シェード

■ジュネス MD

●特徴
・静音チューブラモーター仕様により、静音性を実現。しかも電源は 100V コンセントにアダプターを差し込むだけです。
・広い場所に最適で、離れた場所から操作できる「FM タイプ」と、指向性のある「赤外線タイプ」の2種類をリモコンシステムとしてご用意。

●参考見積例
ジュネス MD キット／プレーンタイプ(FM リモコン仕様)

本体長さ	価　格
2.5 m	￥116,900

●部品明細
・本体 =1 台
・FM 受信機ー1 台
・AC アダプター =1 台
・FM 送信機 1 チャンネル=1 台

http://www.curtainrail.co.jp

ブラインド
不燃・防煙素材で火災・地震時にも安心。

■バーチカルブラインド

不燃・防炎素材の無煙ブランド NOSMOK シリーズ
ノスモック(NOSMOK)シリーズは、不燃・防炎性能をはじめ人と環境に配慮した様々な特徴を持つ次世代の高性能ブランド。火災が大災害につながる病院などの医療施設や動きにくい高齢者寝室などにも安心して使用できる。クロス調の質感がやさしい雰囲気を演出し、しかも価格は従来と同じリーズナブルプライス。

●特徴
1. 原材料 100%ガラス繊維なので、不燃である。
2. 有毒ガスが発生しない。
3. 煙りの発生が少ない。
4. ドイツの DIN (ドイツ工業規格) をクリア。

グラスクロススラット
100 mm幅　(NT-100)
80 mm幅　(NT-80)

NT-100 (標準タイプ)
スラット幅 100 mm　最低積算面積 3 ㎡
※塩化ビニールは使用していない
￥13,800 ／㎡

NT-80 (標準タイプ)
スラット幅 80 mm　最低積算面積 3 ㎡
※塩化ビニールは使用していない
￥16,600 ／㎡

製作可能寸法
片開き　W135 〜 4,500 mm
　　　　H300 〜 6,000 mm　最大 20 ㎡ (NT-100)　15 ㎡ (NT-80)
両開き　W350 〜 5,000 mm
　　　　H300 〜 6,000 mm　最大 25 ㎡ (NT-100)　20 ㎡ (NT-80)

http://www.tokyo-blinds.co.jp/

ブラインド
Window shade

(株)ベスト
TEL (03) 3257-7745　FAX (03) 3257-7773

(株)ユニオン
TEL (06)6532-3731　FAX (06)6533-3747

レバーハンドル　握力の弱い方でも楽にドアの開閉が可能

ハンドル　機能的・衛生的に優れたハンドル

■レバーハンドル

●特徴
・手先の力が弱くなっても、手全体の力でハンドルを動かせ、ドアの開閉が楽。
・デザイン性を重視したフォルムで、外観を損なうことなく取り替えも簡単。
・空錠、間仕切錠、表示錠、簡易シリンダー錠の4つの仕様をもつ。

●dar ダル
丸座タイプ　クローム+パールクローム　¥6,615～
角座タイプ　ニッケル+サテンニッケル　¥7,245～

●largo ラルゴ
丸座タイプ　クローム　¥5,670～
角座タイプ　サテンニッケル　¥6,300～

●novio ノビオ
丸座タイプ　サテンニッケル　¥5,670～
角座タイプ　パールクロム　¥6,300～

■ユニオンケアハンドル
●H2051

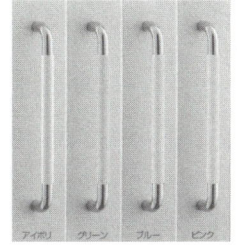

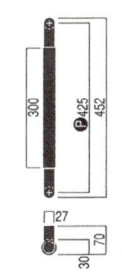

・ナイロン樹脂+ステンレスミラー
H2051-58-082　アイボリ
H2051-58-094　グリーン
H2051-58-097　ブルー
H2051-58-124　ピンク

¥25,300

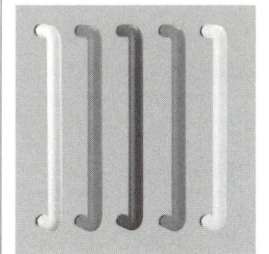

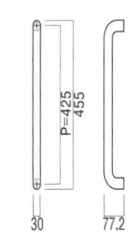

●H500

・アクリル材
H500-57-092　グリーン
H500-57-084　イエロー
H500-57-076　ホワイト
H500-57-069　トーメイ

¥20,700

●H2054

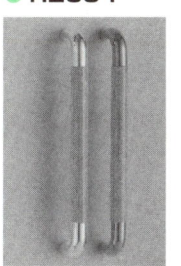

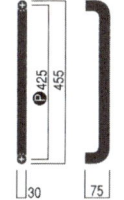

ユニウッド+ステンレスミラー
H2054-36-051　¥25,600
ユニウッド+CS シャドーブラウン
H2054-36-055　¥30,000

●価格

品名	仕上	品番	価格
ダル	クローム+パールクローム　ニッケル+サテンニッケル　パールクローム　サテンニッケル　クローム	丸座タイプ 228□D-DA　角座タイプ 228□DK-DA	¥6,615～　¥7,245～
ラルゴ	パールクローム　サテンニッケル　クローム	丸座タイプ 228□D-LR　角座タイプ 228□DK-LR	¥5,670～　¥6,300～
ノビオ	パールクローム　サテンニッケル　クローム	丸座タイプ 228□D-NO　角座タイプ 228□DK-NO	¥5,670～　¥6,300～

ttp://www2.best-x.co.jp/

http://www.artunion.co.jp/

就寝

スクリーン
Screen

MOLZA(株) インテリア事業部
TEL (0575) 46-1481　FAX (0575) 46-1483

プリーツスクリーン

和紙の風合いをそのままに、多くの機能を持ったプリーツスクリーン

■ 彩（いろどり）
（重量 105g/㎡・厚さ 0.31 mm・日光堅牢度 4～5 級・防炎品・18 色）

パステル調の軽やかな色合いからスモーク系の落ち着いた色合いまで全 18 色。超はっ水加工を施してあるので、汚れても簡単に手入れができる。

● 特徴
・撥水性、撥油性に優れている。
・防汚性、耐久性にに優れている。
・毒性はない。
・通気性、風合いを損なわない。

● メンテナンス方法
・ホコリや汚れが付いた時は、水または中性洗剤に浸した雑巾などで軽く拭く。強く拭くと生地の痛みの原因になる。

＜超はっ水加工＞
・生地本来の色や風合いを生かし、水、泥、シミなどのあらゆる汚れから生地を長期間保護する加工。
・テフロンは、繊維の周りに分子がシールド状の保護膜を作るため、油性や水性の汚れがつきにくく、ついた汚れも落ちやすい。

彩 AP206 フレーム / ブラック

■ 光触媒
（重量 100g/㎡・厚さ 0.31 mm・日光堅牢度 4～5 級・防炎品・4 種）

消臭、抗菌、防汚にすぐれた効果をもつ「酸化チタン」を和紙に含浸してある。住宅や公共施設などの環境で生活浄化の一翼を担う製品。

● 特徴
・消臭効果。（ペットやタバコなどの臭いを除去）
・抗菌効果。（大腸菌などの菌を酸化分解し、菌の繁殖を抑える）
・防汚効果。（タバコのヤニなどの汚れを酸化分解）
・毒性はない。
・効果は半永久的。

＜酸化チタン光触媒＞
・太陽や蛍光灯の光（紫外線）を受けることで、大気中の空気と反応して、汚れ、臭い、細菌などの有機物を酸化分解する。また、この光触媒は光（紫外線）と空気中の水分との条件が備わればその効果は半永久的に持続する。

コードタイプ価格表 (彩いろどり、光触媒ともに同価格)

（単位：円）

高さ cm ＼ 幅 cm	200～800	～1200	～1600	～2000	～2300
30～600	9,400	11,600	14,400	17,400	19,000
～1000	10,300	12,800	16,200	19,300	21,100
～1400	11,200	14,100	18,000	21,300	23,200
～1800	12,100	15,300	19,800	23,200	25,200
～2200	13,900	19,000	23,300	27,100	29,300
～2600	14,800	19,000	25,100	29,000	31,300
～3000	15,700	20,200	26,900	30,900	33,300

http://www.molza.co.jp

スクリーン／カーテン
Screen, Curtain

セイキ総業（株）
TEL (04) 2951-7221　FAX (04) 2951-7220

（株）サンゲツ
TEL (052) 564-3111　FAX (052) 564-3191

スクリーン　驚異的な断熱効果、蜂の巣構造のスクリーン

■ハニカム・サーモスクリーン

ツーウェイタイプ
標準仕様

価格：¥68,145
サイズ：180×180cm
材質：採光タイプ生地
　　　（ポリエステル不織布）

● 特徴
・一般的な1枚ガラス窓に取り付けると、最大76%の熱の出入りをカットする。
・上から下から自由自在なスクリーンの位置設定が可能。
・特殊加工されたスクリーン生地（ポリエステル不織布）は、丈夫で型くずれせず、色落ちしない。部品も錆びたりする材質の物は使用していない。

● 手入れ方法
・普段の手入れは、軽くはたいて、ホコリをはらうだけ。うっかり汚しても、本体ごと丸洗いができる。

http://www.seiki.gr.jp/

カーテン　衛生面を重視した体に優しいカーテン

■クリニカル（メディカルカーテン）

● 特徴
・安全性の高い抗菌材を使用し、優れた制菌性能を発揮。
・制電加工により静電気の発生を抑制。
・防炎素材を使用。

● 価格
Sサイズ（巾185cm）　　　　　　　　¥4,462 /m
Mサイズ（巾215cm）　　　　　　　　¥5,092 /m
Lサイズ（巾235cm）　　　　　　　　¥5,355 /m
Oサイズ（巾255cm）　　　　　　　　¥5,880 /m
Pサイズ（巾185cm・ネットなし）　　¥4,620 /m
Fサイズ（巾215cm・ネットなし）　　¥5,040 /m

■ニューマイアミ（パターン）

● 特徴
・安全性の高い抗菌材を使用し、優れた制菌性能を発揮。
・メディカル用メッシュと組合わせ可能。
・防炎素材を使用。

● 価格
¥3,990 /m（200cm 巾）

http://www.sangetsu.co.jp/

就寝

カーテンレール／間仕切
Curtain rail, Partition

(株)ヨコタ
TEL (03) 3831-4141　FAX (03) 3831-4144

ショップイノベータ＆カサブランカ
TEL (03) 3475-0241　FAX (03) 3475-0319

カーテンレール
カーテンの開閉もラクラク

■「ベルトドライブ」カーテンモーター　グリストロ50

●特徴
・全く新しい駆動方式『ベルトドライブ』の採用。
・驚くほどの静粛性と両開き50kgのパワーを発揮するグリストロ50モーター。
・マイコン搭載で「スロースタート・スロースロップ」「マイポジション」等優れた機能性を持ち、電動モーターでは初めての5年保証を実現。

●参考見積例

レイル/長さ	価格
両開き (FMリモコン仕様)	
2.00 m迄	¥139,910
3.00 m迄	¥148,710

●部品明細
・グリストロ50モーター (FMリモコン仕様) ＝1台
・ACアダプター＝1台
・ACアダプターセット＝1セット
・FMリモコン送信機1チャンネル＝1台
・グリストロプレセットレイル＝1セット

■紐引きカーテンレール（ロイヤル）

●特徴
・高窓や大型窓のカーテンの開閉を紐引きで行うカーテンレール
・部品の使い方により両開き、片開き操作が可能。

●ロイヤル紐引きセット価格

	レイル/長さ	価格
片開きタイプ (ソフトホワイト)	2.00 m迄	¥6,800
	3.00 m迄	¥9,060

http://www.curtainrail.co.jp

間仕切
必要な所で使う時だけ間仕切りに

■ピーコック

●特徴
くじゃくが羽を広げる様子をイメージしてデザインされたパーティション。幅も高さも充分なサイズで不要な時は折りたたんで場所も取りません。

●価格
¥32,025

●サイズ
W146 × H172cm
ベース：435 φ

●カラー
ファブリック：ナチュラル・レッド・グレー
フレーム：スチール（シルバー塗装）

●組立式

●カバリングシステム
カバーを取り替えたりクリーニングも出来る。

http://www.innovator.co.jp/

ベッド
Bed

パラマウントベッド（株）　お客様相談室
TEL (0120) 03-3648

天然木が室内インテリアにもマッチする、在宅ケアベッドアウラシリーズ

※介護保険レンタル対象

■アウラシリーズ　3モーター・ハイロータイプ

●特徴

ベッド幅にゆとりをもたせたワイドタイプのベッド。温かみのある天然木がお部屋にやすらぎをもたらす。手元スイッチ操作で背の角度、膝の角度、ベッドの高さを調節できる。幅100cmのマットレスが適合。（別売）

ワイドアウラベッド KQ-159　￥501,900

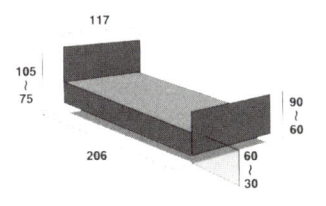

117 / 105〜75 / 206 / 90〜60 / 60〜30
（単位：cm）

■アウラ電動ベッド

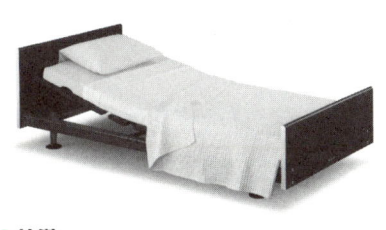

●特徴

ロータイプは最低ボトム高25cm
1. 背ボトムの角度を手元スイッチで調節可能
2. 使いやすい大きなボタンの手元スイッチ
3. ベッドの高さは3段階から選択可能
4. 落ち着きのある木目調のボードデザイン
5. ベッドの両側にオプション取付穴を装備

￥137,000

http://www.paramount.co.jp/

就寝

ベッド
Bed

シーホネンス（株）
TEL （0120）20-1001

ベッド

長時間の座位でも快適に過ごせるソファタイプ

■ケプロコア 880 シリーズ
　ケプロコア 883R

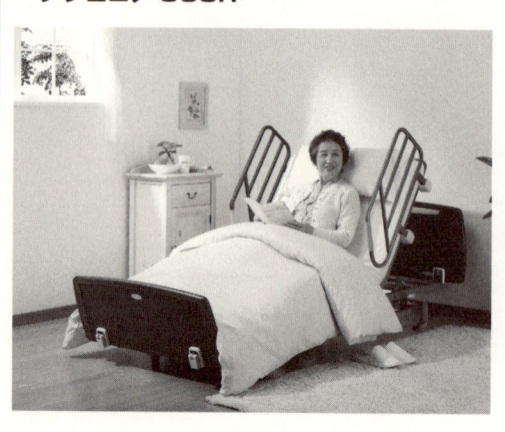

●特徴
3モーターの機能をそのままに、もっと楽に座位を保つフットレスト切り替え機能。通常ベッド座位ポジションからソファータイプに変更が可能。

・脚先下げは最大25°下がるためかかとの位置がお尻より下がる。

●仕様
カラー：ブラウン、
ホワイト（ホワイトはオプションカラー）
機能：883R3モーター
ボード：天然木

長さ／品番		価格（非課税）
90 cm幅ショート	C-883R	￥373,000
90 cm幅レギュラー	C-883R	￥373,000
90 cm幅ロング	C-883R	￥383,000
100 cm幅レギュラー	C-883R	￥403,000
100 cm幅ロング	C-883R	￥423,000

http://www.seahonence.co.jp/

ベッド
Bed

ランスベッドメディカルサービス（株）
TEL 0120-083413　FAX (03) 3363-2892

ベッド

介護する方、介護を受ける方、共に快適に使用できるベッド

■ヒューマンケアベッド　FBN-730（3モーター）／FBN-720（2モーター）

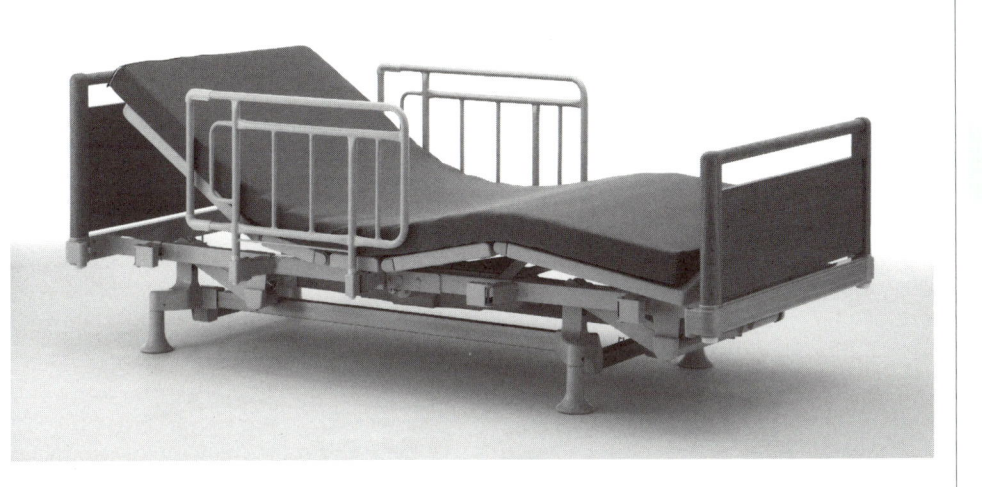

就寝

●特徴

5分割の床板で体にやさしくフィットする「ヒューマンライン」を実現。介護を受ける方が、側まで近付けるようにサイドフレームをなくした。また、電動スイッチによる操作で、背上げ、脚上げ、ベッドの上下昇降も可能。安全性を考慮し、誤作動防止切り替えスイッチもついている。

1. ヒューマンライン 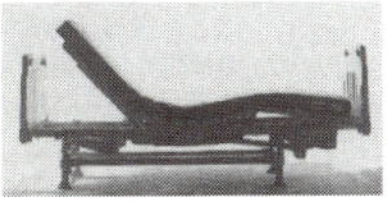
2. ノンサイドフレーム 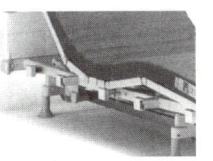
3. サイドレールブラケット 
4. 手元スイッチ 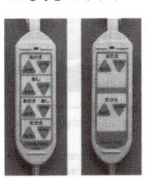
5. ハイロー機能 
6. 脚上げ機能切り替え（FBN-720のみ）

●価格／レンタル料

タイプ	FBN-730 AN29	FBN-720 AN29
価格本体（非課税）	¥318,000	¥288,000
サイズ（cm）	全幅92.2×全長211.5×全高76.8〜106.8×床板高さ33.2〜63.2	
レンタル料月額（税込）	¥13,000	¥10,000

ttp://www.homecare.ne.jp/

ベッド
Bed

パラマウントベッド（株）お客様相談室
TEL（0120）03-3648

ベッド

ユニバーサルデザインに基づき、
快適・安心・使いやすさを追求

■ 楽匠　らくらくモーションシリーズ

※介護保険レンタル対象

● 特徴

ボタンひとつの操作で、背上げと膝上げ動作をバランスよく組み合わせ、背上げ時の体のずれ、姿勢のくずれ、圧迫感を大幅に軽減する「らくらくモーション」を採用。ずれや圧迫を軽減することにより、褥瘡発症のリスクを抑えるとともに「背上げによってずれ落ちた利用者を引き上げる」という介護者の負担を軽減する。

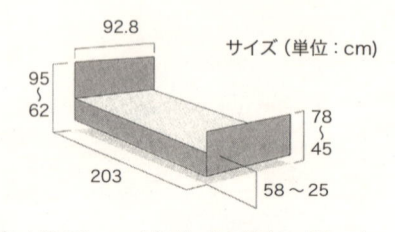

サイズ（単位：cm）
92.8 / 95〜62 / 203 / 78〜45 / 58〜25

※ボトム幅83cm　木製ボードの場合の寸法です

・ボトム高さは最低時25cm（最高58cm）。ベッドの端に座った際、60歳以上の日本人の90％以上が、かかとをゆかにつけられる高さ。
・デザインは高級感のある「木調タイプ」を中心に7種類。デザインのほかに、機能別に「らくらくモーションシリーズ」「3モーターシリーズ」「2モーターシリーズ」があり、利用者の体型に合わせて2種類の幅（91cm、83cm）と3種類の長さ（180cm、191cm、205cm）が選択できる。
・ベッドの操作日時や動作箇所など「操作履歴」を記録する機能を搭載（操作履歴を確認するには、パソコンと別売りの専用ケーブルが必要）。

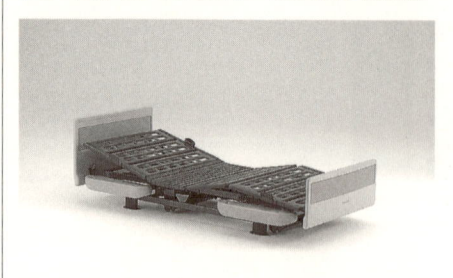

楽匠　木調タイプ　KQ-86140　￥364,000（非課税）

楽匠　木目タイプ　KQ-861B0　￥354,000（非課税）

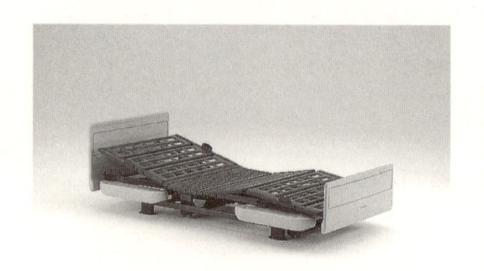

楽匠　標準タイプ　KQ-86100　￥334,000（非課税）

http://www.paramount.co.jp/

ベッド
Bed

フランスベッドメディカルサービス（株）
TEL 0120-083413　FAX (03) 3363-2892

在宅での自立・介護の必需品。特殊機能ベッド

■自立ベッド FB-350

●特徴
ベッドが回転し、ひとりで立ち上がってベッドから降りることができる。

●サイズ
全幅 100 × 全長 210 × マット面高 38〜45.5 × 全高 69.5〜77（4段階調節）cm

●価格

本体価格	¥652,050（税込）
月額レンタル料（本体のみ）	¥22,000（税込）

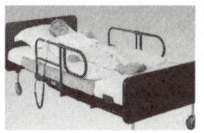

寝たまま操作できる電動手元スイッチ。

楽に起き上がることができる。

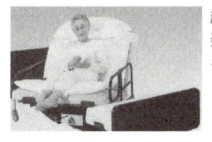

起立しやすい姿勢がとれる。

■寝返り支援ベッド
4M-SG-39D

●特徴
夜間の寝返りがタイマー設定で自動的にできる。

月額レンタル料（本体のみ）	¥22,000（税込）

全幅 93.4 × 全長 215.7 × フレーム
高さ 38.5〜74.5 × 全高 77.0〜113.0cm
ベッド幅 /93.4cm

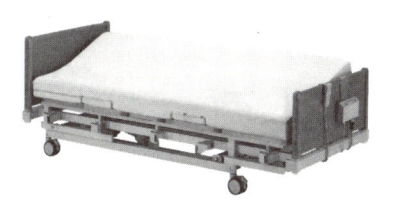

■ヒューマンケアベッド
FBM-10αAN29

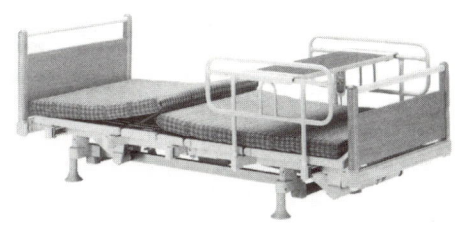

●特徴
楽な姿勢で背起きし、おむつ交換ができる、腰上げ機能搭載。

本体価格	¥328,400（非課税）
月額レンタル料（本体のみ）	¥10,000（税込）

サイズ：全幅 89.3 × 全長 211.5cm
固定脚 29
全高 76.8 × 床板高さ 33.2cm

就寝

ttp://www.homecare.ne.jp/

ベッド関連用品
Product related to bed

パラマウントベッド（株）お客様相談室
TEL (0120) 03-3648　FAX (03) 3648-1178

ベッド補助手すり

効果的に自立をサポートする、
在宅ケアベッド用オプション

■自立補助用具　立てるんバー／アシストバー

※介護保険レンタル対象

●特徴
垂直ポールに水平バーを組み合わせた多機能タイプ。
ベッドの左右どちらにも取り付け可能。
・重量　約14kg

●水平バーの特徴
・高さの調節が自由にできる。
・角度を15°きざみで調節できる。
・水平方向の位置を自由に調節できる。

KQ-91／93　¥77,700

■自立補助用具（介助バー）

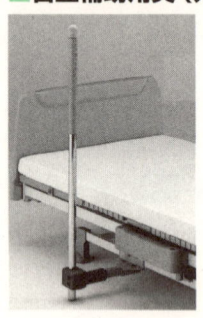

●立てるんバー／アシストポール
・垂直ポールのみのベーシックタイプ
・重量／約8.5kg
KQ-92／94　¥37,800

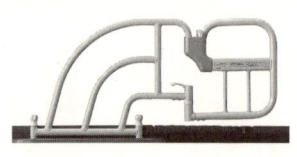

●スイングアーム介助バー
(1本)
KA-095
¥47,250

■ベッド用オプション　［寝具のズリ落ち、落下防止柵］
※高さは楽匠取り付け時。

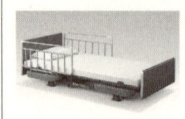

●ベッドサイドレール
(差し込み2本組)
(長) 96.4×高さ 50.3cm
KS-165　¥15,750

●ソフトガードサイドレール
(1本)
(長) 102×高さ 59cm
KS-019　¥24,150

●ベッドサイドレール
(差し込み2本組)
(長) 96.4×高さ 50.5cm
KS-125　¥22,050

●サイドサポート
(1本)
柵に囲まれているといった精神的拘束感を軽減し、ベッドを広々と快適に使える。
KA-038　¥12,600

http://www.paramount.co.jp/

パラマウントベッド（株）お客様相談室
TEL (0120) 03-3648

ベッド関連用品
Product related to bed

テーブルその他

ベッドや車いすとの組み合わせをはじめ、
幅広い生活の場で活用できる補助用具

■テーブル ［介護テーブル・オーバーテーブル］

※スカットクリーン以外は介護保険レンタル対象。
（スカットクリーンは介護保険購入対象）

●リハビリテーブル
W90×D63.4（テーブル面60）×
H53〜78cm（11段階調節可）
KF-850　¥86,100

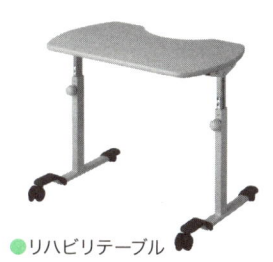

●リハビリテーブル
W79×D58×54〜79cm（11段階調節可）
KF-840　¥54,600

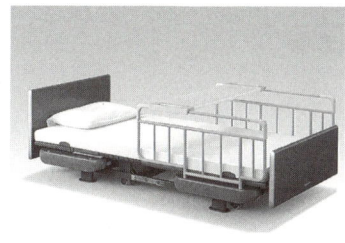

●オーバーテーブル
楽匠と組み合わせて使用する
※オーバーテーブルは単独では使用できない
KQ-060M　¥9,450（ベッド83cm幅用）
KQ-060L　¥9,450（ベッド91cm幅用）

●オーバーテーブル
ワイドアウラベッドと組み合わせて使用する
KQ-060W　¥9,450

●アジャストテーブル
KQ-090　¥11,550

●オーバーベッドテーブル
KF-814
幅113×奥40×高63〜95.5cm
¥30,450

●オーバーベッドテーブル
KF-832LA
幅128.4×奥40×高63〜95cm
¥70,350

■スカットクリーン
排泄補助用具
（自動採尿器）
KW-65MS（男性用セット）
※女性用もあり
¥81,000（非課税）

就寝

tp://www.paramount.co.jp/

161

ベッド関連用品
Product related to bed

フランスベッドメディカルサービス（株）
TEL 0120-083413　FAX (03) 3363-2892

ベッド補助手すり

積極的に起き上がり、自立した生活を送るためのベッド用オプション

■ベッド関連用品

自立した生活を送るためには、積極的にベッドから離れ、「自分で起き上がろう」「歩いてみよう」という意欲を持ち続けさせることが大切である。高齢者を「寝たきり」にしてしまわないための用具。

●差し込み式サイドレール
SR-300J

全長 72.2～76.2 ×全高 46cm
¥9,660（2本）（非課税）
月額レンタル料
¥500（2本）

●差し込み式サイドレール
SR-100J

全長 92～96 ×全高 46cm
¥9,660（2本）（非課税）
月額レンタル料
¥500（2本）

●オーバーベッドテーブル
ST-94D / ST-95N

※写真はST-95N

全幅 33 ×全長 120 ×全高 69～94cm
月額レンタル料（税込）　¥1,000

●サイドテーブル
ST-91D / ST-92N

※写真はST-91D

全幅 34 ×全長 84.5 ×全高 69～94cm
ST-91D　¥30,450
ST-92D　¥30,450

■移動用バー　　マルチ移動支援バー SE-07JN

ベッドから降りて立ち上がる時の補助として有効。
150度回転させて固定することができる。
¥48,300
月額レンタル料（税込）
¥1,000

●サイドレールをつかんで体をずらす。

・全長 113.5（移動バー 40.5、サイドレール 62）×全高 41cm
・パイプ径：移動バー 2.86cm、サイドレール 2.54cm
・特許申請中
※商品改良のため仕様が多少変更になる場合がある。

http://www.homecare.ne.jp/

ベッド関連用品
Product related to bed

(株)吉野商会
TEL (03) 3805-3544

ベッド補助手すり

使い易さが好評！ヨシノのささえシリーズ

■ニュー和室（畳）用ささえ

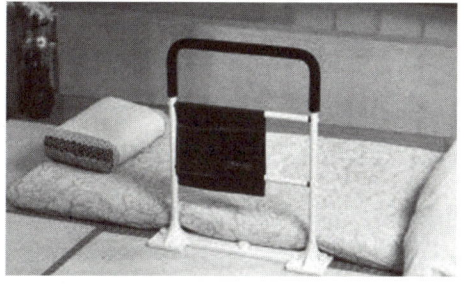

● 特徴
和室で長期療養する高齢者のための和室（畳）用手すり

● 仕様
サイズ：幅 600 ×奥行 180 ×高さ 670 mm
重量：3.8g
色：白
材質：スチール・ABS 樹脂
価格：16,000 円（税抜価格）

● 和室（畳）用ささえ

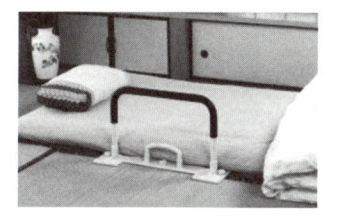

● 仕様
サイズ：幅 600 ×奥行 180 ×高さ 670 mm　重量：3.8g
色：白　材質：スチール・ABS 樹脂
価格：13,800 円（税抜価格）

■室内用杖ささえ〜る

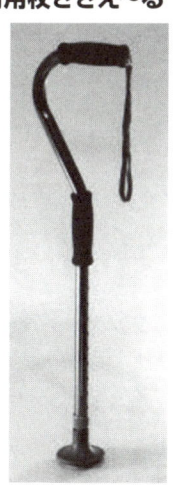

● 仕様
サイズ：長さ 720 〜 950 ㎜(10段階調節)
脚ゴム：（内径）19 mm（底面直径）80 mm
重量：380g
色：茶
材質：アルミ・（脚ゴム）天然ゴム
カラー：茶・花柄
価格：8,300 円（税抜価格）

■ニュータイプ（新型）ささえ

● 特徴
家庭のベッド（木製）が簡単に療養ベッドに早変わり

● 仕様
サイズ：幅 700 ×奥行 960（移動バー 500・ベース 460）取付高さ（床板より）450 mm
重量：5.4k kg　色：茶
材質：塗装スチールパイプ
価格：17,000 円（税抜価格）

■和スタンダードタイプ（普通型）ささえ

● 仕様
サイズ：幅 700 ×奥行（ベース含む）460 ×高さ（床から）710 mm
重量：4 kg　色：茶
材質：塗装スチールパイプ
価格：14,600 円（税抜価格）

就寝

http://www.yoshino-syokai.co.jp/

ベッド関連用品
Product related to bed

(株)イーストアイ
TEL (03) 3897-9393　FAX (03) 3897-9535

フランスベッドメディカルサービス(株)
TEL 0120-083413　FAX (03) 3363-2892

ベッド補助手すり
家庭用のベッドに取り付けられる手すり

■セーフティーベッドアーム ワイドグリップタイプ

品番：MB30
¥18,900
(税抜 ¥18,000)

●特徴
・家庭用ベッドに取り付ける簡易手すり。
・ベッドからの立ち上がりや起きあがり、歩き出しをサポート。
・床や壁、家具などへの穴あけ工事不要。ベッド胴囲3.1m以内のベッドにベルトを使って固定。厚めのマットレスをのせて取り付けする。
・手すりは使用状況に合わせ、使いやすい向きを選んで取り付けできる。
・取り付けに特別な工具は不要（組立用六角レンチ付）。
・手すり部は握りやすい発泡ゴム付き。
※特殊寝台やセミダブル以上のベッドには取り付けできません。

●仕様
サイズ：幅60×奥行62×高77.5cm（ベルトを除く）
グリップ部サイズ：幅43×奥行17.5cm
重量：8.5kg

■セーフティーベッドアーム スタンダードタイプ

品番：MB20
¥15,750
(税抜 ¥15,000)

●特徴
・家庭用ベッドに取り付ける簡易手すり。
・ベッドからの立ち上がりや起きあがりをサポート。
・床や壁、家具などへの穴あけ工事不要。ベッド胴囲3.1m以内のベッドにベルトを使って固定。厚めのマットレスをのせて取り付けする。
・取り付けに特別な工具は不要（組立用六角レンチ付）。
・手すり部は握りやすい発泡ゴム付き。
※特殊寝台やセミダブル以上のベッドには取り付けできない。

●仕様
サイズ：幅60×奥行62×高72.5cm（ベルトを除く）
手すりサイズ：幅31×高さ72.5cm
重量：7.3kg

http://www.easti.co.jp/

ベッド補助用品
輸液ポンプや注入ポンプの吊り下げ用に

■ガートルスタンド（レンタル対応のみ）

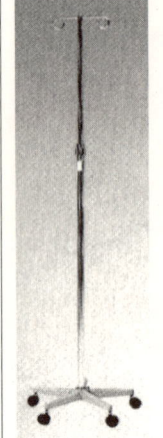

●特徴
輸液ポンプや注入ポンプなどの吊り下げ用（キャスター付）

全高 115～205.5cm

月額レンタル料　　　¥1,050

■イルリガートル棒 FF-522

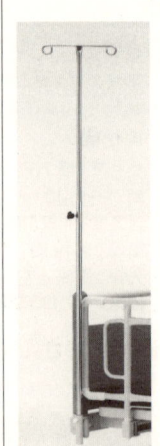

●特徴
輸液ポンプや注入ポンプなどの吊り下げ用。ベッドに固定して使用。

材質：ステンレス
全幅25×全高98～165cm
¥12,600

※φ20mmの穴に対応

http://www.homecare.ne.jp/

（株）ケープ
TEL 046-821-5511　FAX (046) 821-5522

マットレス
Mattress

療養者の状態の変化に対応する
エアマットレス

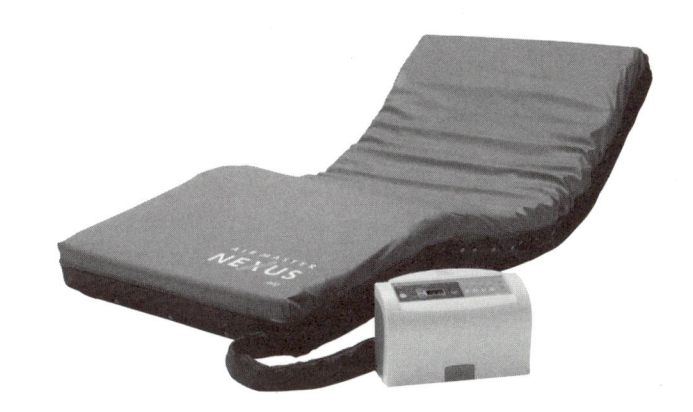

■ネクサス

●特徴
- ４８本の細かいフィット部が身体の凸凹に繊細に対応。きめ細やかな体圧分散と安定感を両立。
- 進化した独立二層式エアセルなので、骨突出によるピンポイントの圧力集中を解放でき、身体のどの部位の骨突出にも対応できる。
- リハビリモードでは、約３分で安定床面を確保できる。内圧を急速に上昇させても、身体への接触面はソフトなまま。
- 高機能タイプながら、ベースマット部を加えても厚さ１３cm。サイドレールの高さを考慮した安全設計。
- 面で受けるとつぶれにくい特殊構造エアセルなので、体重設定は３０kgから１２０kgまで可能。急性期のケアにも適している。

体表面のズレを吸収する新形状デュアルフィットセル

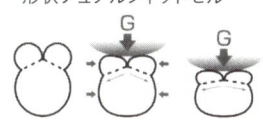

きめ細かく、面に近い状態で身体を支持

フィット部：48本
保持部：24本
デュアルフィットセル

太めのセルが、身体の沈み込みを抑制

セット価格	￥176,400（本体価格 168,000 円）			￥197,400（本体価格 188,000 円）	
タイプ	840	840／SHORT	900	900／SHORT	1000
品番	CR-600	CR-640	CR-610	CR-620	CR-630

http://www.cape.co.jp/

就寝

マットレス
Mattress

パラマウントベッド（株）　お客様相談室
TEL（0120）03-3648

マットレス

様々な状況や利用しているベッドに合わせたギャッチベッド用マットレス

●**マットレス選びの目安**

一般的には、硬めのマットレスの方が、体が沈みこみにくく、立ち上がりの際も安定感があると言われているが、体の症状などによっては硬めのものは不向きの場合もある。特に自分で寝返りのうてない方や、早くからの床ずれ予防を希望する方などには、体圧分散マットレスがお薦めである。体の圧力を分散し、床ずれ防止に効果的。

マットレス		品番・サイズ・価格		
かため		プレグラスーパーマットレス		
		KE-561	幅91×長191×厚8.5cm	¥52,500
		KE-563	幅83×長191×厚8.5cm	¥52,500
		プレグラーマットレス		
		KE-551Q	幅91×長191×厚8cm	¥42,000
		KE-553Q	幅83×長191×厚8cm	¥42,000
ふつう		ファータマットレス		
		KE-153Q	幅83×長191×厚7cm	¥32,550
		エヴァーフィットマットレス［清拭タイプ］		
		※浄浄タイプもあり		
		KE-521Q	幅91×長191×厚10cm	¥64,050
		KE-523Q	幅83×長191×厚7cm	¥64,050
		KE-527Q	幅99×長191×厚10cm	¥76,650
		ポケットコイルスプリングマットレス		
		KE-451	幅91×長191×厚14cm	¥70,350
		KE-453	幅83×長191×厚14cm	¥66,150
		KE-457	幅100×長191×厚14cm	¥74,550
		クレーターマットレス		
		KE-761	幅91×長191×厚9cm	¥39,900
		KE-763	幅83×長191×厚9cm	¥39,900

■**体圧分散マットレス　マキシーフロートマットレス（抗菌）**

KE-801 Ⓐ
W 約91 × H191 ×（厚）15cm
※ボトム幅91cmベッドに適合

KE-803 Ⓐ
W 約83 × H191 ×（厚）約15cm
※ボトム幅83cmベッドに適合
※抗菌効果は、菌の増殖を抑制するもので、殺菌ではない。

KE-801　KE-803　¥82,950

■**体圧分散マットレス　パラフロートマットレス**

●**特徴**

パラフロートマットレスは、取り扱いが簡単な体圧分散マットレス。トップカバーは洗えるため在宅介護に適し、家庭で使われる一般寝具と比較しても違和感のない使い心地。

W83 × H191 ×（厚）約16cm　※ボトム幅83cmベッドに適合
KE-853A　¥95,550

なおボトム幅91cmベッド用もご用意しております。W83 × H191 ×（厚）16
KE-851A　¥95,550

■**防水マットレスパッド**

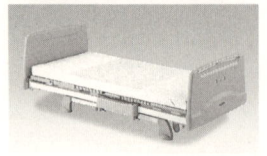

KE-018　¥8,820

※パッド以外は介護保険レンタル対象。

http://www.paramount.co.jp

マットレス
Mattress

フランスベッドメディカルサービス（株）
TEL 0120-083413　FAX (03) 3363-2892

マットレス

体の状態や好みの寝心地に合わせて選べるマットレス

■ スプリングマットレス

● 特徴
お尻や肩甲骨の部分を強化し、身体の重さに関わらず理想的な睡眠姿勢を維持。寝心地が良い。

マルチラスマットレス
FG-962

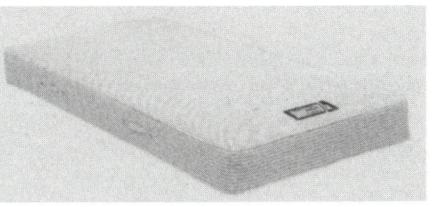

全幅85×全長195×厚さ16cm
¥31,500

マルチラスハードマットレス
SM−10

全幅85×全長195×厚さ14cm
¥44,100

■ 床ずれ予防マットレス

● 特徴
先進素材「ヴィスコエラスティック」使用で、床ずれ予防に優れた効果を発揮。体重を効率良く分散し、一カ所に圧力が集中するのを防ぐ。

インテグラメッド
PRO-120

全幅85×全長195×厚さ12cm
¥102,900
月額レンタル料　¥5,000

■ エアーマットレス

エアマスター
トライセルセット CR-280

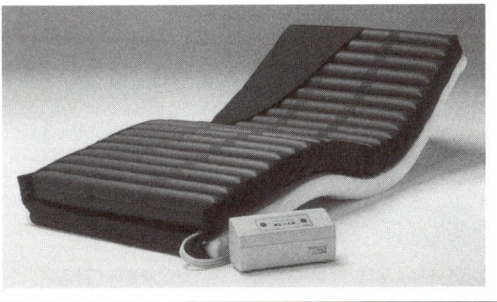

マットレスサイズ
全幅84×全長191×厚さ10cm
月額レンタル料　¥6,000

就寝

http://www.homecare.ne.jp/

寝具
Bedclothes

いすず産業（株）
TEL (075) 343-2500　FAX (075) 343-2515

毛布 — 優しい眠りと床ずれ予防に最適

■ケンコー毛布ふわふわ

メディカルシープスキン敷毛布
100 × 70cm　¥35,000
特別価格 ¥19,800

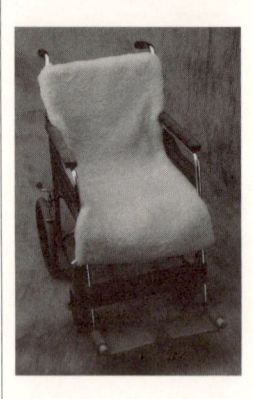

シープスキン車いす用クッション
45 × 90cm　¥28,000
特別価格 ¥14,800

● 特徴
- メリノウール100％使用の自然素材。
- 25mmの毛足が体重の負荷を和らげ、摩擦抵抗を緩和、湿気を吸収し床ずれ防止に最適。
- 抗菌機能・消臭機能をもった、燃えにくい難燃繊維。
- 洗濯可能で調湿性に優れているため、オーストラリアでは、病院や老人ホームで使用。

http://www.isuzusangyo.net/

竹虎ヒューマンケア（株）
TEL (03) 3762-2686　FAX (03) 3762-3718

防水シーツ — 耐久性・耐熱性に優れた防水シーツ

■デニムシーツ

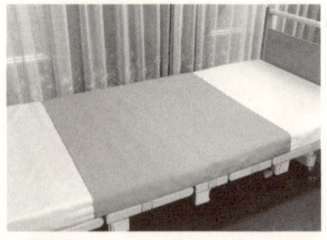

● 特徴
- 特殊ラミネートと丈夫なデニムでつくられた耐久性のある失禁用シーツ。
- 耐熱温度は200℃で、乾燥機にも対応します。
- 洗い替えのそろえやすい、お手頃価格。

● 仕様
サイズ：105 × 90cm（防水部）、35 × 90cm（側地）
材質：表地（吸水布）・側地：ポリエステル65％、綿35％
　　　裏地（防水布）　　：ポリウレタンラミネート

● 価格　　¥3,675（税込）

■パイルシーツ

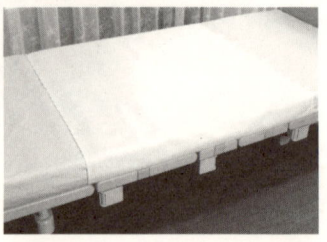

● 特徴
- 防水性・吸汗性に優れているので、ムレやモレの心配もありません。
- 耐熱性もよく、繰返しの洗濯や乾燥にも丈夫です。（耐熱温度：120℃）
- 洗い替えのそろえやすい、お手頃価格。

● 仕様
サイズ：105 × 90cm
材　質：綿80％、ポリエステル20％（ポリウレタンラミネート加工）

● 価格　　¥3,465（税込）

http://www.taketora-web.com/

ポータブルトイレ
Portable potty

パナソニック電工ライフテック(株)
TEL (06) 6908-8122　FAX (06) 6908-2414

ポータブルトイレ

より使いやすく、より快適な毎日を支援する機能を充実した家具調トイレ

■家具調トイレ「座楽」シャワポット（VAL20515）

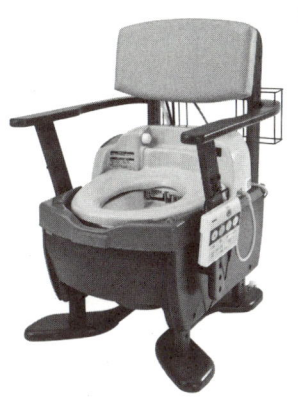

●特徴

- 温水シャワー：広範囲を洗えるゆらぎ水流、便意を高めるリズム洗浄、飛び散りにくい真下洗浄。
- 温風乾燥：温風でやさしく乾燥させるので、介助者にもうれしい機能。
- 暖房便座：座ったときあたたかいだけでなく、洗剤に強く、抗菌仕様。
- ダブル消臭：泡＋ファンの2重消臭。たっぷりの泡が水面にふたをしておいを押さえる「泡ガード」と吸引力の高いファン脱臭。
- 大型リモコン：見やすく、使いやすい大型リモコンは左右どちらにも取り付けられる。
- 木製デザイン：居室になじむ上、いすとしても使える。安定感も考慮。
- キャスター付：お部屋の掃除や移動に重宝です。

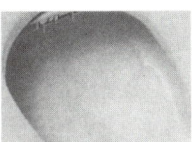

たっぷりの泡が水面にふたをして、においを抑える。

吸引力の高いファン脱臭でにおいを吸引。

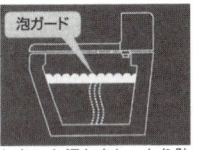

においと汚れをしっかり防ぐ泡ガード。

●価格／仕様

価格		¥134,400（税込）	寸法	W55×D65/H76～90cm（2cm 間隔 8 段階）
材質	本体・脚部	天然木（ウレタン樹脂塗装）	便座高さ	32～46cm（2cm 間隔 8 段階）
	座面・背もたれ	ウレタンフォーム、合成皮革	肘掛高さ	（便座から）18～27cm（3cm 間隔 4 段階）
	暖房洗浄便座	ポリプロピレン	重量	24.5kg

■家具調トイレ「座楽」KH-N型 脱臭タイプ（VAL20411）

●特徴

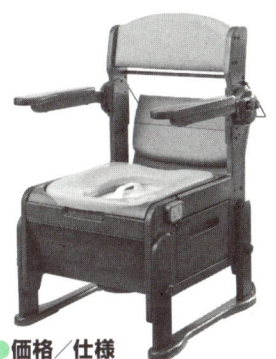

- 放電型光触媒脱臭器が活性酸素によりにおいの成分を元から分解。また、脱臭効果は自己再生産機能により長期間にわたり持続。
- ポット受けに設けた吸入口からポットに立ちこめるにおいを吸引。脱臭器はトイレの内部に収まるコンパクトなデザイン。
- 脱臭器の吸入口部分も簡単に丸洗いが可能。普段の手入れは1ヵ月に1回フィルターを洗うだけ。
- 脱臭器の作動は、リモコンスイッチで簡単操作。必要な時だけ脱臭器を動かすことができる。
- 脱臭器は「入」スイッチを押した後、約30分後に自動停止機能付き。
- ひじ掛け、座面の高さ調節が可能。また、ひじ掛けははね上げができ、横からの移乗をサポート。
- キャスター付きで移動が容易にできる。

●価格／仕様

価格		¥86,100（税込）	寸法	W58×D56.5×H77.5～90cm
材質	本体・脚部	天然木（ウレタン樹脂塗装）	便座	W39×D41cm
	座面・背もたれ	ウレタンフォーム・合成皮革	肘掛高さ	（便座から）19～24cm（2.5cm 間隔 3 段階）
	便座	ポリプロピレン	重量	21kg

http://www.net-kaigo.com

就寝

ポータブルトイレ
Portable potty

ウチヱ（株）
TEL (06) 6482-0230　FAX (06) 6401-6372

ポータブルトイレ

コンパクトで機能満載の家具調トイレ。
肘掛け、座面高、背シートの奥行きを調節できる

■さわやかチェア泉 ®
（肘掛け自在タイプ）

■タスカルチェア B ®
（肘掛けはね上げタイプ）

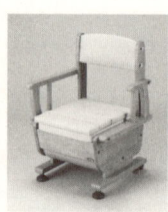

●特徴
- 肘掛けは長短兼用で3段階の高さ調節が可能。
- 幅は52cmと狭く場所をとらない。
- 便座は柔らかく、取り外して洗える。
- 背シートは前後の奥行調整が可能。
- 座面の高さは4段階（34.5～43.5cm、3cm刻み）の調節が可能。
- 足引きスペースは広く、立ち上がりや排泄姿勢がとり易いようになっている。
- お座りパッドは楽に開閉が出来、取り外せる。
- 脚部の移動用車輪で、ちょっとした移動が楽にできる。また、段差解消用アジャスター付き。

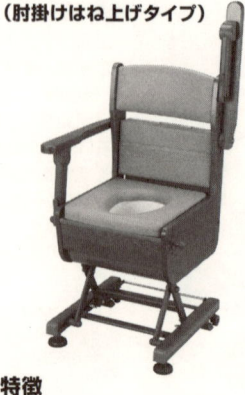

●特徴
- ワンタッチで7段階高さ調節ができる。 
- 肘掛けはね上げ式でベッド等への移乗が楽。
- 幅は54cmとコンパクト。
- 便座は柔らかく取り外して洗える。
- 足引きスペースは広く、立ち上がりや排泄姿勢がとり易い。
- 脚部の移動用車輪で、ちょっとした移動が楽にできる。段差解消用アジャスター付き。

●さわやかチェア泉（肘掛け自在タイプ）規格図

●タスカルチェア B（肘掛けはね上げタイプ）規格図

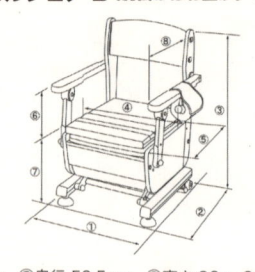

①幅 52cm　②奥行 56cm　③高さ 79～88cm
④座幅（肘↔肘）43cm　⑤便座奥行 43.5cm
⑥肘から便座 17/19.5/22cm　⑦便座高 34.5～43.5cm（4段階）
⑧背シート奥行 44・46cm

ナチュラル：8205/ ブラウン：8207　　　　¥58,800
※肘掛けはね上げタイプもあり。

①幅 54cm　②奥行 59.5cm　③高さ 80～98cm
④座幅（肘↔肘）44.5cm　⑤便座奥行 43.5cm
⑥肘から便座 22cm　⑦便座高 37～54cm（7段階）
⑧背シート奥行 44・46cm

8111-BR　　　　¥59,850
※肘掛け自在タイプもあり。

http://www.uchie.co.jp

家具
Furniture

ソーホネンス（株）
EL (0120) 20-1001

（株）デアマイスター
TEL (03) 5754-0233　FAX (03) 5754-0234

テーブル　ソフトエッジ加工で飲食のこぼれを防ぐ

● 特徴
・レバーの操作だけでなく、下からの力であげる調節が可能です。
・ベットサイドの高さ操作で万が一、体を挟み込んだ場合でも、追従して上昇しますので非常に安心・安全です。

● 共通機能
手に優しいソフトエッジ加工です。このエッジが飲食のこぼれを防ぐ為、安心してご安心してご使用いただけます。

■ 昇降サイドテーブル

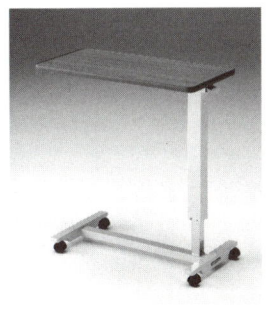

PT-4000M　　　￥57.750
寸法：W80×D40×H65〜91cm

■ オーバーヘッドテーブル

PT-5000M　　　￥63.000
寸法：W120×D40×H69〜95cm

http://www.seahonence.co.jp/

テーブル　用途に合わせ高さが調節できる昇降式

■ ボー長方形テーブル

寸法：W1,400×D800×H685〜800 mm

● 特徴
・昇降は、天板下のハンドルで行うので、車いすの方も座ったままで上下の操作が可能です。
・天板下のハンドルで 685mm〜800mm まで高さが調節できます。
・脚部まですべて天然木で仕上げました。

● 価格　　　　　　　　　　￥231,000

http://www.dermeister.co.jp/

就寝

家具
Furniture

（株）デアマイスター
TEL (03) 5754-0233　FAX (03) 5754-0234

テーブル
木の温もりで心地よい談話室づくり

■ フレックス昇降・折りたたみテーブル

メラミン木目天板
¥231,000

天然木突板天板
¥252,000

寸法：φ1,200 × H600 ～ 770 mm

● 特徴
・高さ 600 ～ 770 mmまで昇降（上写真は高さ最高時、左写真は高さ最低時）。
・高さの調節は足元のペダルを踏むだけ。車椅子や食堂椅子など、どんな高さの椅子にもぴったり合わせることができる。
・使用しないときは天板を折りたたんで収納。キャスター付きで移動も簡単（左下写真）。

http://www.dermeister.co.jp/

ウチヱ（株）
TEL (06) 6482-0230　FAX (06) 6401-6372

テーブル
車いすがテーブルの前内側に入る

■ 万能テーブル（標準タイプ・腰ベルト付）

標準タイプ　　　折りたたみ時

● 特徴
・車椅子（標準 63 ～ 65cm）が万能テーブルの前内側に入る（Sタイプは巾 56cm の介護車が入る）。
・座位が不安定な方でも、このテーブルに両肘をつけば、しっかり座れる。
・テーブル中央のロックを持ち上げることで小さく折りたたむことが可能。

● 万能テーブル規格図／標準タイプ

単位 /cm

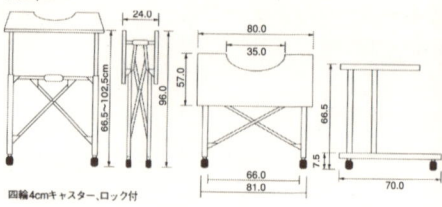

四輪4cmキャスター、ロック付

標準タイプ
幅 81 ×奥行 70 ×高さ 66.5 ～ 102.5cm
Sタイプ
幅 70 ×奥行 61 ×高さ 60 ～ 75cm
パイプ色　：　ウッドブラウン
　　　　　標準タイプ 8002-WB ¥60,900
　　　　　Sタイプ 8003-WB ¥51,450

http://www.uchie.co.jp

家具 Furniture

株）デアマイスター
TEL (03) 5754-0233　FAX (03) 5754-0234

ソファベッド
デザイン性の高さと人への優しさを追求

■ ホームソファ

脱着・失禁カバーが含まれている。

● 価格

1人掛	¥294,000
	W79 × D71 × H83 (SH38〜44) cm
2人掛	¥441,000
	W134 × D71 × H83 (SH38〜44) cm
3人掛	¥567,000
	W184 × D71 × H83 (SH38〜44) cm

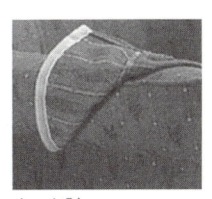

ホーム肘カバー
(1脚分)
¥29,400

http://www.dermeister.co.jp/

株）ウチヱ
TEL (06) 6482-0230　FAX (06) 6401-6372

電動昇降座いす
床といすの生活を楽しめる電動昇降いす

■ タスカル座椅子

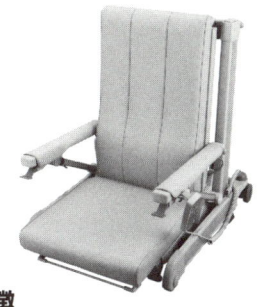

● 特徴
- 使用者を乗せたまま、座面の高さを無段階で調節することが可能（14〜51cm）。昇降は昇降スイッチを押すだけ。
- 立ち上がりレバーを上に上げると後座面が上がる立ち上がり補助装置付き。肘や腰にかかる負担を軽減しながら、立ち上がりを補助する。また、自立のリハビリにも使用できる。
- 足挟み込み防止装置付き。
- 肘かけは左右ともはね上げ式で移乗が楽にできる。
- 移動用車輪が付いているので、ちょっとした前後移動が楽にできる。

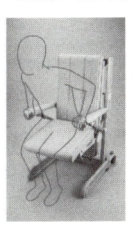

立ち上がりレバーで後座面が上がる

電動無段階調節で楽々

● 仕様
サイズ：W63 × D79 × H78〜115cm
　　　　座面高 14〜51cm
重量：約27kg
材質：本体／アルミ、樹脂
　　　シート／合皮、ウレタンフォーム

● 価格
TZA-100　　　　　　　　¥134,400

http://uchie.co.jp

就寝

家具
Furniture

（株）デアマイスター
TEL (03) 5754-0233　FAX (03) 5754-0234

補助いす

**寝たきりにしないためには
ベッドのすぐ側にハイバックチェア**

■エルゴ・ハイバックチェア

●特徴
- 頭部まで支える大きな背もたれ。脊髄にフィットするゆるやかなカーブ。下部の張り出しが腰を快適にサポート。
- 背と座には高密度モールドウレタンを使用。優れたクッション性で体圧を均等に分散し、正しい座姿勢を保つ。
- 膝裏にシートがあたると血行不良の原因に。マイスターなら座の奥行きが調節できる。
- 張地カバーはすべて取り外せ、家庭で洗濯ができる。

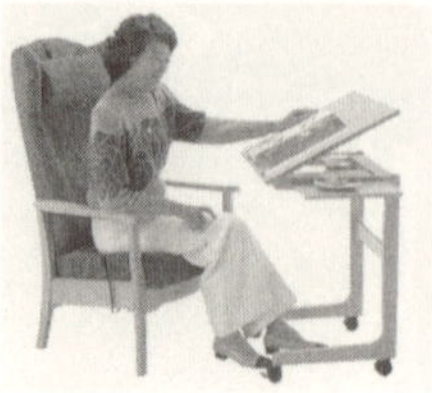

●リクライニング・タイプ

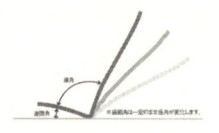

背もたれを倒すことで高いリラックス効果がある。円背の方でも適切な座位をとることが可能。

W65 × D74 × H108（SH40）cm
¥357,000

●ティルト・タイプ

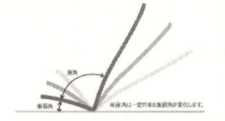

背を倒しても身体がすべらず、シャーリング（皮膚のズレ）もおこらず、角度を変えることで背中にも体圧が分散。

W65 × D74 × H108（SH40）cm
¥399,000

■エルゴ・スペシャルチェア

足の不自由な方も、無理なく腰かけることができる。

●エルゴ・スペシャルチェア
W56.5 × D58 × H81（SH46）cm
¥273,000

●エルゴ・スペシャルチェア
（座高調節脚）
W56.5 × D58 × H81〜91（SH46〜56）cm
¥336,000
※つえは含まれない

■エルゴ・スタンダードチェア

食堂やリビング、居室にもOK。汎用性の高い一脚。

●エルゴ・スタンダードチェア
W57 × D57 × H75（SH40）cm
¥147,000

●エルゴ・スタンダードチェア
（前脚キャスター付）
W57 × D57 × H75（SH40）cm
¥168,000

■読書テーブル

天板は角度調節が可能。雑誌や新聞を置いたまま読める。飲み物などが置ける便利なスライド式サイドテーブル。

●読書テーブル
W60 × D50 × H69cm
¥126,000

http://www.dermeister.co.jp/

家具 / Furniture

(株)デアマイスター
TEL (03) 5754-0233　FAX (03) 5754-0234

補助いす

股関節、膝関節に可動域制限のある方に

■ボー・スペシャルハイバックチェア

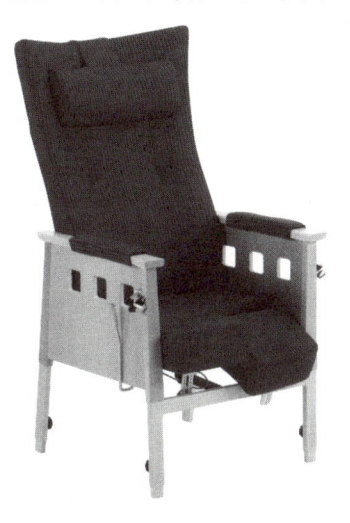

●特徴
- シートの前半分が左右別に傾き、角度の調整が可能です。
- リウマチ、変形性関節症などで股関節、膝関節に可動域制限のある方に、また片麻痺の方、義足を装着されている方にも楽にお座りいただけます。
- リクライニング機能付き。

●仕様
- モールドウレタンシート＆バックレスト
- 張地カバーはすべてクリーニングできます。
- 防水シート付
- リクライニング機能付
- 座高調節可能（肘パッドはオプション）
- サイズ
  W650 × D780 × H1100〜1160（SH400〜460）mm

●価格　￥567,000

■ボー・ハイバックチェア（スライド式アームレストタイプ）

●特徴
- 車いすなどから移動しやすくするために、肘掛け（アームレスト）をスライド可能にしました。

●仕様
- モールドウレタンシート＆バックレスト
- 張地カバーはすべてクリーニングできます。
- 防水シート付
- リクライニング機能付
- 左右のアームレストが前後に可動
- サイズ
  W650 × D750 × H1100〜1160（SH400〜460）mm

●価格　￥483,000

就寝

http://www.dermeister.co.jp/

生活補助具
Living assistant tool

アビリティーズ・ケアネット（株）
TEL (03) 5388-7200　FAX (03) 5388-7502

（株）ナイツ
TEL (03) 3204-2922　FAX (03) 3204-2069

呼び出し装置　家庭内無線ペンダント式呼び出し装置

■安心くん

受信機

● 価格
6303-00　¥23,730

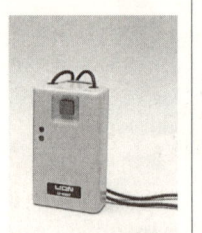

発信機

● 特徴
・離れた場所から音で介護者を呼び出す。（音量調節機能付）
・送受信可能距離約 50〜80m
・受信機はコンセント差込み式。
※会話はできない。

● 仕様

	発信機	受信機
サイズ	W4 × H7 ×厚 2cm	W22 × D10 ×厚 5.5cm
重量	45g	390g
電池	ボタン電池 LR43 × 4	−
電源	−	AC アダプター 6V
送信周波数	164.7MHz	−

拡大読書器　オートフォーカス機能でピント合わせが簡単

■カラー拡大読書器　VS-2000AFD

新聞文字・最小倍率　　新聞文字・最大倍率

● 特徴
・XY テーブルに読み物を置くだけで自動ピント調節。
・カラー、ネガ、ポジモードにピクチャーモードを追加。新聞等の写真がきれいに映ります。
・LED 照明採用で電球交換不要。
・15 インチフラットテレビ付で拡大倍率約 2.1〜43 倍。

● 価格
VS-2000AF
198,000 円（非課税）
フラットテレビ付

● サイズ
幅 35 cm× 奥行き 44cm × 高さ 28.5cm
（XY テーブル部）
幅 33.5cm × 奥行き 36cm × 高さ 4cm
重さ：約 10kg（テーブル含む）

● その他の製品
フリーアーム式拡大読書器 VS-2000AFD　タイプＡ
（15 インチ液晶テレビ付）　　¥268,000

http://www.abilities.jp/

床暖房
Floor heating

東京ガス新宿ショールーム
EL (03) 5381-6000

床暖房

床からの輻射熱で部屋全体を暖める、頭寒足熱の理想的な暖房。東京ガス温水システムTESで実現

■東京ガス温水システムTES

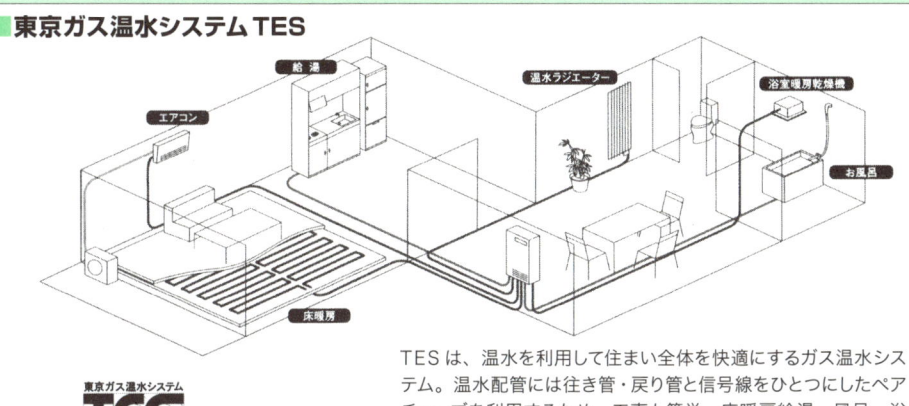

TESは、温水を利用して住まい全体を快適にするガス温水システムです。温水配管には往き管・戻り管と信号線をひとつにしたペアチューブを利用するため、工事も簡単。床暖房給湯、風呂、浴室暖房乾燥機、ミストサウナなどのお湯まわりを、暮らしに合わせて自由にプランニング可能。

■ガス温水床暖房「はやわざ」・NOOK（TES端末機器）

●特徴
・温水マットを敷いて好みの床仕上げ材で仕上げる。温水マットはサイズの種類が多く、部屋の広さや形に合わせて敷き込みができる。
・熱源機で作った約60度の低温水を温水マットに循環させ、床からの輻射熱で部屋全体を暖めるので温度むらが少なく、不快な風がないのでほこりも舞い上げることがない。
・今ある床の上に後付簡単設置するタイプから、本格的なリフォーム、新築用など種類が豊富。

●バリエーション
後付／リフォーム用:はやわざ、NOOK（温水シート）、NOOK（9mmマット）
新築用：NOOK（小根太入り温水マット）
床仕上げ材バリエーション：木質フローリング、コルク、畳、塩ビシート、塩ビタイル、タイル、カーペットなど
※マットの種類により選べる仕上げ材は異なります。

温水マット・木質フローリング施工例

温水マットタイプによる
床暖房概算見積例（8畳×2室）
合計 ¥651,000
※床仕上材、ガス工事含まず

施工断面図（簡単後付床暖房「はやわざ」の例）

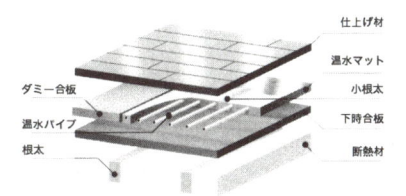

施工断面図（NOOK 温水マットの例）

http://www.tokyo-gas.co.jp

床暖房
Floor heating

(株)シームレス床暖房
TEL (045) 812-0824　FAX (045) 812-0804

床暖房

マイルドで理想的な熱源 DON、簡一くんで、トータルコストを抑えた電気温水式床暖房

■ DON（電気温水式床暖房熱源ユニット）

● 特徴
- 安全で清潔。操作が簡単でコンパクト。
- 酸欠や換気の必要がない。
- 設置スペースも小さくてすみ、燃焼音や臭いの問題もない。
- 熱効率が100%でムダがない。
- 設置場所を選ばない。

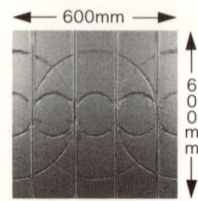

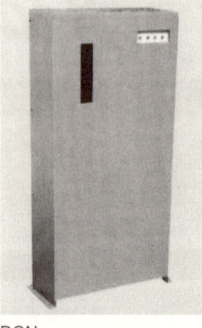

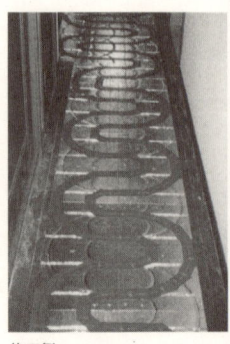

渡辺式Z床暖房パネル　　「簡一くん」　　DON　　施工例

● システムプラン例及びランニングコスト表

	熱源機	床面積	システム合計	灯油	都市ガス	DON (3相200V)
				ランニングコスト		
プラン1	FHS-2	13.2 ㎡	¥275,700	¥2,190/月	¥4,290/月	¥1,954/月
プラン2	DON-3H	29.8 ㎡	¥695,000	¥4,960/月	¥9,685/月	¥4,410/月
プラン3	DON-6H	56.2 ㎡	¥1,053,000	¥9,379/月	¥18,265/月	¥8,790/月
プラン4	DON-9H	95.2 ㎡	¥1,528,080	¥15,803/月	¥30,940/月	¥13,200/月

※ランニングコスト条件
- 運転時間 8hr/日
- 外気温 −1℃
- 室温 18℃
- 高断熱住宅

● システム暖房の経済性
- 水もれなしで半永久的。
- メンテナンス不要で維持費に貢献。
- 施工が簡単で設置費用を抑えられる。

■ 床暖房対応むくフローリング

SH-73 HOT バンブー（白・茶）
クリア
T15 × W90 × L1818mm
¥16,590/㎡

SH-16 HOT チーク
塗装品
T15 × W75 (90) × L1820mm
¥17,850/㎡

SH-76 HOT カリン
塗装品
T15 × W75 (90) × L1820mm
¥19,425/㎡

http://www.seamless-yukadanbou.co.jp/

床暖房
Floor heating

東京ガス新宿ショールーム
TEL (03) 5381-6000

床暖房

ガス温水床暖房が床の解体なしで1～2日で設置できる。様々な部屋に対応。

■簡単後付床暖房「はやわざ」

●特徴
・工事はわずか1～2日。大規模な床の解体が不要。
・既存の床を生かすタイプ、フローリングを張るタイプなど戸建て住宅、集合住宅に対応できる。

●戸建て住宅用UMタイプ

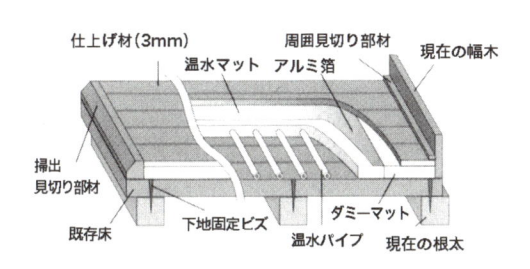

部材：仕上げ材(3mm)、温水マット、アルミ箔、周囲見切り部材、現在の幅木、掃出見切り部材、既存床、下地固定ビス、温水パイプ、ダミーマット、現在の根太

●セット価格の目安
￥259,455
（床上設置6畳の場合 工事費別途）

●戸建て住宅用畳仕上げ

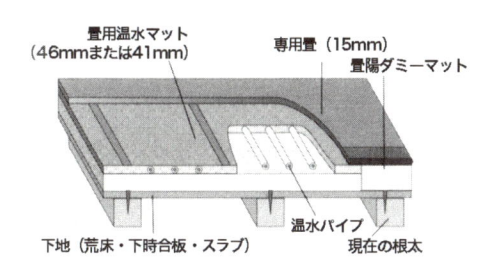

部材：畳用温水マット(46mmまたは41mm)、専用畳(15mm)、畳陽ダミーマット、下地（荒床・下時合板・スラブ）、温水パイプ、現在の根太

●セット価格の目安
￥356,055
（床上設置6畳の場合 工事費別途）

●集合住宅用UWタイプ

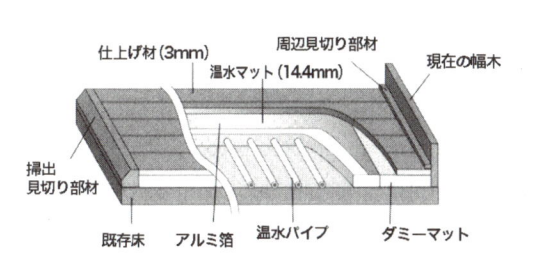

部材：仕上げ材(3mm)、周辺見切り部材、現在の幅木、温水マット(14.4mm)、掃出見切り部材、既存床、アルミ箔、温水パイプ、ダミーマット

●セット価格の目安
￥307,094
（床上設置6畳の場合 工事費別途）

就寝

http://www.tokyo-gas.co.jp

ポータブルトイレ
Portable toilet

TOTO
TEL (0120) 03-1010

ポータブルトイレ

手軽に
洋式トイレに早変わり

■ウォシュレット付ポータブルトイレ

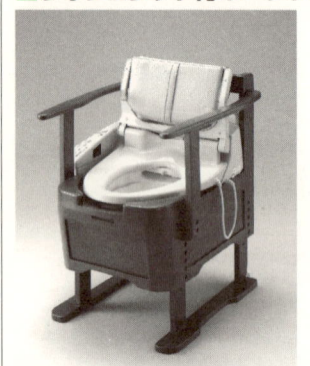

●特徴
・ウォシュレットがベット再度でも使えるポータブルトイレ
・お尻洗浄ビデ洗浄、暖房便座、洗浄位置調節可能。
・従来のポータブルトイレにウォシュレットが付いて、さらに快適。
・暖房便座及び脱臭付、ワンタッチ着脱式。

EWR290　　　　　　　　　￥132,300
（リモコンなし）

EWRS290　　　　　　　　￥140,700
（らくらくリモコン付）

W575mm × D645mm ×
高さ（5段階）645・670・695・720・745mm
便座高さ（5段階）：350・375・400・425・450mm

■木製ポータブルトイレ

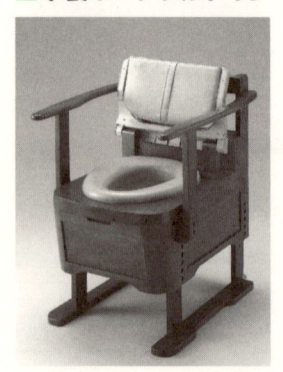

●特徴
・インテリア性の高い家具調の簡易トイレ

EWR265　　　　　　　　　￥49,875

W550mm × D645mm ×
高さ（5段階）645・670・695・720・745mm
便座高さ（5段階）：350・375・400・425・450mm

■樹脂性ポータブルトイレ

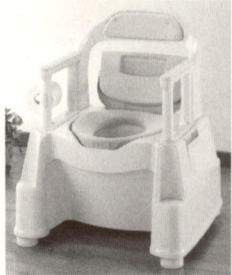

●特徴
・便座の高さを使う人に合わせて調整できる。
・ひじ掛けは取り外し可能。

EWR200R　　￥23,100
W680mm × D640mm
× H770 〜 820mm
便座高さ 380 〜 430mm（無段階）

■ポータブルトイレ（リビングチェアタイプ）

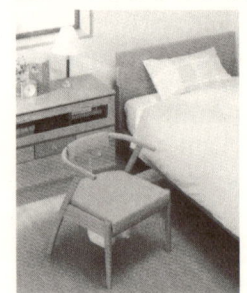

●特徴
・インテリア性を重視したポータブルトイレ。
・日中はご自宅のトイレを使い、夜間のみ使用する方におすすめ。

EWR270　　￥35,490
W520mm × D532mm × H635mm
便座高さ　380mm

http://www.toto.co.jp/

照明 Lighting

山田照明（株）
TEL (03) 3253-5161　FAX (03) 3255-3078

■ Sensin　鮮新

●特徴
モダンとの融合から生まれた新しい"和"の感覚

和風、洋風といった枠にとどまらず自由な感覚で空間をデザインする。
モダン、シンプルと素材感を活かす巧みさは、新感覚の造形美を生んでいます。

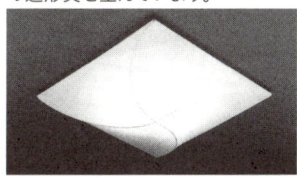

LX-3885-N(L)　￥69,300
W650×H178mm
FHC（三波長ランプ）48W+28W+豆電球

BE-4833　￥25,200
W350×出145
PSクリプトンランプ（ホワイト）60W

■ Ceiling Light natural type　シーリングライト

LF-3918-L(N)　￥39,900
W648×H120mm
FHC（三波長ランプ）48W+28W+豆電球

●簡単リモコン

TG-268　￥2,940
ボタンを押すだけで点灯状態を切り替えられる。また、1つのリモコンで2台までのリモコン付き照明器具を操作できる。

■ Room Footlight　ルームフットライト
足元安全を確保するコンパクトなあかり。壁に埋め込むコンパクトサイズなので、昼は目立たず、夜もコードに足をとられるような心配はない。

人感センサスイッチ付
近付く人を感知して自動点灯。感知エリア内に入った人の体温を赤外線センサがすばやくキャッチ。

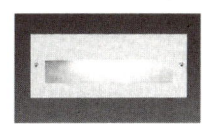

DF-4982　￥16,380
W250×100×出9×埋込深84mm
コンパクト蛍光ランプ 9W

DE-4550　￥5,145
W100×出8×埋込深40mm
ナツメランプ（ホワイト）5W

DE-2579　￥10,290
W118×出25
ナツメランプ（ホワイト）5W

http://www.yamada-shomei.co.jp/

就寝

照明
Lighting

ヤマギワリビナ本館
TEL (03) 3253-5111

照明

目の健康を考え、加齢に伴う機能支援で快適空間を提供

● 寝室の照明器具のポイント

1. 睡眠しやすく、起床時もやさしい光であるための調光装置があること。2. まぶしさをおさえた明るい光。3. ちらつきのない器具。4. 落ち着き、リラックスできる光色。5. メンテナンスしやすい器具。

■ BiOLITE EXCEL (バイオライト エクセル)

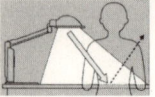

SS101B　¥38,640
E17 ミニクリプトン 60W × 1
W216 × D550 × H645mm
・直流点灯方式により光のチラツキ解消。

■ FUMO-PRO 全般照明 (シーリングライト)

● 特徴
・段調光機能スイッチ付 壁スイッチ切替
・リモコン送信器で手元で段調光 (リモコン別売)
・消費効率:104.6lm/W (9520lm/91W)
ランプ:FHD100EN

L-866W　¥81,900
W672 φ × H168mm
GU10q 二重環型蛍光ランプ 100W

■ 調光スイッチ付

B2090K ¥42,000
B2093 ¥14,175
合計 ¥56,175
W210 × D480 × H370mm
E17 ミニクリプトン 60W

■ 調光スイッチ付

S2190K ¥39,900
200 φ × H635mm
E17 ミニクリプトン 60W

■ 切り替えスイッチ付フロアスタンド

S2188K　¥61,950
φ 300 × H1550mm
E26 普通ランプシリカ 100W × 1
※ 電球形蛍光ランプＡ形 100Wタイプの使用可。

■ リモコン送信器 (蛍光灯用)

Z-654W ¥2,625
W46 × D126 × H20mm

■ スタンド用調光器

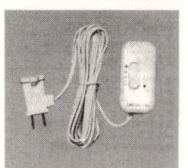

Y2025W　¥3,465
W38 × D22 × H88mm
100V　50/60Hz
150VA　白熱灯用調光器

4. 食事ゾーン

- ●内装床材
- ●床暖房・加湿システム
- ●内装壁材
- ●キッチン・キッチン収納
- ●キッチン用水栓
- ●調理・食事補助具
- ●室内車いす
- ●照明

※ 🉐マークは福祉用具給付の対象となる商品

●キッチンの選び方
歩き回ることなく作業できるL型キッチンが効率的です。膝やつま先が流しより奥に入ると楽な姿勢をとることができるので、ニースペースがあるものがいいでしょう。また、カウンターの高さを手動や電動で変えられるものもあります。コンロは立ち消え安全装置や消し忘れ安全装置付きなどがありますので、安全なものを選びましょう。

●いすとテーブルの選び方
身体に合った高さのいすとテーブルを選びましょう。テーブルはつかまっても大丈夫な頑丈なもので、車いすの場合にはアームレスト部分がテーブルの下に入る高さがいいでしょう。

●空間の考え方
食事ゾーン・居間は家の中心になる空間です。皆がくつろぎ団らんできる、安全で快適に過ごせる配慮が必要です。

●床材の選び方
掃除がしやすく滑りにくい木質系床材やコルク系床材、長尺塩ビシートなどや、部分的に取り替えのきくタイルカーペットなどを利用するとよいでしょう。車いす対応フローリングもあります。

ここに掲載した情報は2008年9月調査です。
価格は消費税込みで表示しています。

食事ゾーンの主な企業
The main enterprise of dinner zone

	商品（企業）		頁
内装材料	コルクタイル	ウチヤマコーポレーション	185
	コルクタイル	ウチヤマコーポレーション	185
	コルクタイル	サンゲツ	186
	クッションフロア	サンゲツ	186
	フローリング	永大産業	187
	フローリング	永大産業	188
	フローリング	永大産業	189
	床暖房対応フローリング	永大産業	189
	床暖房対応フローリング	シームレス床暖房	189
床暖房・加湿システム	床暖房	永大産業	190
	床暖房	永大産業	191
	加湿システム	ビーエス工業	191
壁装材	壁タイル	INAX	192
	壁タイル	INAX	193
	壁タイル	クリナップ	194
キッチン・キッチン収納	システムキッチン	パナソニック電工	194
	システムキッチン	ミカド	195
	システムキッチン	永大産業	196
	システムキッチン	クリナップ	197
	システムキッチン	サンウエーブ工業	198
	システムキッチン	INAX	199
	システムキッチン	TOTO	200
	システムキッチン	積水ホームテクノ	201
	ガスコンロ	東京ガス	202
	昇降キッチン	ツバキサポート	203
	台所収納	TOTO	203
キッチン水栓	水栓金具	INAX	204
	水栓金具	TOTO	205
	水栓金具	INAX	205
	水栓金具	INAX	206
	フットスイッチ	INAX	207
調理・食事補助具等	調理用具	相模ゴム工業	208
	食事補助具	アビリティーズ・ケアネット	209
	消火器	セコム	209
	防水エプロン	竹虎ヒューマンケア	210
	防水エプロン	竹虎ヒューマンケア	210

	商品（企業）		頁
室内いす・車いす・照明	食堂いす	アビリティーズ・ケアネット	211
	室内車いす	ミキ	212
	照明	オーデリック	212

内装材料
Interior material

ウチヤマコーポレーション（株）
TEL (03) 5159-5134　FAX (03) 5159-5141

コルクフロア
キッチンに最適のコルクフロア

■アルキコルク　グレインシリーズ
サイズ：W303×L1,818×厚15mm
床暖房適合品

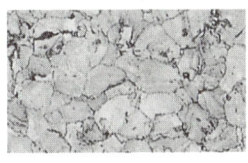

DC-15V-010
¥42,000／坪

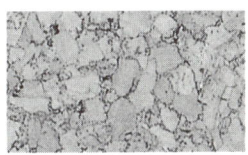

DC-15V-020
¥42,000／坪

DC-15V-120
¥43,050／坪

■アルキコルク　セディシリーズ
サイズ：W303×L1,818×厚14mm
床暖房適合品

DC-14V-016
¥45,150／坪

DC-14V-116
¥45,150／坪

DC-14V-216
¥45,150／坪

http://www.umc-net.co.jp/

ウチヤマコーポレーション（株）
TEL (03) 5159-5134　FAX (03) 5159-5141

コルクフロア
いすの使用に強いコルクフロア

■コルクフロア

FS-12V-010
¥36,750／坪
サイズ：W145×L900×厚12mm
床暖房適合品

FS-12V-110
¥36,750／坪
サイズ：W185×L900×厚12mm
床暖房適合品

遮音シリーズ　FS-11V-010
¥46,200／坪
サイズ：W145×L900×厚11.5mm
※遮音シリーズは受注品

http://www.umc-net.co.jp/

食事

内装材料
Interior material

（株）サンゲツ
TEL（052）564-3111　FAX（052）564-3191

（株）サンゲツ
TEL（052）564-3111　FAX（052）564-3191

コルクタイル　快適な歩行感があり保温性に優れたコルク

■コルクタイル

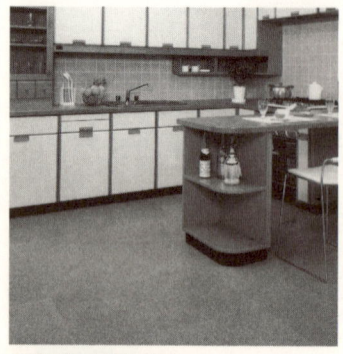

●床暖房可タイプ

KR-4182
¥10,395／（¥945／枚）
5mm厚
（コーティング加工なし）

●床暖房での施工法

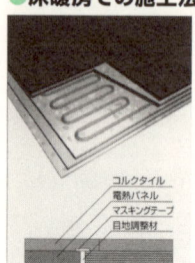

●接着剤
耐熱工法（モルタル・コンパネ下地）：ベンリダインSR（耐熱ゴム系）

●電熱パネルの場合
・電熱パネルの目地部分に接着剤が流れ込まないようにマスキングテープを貼付ける。
・コルクタイルは縮む性質があるので、床暖房の場合はしっかりと鉄ローラーで圧着し、特に目地部分は入念に行い、突き上げ、ふくれ等に注意する。

●温水パイプや電熱線を埋め込む場合
施工前は必ず約48時間以上通熱し、内部の水分を蒸発させてから、床暖房を停止して施工をおこなう（施工中は通熱しない）。

●施工後の注意
施工後は約48時間床暖房を作動しない。

http://www.sangetsu.co.jp／

クッションフロア　3.5mm厚のクッションフロアで生活音を和らげる

■クッションフロア（3.5mm厚）

●特徴
・転倒時の衝撃を緩和し、安全性に優れている。
・断熱性に優れているので冷暖房効率が良くなる。
・表面クリア層に抗菌材を練りこんでいるため抗菌効果が長もちする。
・カラーは7色。バリエーションが豊富でアレンジがしやすい。

●価格

GMシリーズ（3.5mm厚）
　　　¥3,728／（¥6,783／m）

HMシリーズ（1.8mm厚　ノーマル）
　　　¥2,625／（¥4,778／m）

http://www.sangetsu.co.jp／

内装材料
Interior materia

〇大産業（株）建材事業部建材課
TEL（06）6684-3005　FAX（06）6683-5277

床暖房フローリング

反りやすきを抑える床暖房無垢フローリング

■ ビーチヨーロッパプレミアムク
■ オークアメリカンプレミアムク

●特徴
- 反りやすきを抑える「形状安定化処理」。
- 薬品などの化学物質を使わず、木材の細胞レベルに働きかける特殊乾燥処理。
- すき間が目立ちにくく、伸縮を吸収する「スライドザネ」。
- 面倒なスペーサー施工が不要。
- 厚さ12mmの薄型設計で段差がなくバリアフリー対応。
- 80mmの幅広サイズで天然木のムク材の存在感が味わえる。
- 捨て貼りいらずで熱源に直接貼れ、床暖房が暖まりやすく快適。

食事

●形状安定化処理

形状安定化処理材
内部応力を抑制し、反りや曲がりが起こりにくく、均一に伸縮するので、すき間が小さくわかりにくい。 
- 曲がりが起こりにくく均一に縮むのですき間が目立ちにくい 
- 反りが起こりにくいため突き上げを軽減
- ●木口断面

形状安定化未処理材
内部応力が発生して、反りや曲がりが起こるため、すき間が大きく目立つ。  
- 曲がりが起こるためすき間が目立つ 
- 反りが起こるため突き上げが起こる
- ●木口断面

●すき間が目立ちにくい「スライドザネ」

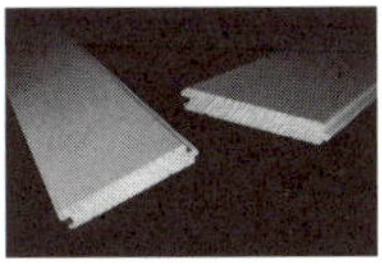

スライドザネ	従来ザネ
●施工時	●施工時　※スペーサー無しで施工した場合　くっついている。
●冬場（乾燥時期）　すき間が奥まで見えないので目立たない。　縮む／縮む	●冬場（乾燥時期）　サネまで見えるのですき間が目立つ。　縮む／縮む
●梅雨～夏場（湿気の多い時期）　クリアランスがつまるので突き上げが起こらない。　伸びる／伸びる	●梅雨～夏場（湿気の多い時期）　伸びの吸収ができないため突き上げが起こる　伸びる／伸びる

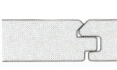

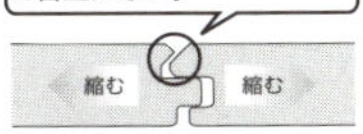

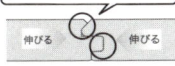

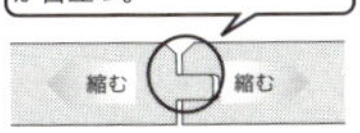

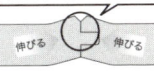

●品番・価格

- ビーチヨーロッパプレミアムムク（12×80×1818mm）
  BEPM-BEC（クリアビーチ）
  1ケース10枚入り/1.45㎡（約0.5坪）
  ¥26,200/ケース（1.45㎡・約0.5坪）¥27,510/ケース　㎡あたり¥18,070

- オークアメリカンプレミアムムク（12×80×1818mm）
  OAPM-C（クリアオーク）
  1ケース10枚入り/1.45㎡（約0.5坪）
  ¥29,000/ケース（1.45㎡・約0.5坪）¥30,450/ケース　㎡あたり¥20,000

http://www.eidai.com/

内装材料
Interior material

永大産業(株) 建材事業部建材課
TEL (06) 6684-3005　FAX (06) 6683-5277

フローリング

環境に配慮したタスマニア産ユーカリ合板を使用

■エコメッセージフロア

写真提供：Forestry Tasmania

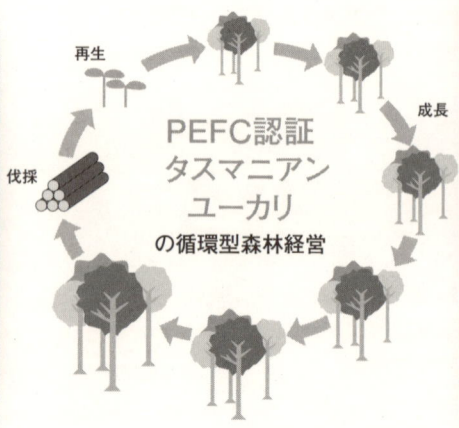

PEFC認証 タスマニアンユーカリ の循環型森林経営

伐採 → 再生 → 成長

●ビーチ
- ライトビーチ（LBNM）
- ナチュラルビーチ（NBM）
- ミディアムビーチ（TBM）
- スタイリッシュホワイト（WSM）
- レディッシュダーク（DRM）

●オーク（ワイド／レギュラー）
- UVカットナチュラル（1/1M）
- カジュアルイエロー（2M）レギュラーのみ対応
- ブラウン（3M）レギュラーのみ対応
- ライトブラウン（BL/BLM）
- ホワイト（W）ワイドのみ対応
- ブラック（B）ワイドのみ対応

●特徴
- 環境に配慮した「タスマニア産ユーカリ材」をフローリング用合板に使用。世界的な森林認証制度であるPEFC認証の森で育ったユーカリ材は、持続可能な森林として管理されているので安定供給が可能。
- 高比重のタスマニア産ユーカリ合板と高密度のタフテックベースのW効果で耐凹み傷性がさらにアップ。キャスター付きのイスや車いすを使用したり、物を落としたときにできる凹み傷に強さを発揮する。

ツキ板、基材にまで環境に配慮しています。
ビーチツキ板／オークツキ板
ヨーロピアンビーチは200年以上にもわたり自然の成長サイクルに合わせて計画的に植林・伐採されてきたサスティナブル（持続可能・再生可能）な樹木です。
タフテックベース
「タフテックベース」は国産間伐材を利用した、エヌ・アンド・イー社「NEOボードS」を使用。
PEFC-CoC認証 タスマニア産ユーカリ合板

平滑仕上げ&耐すり傷塗装
フラット塗装

3.9 GREENSTYLE

●仕様

表面樹種	タイプ	形状	品番	価格		
				正価／ケース	税込み	m²あたり
ビーチ	ワイド	縦2本溝	EMWB-※	¥12,300	(¥12,915)	¥7,460
	レギュラー	縦3本溝	EMFB-※	¥12,100	(¥12,705)	¥7,340
オーク	レギュラー	縦3本溝	EMFO-※	¥12,100	(¥12,705)	¥7,340

- サイズ（厚み×幅×長さ）12×303×1818mm
- 梱包入り数 1ケース3枚入り／ 1.65m² (0.5坪)
- 品番表示の※印には、色記号が入ります。

http://www.eidai.com/

内装材料
Interior materia

（大産業（株）建材事業部建材課
TEL (06) 6684-3005　FAX (06) 6683-5277

床暖房対応フローリング
集合住宅に最適な直貼りフローリング

■ 床暖房用ダイレクトエクセル 40RG

オークツキ板タイプ

UVカットナチュラル
(DYRD-1401UH)

カジュアルイエロー
(DYRD-1402H)

ブラウン
(DYRD-1403H)

ライトブラウン
(DYRD-BH)

ビーチツキ板タイプ

ライトビーチ
(DYRD-LBNH)

ナチュラルビーチ
(DYRD-NBH)

ミディアムビーチ
(DYRD-TBH)

スタイリッシュホワイト
(DYRD-WSH)

レディッシュダーク
(DYRD-DRH)

● 特徴
・耐熱性と遮音性に優れ、マンションに最適な床暖房仕上げ材。
・しっとりくっきりのR溝フロア。
・遮音性能 LL-40 の直貼りタイプ床暖房仕上げ材
・抗菌加工クラックレス加工。
・4ピースで1枚仕組みの直貼りタイプで施工が容易。リフォームに最適。

● サイズ
厚み13.5 ×幅 300 ×長さ 900mm

● 価格
オークツキ板タイプ　¥57,435 /ケース (3.24 ㎡)
ビーチツキ板タイプ　¥56,385 /ケース (3.24 ㎡)

http://www.eidai.com/

（株）シームレス床暖房
TEL (045) 812-0824　FAX (045) 812-0804

床暖房対応フローリング
フローリングの最高峰。幅広 205mm の迫力

■ ワイドプランクシリーズ
● 特徴
・別々の素材からなる3層に分かれているため、湿度・乾燥に強く、収縮・膨張しにくい安定した性能を誇る。

メイプル
SH-503
14 × 205 × 2400mm
¥36,750 / ㎡

オーク
SH-502
14 × 205 × 2400mm
¥38,325 / ㎡

ビーチ
SH-504
14 × 205 × 2400mm
¥34,650 / ㎡

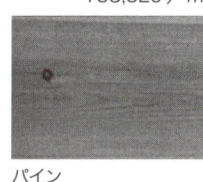

パイン
SH-501
14 × 205 × 2400mm
¥25,200 / ㎡

アッシュ
SH-507
14 × 205 × 2400mm
¥39,375 / ㎡

バーチ
SH-505
14 × 185 × 2400mm
¥29,925 / ㎡

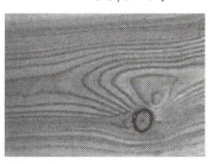

ラーチ
SH-506
14 × 205 × 2400mm
¥27,825 / ㎡

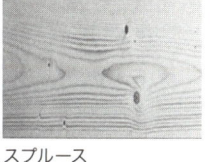

スプルース
SH-508
14 × 205 × 2400mm
¥25,200 / ㎡

※すべて床表面温度 27℃以下床暖房対応

http://www.seamless-yukadanbou.co.jp

食事

床暖房
Floor heating

永大産業（株）建材事業部建材課
TEL (06) 6684-3005　FAX (06) 6683-5277

床暖房

簡単＆省施工で、快適さが魅力の床暖房がより身近に

■ハイホットハッピー

●特徴

自ら温度制御する、電気代節約のPTCヒーターを採用
- PTCヒーターは、熱効率にすぐれ、電気ロスを抑えながら床表面温度を一定に保つ。電源のON/OFFによって温度制御を行う従来型に比べ、気になる電気代を約2割（当社比）節約。
- 温度制御機能付きで、加熱の心配もない。
- 電源を入れてから約15分で適温まで早く暖まる。

見やすく使いやすい、コントローラー
- 横幅サイズが16.5cmと大きく、よく使う機能表示の文字やスイッチ部分を見やすく、押しやすくしたコントローラー。操作方法はシンプルで簡単。お年寄りやお子さまでも使いやすいユニバーサルデザイン。

消し忘れ防止機能付きで異常加熱の心配がない
- 連続して12時間運転すると、コントローラーが自動的に運転を停止。うっかり電源を入れたままになっていても安心の、消し忘れ防止機能を搭載。

●施工

①パネルを接続するだけ
- 一般床材と同じ厚さの12mmを実現。新築だけでなくリフォームにも対応。バリアフリーなど床高を上げられない工法の住宅にも適している。
- ヒーターパネルの電気接続はサネ部分のコネクタをつなぐだけ。後は、一般床材と同様の施工でOK。また、床施工後に電気工事（電源引き込み工事、通電試験）を行えるよう、木工事と電気工事は完全に分離。

②結線
- 貼りじまい用パネルには5mのケーブルがのびているので、そのままコントローラーにつなぐことが可能。結線は差し込むだけの速結方式を採用。

③分かりやすい図面と貼り順No.でラクラク施工。
- ヒーターパネル部材はすべてレイアウト図に対応させた「貼り順No.」のラベルを貼り付けて納品。貼り間違いのおそれがなく、施工がラクにできる。

●価格（8畳間暖房例）

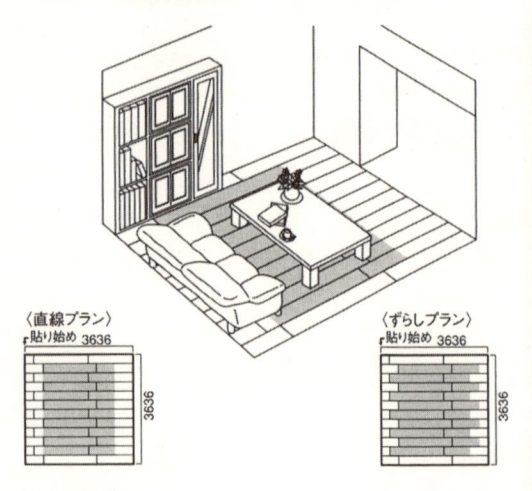

〈直線プラン〉 貼り始め 3636 / 3636
〈ずらしプラン〉 貼り始め 3636 / 3636

部材合計価格

クリスタル・タフ・ワイドタイプ	¥827,600（税抜）
クリスタル・タフ・ワイドタイプ	¥701,600（税抜）
フラットタイプ	¥658,600（税抜）

http://www.eidai.com/

床暖房／加湿システム
Floor heating, Humidifier

永大産業（株）建材事業部建材課
TEL（06）6684-3005　FAX（06）6683-5277

ピーエス工業（株）
TEL（03）3485-8822　FAX（03）3485-8833

床暖房
空気を汚さず健康重視の電気式暖房

■ ハイホットバリュー

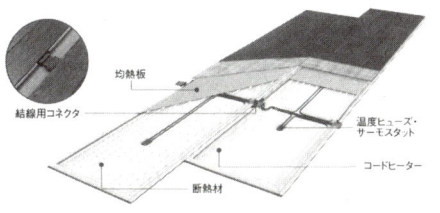

● 特徴
・一般床材と同じ厚さの12mmを実現。新築だけでなくリフォームにも対応。バリアフリーなど床高を上げられない工法の住宅にも適している。
・ヒーターパネルの電気的接続はサネ部分のコネクタをつなぐだけ。後は一般床材と同様に施工できる。
・ヒーターパネルを必要な部分だけ敷設する、プラニング自在のパネルバリエーションを用意することで経済性を実現。
・つねに全面を暖めるのではなく、必要な部分だけを暖めるフロア選択機能を搭載。
・タイマー運転により、1日2回までのスイッチのON/OFFを設定することが可能。

● 価格（8畳間暖房例）

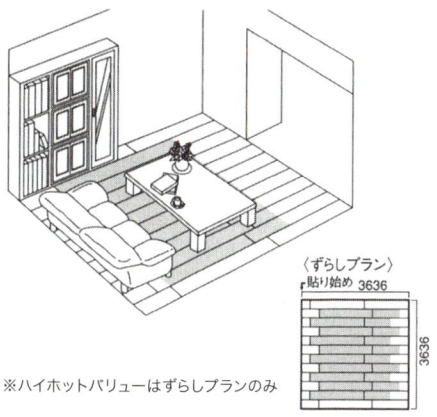

※ハイホットバリューはずらしプランのみ

部材合計価格

クリスタル・タフ・ワイドタイプ	¥642,600（税抜）
クリスタル・タフ・ワイドタイプ	¥476,300（税抜）
フラットタイプ	¥433,600（税抜）

http://www.eidai.com/

加湿システム
十分な潤いをつくりだす加湿システム

■ 施設用加湿システム

● 特徴
・全自動で潤いのある環境をつくる加湿器システム。
・日常の給水の手間、保守管理は不要。
・室内へ衛生的な加湿ができる。
・相対湿度40％以上の環境を維持させることができる。
・デザイン面や安全面から設置の収まりを検討することができる。
・家庭用加湿器で保湿するよりコストがかからない。
・潤いがあれば体感温度もあがるので、暖房コスト低減にも有効。

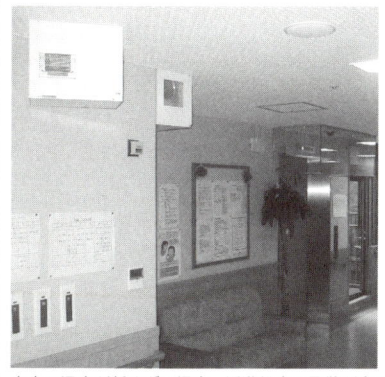

室内の湿度が低すぎる場合、浮遊粉塵の飛散が多くなり、浮遊細菌も増加する。インフルエンザ・風邪の予防対策として湿度管理の重要性が増し、『施設用加湿』の需要が増えている。施設内の環境の向上、管理コストの削減のため、施設に合わせた最適な加湿器と加湿方法を検討できる。

※詳細については問い合わせのこと。

http://www.ps-group.co.jp

壁装材
Wall covering material

(株)INAX　お客さま相談センター
TEL (0120) 1794-00　FAX (0120) 1794-30

壁タイル

**キッチンバック向けセラミックス。
美しく機能的なキッチン空間を実現**

■チェラキラミック

● 特徴
- 油のとびちりやすいレンジ台のうしろを飾り、さっとひと拭きで掃除ができる大型タイル。
- 多様な色やデザインタイルにもコーディネートすることができる。
- 防汚・抗菌仕様。
- VOCの発生を抑えた専用接着剤もある。

● サイズ・重量
RCKC-980N
　898×798mm 6.0mm厚
　1枚 10kg
RCKC-960N
　898×598mm 6.0mm厚
　1枚 7kg

900×800mm角平
RCKC-980N/11…201

900×600mm角平
RCKC-960N/150…201

● カラー（全8色）

● 価格
900×800mm 角平 RCKC-980N/11…201
¥16,065／枚

900×600mm 角平 RCKC-960N/150…201
¥12,915／枚

■油汚れ防止内装用目地材 スーパークリーン キッチン

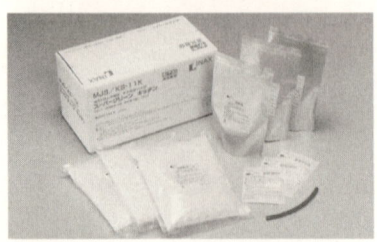

● カラー（全4色）
- KS-11K（ホワイト）
- KS-32K（ライトグレー）
- KS-22K（グレー）
- KS-33K（ベージュ）

● 特徴
- 油汚れに強いキッチン用目地材。
- 醤油、ソースなどの汚れも染み込みにくく、簡単にふき取れる。
- キラミック（抗菌）仕様で、清潔な空間を提供する。

● 価格
MJS／KS-11K／KS-22K／KS-32K／KS-33K
¥6,090／ケース

http://www.inax.co.jp／

壁装材
Wall covering material

㈱ INAX お客さま相談センター
EL (0120) 1794-00　FAX (0120) 1794-30

壁タイル

呼吸して湿度を調節し、臭いやホルムアルデヒド、VOCを吸着する健康建材

■ 健康建材

■ エコカラット

● 特徴
- インテリア空間に土の雰囲気を演出するのに最適。
- 室内が多湿になると湿気を吸い、乾燥をすると湿気を放湿。じめじめや乾燥を防ぎ、肌やのどに優しい快適な湿度状態（40～70%）を保ち、結露、カビ、ダニの発生も防止。
- 人が不快と感じる汗、トイレ臭、ペット臭、生ゴミの腐乱臭などの原因物質、アンモニアや硫化水素、VOCを吸着する効果がある。
- シックハウス症候群などの原因となるホルムアルデヒド、VOC、環境ホルモンを一切含まない自然素材。
- 熱や紫外線、傷に強く、大半の汚れは消しゴムひとつで除去可能。
- 接着剤もホルムアルデヒドを含まないものを使用。

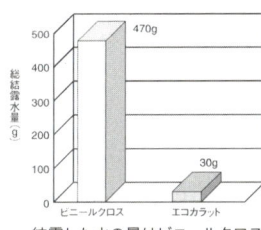

結露した水の量はビニールクロス施工棟の1/15以下

種類：
たけひご
プレシャスモザイクロッシュ
プレシャスモザイクカッセ
プレシャスモザイクシンプル
シンプル
シンプルカラー
ブリック
ストーン
ニューナチュラル
ニュージュラク
パステル
ほんつちかべ
クレイ
サンドフェーズ
ミッキーマウス
くまのプーさん
アイビー

¥5,145～/m²

■ パッチンカラット

● 特徴
- エコカラットの全シリーズ、全色に対応したタッカー留めのエコカラット。
- 接着剤を併用し、タッカーで留めつけるシンプルな施工。
- コテ塗り作業が不要。
- コーナー部のモール材、切断工具など、パッチンカラット専用の施工材や工具が充実している。

■ エコ・ソイルセラミックス

フロア用（20・30cm角）
2種類（三和土、土間）
カラー：計10色
¥9,345/m²

● 特徴
- 素足で歩いても気持ちよい質感に加え、土の上を歩くような歩行感。歩行の衝撃を優しく受け止める。また、平面は平滑で歩きやすくなっている。
- 部屋の湿度を快適に保つ「呼吸機能」でカビ、ダニの発生を抑え、有害物質も吸収する。
- 本物の土を環境への負荷が少ないオートクレーブにより硬化させる製法で、土そのもののあたたかな表情を実現した環境共生素材。
- 壁だけでなく床も取り揃えたことにより、部屋全体で環境空間を作ることができる。

食事

http://www.inax.co.jp/

壁装材 / キッチン
Wall covering material, Kitchen

クリナップ（株）　カスタマーセンター
TEL（03）3810-8216　FAX（03）3893-8095

パナソニック電工（株）　お客様ご相談センター
TEL 0120-878-365

壁タイル ― 油汚れや水ハネに強い壁パネル

■クリン壁パネル

パールタイプ	鏡面タイプ	ステンレスタイプ
クロスパールホワイト	ホワイトマーブル	クリア
クロスパールグレー	グレーテラゾー	グレージュメタリック
クロスパールベージュ		
オーガニックライン	リズムホワイト	

見た目が美しく、手入れが簡単。目地が少ないので洗剤混じりの水ハネも簡単に落とせる。

- サイズ：W182 × D0.3 × H91cm
- 価格：¥23,600 〜

http://cleanup.jp/

システムキッチン ― 座って作業ができ、足腰への負担が大幅に軽減

■フィットアイ　座るワゴン

●特徴
・足腰に負担を感じたときに、腰かけられるキッチン専用のいす。座ることで足腰にかかる負担が大幅に軽減される。
・どっしりとした安定感がある上、キャスター付きなので方向転換が簡単。
・座ったままで下ごしらえや後かたづけができるように設備の配置を工夫してある。

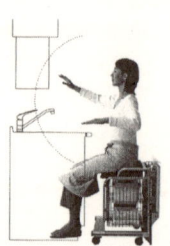

下ごしらえや水仕事だけでなく、物の出し入れなども座ったまま手を伸ばして楽にできる範囲を設定。

プラン例
I型 2550mm

http://national.jp/sumai/

キッチン
Kitchen

《株》ミカド
TEL (06) 6455-2660　FAX (06) 6455-2666

システムキッチン

ひとつひとつが
使いやすくキッチンワークがスムーズ

■ be-free・G　ビーフリー・G

ラクな姿勢で出し入れできるスライド
大型引き出し

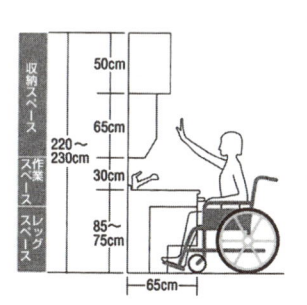

写真セット：テイストマリン　¥1,080,345（税込）

● **特徴**
・カウンター高さは、85cm から 75cm まで、1cm 単位で発注時に指定できる。
・扉が 6 シリーズ 37 カラーから選べる。

● **間口 255cm・ベーシックプラン価格表**

扉カラー＼シンクタイプ	セミジャンボシンクタイプ	ジャンボシンクタイプ
テイスト	¥1,028,900（税込 ¥1,080,345）	¥1,019,500（税込 ¥1,070,475）
リスレー・プレア	¥1,051,600（税込 ¥1,104,180）	¥1,040,900（税込 ¥1,092,945）
アルバート・エルフ・ソリオ	¥1,073,800（税込 ¥1,127,490）	¥1,061,700（税込 ¥1,114,785）

・IH ヒーター（両面焼グリル）・シングルレバー水栓。
・吊戸棚・中吊戸棚・IH ヒーター連動フード。
※製品の仕様および価格は、予告なく変更する場合があります。

http://www.micado.co.jp/

食事

キッチン
Kitchen

永大産業（株）　住設事業部
TEL 072-241-5530　FAX 072-241-5015

システムキッチン

ステンレス美しさと優しい機能を備えたシステムキッチン

■ピアサスS-1

●ファインモーション機能

キャビネットの引き出しと開き戸に衝撃を抑え、ゆっくり静かに閉まるファインモーション機能を標準装備。

●価格

写真セット価格／3,390,300（カップボード含む）
間口　　　：2735 mm
扉カラー　：カクテルホワイト

●ステンレスキャビネット

耐久性が高く、引き出しは継ぎ目がないお手入れしやすい構造です。引き出し内部は、キズの目立ちにくい砂地ステンレス。

●ワークトップの高さは3種類

ワークトップ高さは800 mm、850 mm、900 mmの3段階から作業に快適な高さに選択可能。

●エンボスシンク

シンクの内部全面にエンボス加工を施し、キズや汚れを目立ちにくくしている。

●段押しワークトップ

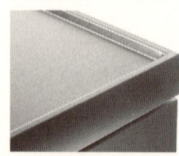

継ぎ目のない一体成形仕上げで汚れがたまりにくくお手入れが簡単。周囲に設けた高さ10mmの水返しが、床への水垂れを抑える。

http://www.eidai.com/

キッチン
Kitchen

クリナップ（株）カスタマーセンター
TEL (03) 3810-8216　FAX (03) 3893-8095

システムキッチン

動きやすさ・使いやすさを考えた親切設計

■ **加齢者対応キッチン "デュオ"**

● **カラー**
アイボリー、グレー
ミディアムオーク

● **写真のセット価格**　　¥826,900
（施工費は別途）

● **各部の特徴**

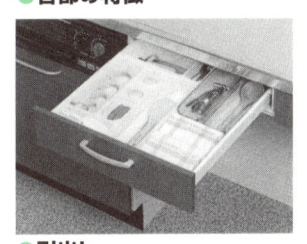

● **引出し**
調理器具や小物などの収納がスムーズにできる。

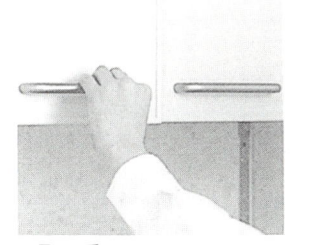

● **取っ手**
幅を広くし、握りやすくしたことで扉の開閉が楽に。

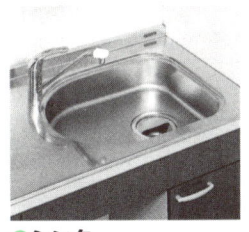

● **シンク**
大きな鍋もラクラク洗える奥行きたっぷりサイズ。水栓が手前に設置できるので、無理なく手が届く。

● **スライドガスキャビネット**
奥に収納した鍋などの出し入れが楽にできる。

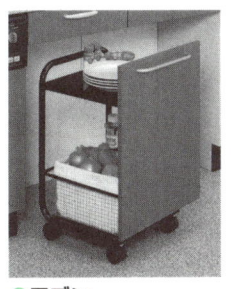

● **ワゴン**
ワークトップ面より一段低く補助スペースとして使える。

http://cleanup.jp/

食事

キッチン
Kitchen

サンウエーブ工業（株）
TEL. 0120-1905-21

システムキッチン

座ったまま料理できるキッチン。
ムリなく、楽しく、心地よく。快適な暮らしをサポート

■〈ウエルライフ〉キッチン
（車いす・高齢者配慮キッチン）

● **中間棚**

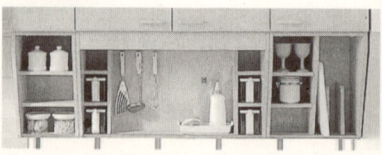

座ったままで手が届く収納棚。出し入れしやすいように前面を斜めにカットしてある。／間口：90・45・30・15cm

● **価格**

I 型 270cm（ナチュラルオーク）
キッチン部合計　　　￥1,030,890（税込）
セット合計　　　　　￥1,184,200（税込）

● **親切＆便利な機能搭載の加熱機器**

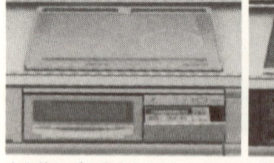

火を使わずに安心なIHヒーターや、全てのバーナーに安全センサーを搭載したガスコンロなど、使い勝手に合わせて選べる。

ガスコンロのすべてのバーナーに安全センサーを搭載！

Si センサーコンロ　全口センサー搭載

すべてのバーナーに
● 調理油加熱防止装置
● 立ち消え安全装置
● コンロ・グリル消し忘れ消化機能

手前2口のバーナーに
● 早切れ防止機能

が搭載され、毎日の安心調理をバックアップします。

● **ワゴン**

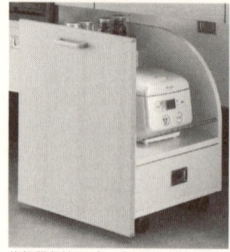

炊飯器収納ワゴン（下段は引出し）　　調理補助ワゴン

調理中は食器やスパイス類の仮置きスペースに。できあがれば料理や炊飯器を乗せてテーブルへそのまま運べる。さまざまにキッチンワークをサポートするワゴン。／間口：45cm

● **ハンドシャワー水栓**

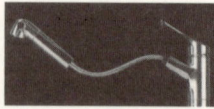

シャワーヘッドが引き出せ、手前側での作業をサポート。先端のレバーでシャワー、浄水へと簡単に切り替えられる。

● **オールインワン浄水栓**

使い勝手のよいハンドシャワーに浄水機能まで内蔵した多機能な水栓。

※ 60℃以上のお湯はとおさないでないでください。

http://www.sunwave.co.jp

キッチン
Kitchen

(株) INAX　お客さま相談センター
EL (0120) 1794-00　FAX (0120) 1794-30

システムキッチン

作業効率の向上を図り、からだへの負担を軽く。
加えて、ケアの必要な家族への配慮もできるキッチンを実現

■ グランピアッセ

T型プラン　写真プラン参考価格 ￥3,123,225

L型プラン　写真プラン参考価格 ￥2,403,870

I型プラン　写真プラン参考価格 ￥2,693,040

● 特徴
・車いすでの作業動線もゆったり。
・LDK空間の隅々にまで目が行き届くオープンキッチン。

● スライドタッチウォールユニット
昇降はワンタッチの電動式。簡単に引き下ろせてラクに出し入れができます。

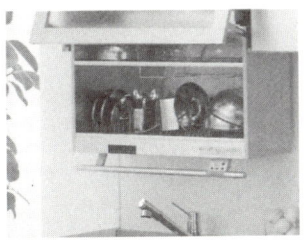

● サポートシェルフ
料理の仮置きスペースとして便利な、サポートシェルフ。

● 足元オープン
シンク下にオープンスペースがあるので、キッチンワークがより快適になります。

● ゴミ箱収納
ゴミ箱を上手に隠して足元をすっきりさせます。

● IHクッキングヒーター
両面焼きグリルなど作業をラクにする機能を搭載。消し忘れタイマー、揚げ物温度コントロールなど、安全への配慮をしています。

● ハットデザインレンジフード
リビングキッチンのために生まれた美しいデザインのレンジフード。

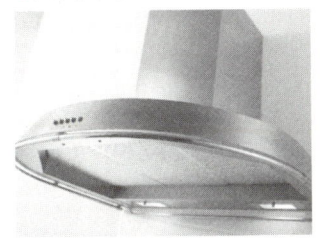

食事

http://www.inax.co.jp/

キッチン
Kitchen

TOTO
TEL (0120) 03-1010

システムキッチン

立っても座っても使えるキッチン。
お子様からお年寄りまで気持ちよく

■ キュイジア A 型プラン〈座ってラクラクプラン〉

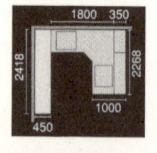

● キッチン部参考価格
- 扉　　　　　J2：ミディアムウッド
- カウンター　PH：パルフェホワイト
- キッチンパネル　MA：デザインキッチンパネル
  　　　　　　　　（スノー）

¥3,510,000（税込）

● 周辺ユニット部参考価格

¥730,000（税込）

● タッチスイッチ水栓

吐水口先端のスイッチを操作するだけで吐水止水ができるので、洗い物がラクになります。

● 電動ミドルウォール

立って使えば目の高さに、座って使えば手の届く位置に。リモコン付で、ラクな姿勢で使えます。

● スツール

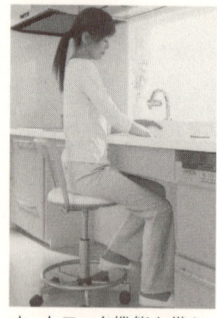

オートロック機能を備え、着座時、動作時のスツール後方への移動がなく安全に使えます。

● 食器洗い乾燥機

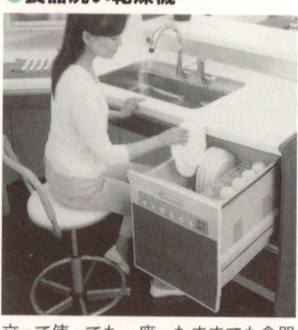

立って使っても、座ったままでも食器のセットや取り出しがラクな姿勢でできます。

● グリルレス IH クッキングヒーター

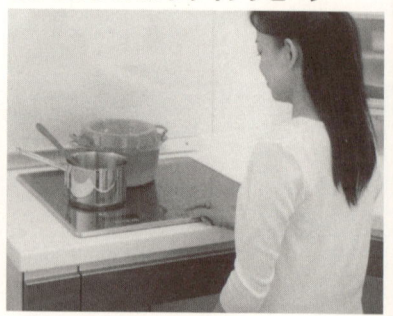

コンロの操作はすべて上面のスイッチ。しまえるクリーンフードと連動して、換気連動運転もできます。

http://www.toto.co.jp/

キッチン
Kitchen

積水ホームテクノ（株）
TEL (03) 5348-6351　FAX (03) 5331-8526

システムキッチン

車いすやスツールに座っても効率よく調理ができる工夫を施した、オール電化仕様のキッチン

■ キッチンシステム（IH ヒーター、ステンレストップ仕様）

● 特徴
- 高齢者自身の利用と介助者の使用を考えたキッチンシステム。
- 利用の目的や部屋の広さや形状に合わせ、3 タイプの間口から選べる。
- IH クッキングヒーターを採用する等、安全に配慮したオール電化使用。
- 浅型シンクを搭載した薄型カウンターを全面に採用しているため、足元スペースを広く確保。
- 車いすの大きさ、身長や身体特性に合わせてカウンターの高さがミリ単位で設定できる。
- I 型 2400 キッチンでは、車いすでも楽な姿勢で使用できる引きだし式の食器洗い乾燥機を設置できる（オプション）。
- 間口 1650mm のタイプもある。

● I 型 2400 キッチン

価格　¥1,428,000

キッチンカウンター	間口×奥行	2,400 × 650 （mm）
	高さ	700 〜 850 mm
	トップ	ステンレス／人造大理石
	シンク	ステンレス
	水切り	ステンレス
	水栓金具	シングルレバー湯水混合水栓
	手摺	ABS 合成木材
収納	棚板	メラミン化粧合板
	扉	化粧パーティクルボード
機器	換気扇	600 巾シロッコファン
	加熱機	200VIH2 口　グリル無

● I 型 1200 キッチン

価格　¥572,250

キッチンカウンター	間口×奥行	1,200 × 600 （mm）
	高さ	700 〜 850 mm
	トップ	ステンレス／人造大理石
	シンク	ステンレス
	水切り	ステンレス
	水栓金具	シングルレバー湯水混合水栓
	手摺	ABS 合成木材
収納	棚板	メラミン化粧合板
	扉	化粧パーティクルボード
機器	換気扇	600 巾シロッコファン
	加熱機	100V1 口 IH ヒーター

● 共通仕様

換気扇用手元スイッチ
車いすでも手が届く、便利な高さに設定できる。

http://www.kaigoshien.com

キッチン
Kitchen

東京ガス　新宿ショールーム
TEL（03）5381-6000

ガスコンロ

すべてのバーナーに安心センサーを搭載した「Siセンサーコンロ」。
更に安心、更に便利に！　料理をもっと楽しめる一歩進んだ賢いコンロです。

すべてのバーナーに
- 安心センサー（調理油加熱防止装置）
- 立ち消え完全装置
- コンロ・グリル消し忘れ消火機能が搭載され、毎日の安心調理をバックアップします。

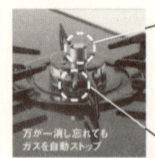

安心センサー（調理油加熱防止装置）
センサーが鍋底の温度を感知し、温度が上がりすぎるとガスを自動的にストップするので、発火の心配がありません。

立ち消え安全装置
煮こぼれなどで万が一火が消えてしまった場合も、ガスを自動的にストップするので安心です。

コンロ・グリル消し忘れ消火機能
万が一消し忘れてしまったときも、点火から一定時間が経過すると自動消火してくれます。

■ピピッとコンロ　プレミアムシリーズ

● ビルトインコンロ　Udea（ユーディア）
RN-PS862-VXBBHL（R）
希望小売価格　¥267,750（税込・工事費別）

● 特徴
- 温度表示や操作ボタンも、トッププレートに見やすくデザイン。腰をかがめず立ったままの楽な姿勢で操作＆確認。
- 大きな文字表示、音声ガイドなど誰にでも使い易いユニバーサルデザイン。
- オートグリル、自動温度調節機能、調理タイマー、26cmワイドグリルなど、安心して料理を楽しめる便利な機能がいっぱい。

■ピピッとコンロ　スタンダードシリーズ

● ガステーブル　セイフル
HR-PS028-CDHL（R）
希望小売価格　¥55,125（税込・工事費別）

● 特徴
- 色分けされて、見やすい、パネルは操作しやすいユニバーサルデザイン。
- 自動お湯沸し機能、調理タイマーなど厳選された便利機能はシンプルで、美味しいお料理も簡単に。

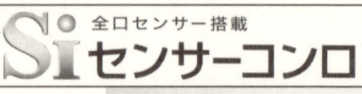

http://www.tokyo-gas.co.jp/

キッチン / キッチン収納
Kitchen, Kitchen cabinet

(株)ツバキサポートセンター
EL (075) 954-1130　FAX (075) 956-8533

TOTO　お客様相談室
TEL (0120) 03-1010

昇降キッチン
ボタンひとつで好みの高さに楽々昇降

■ お多助キッチン　スタンダードタイプ

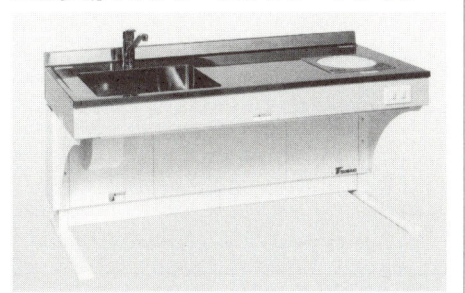

シンク水栓付

ワンタッチ操作の電磁調理器 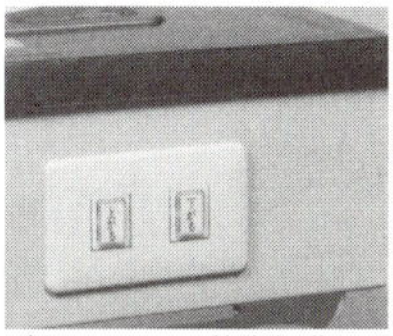　　ボタンひとつの簡単操作

● 特徴
楽しみながら機能回復。座った姿勢で楽々調理。
電磁調理器を標準装備。取り付け容易の据置型。

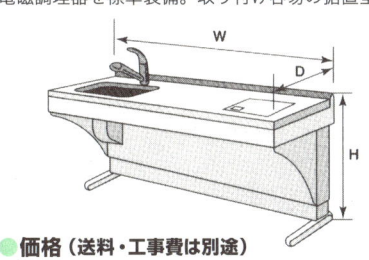

● 価格（送料・工事費は別途）

品番	価格　上段/ステンレスワークトップ　下段/人造大理石ワークトップ	サイズ
UDKS12M	¥945,000 / ¥1,050,000	W120×D65 ×H67～85cm
UDKS15M	¥945,000 / ¥1,050,000	W150×D65 ×H67～85cm
UDKS18M	¥1,050,000 / ¥1,155,000	W180×D65 ×H67～85cm
UDKS21M	¥1,260,000 / ¥1,365,000	W210×D65 ×H67～85cm

http://www.tsubakimoto.co.jp

台所収納
立っても座っても使いやすい昇降式テーブルワゴン

■ テーブルワゴン

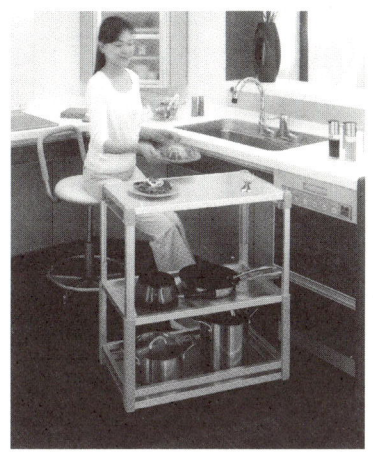

KHOW075T　　¥92,400（税込）
W703×D360×H560・700・810mm
天板高さ調整3段

● 特徴
・使い方に合わせて、3段階に高さを変えられます。
・中段では、座って作業するときのサイドテーブルに。

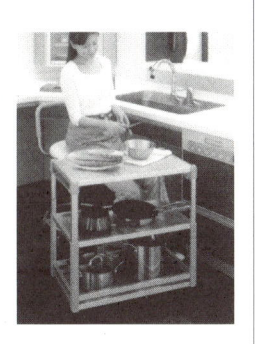

● 収納例

一番低い位置ではカウンター下にスッキリ収納

http://www.toto.co.jp

食事

キッチン用水栓
Kitchen faucet

（株）INAX お客さま相談センター
TEL（0120）1794-00　FAX（0120）1794-30

水栓金具

センサーに軽く手をかざすだけで、吐水／止水ができるタッチレス水栓

■キッチン用タッチレス水栓　ナビッシュ

SF-N450SX(JW)　¥93,450

●**特徴**
- センサーに軽く手をかざすだけで、吐水／止水ができるタッチレススイッチ式水栓。ハンドルやレバーを操作する必要がないので手軽に使用できる。
- あらかじめ最適な温度、流量に設定しておけるので、作業がスムーズにはかどる。
- 両手がふさがった状態でも、からだの一部をセンサーにかざすだけで吐水／止水ができるので節水にも効果的。
- 従来のハンドシャワー付シングルレバー混合栓の施工を踏襲した簡単施工を実現。

手元ライト
吐水口の中程に取り付いたライトが、通水中に手元を明るく照らし、補助照明として使用できる。

グースネックスタイル
従来の水栓に比べて懐が深く、シンク内を広々と使うことができるので、中華鍋など大きな調理器具もラクに洗うことができる。

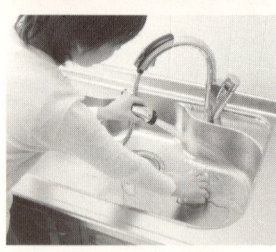

ホース引出し機能
ホースを引出せば、ハンドシャワーに早変わり。ホースはシンクのすみずみまで伸びるのでシンク洗浄も簡単。

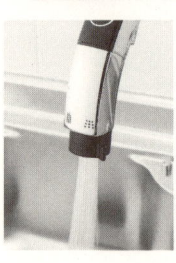

スポット微細シャワー（吐水切替付）
優れた洗浄性と水ハネの少なさに加え、シャワーの密度が高く気持ちよく汚れを洗い流すことができる。また、小型の吐水切替え機能を内蔵しているので簡単に整流とシャワーを切り替えることができる。

施工方法

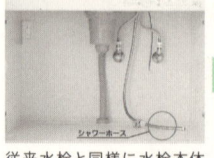

従来水栓と同様に水栓本体を施工し、給水給湯配管と接続する。

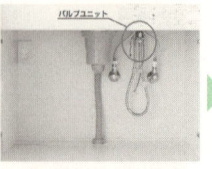

→ シャワーホースと水栓本体の間にバルブユニットを接続する。

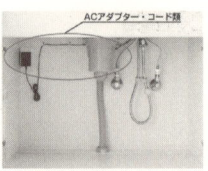

→ コード類を接続し、ACアダプターをコンセントに差し込む。コード類を固定して施工終了。

構造図

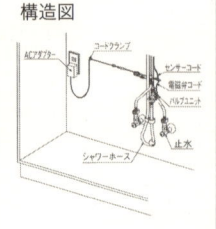

http://www.inax.co.jp/

キッチン用水栓
Kitchen faucet

TOTO　お客様相談室
TEL　(0120)　03-1010

(株)INAX　お客さま相談センター
TEL　(0120)　1794-00　FAX　(0120)　1794-30

水栓金具　器具に触れずに吐水・止水ができる便利な水栓

■シングルレバー混合栓 グースネックタイプ
●アクオート「自動水栓」

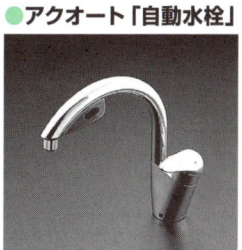

TEK34UPASX
¥102,270

●特徴
・センサーで水を出し・止めできるので、ハンドル操作をする必要がない。

センサー部に手をかざすと水が出る。
手を離しても水が出続ける。
もう一度手をかざすと止水。

●タッチスイッチ付き

TKN34PBTR
¥89,250

●特徴
・キッチン水栓の吐水・止水を手の甲や手首で操作できる便利な水栓先端スイッチ付き。

http://www.toto.co.jp/

水栓金具　いつでもおいしい水が飲めるキッチン浄水器

■浄水器一体タイプ

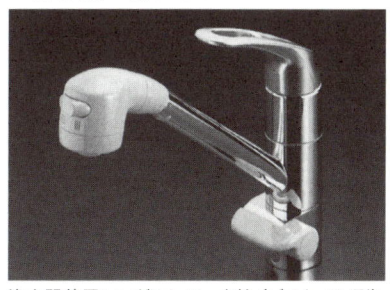

浄水器兼用シングルレバー水栓（ビルトイン形）
KS-462SXU(JW)　¥78,750

●特徴
・嫌なカルキ臭を取除き、おいしい水を気軽に楽しめる。
・炊飯や野菜洗いにも最適。
・ワンタッチで整流吐水とスプレー吐水の切り替えができる。

整流吐水　シャワー吐水
ワンタッチで切り替え可能

■浄水器専用タイプ
●特徴
・水指しをイメージしたデザインは、水もくみやすく、吐水口まわりの空間も広くとれる。
・カウンター上でカートリッジの交換が簡単にできる。

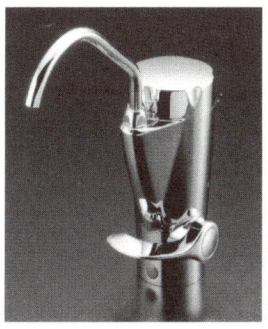

浄水器専用水栓
（カートリッジ内蔵形）
KS-405(JW)
¥31,500

http://www.inax.co.jp/

食事

キッチン用水栓
Kitchen faucet

(株) INAX お客さま相談センター
TEL (0120) 1794-00　FAX (0120) 1794-30

水栓金具

野菜や食器を洗う時、片手で出したり止めたりできて便利

■ワンホールデッキタイプ
水栓の取り付け穴が1つしかないので、シンクまわりをすっきりと見せることができるワンホールタイプ。デザインも機能性もさまざまに充実したラインナップ。

●オールインワン浄水器内蔵水栓
JF-6450SX (JW)
¥50,400
水栓取付穴　φ37±2mm
ホース引出し長さ　約45cm

・ホースを引き出しハンドシャワーとして使用でき、シンクの隅々まで洗えて手入れが簡単。
・シンク下に水受けタンクを置く必要がないので、スペースを広く使える。

●アウゼ

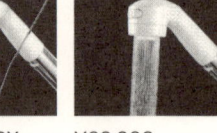

泡沫吐水 (写真左)とシャワー吐水 (写真右) の切り替えはワンタッチ

SF-A450SX
ハンドシャワー付
¥60,900
水栓取付穴　φ37±2mm
ホース引出し長さ　約45cm

■ツーホールデッキタイプ
安定感のある美しいフォルムのツーホールタイプ。
左右対称のフォルムが美しいデッキ水栓。使いやすいシングルレバー混合水栓もある。

●ビーフィット

シングルレバー混合水栓
SF-B430S　¥31,500

■壁付タイプ
限られたスペースを上手に使える。スペースに余裕のないキッチンでも場所を取らない。

●ビーフィット

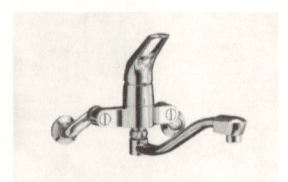

シングルレバー混合水栓
SF-B436S　¥23,100

■キッチンスプレー
（オプション）

SF-7N
¥3,570

簡単に整流・スプレーの切り替えができる便利なキッチンスプレー

http://www.inax.co.jp/

キッチン用水栓
Kitchen rainwater stopping

〈株〉INAX お客さま相談センター
TEL (0120) 1794-00　FAX (0120) 1794-30

フットスイッチ

吐水・止水を足元のスイッチで切り替え

■水栓金具のフットスイッチ

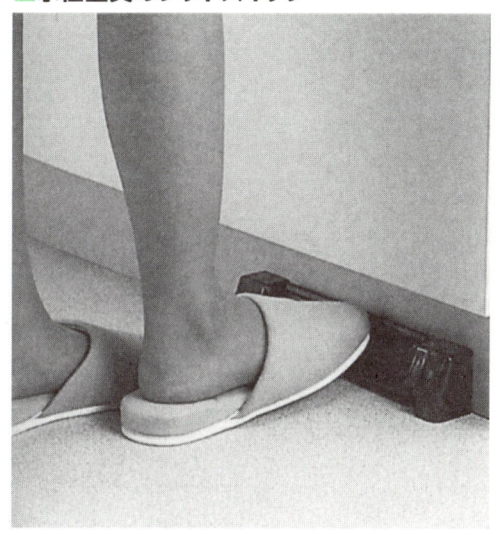

●特徴
・食事の支度や洗い物などで両手がふさがっているときに便利。キッチンでの作業効率がアップ。
・足元で手軽に吐水・止水を切り替えられるので、水の出しっぱなしが減少し、節水性もアップ。
・電源は2タイプ。新築にAC100V仕様、リフォームには乾電池仕様がおすすめ。
・後付けタイプなので他メーカーのキッチンにも取り付けられる。

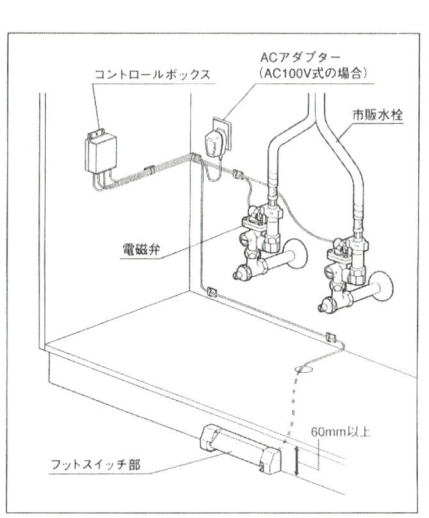

SF-FS2
¥34,650
AC100V 仕様
スイッチ部寸法
28 × 5.6 × 4.3cm

コントロールボックス / ACアダプター（AC100V式の場合）/ 市販水栓 / 電磁弁 / 60mm以上 / フットスイッチ部

食事

●取り付け方法

フットスイッチ部 / 排水口 / 取付ねじ（30mm）/ 貫通穴（けこみ板）（φ15）

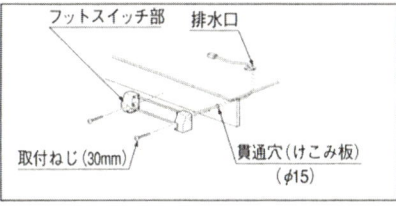

けこみ板にφ15mmのコード穴を開けるだけで簡単に取り付けられる。

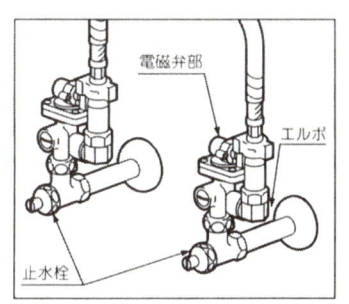

電磁弁部 / エルボ / 止水栓

水栓への取り付けは、可動式エルボ構造でフレキホース仕様の水栓に対応しやすくなっている。

http://www.inax.co.jp/

207

調理用具
Kitchenware

相模ゴム工業（株）
TEL（046）221-2239　FAX（046）221-2346

調理用具

つくる喜び、食べる楽しみを演出する、
手の不自由な方のための調理用具

■ワンハンド調理台

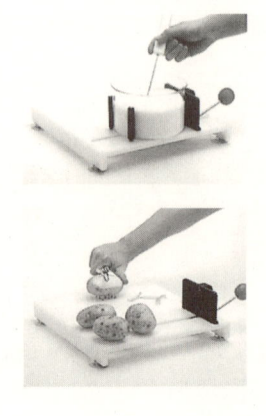

RF1461　¥19,950
W31.5×D29.5×H3.5cm／1,285g
・片手の不自由な方が調理するための固定装置が付いたまな板。

■カッティングボード

RF1451　¥6,300
W35×D14×H14.5cm
637g
・パンやハムなどを同じ厚さにまっすぐに切ることができる。

■調理用ナイフ

自在　RF1443　¥7,350
・刃が左右に動くので、手の不自由な方に最適。
全長：22cm
刃渡り：20cm
115g

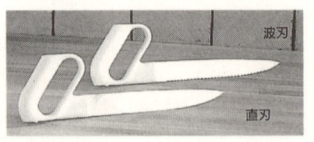

波刃　RF1441　¥5,250
直刃　RF1442　¥5,565
・手首をまげずに手にかかる負担を均等に分散されるよう工夫されている。
全長：34cm
刃渡り：23cm
（波刃）161g　（直刃）166g

■スライサー

RF1471　¥3,885
・手首を伸ばした状態で野菜の皮むきや、チーズスライサーとして使用できる。
W7.5×D10.5×H9.5cm
刃渡り：5cm
握り部分：3cm φ
41g

http://www.sagami-gomu.co.jp/

食事補助具／消火器
Dishware, Fire extinguisher

アビリティーズ・ケアネット（株）
TEL (03) 5388-7200　FAX (03) 5388-7502

セコム（株）
フリーダイヤル　(0120) 025-756

食事補助具
すくいやすい形の滑り止め付強化磁器製皿

■ **すくいやすい皿　ハートフルシリーズ**
（すべり止め付強化磁器製）

● 特徴
・糸底には、すべり止めの為に耐熱温度140度のシリコンゴム付。電子レンジによる加熱、解凍に使用できる。
・器の片側が高く、内側に丸く湾曲しているので、料理をこぼさずに楽にすくえる。

● プレート（リトルバード）

F531-00
¥3,654
直径：23cm
重さ：600g

断面図

● ファインブルー4点セット
F500-00　¥9,240（単品売可）

F512-00
主菜皿
直径：20cm／重さ：500g

F513-00
ライス皿
直径：17cm／重さ：350g

F514-00
スープ鉢
直径：14cm／重さ：300g

F515-00
ベリー皿
直径：14cm／重さ：200g

http://www.abilities.jp

消火器
片手でカンタン操作コンパクト消火器

■ **セコム　トマホークマッハⅡ**

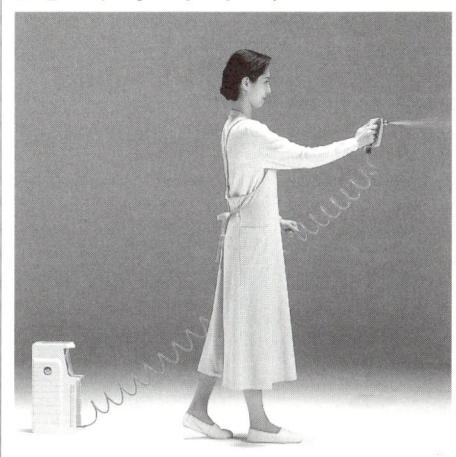

● 特徴
・片手でらくらく操作できる。
・コイル状のホースが5m伸びるので、消火が広範囲。
・消火薬剤には天ぷら油火災に最適な強化液を採用。保護カバー付きなので、ノズルを火元に向けた時も安心。

¥26,250
H43×W13.6×D24cm
強化液1.5L 蓄圧式

安全栓を引き抜く。

グリップを引き抜く。

ホースを伸ばしてノズルを火元に向け、ボタンを押す。

http://www.secom.co.jp

防水エプロン
Waterproof Apron

竹虎ヒューマンケア（株）
TEL (03) 3762-2686　FAX (03) 3762-3718

竹虎ヒューマンケア（株）
TEL (03) 3762-2686　FAX (03) 3762-3718

防水エプロン　おしゃれな柄の防水エプロン

■ソフラピレンエプロン辻が花 No.1／No.2

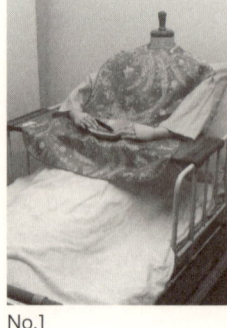

No.1

No.2

90cm　75cm　No.1

75cm　65cm　No.2

●特徴
・プリントには落ち着きがあり、おしゃれ感覚あふれる「辻が花（日本の伝統美）―福田正広氏の作品」を使用しています。
・耐久性超撥水・撥油素材（スーパードライマックス）加工しています。
・No.1は首の後ろでとめるタイプ。No.2は袖を通すタイプで、裾が反返りポケットのようになります。

●価格（No.1）　　　¥1,890（税込）
　　　（No.2）　　　¥2,100（税込）

http://taketora-web.com/

防水エプロン　食べこぼしを防いで、食事を明るく・楽しく

■ソフラピレンエプロン しずく／しずくポケット付き

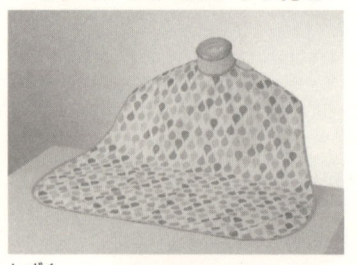

しずく

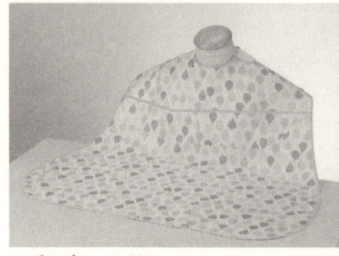

しずくポケット付き

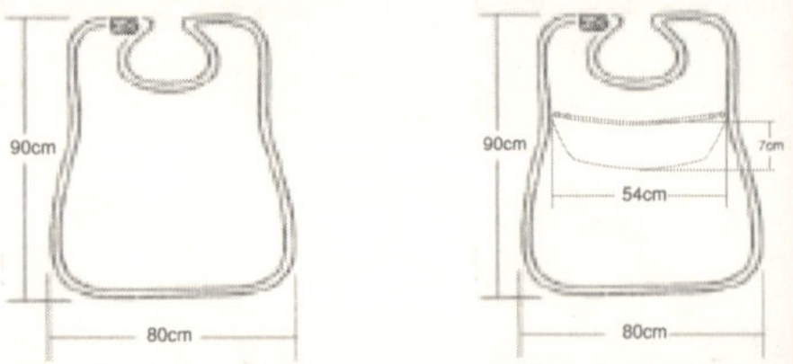

90cm　80cm　フラットタイプ

90cm　54cm　7cm　80cm　ポケット付きタイプ

●特徴
・生地はやわらかいのにとても丈夫。ガサガサした摩擦音もしにくい加工です。
・首廻りはフリーサイズで調節自由。
・ポケットタイプは、食べこぼしが多くても幅広ポケットがしっかりキャッチします。
・お洗濯は簡単。また乾燥機もご使用になれる抜群の耐熱性。

●価格（しずく）　　　　　¥1,470（税込）
　　　（しずくポケット付き）¥1,890（税込）

http://taketora-web.com/

室内いす
Indoor chair

アビリティーズ・ケアネット（株）
TEL (03) 5388-7200　FAX (03) 5388-7502

食堂いす

ベッドや車いすへの移乗がスムーズ

■元気になるいす　ドロップアームタイプ
リハビリと人間工学の立場で座り心地を追求した身体によいいす

●特徴
・ベッドや車いすへの移乗がスムーズに行なえるよう、アームレストを後方へ回転させ、下向きに固定できる。
・腰へのサポートがよく、正しい姿勢で座ることができる。
・背もたれ・座面には、特殊ウレタンを使用しているので、体圧を分散し、褥創の原因になる部分圧迫をやわらげる。また疲れにくいため、長時間座ることができる。
・張り布にオランダ・マイクロケア社の高性能生地を採用。

●サイズ／材質
W56.8 × D56.5 × H74cm　アームレスト高 61.5cm
座面奥行 40cm　主材ブナ材

●カラー
全5種

●価格
2149-50 ～ 90　　　　　　　　　¥73,500

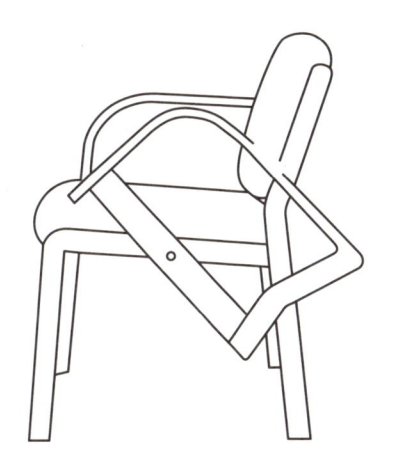

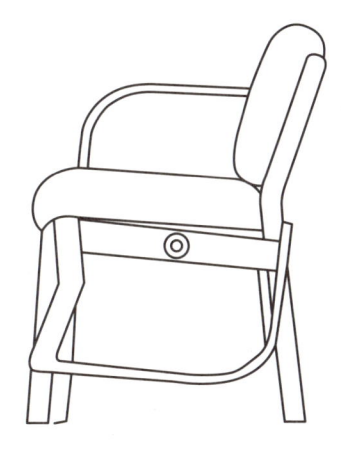

食事

ロックのノブを外し、アームレストを後方へ回転させる。下にセットしている時も、ロック可能。

http://www.abilities.jp/

室内車いす／照明
Indoor wheelchair, Lighting

株式会社ミキ
TEL (052) 694-0333　FAX (052) 694-0800

（株）オーデリック
TEL (03) 3332-1123　FAX (03) 3332-1412

室内車いす
新開発機構によって実現した業界初アルミ製

■ ソファーラ

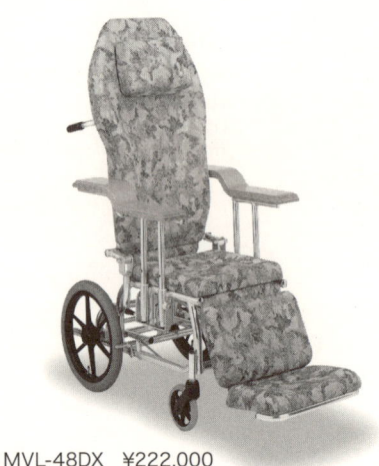

MVL-48DX　¥222,000

● 特徴
・フルフラットステップ機能
・4段階可変式肘掛け
・ピボット式バックシート機能

■ オプション

ドラム式介助ブレーキ（DB）　¥16,000

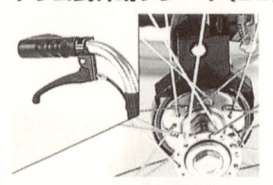

※重量は0.7kgプラス。
全幅は20mmプラス。

6"ショックレスキャスター（S6）　¥8,700

※重量は0.15kgプラス。

http://www.kurumaisu-miki.co.jp/

照明
自動的に点灯・消灯。対面キッチンにも対応。

■ キッチンライト
　人感センサON／OFF型付

● 特徴
・人体から出る熱線を赤外線センサで感知し、自動的に点灯・消灯。
・感知エリア内に人がいなくなってから約2分後に消灯（ただし壁電源投入直後は3分間点灯します）。
・昼間は手動でも操作できる。
・省エネルギー・省電力に効果を発揮。

● 棚下取付専用・対面キッチン対応型

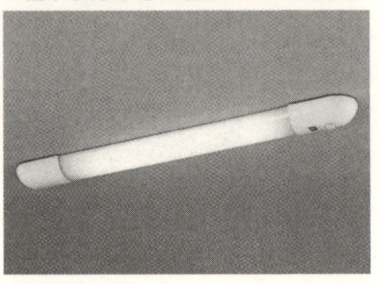

OB 055 252　¥19,740

直管蛍光灯（20W×1）
消費電力：18W
サイズ：巾100×長896×高59 mm
重量：1.2kg

● 壁面・棚下取付兼用・対面キッチン対応型

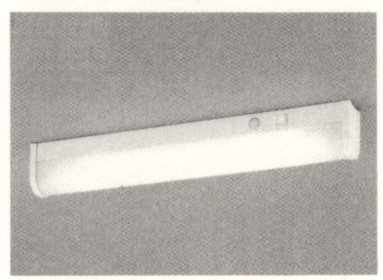

OB 055 127　¥19,740

直管蛍光灯（20W×1）
消費電力：18W
サイズ：巾65×長617×高90 mm
重量：1.1kg

http://www.odelic.co.jp/

5. 玄関・階段ゾーン

- 屋内階段
- 床・階段関連部材
- 内装材
- 建具
- 玄関関連商品
- 屋内手すり
- 屋内段差スロープ
- 照明

※ 給マークは福祉用具給付の対象となる商品です

ここに掲載した情報は2008年9月調査です。
価格は消費税込みで表示しています。

玄関・階段ゾーンの主な企業
The main enterprise of entrance and stairway zone

	商品（企業）		頁
屋内階段	システム階段	永大産業	215
	システム階段	東洋プライウッド	216
	システム階段	ウッドワン	217
床階段関連部材	ノンスリップ	川口技研	217
	ノンスリップ	粉河	218
内装材	腰壁	ウッドワン	219
	腰壁	永大産業	219
	幅木	タジマ	220
建具	テラスサッシ	YKKAP	220
	ハンドル	ユニオン	221
	ハンドル	ユニオン	221
	玄関ドア	YKKAP	222
	玄関引戸	YKKAP	223
玄関関連製品	シューズボックスベンチ	UDハウス福祉開発	224
	玄関収納	東洋プライウッド	225
	玄関ベンチ	ベスト	225
	玄関ベンチ	田島金属工業	226
	収納イス	バリアフリー静	226
	段差ステップ・手すり	アロン化成	227
	木製踏台	マツ六	228
屋内手すり	手すり	ユニオン	218
	手すり	DIPPER ホクメイ	228
	木製手すり	フクビ化成工業	229
	木製手すり	アトラス	229
	手すり	マツ六	230
	手すり	DIPPER ホクメイ	230
	木製手すり	ウッドワン	231
	木製手すり	日本住宅パネル工業協同組合	232
	木製手すり	マスラー	233
	木製手すり	マツ六	233
	木製手すり	相模ゴム工業	234
	手すり	バリアフリー静岡	235
	後付け手すり	東洋プライウッド	236
	手すり	いうら	236
	はね上げ手すり	イズミ	237
	脱着手すり	マツ六	237
	手すりブランケット	マツ六	238
	手すり	ミハマ通商	239
	手すり	クネットジャパン	240
	手すり	クネットジャパン	241
	手すり	クネットジャパン	242
	下地形成工法	日本住宅パネル工業協同組合	243

	商品（企業）		頁
室内段差スロープ	室内段差スロープ	バリアフリー静岡	243
	室内段差スロープ	パナソニック電工ライフテック	244
	室内段差スロープ	アビリティーズ・ケアネット	244
屋内照明	照明	山田照明	245
	照明	オーデリック	246
	照明	三菱電機照明	247

屋内階段
Indoor stairs

永大産業（株）建材事業部 階段課
TEL (06) 6684-3004　FAX (06) 6681-5668

システム階段

美しさと豊かさを合わせ持つ
天然銘木突板塗装階段

■ 階段セット

■ ビーチヨーロッパ階段
ヨーロピアンビーチの美しい木目を生かし積層単板を使用した階段。

● カラーバリエーション
ライトビーチ／ナチュラルビーチ／ミディアムビーチ／スタイリッシュホワイト／レディッシュダーク／ライトチェリー

■ ニューKSN階段
天然銘木ナラの積層単板を使用した階段。

● カラーバリエーション
UVカットナチュラル／ガジュイエロー／ブラウン／ナチュラル／ミディアム／ライトブラウン／ホワイト／ブラック／ミディアムウォルナット

玄関・階段

● 特徴
・優れた耐摩耗性を発揮するセラミックス仕上げ。
・安心の踏板厚 36mm 仕様。
・滑り止め加工（V溝3本の通し加工）仕上げ。
・踏板は従来のワイドタイプ（幅1200mm）と標準タイプ（幅900mm）に加えて、幅800mmタイプがある。
・側板は箱型用の2面化粧側板と、露出型用の3面化粧板を揃えている。

U13G型　箱型折り返し階段の場合

● 階段モデル

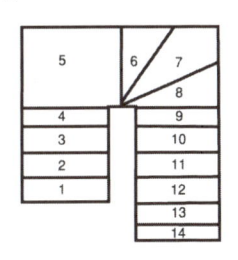

```
| 5 | 6 | 7 |
|   |   | 8 |
| 4 |   | 9 |
| 3 |   | 10|
| 2 |   | 11|
| 1 |   | 12|
|   |   | 13|
|   |   | 14|
```

● 14段上り切り階段セット品番・価格
（プレカット加工済）（天然銘木ツキ板化粧の場合）

ビーチヨーロッパ階段	品番	KSGB-U13G4 ※
	価格	￥197,400
ニューKSN階段	品番	KSGNZ-U13G4 ※ -F
	価格	￥187,900

http://www.eidai.com/

● U13G型プレカット階段品番例（ビーチヨーロッパ階段の場合）

セット品番		KSGB-U13G4	
	品番	必要数量	価格
側板	KSGB-N35G	2枚	￥39,400／枚
廻り側板	KSGB-NTMG	1枚	￥17,400／枚
踏板	KSGB-SF	9枚	￥36,000／枚
廻り踏板	KSGB-3MF	1セット	￥31,500／セット
	KSGB-DF	1枚	￥27,300／枚
蹴込板	KSGB-8R	10枚	￥12,000／枚
	KSGB-9R	2枚	￥2,600／枚
	KSGB-11R	2枚	￥3,400／枚
上段框	KSGB-J	1枚	￥3,300／枚
幅木	KSGB-3H	1ケース	￥5,700／ケース
クサビ	KSB-KSBN	1ケース	￥3,300／ケース
部材合計価格			￥181,900
プレカット費			￥18,800
箱型標準価格			￥200,700

屋内階段
Indoor stairs

東洋プライウッド（株）　営業管理部　管理課
TEL (052) 205-8471　FAX (052) 205-8460

システム階段

踏板にホワイト色のスベリ止め加工

■ニューオーク・ニューバーチ突板　ホワイトライン付

● カラーバリエーション

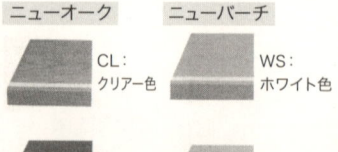

ニューオーク
- CL：クリアー色
- RE：リアル色

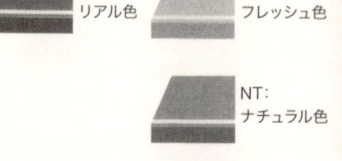

ニューバーチ
- WS：ホワイト色
- FH：フレッシュ色
- NT：ナチュラル色 
- MA：ミディアム色 
- DB：ダークブラウン色

● 階段モデル1

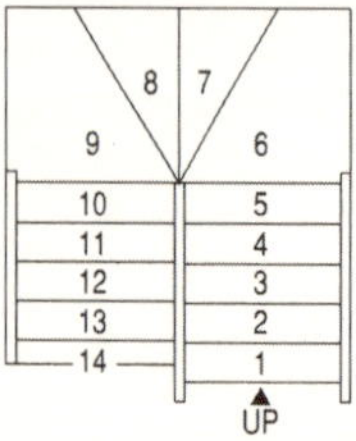

```
    8  7
  9      6
 10      5
 11      4
 12      3
 13      2
  14     1
       UP
```

● 階段1　YS44□□-A　ニューオークホワイトライン付

部材名	寸法(mm) 長さ×幅×厚み	単価	踏長さ800 巾木使用 K29-YS44□□-OA	数量	踏長さ900 巾木使用 K29-YS44□□-9A	数量
側板	3,300×240×30	¥19,300	YS44□□-14	2	YS44□□-14	2
踏板（けこみ付）	800×240×36	¥8,200	YS44□□-25A	9	-	-
踏板（けこみ付）	900×240×36	¥8,800	-	-	YS44□□-23A	9
変形2段廻り上段（左回り）	990×990×36	¥49,900	YS44□□-81LA	1	YS44□□-81LA	1
変形2段廻り下段（左回り）	990×990×36	¥49,900	YS44□□-83LA	1	YS44□□-83LA	1
上段框（けこみ付）	900×118×36	¥7,200	YS44□□-29A	1	YS44□□-29A	1
廻り用巾木	1,900×60×9	¥3,200	YS44□□-71	3	YS44□□-71	3
組合せ合計価格			¥229,000 (¥240,450)		¥234,400 (¥246,120)	

● 階段モデル2

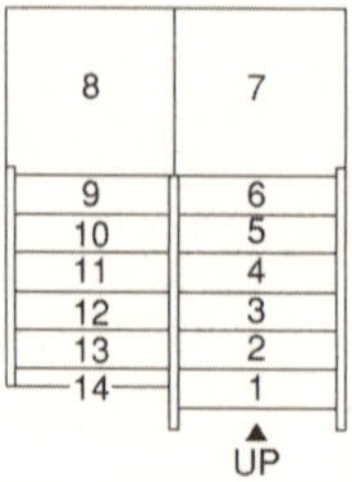

```
    8  7
  9      6
 10      5
 11      4
 12      3
 13      2
  14     1
       UP
```

● 階段2　YS44□□-A　ニューオークホワイトライン付

部材名	寸法(mm) 長さ×幅×厚み	単価	踏長さ800 巾木使用 K27-YS44□□-OA	数量	踏長さ900 巾木使用 K27-YS44□□-9A	数量
側板	4,200×240×30	¥24,400	YS44□□-12	2	YS44□□-12	2
踏板（けこみ付）	800×240×36	¥8,200	YS44□□-25A	11	-	-
踏板（けこみ付）	900×240×36	¥8,800	-	-	YS44□□-23A	11
踊り場（けこみ付）	990×990×36	¥40,400	YS44□□-61A	2	YS44□□-61A	2
上段框（けこみ付）	900×118×36	¥7,200	YS44□□-29A	1	YS44□□-29A	1
廻り用巾木	1,900×60×9	¥3,200	YS44□□-71	3	YS44□□-71	3
組合せ合計価格			¥236,600 (¥248,430)		¥243,200 (¥255,360)	

http://www.toyoplywood.co.jp

屋内階段／階段関連部材
Indoor stairs, Material related to stairs

(株) ウッドワン
TEL (0829) 32-3333　FAX (0829) 32-6237

(株) 川口技研
TEL (048) 255-5411　FAX (048) 255-8228

システム階段
性能アップ!! キズのつきにくいハードタイプに！もちろん一本芯です!!

■集成階段ジュピーノ

● 特徴
無垢感覚の節無し一本芯を実現。
味わいと暖かみが一層増した。

- 無塗装（一本芯）
- NL（一本芯）
- HB（一本芯）
- CB（一本芯）

※自然塗料対応可のニュージーランド産のラジアータパイン使用。

● 階段モデル1

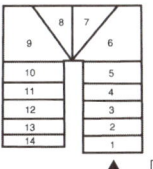

踏み板寸法	価　格（塗装）
830 × 240 × 30mm	¥303,754

● 階段モデル2

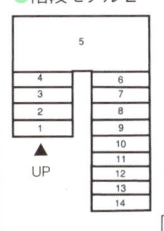

踏み板寸法	価　格（塗装）
830 × 240 × 30mm	¥189,588

※他にオーク、チェルード、タモ等、針葉樹、広葉樹を豊富に取り揃える。

http://www.woodone.co.jp/

ノンスリップ
滑りにくい3本のソフトクッション滑り止め材の決定版

■スベラーズ

● 特徴
・滑りにくい3本のクッション。
・消灯・停電時に一時的に光る2本の蓄光性微光ライン。
・当りをやわらげるコーナークッション。

● 寸法図

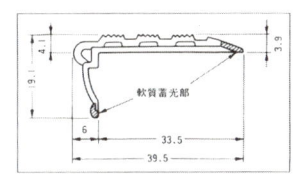

（軟質蓄光部　33.5　39.5　4.1　9.1　3.9）

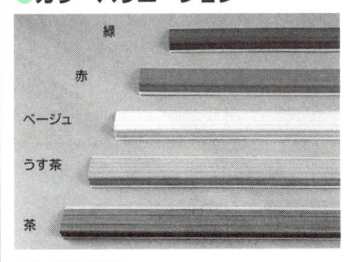

● カラーバリエーション
- 緑
- 赤
- ベージュ
- うす茶
- 茶

● 標準価格
短尺タイプ 670mm
　　　¥6,125/ 1パック（14本）
長尺タイプ 1820mm
　　　¥1,030/ 本

http://www.kawaguchigiken.co.jp

玄関・階段

屋内手すり・階段関連部材
Indoor handrail, Material related to stairs

(株)ユニオン
TEL (06)6532-3731　FAX (06)6533-3747

(株)粉河
TEL (0736) 73-4777　FAX (0736) 73-4779

手すり
手触りも優しい木製

■ HG-37　HG-36

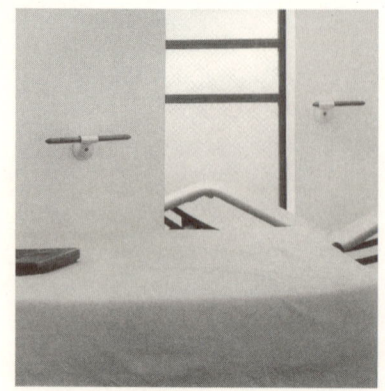

インテリアにさり気なくとけ込む木製のワンポイント手すり。玄関に、トイレに、ユーティリティに、またキッチンやベッドルームなど、家庭内では、設置すると便利な場所は色々とある。

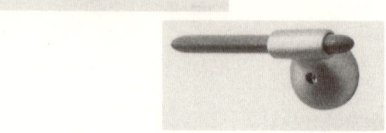

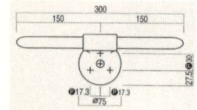

HG-37pat.p 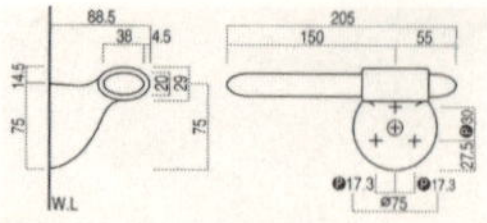　　HG-36pat.p

● 価格

HG-36-GW	¥19,000	グレーウッド
HG-37-GW	¥21,000	
HG-36-WW	¥19,000	ホワイトウッド
HG-37-WW	¥21,000	
HG-36-UW	¥19,000	ユニウッド
HG-37-UW	¥21,000	
HG-36-SW	¥19,000	スコッチウッド
HG-37-SW	¥21,000	

http://www.artunion.co.jp/

ノンスリップ
自然な木目と調和、温もりのあるインテリア空間

■ フロアレール

● 特徴
木材の単板に合成樹脂を含浸させ、何枚も重ねて高圧で過熱圧縮した積層強化木を使用。

フロアレール（ダブル）
0772　¥6,300
W55 × L1930 × 6mm
芯々 33mm
15本入

フロアレール（トリプル）
0773　¥9,450
W89 × L1930 × 6mm
芯々 33mm
10本入

フロアレール（ダブル直貼用）
0774　¥5,250
W55 × L1930 × 4mm
芯々 33mm
15本入

■ ダンストップ

レッドブラウン 　　ナチュラル

0761　　¥3,150
W34 × L1,930 × H4mm
15本入

http://www.kokawa.com/

内装材
Interior material

（株）ウッドワン
EL (0829) 32-3333　FAX (0829) 32-6237

腰壁
横見切に手すり取付可能。バリアフリーに配慮

■ 腰壁

● 特徴
建具、床、天井とのトータルコーディネイトが可能。
巾木、見切り縁など周辺部材も豊富。
ジュピーノシリーズはラジアータパインの無垢材、チェルードシリーズは特殊樹脂シート貼（サクラ柄）。

● ジュピーノ

ジュピーノ工芸調パネル施工例

工芸調パネル

H665 × W410 × D10mm
12 尺間口の目安価格　¥99,382

ストライプパネル

H665 × W104 × D10mm
12 尺間口の目安価格　¥55,860

カラーは、センターブラウン、ダークブラウン、ナチュラル、ハニーブラウンの各4色。（ジュピーノは自然塗料もあり。）

● チェルード　シンプルモダン

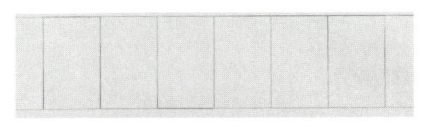

H699 × W455 × D7mm
12 尺間口の目安価格　¥31,374

カラーはメープルクリアー、ナチュラルピンク、センターピンク、ダークピンクの3色。

ttp://www.woodone.co.jp/

永大産業（株）　建材事業部建材課
TEL (06) 6684-3005　FAX (06) 6683-5277

腰壁
ムクならではの重厚感。施工も簡単でスピーディ

■ 腰板セット

304mm タイプ
WKS-711
〈ライトオーク〉
9 × 304 × 800mm
¥57,750/ ケース (6 枚)

¥39,575/

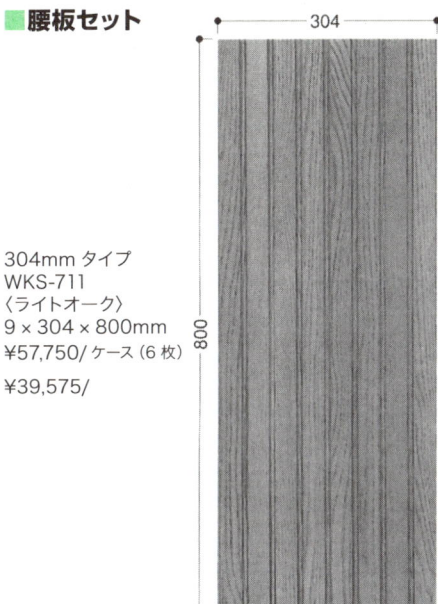

見切り・幅木セット（1 ケース各1本入り）
見切：21 × 40 × 1820mm
幅木：18 × 76 × 1820mm
WKS-7B □
　　　　　　　　　　　¥7,980 / ケース（各1本）

出隅用部材（1 ケース各1本入り）
9 × 28.5 × 800mm
WKS-7D □
　　　　　　　　　　　¥3,990 / ケース（1本）

※カラー：ライトオーク、ブラウンオーク、ダークオーク

● 断面図（単位 mm）

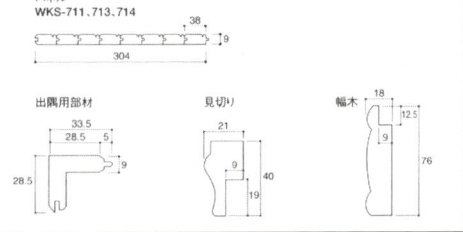

パネル
WKS-711、713、714
304　38　9

出隅用部材　　見切り　　幅木
33.5　　　　　21　　　　18
28.5 5　　　　　9　　　12.5
　　9　　　　　40　　　　9
28.5　　　　　　　　　　76

http://www.eidai.com/

玄関・階段

219

内装材／建具
Interior material, Fittings

（株）タジマ
TEL（03）5821-7731　FAX（03）3862-5908

YKK AP（株）　お客様相談室
TEL（0120）72-4134

幅木
ホールや廊下、居室などの用途に適材

■ガード巾木・AC

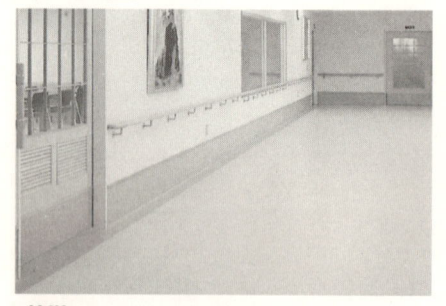

●特徴
ACフロアの厚い発泡層により、壁に衝突した際の衝撃をソフトに保護。全て抗菌仕様。
寸　法　高さ330mm×長さ9m（厚さ2.8mm）
単　位　梱包9m／巻
重　量　9kg／巻

●カラーバリエーション
マーブル（全4色）
雲（全3色）
木目（全3色）

部位	下地	接着剤	価格（材工共）
直線部	石膏ボード コンクリート モルタルなど	セメント U／セメント TH セメント R	¥3,800/m
コーナー部（出隅、入隅）			

http://www.tajima.co.jp/

テラスサッシ
つまずきの心配がない「ノンレール構造」を採用

■下枠ノンレール引違い窓＋下枠ノンレール引違い窓用シャッター

●特徴
安全性に配慮
下枠の段差を3mm以内に抑えてあり、つまずきの心配がない。

清掃性に配慮
フラットな形状のレールなので、日頃の清掃は下枠上面を雑巾などで拭くだけ。

●シリーズ
・下枠ノンレール引違い窓（エピソード、エピソードTypeS、エイピアJ、フレミングⅡ）
・下枠ノンレール引違い窓用シャッター

下枠ノンレール引違い窓用シャッター ウェルシー（電動）：スラットを閉めたままでも、通風・採光が可能な多機能電動タイプのアルミシャッター

下枠ノンレール引違い窓用シャッター（電動・手動）：幅広いご要望にお応えできる、スタンダードなスチールシャッター

●代表価格
・下枠ノンレール引違い窓　¥150,000
　（エピソードシリーズ、W1690×H2030、大型引手、キックプレート付、内観クリア　¥150,000（1個税別））
・下枠ノンレール引違い窓シャッター
　手動タイプ、W1670×2030　¥110,200

http://www.ykkap.co.jp/

建具
Fittings

(株)ユニオン
TEL (06)6532-3731　FAX (06)6533-3747

ハンドル — ドアの開閉がやさしくなる

■グリップル

新しい発想で開発された「グリップル」はグリップ部分が360度自由に回転するもので、ドアの開閉に関係なく、握った人の意志通りにグリップが回る。握力の弱い女性・シルバー・体の不自由な方でも無理なく扉を開閉させることができ、特に引き戸に有効。

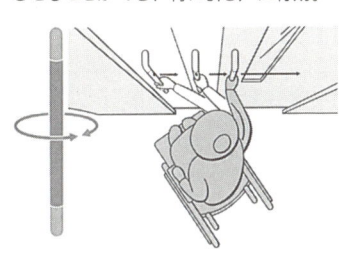

ケアハンドル

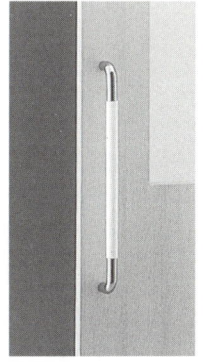

H7915-84-077　￥35,000
アクリルホワイト＋ステンレスミラー
G7911

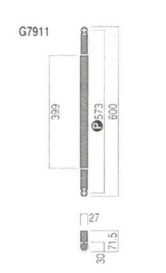

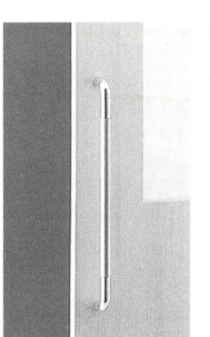

H7915-01-003　￥35,000
ステンレスヘアライン＋ミラー
G7910

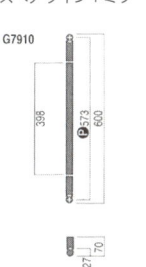

ハンドル — 使い方いろいろ ビビッドなカラーハンドル

■ユニセラ（カラーハンドル）

●価格
￥33,000

●サイズ
取付穴
φ16mm
フラッシュドア取付時
φ10mm

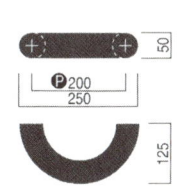

●カラー

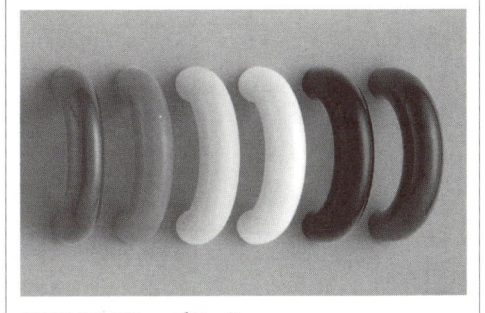

G555-33-101　ブラック
G555-33-049　セピア
G555-33-076　ホワイト
G555-33-084　イエロー
G555-33-086　レッド
G555-33-092　グリーン

玄関・階段

建具
Fittings

YKK AP（株）品質保証顧客サービス室
TEL (0120) 72-4134　FAX (03) 5610-8079

玄関ドア

バリアフリーの特長に高い断熱性をプラスした重厚なデザインのドア

■ 断熱玄関ドア　デュガードプロキオ（ZUTTO シリー）　※住宅金融公庫の融資制度が適用

●特徴
① 850 mm 以上の有効開口を実現。
（親子タイプの場合は両扉全開時で 1,073 mm）
② 下枠の段差解消。
③ 大型ハンドルを採用。
④ 暖房効果を高める優れた断熱構造。

ボトムエアタイト 
AT材
高い気密性を発揮

ドアクローザ 
ストップ角度とスピード調整が可能

B1 DBF1482VR-06-R　¥564,900
W1,240 × H2,348mm

B7-BF-1482VB-06-R
錠セット記号
YSKAG-D-1313A-R
¥538,000
W1,240 × H2,348mm

子扉 
上部錠の位置が低く操作しやすい

錠セット 4 タイプ 2 カラー
プッシュブル錠（バータイプ） 
プッシュブル錠（プレートタイプ） 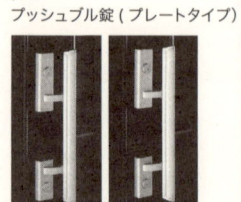
プッシュブルグリップ錠
レバーハンドル錠
電気錠対応不可

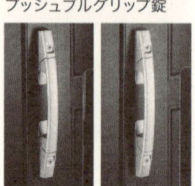

http://www.ykkap.co.jp/

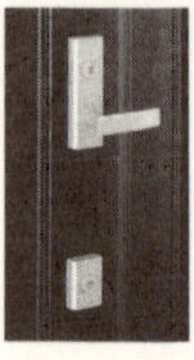

建具 Fitting

YKK AP（株） お客様相談室
TEL (0120) 72-4134

玄関引戸

**現代的な広い間口、明るいデザインに
重厚で洗練された伝統美をプラスした安全な玄関引戸**

■玄関引戸「れん樹」（袖付二枚引込戸）ZUTTO

●特徴
・介助者を伴っての移動や車いすでの移動にも無理のない903.5mmの有効開口。
・従来の引戸の下枠にあった段差を低く抑え、傾斜をつけることで出入りがスムーズにできるよう配慮。

錠付大型引手 
引き残しストッパー 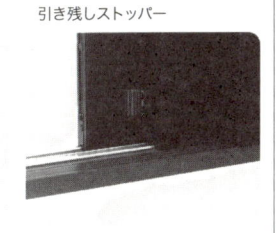
化粧額縁一体枠 
選べる袖パネル

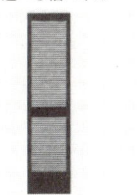

B7 DHS　BF-2804-06-L
組み合わせ価格　¥367,700
枠寸法　W1,690×H2,050mm
（消費税・組立施工費等別）

●オプション

キックプレート 
グレーチングユニット 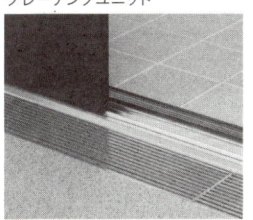
網戸

●仕様
引戸本体：主要部材／アルミ押出し形材
　　　　　パネル／アルミ
　　　　　ガラス／市売品を別途手配
枠：主要部材／アルミ押出し形材
　　下枠カバー／ステンレス
錠：引手／アルミダイカスト他
　　シリンダー／アルミダイカスト、ステンレス

●カラー
・カームブラック
・ブラウン
・グレイ

玄関・階段

http://www.ykkap.co.jp/

玄関関連商品
Product related to entrance

UDハウス福祉開発
TEL (06) 6934-6905　FAX (06) 6934-6905

シューズボックスベンチ

ベンチに座りになりながらくつの出し入れができるシューズボックスと一体型のスライドベンチ

■シューズボックス「すわって」

基本ユニット

●**基本ユニットサイズ**
W800 × D400 × H950 mm
（手すり部分を含む場合は D450 mm）

●**基本ユニット価格**
¥120,750

●**特徴**
固定部分はシューズボックスの機能、スライド部分はベンチ機能を持たせ、玄関のスペースを効率よく利用。

●**固定ボックス特徴**
・天板は玄関を演出できる飾り棚として利用できる。
・材質は化粧合板で、手の触れる「支え手すり」には天然ナラ集成材を使用。
・天板の形状は高級感溢れるやや直線的な形状。
・仕上げはナラ集成材はクリアラッカー塗装、化粧合板はライトオーク柄で色のマッチングを図っている。
・「支え手すり」は優しい丸みで、天板に掘り込まれた溝によりつくられている。
・本体は基本的には壁に固定。
・棚板には溝があり、落とし込んで安定を図っている。
・内部棚板は可動棚で、長靴・ブーツ・箱等の収納にも対応。

●**スライドベンチ特徴**
・本体の天板は、すべて天然ナラ集成材。
・本体の扉は、ベンチに座りながら出し入れができるように開き方を考慮している。

●固定ボックス詳細図

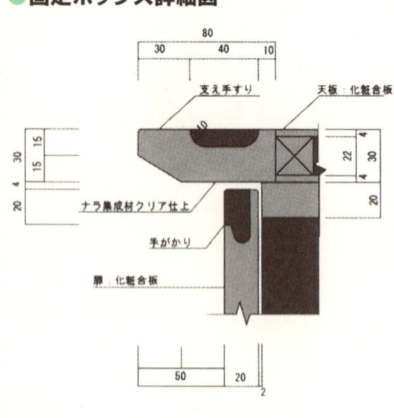

●その他の商品構成

基本ユニット + 吊扉ユニット

基本ユニット + 吊扉ユニット + トールユニット

玄関関連商品
Product related to entrance

東洋プライウッド（株）営業管理部　管理課
TEL (052) 205-8471　FAX (052) 205-8460

（株）ベスト
TEL (03) 3257-7745　FAX (03) 3257-7773

玄関収納
若々しいデザインとバリエーションで幅広いニーズに対応

■MFシリーズ

●特徴
・プラスティックの棚板は軽くて丈夫。ほこりなども簡単に拭き取れ、ひどい汚れも水洗いできれいにすることができる。
・耐震ラッチがあることで、地震などによる突然の揺れに対し、瞬間的に作動し収納物の落下を防いでくれる。
・すばやく確実に施工できワンタッチ蝶番は、蝶番プレートを本体のダボ穴に差し込み、ロックレバーを下ろしてロック。蝶番アームも扉のダボ穴に差し込み、ロックレバーを下ろしてロックするだけ。調整はドライバーで調整ビスを回すことで扉前後、左右を調整するだけ。

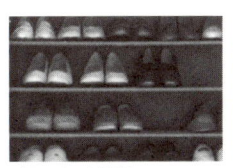

プラスチック棚板
耐震ラッチ 
すばやく確実に施工でき、調整も容易なワンタッチ蝶番

http://www.toyoplywood.co.jp

玄関ベンチ
使う時に引き出し普段は壁面に収納

■ウォールインチェア
壁面収納折りたたみイス

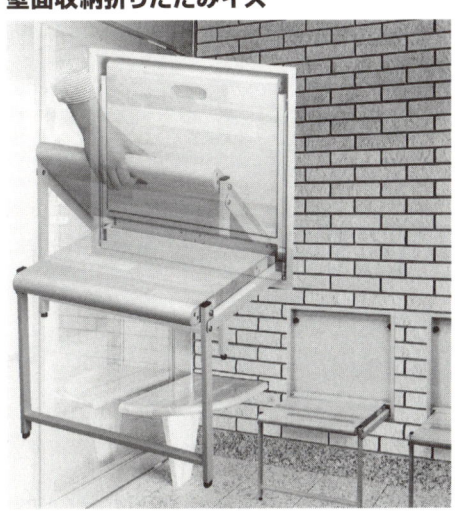

●寸法図
342　37
402
335

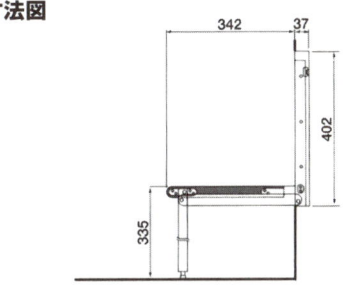

●特徴
収納折りたたみイスを設置することによりスペースを保ちながら、靴をはく時などに楽に動作できる。

本体：スチール焼付塗装
座板：集成材

NO.888
¥50,400

http://www2.best-x.co.jp/

玄関・階段

225

玄関関連商品
Product related to entrance

(株)田邊金属工業所
TEL (06) 6302-3681　FAX (06) 6302-3685

玄関ベンチ
利便性と低価格のお手軽さを実現

■ 玄関ベンチ

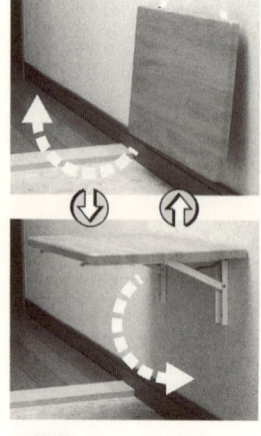

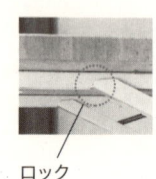

● 特徴
- 限られたスペースで使えるコンパクト設計。
- 椅子板を90度以上持ち上げれば自動的にロックがかかる。
- 取付は300mmのドライバーを使い、大がかりな工事は不要。

● 寸法図

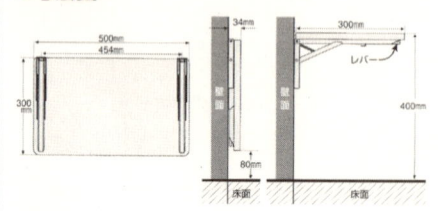

● 材質
椅子板：M.D.F
ブラケット：SPHC (鋼板)

● 価格
FC-300『じゃませんでイ～ス』
収納時　34mm
椅子板　W500mm × D300mm

¥4,800

http://www.tanner-wago.co.jp

(有)バリアフリー静岡
TEL (054) 205-9852　FAX (054) 205-9854

収納いす
後付タイプのコンパクトな収納

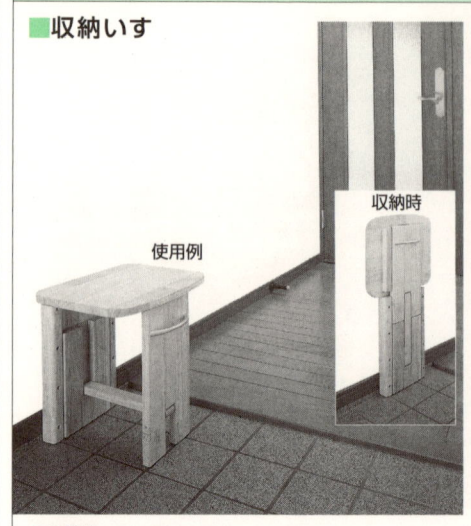

■ 収納いす

使用例　　収納時

● 特徴
- 使用しない時は、簡単に折りたたんで収納できる。
- コンパクト設計なので、狭い玄関スペースでもOK。
- 壁にビスで固定する設置型タイプ。
- クリアー色　・ゴム集成材
- SS-11048　¥26,250
  座面 W350×D300×H480
- SS-11038　¥24,150
  座面 W350×D300×H380

■ 規格踏み台S

● 特徴
- 設置場所の高さに合わせて、台の高さを4段階に調節できる。
- 表面に滑りにくい塗装をしてあるので安全。
- ガタ付防止のゴムアジャスター付。
- ライトオーク色　・天然木
- FD-KS　¥21,000
  W550×D350×H110・140・170・200

http://www.bf-shizuoka.co.jp

玄関関連商品
Product related to entrance

アロン化成（株）
TEL (03) 5420-1562　FAX (03) 5420-7738

段差ステップ・手すり

段差のある玄関での出入りをやさしくサポート

■安寿 上がりかまち用手すり SM-650L

●特徴
・段差のある玄関での昇降をサポート
　6～45cmの段差に対応。

●仕様
サイズ
幅20×奥行67.5×高さ76～115cm
重量：約5.0kg
材質
支柱高さ調節脚：スチール（メラミン焼付塗装）
手すり部：タモ積層材
スライド脚：アルミニウム
色調：ライトブラウン・ブラウン

70～80cm
（5段階）

かまちの高さに合わせて脚の高さを調節できる。

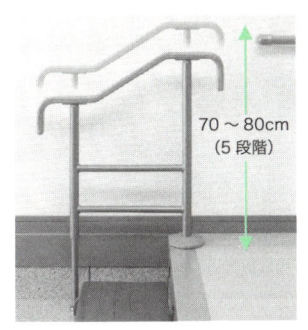

利用者の体格や状態の変化に合わせて手すりの高さを5段階に調節できる。

しっかり取り付けできるL型固定板。

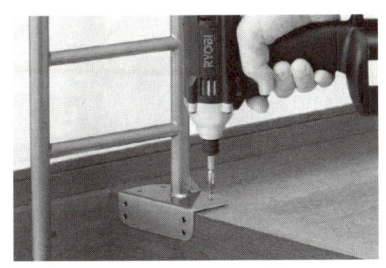

20cm幅の固定板を、付属のネジでしっかり取付け。

玄関・階段

http://www.aronkasei.co.jp/

227

玄関関連商品／屋内手すり
Product related to entrance, Indoor handrail

マツ六（株）
TEL (06) 6774-2222　FAX (06) 6774-2248

DIPPER ホクメイ（株）
TEL (06) 6752-0241　FAX (06) 6758-6485

木製踏台

ラバーウッドの高級家具調仕上

手すり

ベッドから一歩の場所で立ち上がりをサポート

■木製踏台

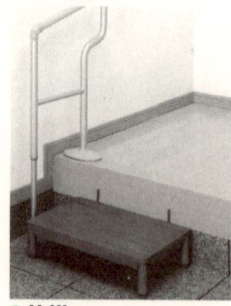

●特徴
・転倒防止用の安全金具付き。
・高さ30mmまでの間調整ができる。
・脚はボルトによるネジ込み式。

■サークル型手すり ジュピター
介護保険レンタル適用品

手すりは移動を助けるものですが、立ち上がり（起き上がり）ができなければ、移動は始まりません。立ち上がることができれば、それがリハビリになり、次の段階である歩行へと繋がります。その立ち上がりをジュピターが強力にサポートします。

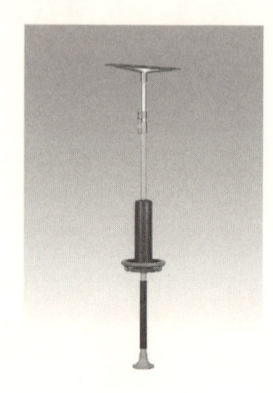

●仕様

品名	材質	色	サイズ	価格
KRF-1	ラバーウッド	ダークオーク	W460×D300×H150〜180	¥7,700
KRF-2			W600×D350×H150〜180	¥9,900
KRF-3			W600×D350×H70〜80	¥9,900
KRF-4			W900×D400×H70〜80	¥12,100

■木製踏台DX

●特徴
・踏台に足が入り込まない様に、踏み込み板を付け蹴込寸法を5mmにしている。
・すべり止め塗装が施されている。
・高さ調整アジャスター付き

木製踏台DX1段15 　木製踏台DX2段 　木製踏台DX1段12

●特徴
・手すりが円形で、取り付け位置や高さが自由に変えられるため、身体の向きの変換や車いすへの移動を助けます。
・円形の手すりの周囲がフリースペースに変わり、行動や取り付けに、フレキシブルな対応ができます。
・立ち上がりをサポートします。
・全面的にではなく、足りない分だけ力を貸します。
・立ち上がりの自立法に添った動作をサポートします。

●仕様

品名	材質	色	サイズ	価格
DX1段15	ラバーウッド	ミディアムオーク	W600×D400×H150〜180	¥12,000
DX1段12			W600×D400×H120〜150	¥13,000
DX2段			W600×D600×H240〜270	¥25,000

手すり部

http://www.mazroc.co.jp/

http://www.dipper-hokumei.co.jp/

屋内手すり
Indoor handrail

フクビ化学工業（株）
TEL (0776) 38-8013　FAX (0776) 38-8083

木製手すり
木粉コンパウンドの二層成形で質感を持った手すり

■銘木階段手すりステップルⅡ

●特徴
暗闇時の誘導目印となる蓄光リング付。BL認定品

■カラーバリエーション
- ●ライト L
- ●ナチュラル N
- ●ミディアム M
- ●ダーク D

ブラケット
垂直ブラケット
フリージョイント
エンドキャップ

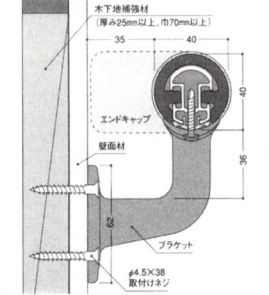

TS2BL-□
￥18,900／セット
L4m　梱包２セット
セット内容：
レール１
エンドキャップ２
ブラケット２　他

http://www.fukuvi.co.jp/

（株）アトラス
TEL (06) 6765-2360　FAX (06) 6765-2366

木製手すり
安心して握れる未来型安全手すり

■天然木手すり　パームメイト

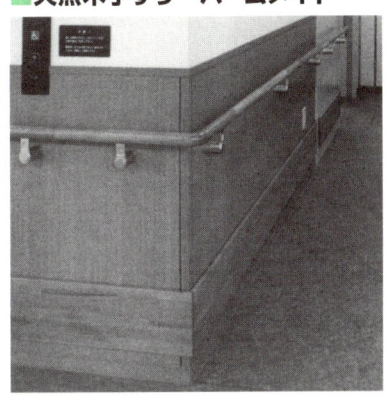

●特徴
・見た目に美しい天然木素材。
・各種役物部品により施工性も向上。
・抗菌仕上げで安心使用。

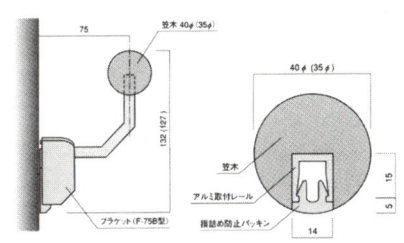

PM-40(40φ)

●材質／価格

部品名	材質	価格
本体（笠木）40φ	タモ集成材	￥5,000／m
本体（笠木）35φ	タモ集成材	￥4,500／m
取付レール	アルミ合金押出型材	￥500／m
指詰め防止ジッパー	PP系合成樹脂	￥500／m

http://www.atlas-net.co.jp/

玄関・階段

屋内手すり
Indoor handrail

マツ六（株）
TEL（06）6774-2222　FAX（06）6774-2248

DIPPER ホクメイ（株）
TEL（06）6752-0241　FAX（06）6758-6485

手すり　肘で支えながら移動できる手すり

■ BAUHAUS 肘掛け手すり

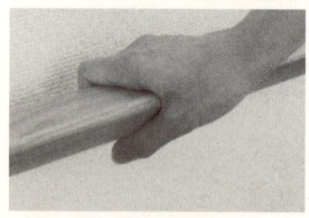

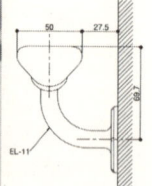

●特徴
・手や指に力がなく、手すりを握るのが難しい方でも、肘で支えながら移動できる手すり。
・もたれかかって移動できるように、手すり上部を平坦にしている。

ひじや手のひらで支えられる

肘掛け手すり棒　　エンドキャップ（1個）

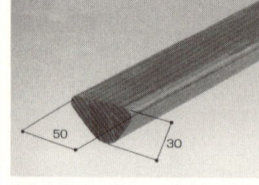

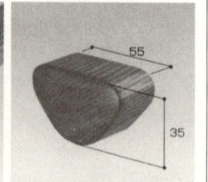

BG-M04　4m　　040-1910　　BG-01M　040-2010
1本　　　¥17,000　　　　　1個　　　¥850
BG-M02　2m　　040-1915
1本　　　¥9,000

D エンドキャップ（左右組）

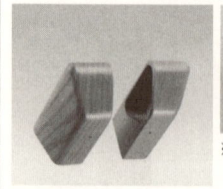

BG-02M　　040-2015
1組　　　¥2,200

※D エンドキャップはエンドブラケットではなく、服の裾をひっかけないためのキャップ。

※ブラケットは BAUHAUS φ35mm 用の横型ブラケット（BD-03B ブラウン、BD-03G ゴールド 1個¥750）を使用。

http://www.mazroc.co.jp/

手すり　どこでも設置可能な手すり

■ NEW ベストポジションバー

介護保険レンタル適用品

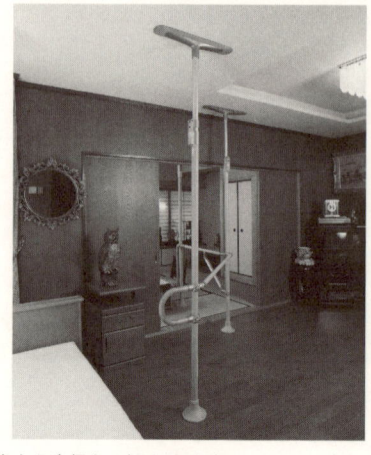

●特徴
・立ち座りから歩行までカバーします。
・部屋の中央を通せます。
・手すりをつけたまま扉の開閉ができます。
・玄関から廊下、各部屋まで連続的につなぐことができます。
・途中で方向を変えることができます。
・いろいろな高さに対応でき、段差にも便利。
・大工さんなどによる工事は一切不要。
・高さ 2m10cm～2.9m に取り付け可能

●取付手順

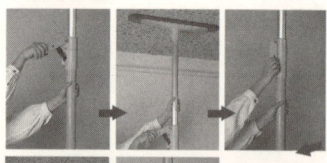

上の写真のように取り付けることで和室の竿天井にも取り付けができます。

http://www.dipper-hokumei.co.jp/

屋内手すり
Indoor handrail

《株》ウッドワン
TEL (0829) 32-3333　FAX (0829) 32-6237

木製手すり

バリアフリー対応の手すりを豊富にラインアップ

■ 手すり M35 シリーズ（LVL）

品　番	サイズ	入数	価　格
TM 3511 -□	2000 × 35 φ	1	¥6,951
TM 3512 -□	3000 × 35 φ	1	¥9,922
TM 3513 -□	4200 × 35 φ	1	¥13,860

木製可変自在エルボー
T B5335 -□　¥5,512
67 × 67

● 接続手すり M35

TM3551 -□
¥13,860
200 × 200 × 35 φ

TM3552 -□
¥13,860
150R × 35 φ

● 手すり M35LVL シリーズ

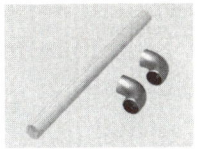

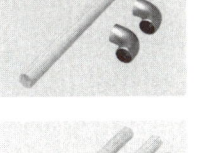

M35LVL I 型セット

品　番	サイズ	部　材	入数	価　格
TM 3571 -□	600 × 35 φ	手すり本体	1	セット ¥11,655
		エンドエルボー	2	

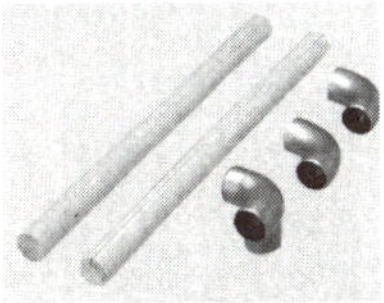

M35LVL GL 型セット

品　番	サイズ	部　材	入数	価　格
TM 3572 -□	600 × 600	手すり本体	2	セット ¥32,865
		エンドエルボー	2	
		コーナーエルボー	1	

● 手すり M35 タモシリーズ
バリアフリー対応型、玄関、トイレ用手すり

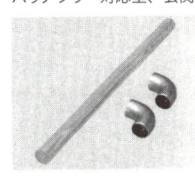

手すりタモ 35 φ用セット

品　番	サイズ	部　材	入数	価　格
タモ35φ用縦 TM 3531 -□	600 × 35 φ	手すり本体	1	¥8,400
		エンドエルボー	2	
タモ35φ用 GL 型 TM 3532 -□	600 × 600	手すり本体	2	¥17,850
		エンドエルボー	2	
		コーナーエルボー	1	

玄関・階段

http://www.woodone.co.jp/

屋内手すり
Indoor handrail

日本住宅パネル工業協同組合
TEL (03) 3945-2315　FAX (03) 3945-2316

木製手すり

"握る"から"のせる"へ。このカタチがみんなにやさしい。今、必要なのは、エルゴノミクス・ハンドレイル

■アシスト er エル

※国内特許（第3678207号）取得済
※米国特許出願済

●特徴

アシスト er エルは、エルゴノミクス（人間工学）を追求した独自の断面形状により、握力が低下しても指先の機能を充分使うことを可能にした、みんなにやさしい長寿社会対応手すりです。銀系無機抗菌塗装で衛生面にも配慮。木質初のSIAAマーク商品です。

●価格

4,515円（ストレートレール L=1000）から

- 加齢による握力低下
- 丸い手すりは握りやすい？
- 握って使うという固定概念

"握る"という行為に疑問!?

丸型断面手すりからの脱却

"握る"という行為を見つめ直した形状

手を添える、または肘を含めた腕全体を乗せる状態でも使用できる"くぼみ"

ADLの維持、QOLの向上

手を安定させるための適度な"へこみ"

指先を安定させるための"ガイド"

手すり使用時の生体情報計測結果より

足圧分布計測

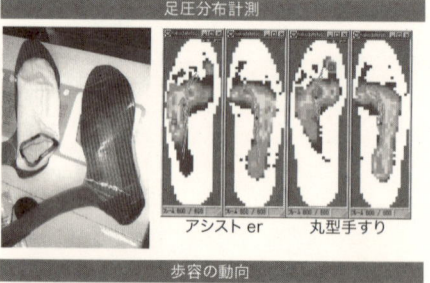

アシスト er　　丸型手すり

歩容の動向

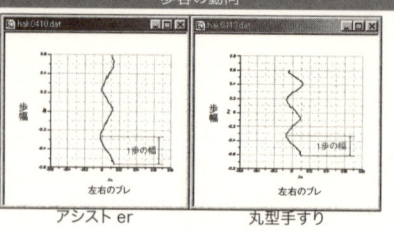

アシスト er　　丸型手すり

アシスト er エルは、丸型手すりに比べ体重の依存率が向上し、歩幅に大きな改善がみられる。

天然木の"タモ材"を使用しています。
"F☆☆☆☆"対応商品

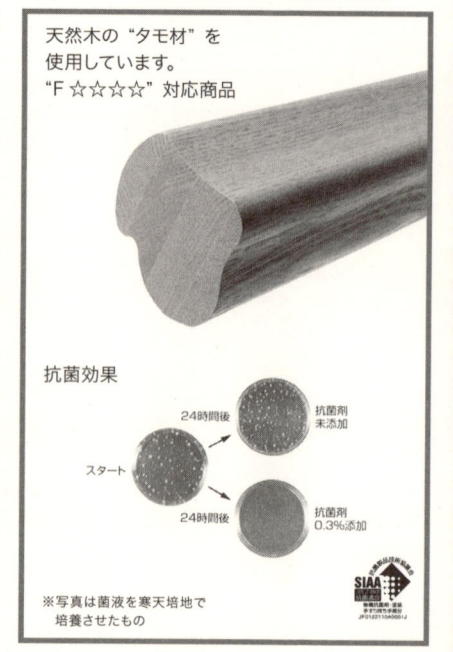

抗菌効果

スタート
24時間後　抗菌剤未添加
24時間後　抗菌剤0.3%添加

※写真は菌液を寒天培地で培養させたもの

http://www.panekyo.or.jp

屋内手すり
Indoor handrail

マスラー(株)
TEL (03) 5957-3105　FAX (03) 5958-0371

木製手すり
ユニバーサルデザインの健康手すり

■ マスラー握棒（木製、合成木材製）

● 特徴
ゆび裏、掌に食い込む三角山形リブ付き手すりを握ると滑らない、冷たくない。握って気持ちがいいので安全性をより高め、また、頭脳の働きにも好影響。
浴室など耐水性が求められる用途では合成木材製がお勧めで、また、まわり階段など役物が求められる階段も曲げが容易な合成木材製がよい。その他は木製が最適。

断面形状 A～D型　¥6,300 ～ ¥10,500/m（12種類）

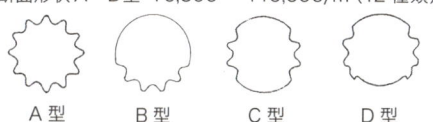

A型　B型　C型　D型

ttp://www.maslar.co.jp/

マツ六(株)
TEL (06) 6774-2222　FAX (06) 6774-2248

木製手すり
優しさと温もりを基本に機能性と安全性を追求

■ BAUHAUS
32 ディンプルグロス I型ハンド

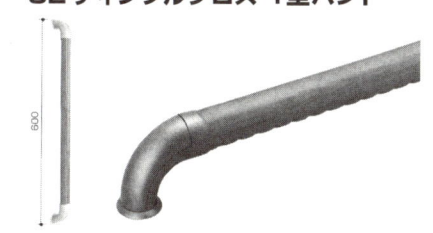

● 特徴
- 握りやすさを考えて直径32mmでディンプル加工を施してある。
- ブラケットを壁側に曲げたバリアフリー対応。
- I型（縦・横用）400・600・800
  L型 600×800

品名	32 ディンプルグロス　I型ハンド　600ミリ
単価	¥7,000
材質	本体：メープル無垢材　ブラケット：亜鉛合金、ABS樹脂
色	本体：Lオーク、Dオーク　ブラケット：チタン色、シルバー

■ BAUHAUS
ディンプルグロス手すりシリーズ φ35・φ32

上：ディンプルグロス手すり（Dオーク）
右：ブラケット横型（チタン色）

● 特徴
高級車のステアリングはディンプルグロス。メタリックと木のやさしさが調和。細やかな下地処理と何度も重ねられた特殊塗装から魅惑の輝き（グロス）が生まる。ディンプルグロス手すりは手にしっくり、しっかりと握れるフォルム。（安心設計のバリアフリー仕様）

品名	手すり棒 4m		ブラケット横型	
サイズ	φ32用	φ35用	φ32用	φ35用
単価	¥13,500	¥14,500	¥950	¥950
材質	ホワイトアッシュ三層集成材		亜鉛合金＋ABS樹脂	
色	・Mオーク色 ・Dオーク色		・チタン色 ・シルバー	

http://www.mazroc.co.jp/

玄関・階段

屋内手すり
Indoor handrail

相模ゴム工業（株）
TEL (046) 221-2239　FAX (046) 221-2346

木製手すり

**屋内の移動の不安を解消する
シュアーグリップシリーズの木製手すり**

■シュアーグリップ SF（フラットタイプ）

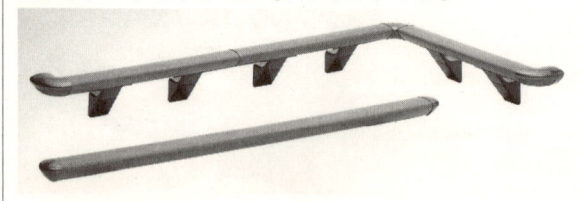

●特徴
・グリップが平らになっているので、手のひらや肘に無理な負担がかからず、つたい歩きに最適。
・グリップとブラケットの取り付けが、可動式なのでブラケットの位置決めが簡単に行える。
・ブラケットは六角レンチで簡単に固定。

●品番・価格

品名	仕上色	材質	価格	品番
木製グリップ (4m)	ミディアムレッド	ABS樹脂と木粉の合成	¥31,290	SF0001
	ミディアムイエロー			SF0002
壁面ブラケット	パールグレー		¥1,890	SF0101
ジョイント	ダークブラウン パールグレー	本体：アルミ合金 カバー：ABS樹脂 仕上：焼付塗装	¥1,103	SF020
コーナー			¥1,733	SF030
Rエンド			¥1,838	右：SF040 左：SF041
エンド			¥893	SF050

場所に応じてブラケットの位置を調節

※介護保険住宅改修対象品

■シュアーグリップ SW（33φ）

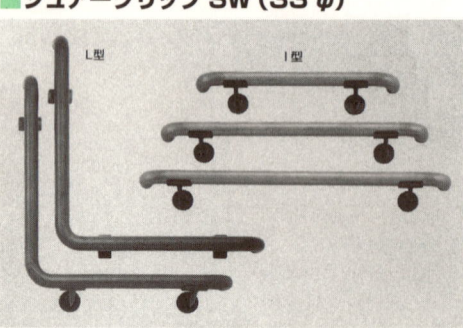

●特徴
・袖口にひっかかることのないように丸みを持たせた安心設計。
・3.6メートル手すり材用の各種部品も取り揃えてある。

●カラー
・ハニーオーク
・ダークオーク

※介護保険住宅改修対象品

●品番・価格・(I型・L型・逆L型)

サイズ	450 mm	600 mm	700 mm	800 mm	900 mm	1,350 mm
品番	SW334	SW336	SW337	SW338	SW339	SW313
価格	¥3,465	¥3,675	¥3,833	¥3,990	¥4,095	¥5,250

サイズ	1,800 mm	450 × 450 mm (L)	600 × 400 mm (L)	600 × 400 mm (逆L)	600 × 600 mm (L)
品番	SW318	SR404	SR604	SL604	SR606
価格	¥6,300	¥5,670	¥6,195	¥6,195	¥6,825

http://www.sagami-gomu.co.jp/

屋内手すり
Indoor handrail

有）バリアフリー静岡
TEL (054) 205-9852　FAX (054) 205-9854

手すり

リューマチによる手指の変形などで
太い手すりが握れない方にお勧めの手すり

■ 木製　28φ細～い手すり
● 特徴
・従来品35φ・32φの手すりよりも細く握りやすい。
・ブラケットもセットされているので手すりの長さを選ぶだけで簡単。
・300mm・400mm・500mm・600mmの4種類から選択可能。

● 材質
・手すり：ホワイトアッシュ集成材（色：クリアー）
・ブラケット：亜鉛合金（色：ゴールド）

部材名	品番	長さ(mm)	色(手すり・金具)	参考価格
木製28φ細～い手すり	28MS300G	300	クリアー・ゴールド	¥6,510
	28MS400G	400	クリアー・ゴールド	¥6,804
	28MS500G	500	クリアー・ゴールド	¥7,098
	28MS600G	600	クリアー・ゴールド	¥7,392

■ 木製手すり・部材
・多くの部材により、あらゆる場所に取付が可能（単位mm）※介護保険住宅改修対象品

丸棒（タモ集成）
32φ×2000　¥4,410/本
32φ×4000　¥8,820/本
35φ×2000　¥4,410/本
35φ×4000　¥8,820/本
色：クリアー・ライトオーク・ダーク

自在ジョイント
BR-113
¥2,783/個
32φ　ゴールド
35φ　ブロンズ

C形ブラケット自在コーナー
BR-608
¥3,465/個
32φ　ゴールド
35φ　ブロンズ

C形ブラケットL受
BR-600
¥840/個
32φ　ゴールド
35φ　ブロンズ

C形ブラケットL止左
BR-602L
¥1,113/個
32φ　ゴールド
35φ　ブロンズ

C形ブラケットL止右
BR-602R
¥1,113/個
32φ　ゴールド
35φ　ブロンズ

C形ブラケットコーナー
BR-606
¥1,449/個
32φ　ゴールド
35φ　ブロンズ

ユニバーサルブラケット
BR-177
¥1,838/個
32φ　ゴールド
35φ　ブロンズ

E形ブラケット出隅止
BR-128
¥1,103/個
32φ　ゴールド
35φ　ブロンズ

補強板（タモ集成）
15×80×4000　¥9,177～/枚
20×80×4000　¥10,647～/枚
15×100×4000　¥10,668～/枚
20×100×4000　¥12,516～/枚
色：クリアー・ライトオーク・ダーク・アイボリー

玄関・階段

http://www.bf-shizuoka.co.jp/

屋内手すり
Indoor handrail

東洋プライウッド（株）　営業管理部　管理課
TEL (052) 205-8471　FAX (052) 205-8460

いうら（株）
TEL (089) 964-8880　FAX (089) 964-1599

後付け手すり　取り付け場所を選ばず、リフォームに最適

■手すりシステムパラオーク集成

●特徴
取り付け場所は自由自在。長さや角度も変えられるシステムで、踊り場や階段前後の廊下などにも、手すりを連続させることが連続させることができます。

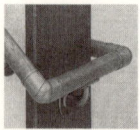

階段スタート部分も連続した手すり。
階段折り返し部分も安全です。
危険防止のため、先端は壁に向かわせたエンド金具で安全です。

角度調節「自由自在」
90°～180°まで自由に角度の調節が可能。しかも、2方向（水平・垂直）の角度調節が簡単にできます。

●価格
※ WS：スプモーニホワイト色は（A）付品番になります。

品名	カラー	品番	価格
直棒手すり長さ2m	無塗装品	YW0400-70	¥5,000 (¥5,250) ／本
	塗装品	YW04□□-70 (A)	¥6,200 (¥6,510) ／本
直棒手すり長さ4m	無塗装品	YW0400-72	¥8,500 (¥8,925) ／本
	塗装品	YW04□□-72 (A)	¥10,500 (¥11,025) ／本
エンド金具	塗装品	YW04○○-80	¥2,300 (¥2,415) ／個
ジョイント金具(フリー)	塗装品	YW04○○-81	¥2,500 (¥2,625) ／個

※品番の□□と○○には色番が入ります。
□□＝ CL：クリアー、RE：リアル、WS：スプモーニホワイト、FH：フレッシュ、NT：ナチュラル、MA：ミディアム、DB：ダークブラウン
○○＝ 01：ライト、02：マイルド、08：ダーク

http://www.toyoplywood.co.jp／

手すり　取得場所に合わせ、バリエーション豊富に用意

■テスリ

一般用フランジ
ステンレスタイプ
¥7,500 ～

角付けフランジ
樹脂コートタイプ
¥7,900 ～

ユニットバス対応フランジ
樹脂コートタイプ
¥8,700 ～

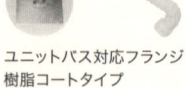

■にぎりの種類

●ステンレスタイプ
・握りやすく、滑りにくい凹凸加工をし、粉体塗装処理をしたタイプ。
・浴室などの水周りでも安心して使用できる。

●樹脂コートタイプ
・アルミ合金の芯材に、ゴム質の樹脂コーディングをしたタイプ。
・手にしっくりとなじみ、滑りにくい材質。
・触れても冷たくないため、寒冷地等の浴室に最適。

●木目調タイプ
・アルミ合金の芯材に、天然木の粉末を混入した樹脂をコーティングしたタイプ。
・廊下、階段等の場所に最適。
・取り付け場所に合わせ、淡い色調と濃い色調の2種類を用意。

■フランジの種類

一般用フランジ
角付け用フランジ
ユニットバス用フランジ

http://www.iura.co.jp／

236

屋内手すり
Indoor handrail

イズミ（株）
TEL (076) 451-6225　FAX (076) 451-6801

はね上げ手すり
通行の妨げにならない可動手すり

■ システム手すり　リンクラインはね上げ

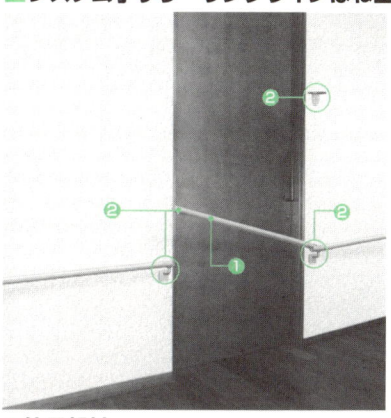

● 使用部材
1. W35 木棒
2. W35 はね上げブラケット右セット

● 特徴
・開口部でも通行の妨げにならず、手すりを設置可能。
・片手で操作できる。
・室内タイプの他に屋外タイプもある。

● 価格
W35 はね上げブラケット右セット　　　¥26,250

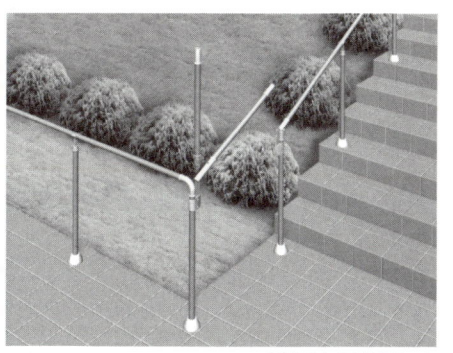

C35 はね上げ FF セット

http://www.izumi-web.com

マツ六（株）
TEL (06) 6774-2222　FAX (06) 6774-2248

脱着手すり
襖などの開口部分にぴったり

■ BAUHAUS 襖用脱着手すり

● 特徴
・手すりの連続性を保ちながら押入れの利用も可能にします。
・5mm 厚の特殊なアルミ管を使用し、重さも抑えて 2000mm スパンの強度を可能にしました。
・環境に優しいエラストマー樹脂を被覆しました。

● 寸法図

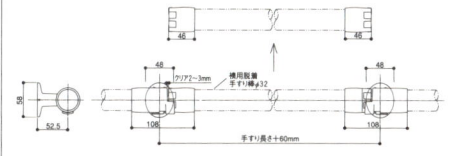

バウハウス襖用脱着手すり棒
バウハウス襖用脱着手すりブラケットセット 
ラッチ側（2 個入） 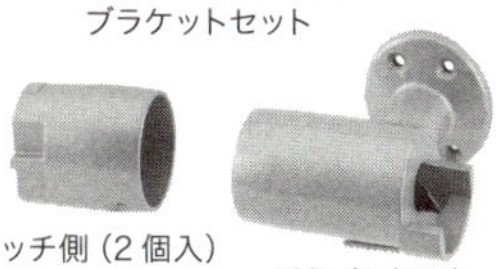
受側（2 個入）

φ32 用ソケット（4 個入）
φ35 化粧キャップ（2 個入）
スペーサー（2 個入）

● 価格

バウハウス襖用脱着手すり棒 2m	1 本	¥8,800
バウハウス襖用脱着手すりブラケット	1 セット	¥14,300

http://www.mazroc.co.jp

玄関・階段

屋内手すり
Indoor handrail

マツ六 (株)
TEL (06) 6774-2222　FAX (06) 6774-2248

手すりブラケット

手すりの連続性を可能にした遮断機式手すりブラケット

■ BAUHAUS 遮断機式手すりブラケット

※介護保険住宅改修対応

● 特徴
- 手すりは、目的の場所まで連続していけるのが重要。遮断機式手すりブラケットは手すりの連続性を可能にした。
- 手すりを上下させる際の危険防止のための緩衝ストップ機構つき。
- バウハウス 35-32 木製手すりシリーズのゴールド色部品（別売）と組み合わせれば、連続手すりが容易になる。
- 遮断機式手すりとして単独に使用の時のために化粧キャップを用意。
- より安全に使用するために、手すり固定用のキャッチブラケット（別売）を用意。

ドア使用時　　緩衝ストップ機構　　手すり連続使用時

● ブラケットの間隔（参考）
アッシュ・タモ集成材　φ35 L=900㎜以内
アッシュ・タモ集成材　φ32 L=700㎜以内

※本図は右勝手です。

バウハウス 32 手すりにはスペーサーで高さ調整

● バウハウス遮断機式手すりブラケット（セット）

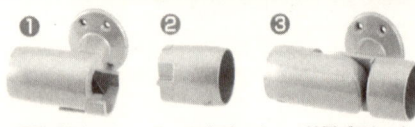

❶ 受側ブラケット　❷ ラッチブラケット　❸ 軸側ブラケット

32 用ソケット（4 個入）
φ35 化粧キャップ（2 個入）
スペーサー（1 個入）

● バウハウス遮断機式手すりキャッチブラケット（別売）

φ35 化粧キャップ（1 個入）
スペーサー（1 個入）

● 価格・仕様

商品コード	品名	材質	色	サイズ	単位	価格
040-1610	バウハウス遮断機式手すりブラケット右用	アルミ鋳造	ゴールド	φ35、φ32 兼用	セット	￥19,800
040-1615	バウハウス遮断機式手すりブラケット左用	アルミ鋳造	ゴールド	φ35、φ32 兼用	セット	￥19,800
040-1620	バウハウス遮断機式キャッチブラケット右用	アルミ鋳造	ゴールド	φ35、φ32 兼用	個	￥7,700
040-1625	バウハウス遮断機式キャッチブラケット左用	アルミ鋳造	ゴールド	φ35、φ32 兼用	個	￥7,700

http://www.mazroc.co.jp/

屋内手すり
Indoor handrail

ミハマ通商（株）
TEL(045)773-5858　FAX(045)773-6159

手すり

デザイン性を重視したすべりにくい手すり

■セフティー手すり

●特徴
・壁面、階段、トイレなど、あらゆる場所に取り付け可能。
・手すり先端部に丸みを持たせるなど、安全性を基本としたシンプルで美しいデザイン。

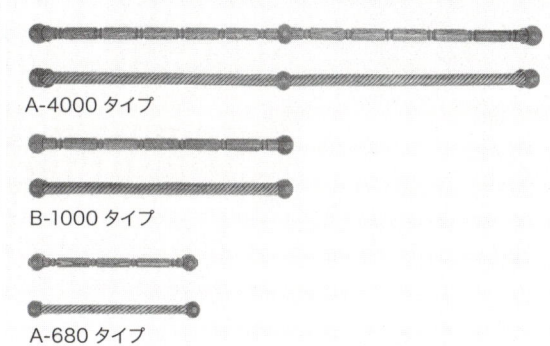

A-4000 タイプ

B-1000 タイプ

A-680 タイプ

玄関・階段

●価格表

部材名	品番（品名）	サイズ(cm)	材質	価格
安全手すり	A-680 ㈱型	φ3.5×68	レッドオーク	¥11,000
	A-680 ㈳型	φ3.5×68	レッドオーク	¥13,000
	B-1000 ㈱型	φ4.5×100	レッドオーク	¥14,000
	B-1000 ㈳型	φ4.5×100	レッドオーク	¥16,500
	A-4000 型	φ4.5×400（ジョイントタイプ）	レッドオーク	¥47,000
丸棒手すり	彫刻手すり	φ4.5×400	タモ	¥22,000
木製ブラケット	Aタイプ	φ3.8～4.5の丸棒用	レッドオーク	¥6,000
木製エンドキャップ		φ4.5の丸棒をカバーするキャップ	レッドオーク	¥1,800

tp://www.mihamatsusho.co.jp/

屋内手すり
Indoor handrail

(株)クネットジャパン
TEL (0956) 25-2678 FAX (0956) 25-2699

手すり

人間の手の動きや角度を追求して生まれた波形手すり

■QUNETTO-POP880

人間の手の動きや角度を徹底的に追求して生まれたのがくねくねと曲がった、この波形。トイレ用波形手すり「クネット　ポップハチハチマル」は、立つ座るといったトレイでの基本動作をしっかりサポート。

● 特徴
・材質は高品質のステンレス304
・いつまでも美しい、耐久性に優れた高質塗装
・選べるPOPなカラーバリエーション
・最も握りやすい径32mmを採用

● 仕様
品番　　：POP-880/BLU/YEL/GRE/IVO/RED/BEI
材質　　：ステンレス
サイズ　：径32mm　全長880mm
カラー　：ブルー、イエロー、グリーン、アイボリー、レッド、ベージュ

● 価格　　¥19,950 (税込)

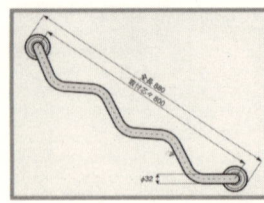

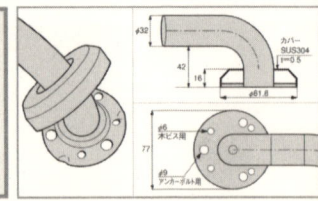

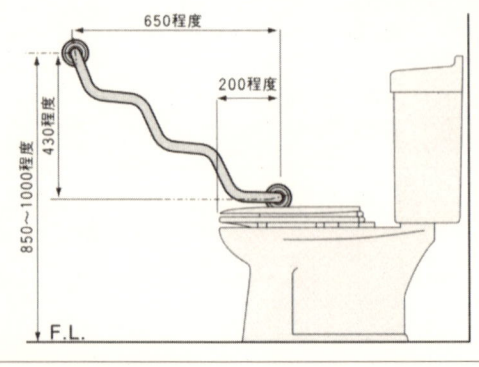

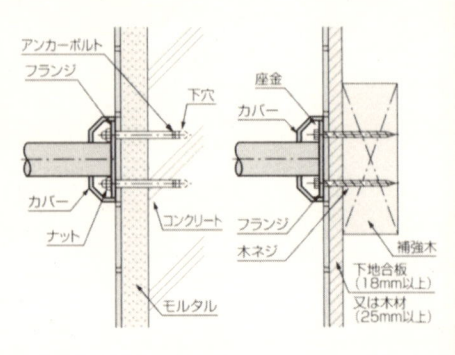

http:www.qunetto-japan.jp

屋内手すり
Indoor handrail

㈱クネットジャパン
EL (0956) 25-2678　FAX (0956) 25-2699

手すり

自然の気の持つ風合いがフィットする波形手すり

■ QUNETTO-KAEDE（楓）

● **特徴**

「KAEDE」は材質にメープル材（楓）を採用。自然の木が持つ温かい風合いが手に優しくフィットする。

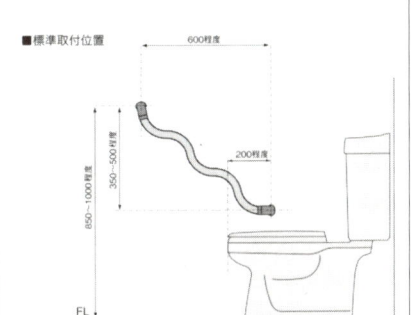

■標準取付位置　600程度　200程度　350〜500程度　850〜1000程度　FL

玄関・階段

● **仕様**

品番　：Q-KA
材質　：手すり本体 / メープル集成材
　　　　取付部材 / 亜鉛合金　ABS樹脂
サイズ：径 35 mm　全長 850 mm
カラー：手すり本体 / ナチュラル
　　　　取付部材 / シルバー

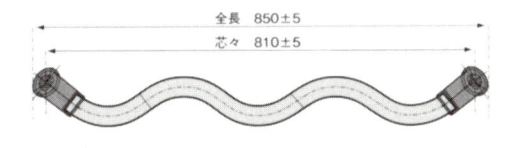

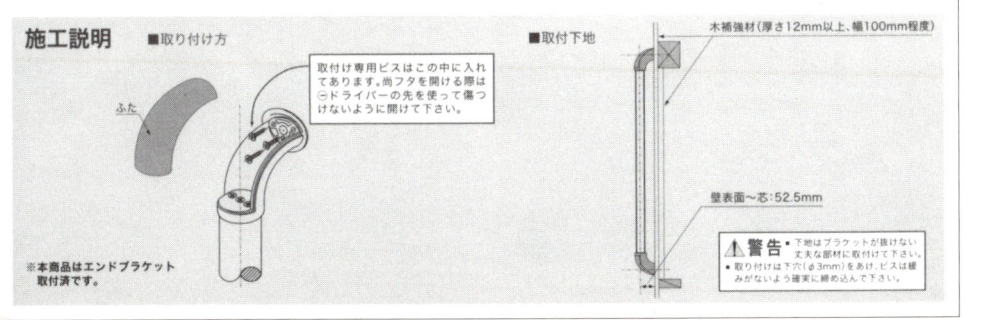

全長　850±5
芯々　810±5

● **価格**　¥23,000 円（税込 ¥24,150）

施工説明　■取り付け方　ふた　取り付け専用ビスはこの中に入れてあります。尚フタを開ける際は⊖ドライバーの先を使って傷つけないように開けて下さい。　※本商品はエンドブラケット取付済です。

■取付下地　木補強材（厚さ12mm以上、幅100mm程度）　壁表面〜芯：52.5mm

⚠ **警告**　・下地はブラケットが抜けない丈夫な部材に取付けて下さい。
・取付けは下穴（φ3mm）をあけ、ビスは緩みがないよう確実に締め込んで下さい。

ttp:www.qunetto-japan.jp

屋内手すり
Indoor handrail

(株)クネットジャパン
TEL (0956) 25-2678　FAX (0956) 25-2699

手すり

取っ手と杖の機能を持ちながら
病院や福祉施設、駅、学校など公共施設を楽しく自由に演出

■ QUNETTO-FREE

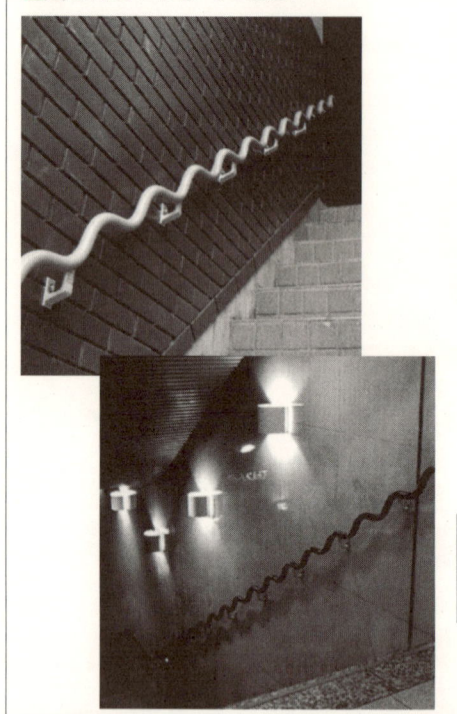

● 特徴
- アルミ芯材を樹脂で被覆し、強度をさらにアップ
- 階段〜踊り場〜廊下などの形状に合わせて、連続したスマートな設置が可能
- 樹脂素材の質感がさらにアップ
- 気温の影響を受けにくいソフトな心地よい握りで、幅広い場所で、歩行をやさしく支える
- 人気の木目調3色をはじめ、シックなカラーとカラフルなビタミンカラー全13色から選べる

● 仕様

品番	：QF
材質	：アルミ芯材＋樹脂
サイズ	：34φ
カラー	：木目調ホワイト、木目調ライト、木目調ダーク、アイボリー、ベージュ、チョコレート、ブラック、イエロー、オレンジ、レッド、ブルー、エメラルドグルーン、グリーン

● 価格

クネット部一式（材工共）	¥21,000（税込 ¥22,050）/m
直棒部一式（材工共）	¥11,000（税込 ¥11,550）/m
クネット部一式（材料のみ）	¥15,000（税込 ¥15,750）/m
直棒部一式（材料のみ）	¥8,000（税込 ¥8,400）/m

※15m以上壁付標準納まりの場合の価格
※15m未満の場合、材料のみの価格プラス工賃は日当計算
※スタンダードタイプブラケット使用の場合の価格
※立子型は別途見積もり

スタンダードタイプ（QF-B55ST）　カバー付きタイプ（QF-B55CV） 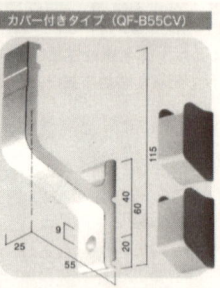　スリムタイプ（QF-B55SL） 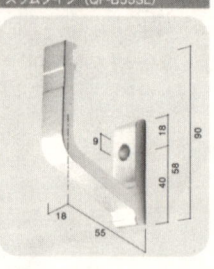　出幅75mmタイプ（QF-B75）

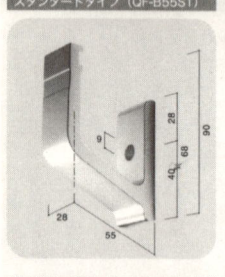

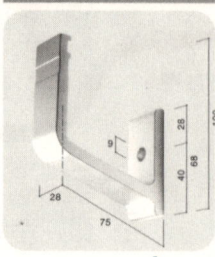

その他の周辺部材

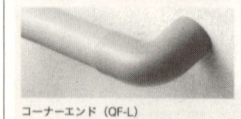

コーナーエンド（QF-L） 　エンドキャップ（QF-E）

※立子型用（QF-T）の部材もございます。
※指詰防止キャップはオプションになります。

http://www.qunetto-japan.jp

室内段差スロープ
Indoor Slope

日本住宅パネル工業協同組合
TEL (03) 3945-2315　FAX (03) 3945-2316

(有) バリアフリー静岡
TEL (054) 205-9852　FAX (054) 205-9854

下地形成工法
中空壁に手すりの後付けが可能に

■キャスティンコア
●特徴
一液性ポリウレタン樹脂注入による中空部材への取付下地形成工法。合板、石膏ボード等の素地面から化粧板まで、GL工法面からパネル面、軽鉄間仕切壁面まで対応可能。最大荷重 120kgf。

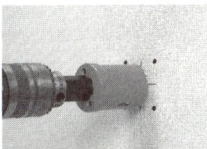

1. ブラケット取付部中央に35φの穴をあける。
2. 木ネジ部に7.5φの穴をあける。 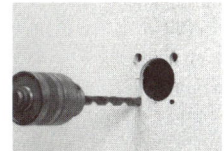
3. ウレタンスポンジ 10×10 cm の中央に印。 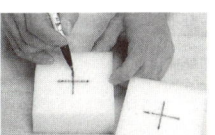
4. ウレタンスポンジに水を含ませて絞る。 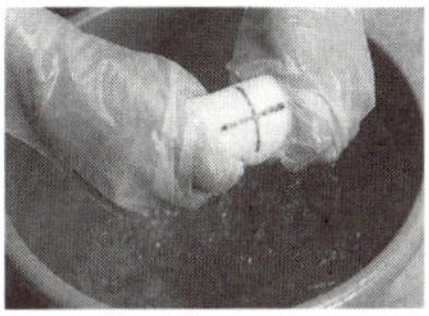
5. 壁パネル中空部にウレタンスポンジを挿入。 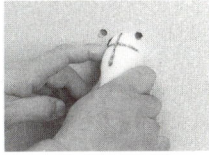
6. 一液性ポリウレタン樹脂を注入。 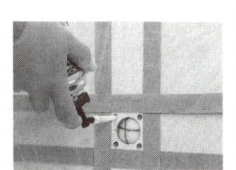
7. 注入後、φ8×30mmのポリエチレンでキャップ。 
8. 硬化後、養生を外してキャップをカット。 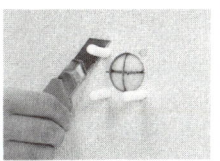

●価格（30ヶ所として）
厚さ　4〜7cm（中空部 2.5〜6cm）
　　　　　　　¥2,657／1ヶ所（材工共）
厚さ　10〜12cm（中空部 9〜10.5cm）
　　　　　　　¥4,725／1ヶ所（材工共）

http://www.panekyo.or.jp

室内段差スロープ
滑りにくい木製段差解消スロープ

■滑りにくいスロープ

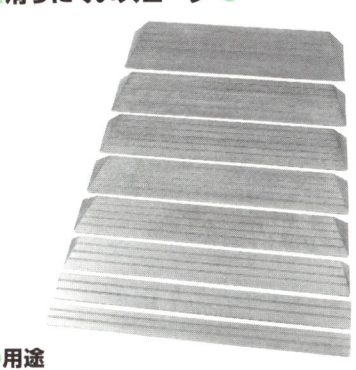

●用途
・住宅内の転倒予防及び、車いす対応の段差を解消

●特徴
・表面には特殊な滑りにくい塗装をしてあり、高級感のあるスロープ。
・塗装色は、クリアー・ライトオーク・ダーク。
・材質は、天然木。
・設置方法は、両面テープにて固定するだけ。（ネジで固定したい場合、ドリルで下穴をあけ、市販の木ネジで取付けること）
・必要に応じて、ノコギリで切って使用できる。
・規格品以外に、特注品も製作できる。

●価格
（高さ、奥行、長さの単位：mm）

品番	高さ	奥行き	長さ	溝数	コーナー	希望小売価格
S-14 (色)	14	60	800	2	無	¥3,045
S-19 (色)	19	75	800	2	無	¥4,095
S-24 (色)	24	100	800	3	有(30)	¥6,195
S-29 (色)	29	120	800	4	有(50)	¥7,140
S-34 (色)	34	130	800	5	有(50)	¥8,400
S-39 (色)	39	145	800	5	有(50)	¥9,975
S-44 (色)	44	160	800	5	有(50)	¥11,550
S-49 (色)	49	175	800	5	有(50)	¥13,020
S-59 (色)	59	210	800	6	有(60)	¥16,590

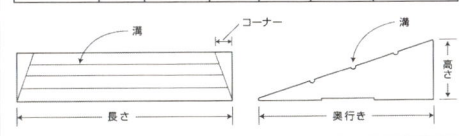

玄関・階段

http://www.bf-shizuoka.co.jp

室内段差スロープ
Indoor Slope

パナソニック電工ライフテック（株）
TEL (06) 6908-8122　FAX (06) 6908-2414

アビリティーズ・ケアネット（株）
TEL (03) 5388-7200　FAX (03) 5388-7502

室内段差スロープ　暗い場所で光る蓄光シートを採用したスロープ

■木製段差スロープ 蓄光タイプ

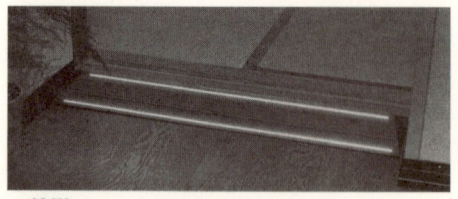

●特徴
- 家庭の蛍光灯で20分間照らすだけで約10時間光り続ける。
- 和室と廊下の間や洋室と和室の間などにある床段差での転倒やつまずきを予防するためのスロープ。
- 蓄光シートの採用により暗い状態でもしっかり確認でき、安心して使用できる。
- 蓄光シートは、太陽光や蛍光灯の光をあてることによって暗闇で発光し、光の吸収・発光は何度でも繰り返しが可能。
- 溝加工による滑り止め設計。
- 配線溝を設けてあるので、電気コードを背面に通すことができる。

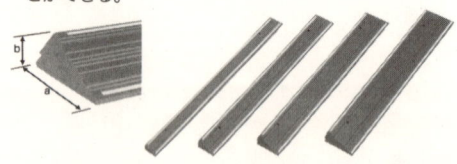

木製段差スロープ	定尺	#15	#20	#25	#30
サイズ	a(cm)	5	7	9.5	11.5
	b(cm)	1.5	2	2.5	3
段差対応高さ(cm)		1.3～1.7	1.8～2.2	2.3～2.7	2.8～3.2

木製段差スロープの勾配(b/a)は、ゆるやかな段差対応(10/40)角度を採用。

●仕様／価格

品名	木製段差スロープ #15	木製段差スロープ #20
品番	VALSDS15R	VALSDS20R
サイズ (cm)	5.0 × 75.0 × 1.5	7.0 × 75.0 × 2.0
段差対応高さ(cm)	1.2～1.8	1.7～2.3
価格（税込）	￥5,250	￥6,300

品名	木製段差スロープ #25	木製段差スロープ #30
品番	VALSDS25R	VALSDS30R
サイズ (cm)	9.5 × 75.0 × 2.5	11.5 × 75.0 × 3.0
段差対応高さ(cm)	2.2～2.8	2.7～3.3
価格（税込）	￥7,350	￥8,400

http://www.net-kaigo.com

室内段差スロープ　室内の段差を解消しお部屋間の移動がスムーズ

■段差スロープ EVA

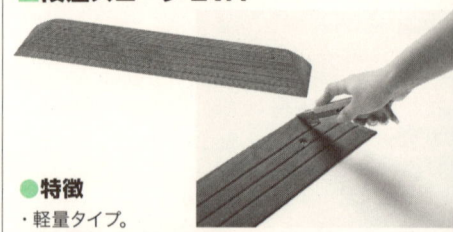

●特徴
- 軽量タイプ。
- 簡単な施工で設置できる。
- カッターナイフで簡単にカットして幅と高さの微調整ができる。

●仕様
●材質／EVA ●重量／#20：約0.2kg、#30：約0.34kg、#40：約0.55kg、#50：約0.73kg ●色／ライトブラウン ●付属品／木ネジ2個、目隠しシール2枚

タイプ	対応段差	幅×奥行×高さ (mm)	価格
#20	18～22 mm	760 × 80 × 20	￥2,940
#30	28～32 mm	760 × 120 × 30	￥4,095
#40	38～42 mm	760 × 160 × 40	￥5,250
#60	48～52 mm	760 × 200 × 50	￥7,035

■Lスロープ

●特徴
- 両面テープでしっかり固定
- 素材は加工が簡単なポリエチレン発泡体。足にあたっても痛くない。

幅×奥行×高さ (mm)	価格
800 × 90 × 10・15・20	￥3,360 (2本1組)
800 × 90 × 25・30	￥3,570 (2本1組)
800 × 110 × 35・40	￥3,465 (1本)
800 × 150 × 45	￥5,145 (1本)
800 × 180 × 50・55・60	￥7,665 (1本)

※2008年10月1日より価格改定があります。

http://www.abilities.jp/

屋内照明
Interior lighting

山田照明（株）
EL (03) 3253-5161　FAX (03) 3255-3078

照明

人を感知して明かりを自動調節。
使い方に合わせて3つのモードを選択できる

■人感センサ付小型シーリング

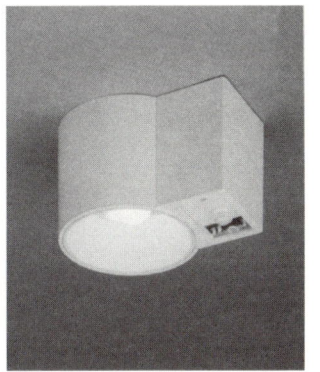

●特徴

人を感知してあかりを自動調節する人感センサ。点灯、消灯にかかる動作の軽減や、消し忘れ防止に最適。

ON/OFFモード
周囲が暗くなり、検知エリアに人が入ると全光点灯。
周囲が設定より明るいときは点灯しない。

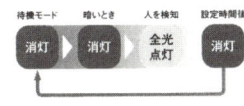

待機モード　暗いとき　人を感知　設定時間後
消灯　→　消灯　→　全光点灯　→　消灯

調光モード
周囲が暗くなると、自動的に調光モードになり点灯。
検知エリア内に人が入ると全光点灯。
周囲が設定照度より明るくなると消灯。

待機モード　暗くなると　人を検知　設定時間後　明るいとき
消灯　→　調光点灯　→　全光点灯　→　調光点灯　→　消灯

8時間調光モード
周囲が暗くなると、調光点灯し調光モードになる。
調光モードでの約8時間点灯の間は周囲が明るくなっても消灯しない。

待機モード　暗くなると約8時間　約8時間後
消灯　→　調光モード　→　オンオフモード

LE-3837　￥19,740
W129×175mm・H101
PSクリプトンランプ（ホワイト）
60W×1

■ブラケット
省スペース、光が壁面に廻り込み、壁をより明るくする。

BE-2772　￥48,090
W110　H300　出100mm
PSクリプトンランプ（ホワイト）
60W

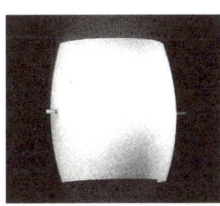

BE-4839　￥20,790
W200　H200　出99mm
PSクリプトンランプ（ホワイト）
60W

BE-2771　￥51,240
W160　H270　出110mm
PSクリプトンランプ（ホワイト）
60W

BE-2032　￥10,290
W180　H180　出100mm
PSクリプトンランプ（ホワイト）
60W

玄関・階段

http://www.yamada-shomei.co.jp/

屋内照明
Interior lighting

オーデリック（株）
TEL (03) 3332-1123　FAX (03) 3332-1412

三菱電機照明（株）
TEL (0120) 348-027

照明　リモコンで自由に高さの調節が出来るのでメンテナンスが簡単

■吹抜け照明用電動昇降機（リモコン付き）

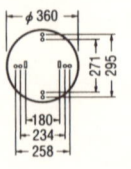

●寸法図
φ360
271
295
180
234
258

●特徴
・リモコンを操作するだけで点灯・消灯、照明の昇降ができメンテナンスを楽に行なうことができる。

OA 076 250　　　　　　　　　　￥83,790
φ360 × H129mm　3.6kg
リモコン付き

■足元灯

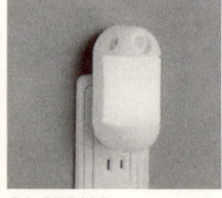

OB 080 671　　　　　　　　　　￥9,975
5W 白熱灯
W116 × H120 × D16mm

OA 076019　　　　　　　　　　￥6,090
5W 白熱灯
W50 × H105 × D55mm

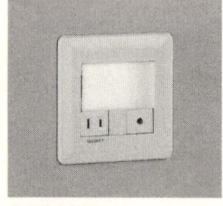

OB 080171　　　　　　　　　　￥6,090
5W 白熱灯
W116 × H120 × D15mm

●特徴
・人体から出る熱線を赤外線センサで検知し自動的に点灯設定時間後に消灯する。また、OA 076 019 はコンセントに差し込むだけで使用できる。

http://www.odelic.co.jp/

照明　リモコンで簡単に明るさの調節ができる

■ピカアップダブル

CPDZ10172EL　　　　希望小売価格 ￥44,415

・100W形ダブル環形蛍光ランプ電球色
・幅φ600 高130 質量 2.6kg
・消費電力 89W
・専用リモコン切替（蛍 100％〜10％調光・LED 調光可能）
・壁スイッチ切替（全灯→調光→ LED）
※壁スイッチと併用してお使いください
※常夜灯（LED）は 6 段階に調節可能

専用リモコン：TX-22（同梱）
表示も操作もシンプルなリモコン。暗い場所での使用も考慮。

全灯ボタン

【明】【暗】ボタン
お好みの明るさに連続調光ができます

消灯ボタン

お好みボタン
【明】【暗】ボタンで設定した明るさを記憶し、ダイレクトに切り替えられます。

常夜灯ボタン
常夜灯は暗い場所でも見やすい蓄光ボタン。

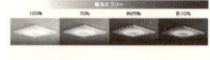

連続調光イメージ
100％　70％　40％　10％

●特徴
ダブル環形蛍光ランプ＝ FHD ランプを使用した「ピカアップダブル」シリーズは、従来のインバータ器具と比べてとても効率的です。
メリット①　約 32％ 明るい
メリット②　消費電力約 20％ ダウン
メリット③　ランプ寿命約 2 倍。ランプ交換の手間も省けます。
メリット④　専用リモコンで簡単明るさ調節

http://www.MitsubishiElectric.co.jp/group/mlf

6. 移動ゾーン

- 屋外床材・屋外壁材
- 防犯
- 屋外照明
- 屋外手すり
- スロープ
- トレーニング機器
- 移動補助用具

※ 介 マークは福祉用具給付の対象となる商品

ここに掲載した情報は2008年9月調査です。
価格は消費税込みで表示しています。

移動ゾーンの主な企業
The main enterprise of transfer zone

分類	商品（企業）		頁
屋外床材・屋外壁材	タイル（屋外）	INAX	249
	タイル（屋外）	INAX	250
	タイル（屋外）	TOTO	251
	ノンスリップ	ナカ工業	252
	ノンスリップ	川口技研	252
	ゴム系床材	エービーシー商会	253
	グレーチング	アトラス	254
	バルコニー床材	エービーシー商会	255
	バルコニー湯浅telt	フクビ化学工業	256
	車いす用プランター	バリアフリー静岡	256
鑑	セキュリティ	セコム	254
照明	屋外照明	大光電機	257
	屋外照明	オーデリック	258
屋外手すり	外部手すり	ナカ工業	259
	外部手すり	イズミ	259
	外部手すり	マツ六	260
スロープ	スロープ	イーストアイ	260
	屋外スロープ	イーストアイ	261
トレーニング機器	トレーニング機器	酒井医療	262
移動補助	車いす用階段リフト	オオタ商会	262
	ベッド用リフト	モリトー	261
	床走行リフト	フランスベッド	263
	床走行リフト	パラマウントベッド	264
	据置型・天井走行式リフト	竹虎ヒューマンケア	265
	段差解消機	マイクロエレベーター	266
	段差解消機	アートテクニカ	266
	段差解消機	ツバキサポートセンター	267
	段差解消機	ツバキサポートセンター	268
	段差解消機	アビリティーズ・ケアネット	269
	段差解消機	ミヤマ	270
	段差解消機	マイクロエレベーター	271
	段差解消機	ハーツエイコー	271
	階段昇降機	クマリフト	272
	階段昇降機	アビリティーズ・ケアネット	273
	車いす用階段移動装置	大澤工業	274
	車いす用電動階段昇降機	アルバジャパン	275
	車いす用イージードライブユニット	アルバジャパン	276
	歩行器	星光医療器製作所	277
	ホームエレベーター	大澤工業	277
	ホームエレベーター	クマリフト	278
	ホームエレベーター	三菱日立ホームエレベーター	278
	歩行器	イーストアイ	279
	歩行器	イーストアイ	279
	杖	イーストアイ	268
	杖	竹虎ヒューマンケア	280
	杖	竹虎ヒューマンケア	280
	歩行補助車	カワムラサイクル	281
	歩行車	イーストアイ	281
	歩行車	ラックヘルスケア	282
	歩行車	島製作所	282
	歩行車	島製作所	283
	歩行補助車	島製作所	284
	歩行補助車	五十畑工業	285
	歩行補助車	五十畑工業	286

分類	商品（企業）		頁
移動補助	歩行補助車	サツキ	287
	車いす	ウチエ	287
	車いす	松永製作所	288
	車いす	ミキ	289
	車いす	ニック	289
	車いす	いうら	290
	車いす	カワムラサイクル	291
	車いす	パラマウントベッド	291
	室内車いす	松永製作所	292
	車いす	アルバジャパン	292
	車いす	有薗製作所	293
	電動車いす	スズキ	294
	電動車いす	カワムラサイクル	294
	電動車いす	セリオ	295
	電動車いす	アルケアコーポレーション	296
	電動カート	セリオ	297
	電動車いす	スズキ	298
	体位保持クッション	アビリティーズ・ケアネット	298
	車いすクッション	松永製作所	299
	電動三輪・四輪車	スズキ	300
	福祉自動車	富士重工業	301
	福祉自動車	スズキ	302

屋外床材
Outdoor Floor material

（株）INAX　お客さま相談センター
TEL (0120) 1794-00　FAX (0120) 1794-30

タイル（屋外）

豊富な形状と機能性タイルにより自由なデザインが可能

■ ピアッツァ OX シリーズ

磁器質／無釉／耐凍害

● 形状見本

歩道用スロープ

PI-100NET/4E
100mm 角歩道用スロープ
裏ネット張り
(E パターン)

PI-100NET/3F
100mm 角歩道用スロープ
裏ネット張り
(F パターン)

PI-150/4E
150mm 角歩道用スロープ
(E パターン)

PI-150/3F
150mm 角歩道用スロープ
(F パターン)

視覚障害者用スロープ

PI-300/K-2J
300mm 角視覚障害者用
（位置表示型）

PI-300/U-2J
300mm 角視覚障害者用
（誘導表示型）

移動

● 品番・価格

品名	品番	サイズ	価格
100mm 角　歩道用スロープ　裏ネット張り (E パターン)	PI-100NET/1E ～ 16E	94 × 94 ×厚 (13.0 + 1.5)mm	¥10,815/m²
100mm 角　歩道用スロープ　裏ネット張り (F パターン)	PI-100NET/1F ～ 16F	94 × 94 ×厚 (13.0 + 0.9)mm	¥10,815/m²
150mm 角　歩道用スロープ (E パターン)	PI-150/1E ～ 16E	144 × 144 ×厚 (13.0 + 1.5) mm	¥12,915/m²
150mm 角　歩道用スロープ (F パターン)	PI-150/1F ～ 16F	144 × 144 ×厚 (13.0 + 0.9) mm	¥12,915/m²
300mm 角　視覚障害者用 (位置表示型)	PI-300/K-1J ～ 16J	294 × 294 ×厚 (13.0 + 5)mm	¥3,045/ 枚
300mm 角　視覚障害者用 (誘導表示型)	PI-300/U-1J ～ 16J	294 × 294 ×厚 (13.0 + 5)mm	¥3,045/ 枚

形状、品番により常備品、注文品の区別があるのでご確認。注文品は、100m2 以下の場合は納期 45 日程度。

http://www.inax.co.jp/

屋外床材
Outdoor floor material

(株)INAX　お客さま相談センター
TEL (0120) 1794-00　FAX (0120) 1794-30

タイル（屋外）

すべり止め効果の高い突起付き床タイル

■ ニューイナフロア 100・150mm 角　歩道用スロープ

100mm 角　面状見本 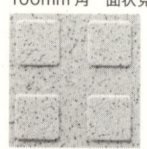
- E パターン 
- F パターン

150mm 角　面状見本 
- E パターン 
- F パターン

● 品番・価格

品名	品番	サイズ	価格
100mm 角 スロープ裏ネット張り	PS-100NET/ GS-1NF…23NF	92 × 92 ×厚 (8.5 + 0.9) mm	¥9,660/m²
150mm 角スロープ	PS-150/ GS-1NF…23NF	142 × 142 ×厚 (10 + 0.9) mm	¥11,340/m²

■ 視覚障害者用床タイル

PS-300M/U-1J
PS-300M/K-1J 

● 品番・価格

品名	品番	サイズ	価格
300mm 角誘導表示型	PS-300M/U-1J	294 × 294 ×厚 (13+5)mm	¥3,255／枚
300mm 角位置表示型	PS-300M/K-1J	294 × 294 ×厚 (13+5)mm	¥3,255／枚
150mm 角誘導表示型	PS-150M/U-1J	144 × 144 ×厚 (13+5)mm	¥515／枚
150mm 角位置表示型	PS-150M/K-1J	144 × 144 ×厚 (13+5)mm	¥515／枚

■ 新階段タイル　段鼻

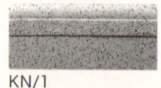

KN/1　KN/3 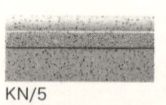　KN/5 　KN/7
KN/2 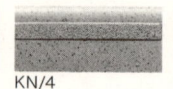　KN/4 　KN/6 　KN/8 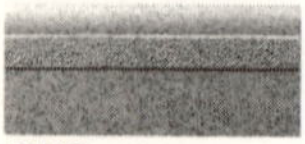

● 価格

KN/1…8（全8色）
¥735／m
150 × 60 ×厚 10mm

http://www.inax.co.jp/

屋外床材
Outdoor floor material

TOTO
TEL (0120) 03-1010

タイル(屋外)

高齢者に配慮し、病院福祉施設に適した外装床タイル

■シダレータ 150／300

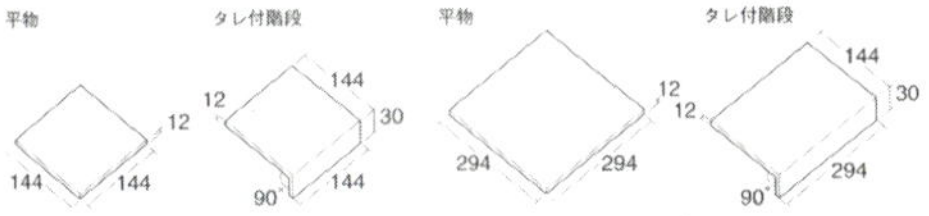

150角／300角（平物・タレ付階段）
- 150角: 144×144、タレ付階段 144×144×30、12、90
- 300角: 294×294、タレ付階段 294×294×30、12、90

●価格／サイズ

サイズ	形状	品番	価格
150角	平	AP15CJ □□	¥8,978／m²
	タレ付階段	AP15CJ □□ Z	¥4,410／m²
300角	平	AP30CJ □□	¥13,965／m²
	タレ付階段	AP30CJ □□ Z	¥11,445／m²

カラー：6色

手動車椅子 22〜23mm／目地幅6mm
電動車椅子 50〜60mm／目地幅6mm

●特徴
- つまずきにくさと滑りにくさの両方を兼ね備えたタイル。高齢者を考慮し、病院、福祉施設に適した外装床タイルとなっている。癖のない質感と歩きやすい面状が特徴。
- 気持ちよくタイルの上を車いすで移動できるようにがたつきの大きな原因である目地幅を細くした。滑りにくい面状とともに、いっそう車いすに優しいタイルとなっている。

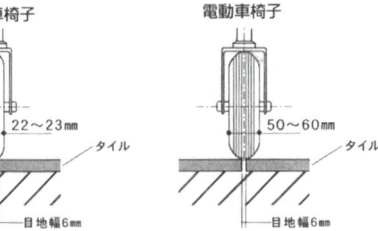

■DDシリーズ 200／300

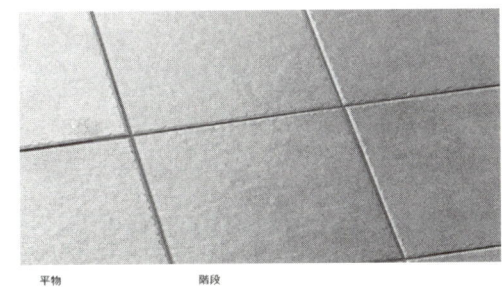

200角（平195×195、階段195×195、8.5/8.5）
300角（平295×295、階段295×295、8.5/8.5）

●特徴
- 歩行感が良く、やさしい色合いで店舗やロビーに最適。

●価格／サイズ

サイズ	形状	品番	価格
200角	平	AB20DD □	¥6,878／m²
	階段	AB20DD □ Z1	¥3,728／m²
300角	平	AB30DD □	¥6,878／m²
	階段	AB30DD □ Z1	¥5,460／m²

カラー：5色

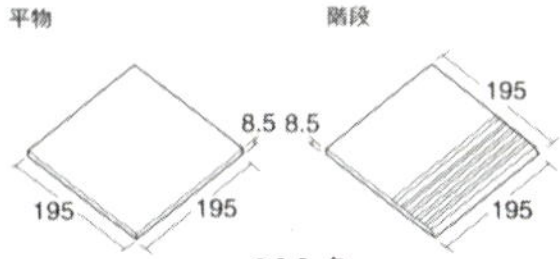

http://www.toto.co.jp/

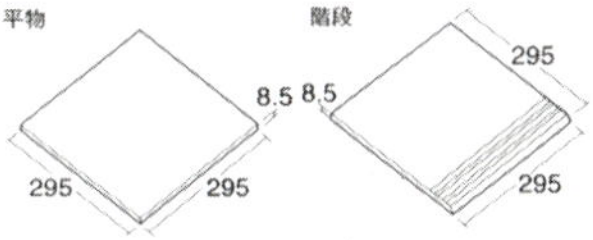

移動

屋外床材
Outdoor floor material

ナカ工業（株）
TEL (03) 5437-3722　FAX (03) 5437-3723

（株）川口技研
TEL (048) 255-5411　FAX (048) 255-8228

ノンスリップ
蓄光帯により暗闇での視認性能がアップ

■階段すべり止め「ハイステップスリムCK」

NSP-35(40)CK
（Pタイル用）

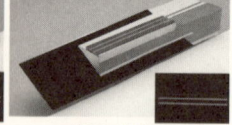

NSC-40CK
（タイルカーペット用）

●特徴
・新開発の蓄光顔料入り軟質系樹脂により、長時間の発光を可能にし、緊急時などの暗闇における視認性能をアップさせた。
・耐摩耗性・繰り返し疲労性能・寸法安定性能などは従来のハイステップと同等の性能を維持する。

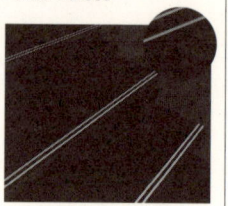

●寸法図
NSP-35(40)CK　35(40)　蓄光帯　4.8　17　伸縮防止材

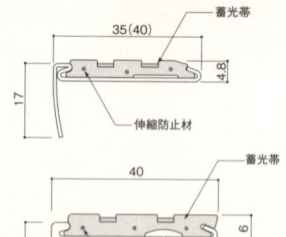

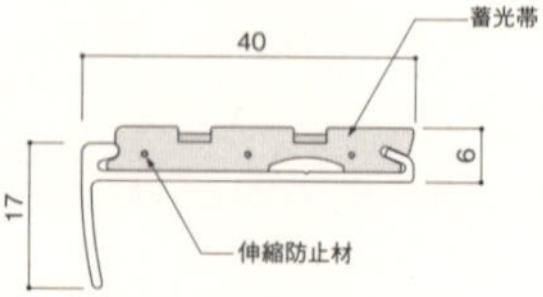

NSC-40CK　40　蓄光帯　6　17　伸縮防止材

●仕様
金　台／ステンレス　SUS304　ヘアーライン仕上げ
ビニルタイヤ／伸縮防止剤一体樹脂押出成形　蓄光帯：蓄光顔料入り軟質樹脂

●価格
NSP-35CK（Pタイル用幅35mm）　￥3,200/m
NSP-40CK（Pタイル用幅40mm）　￥3,500/m
NSC-40CK
　　（タイルカーペット用幅40mm）　￥3,800/m

施工費　￥700/m

http://www.naka-kogyo.co.jp

ノンスリップ
転倒・転落などの事故を防止する-安心のスベリ止めテープ

■屋外用スベラーズ

●特徴
ハクリ紙をはがして、必要なところに貼るだけ。
やわらかいアルミベースが、鉄階段の凹凸にもフィット。階段だけでなく、ハシゴや玄関のアプローチ、重機のステップなど場所を選ばず、貼るだけで使用できる。

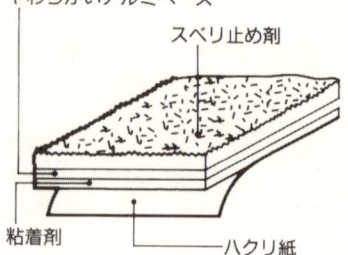

やわらかいアルミベース
スベリ止め剤
粘着剤
ハクリ紙

●仕様
材　質：鉱物粒子（樹脂コーティング）
　　　　アルミ樹脂系
基　材：アルミ
粘着材：樹脂系
カラー：黒、グレー、黄
サイズ：35mm × 5m

●標準価格　￥3,300

http://www.kawaguchigiken.co.jp/

屋外床材
Outdoor floor material

エービーシー商会（株）
TEL (03) 3507-7111　FAX (03) 3507-7254

ゴム系床材

静かで快適な歩行感。
濡れても滑らず安全、安心

■キッズブロック
（合成ゴム成型ブロック）

●特徴
・エンボス加工でスリップ防止と転倒時の衝撃を柔らげる。
・長期使用に耐える。
・子供に人気のビビットカラーがそろう。

●CL
材料設計価格　¥25,680／m²
幅250×長さ200×厚さ9mm
梱包（ケース）40枚（約1.7m²）／ケース
重量：20kg／ケース
※納期受注後約4週間

●615（階段用）
材料設計価格　¥9,240／m
幅70×長さ500×厚さ9mm
梱包（ケース）40枚（約20m）／ケース
重量：24kg／ケース
※納期受注後約4週間

615（階段用）

移動

●カラー
グリーン　ブルー　パープル　レッド
イエロー　ダークピンク　ピンク

■ゴルフィットT／
　ゴルフィットUE
　（ゴムチップモルタル
　　弾性舗装材）

●特徴
柔らかく、しかも滑りにくいため安全。
ゴルフ場の歩行など、屋外でのスパイク歩行に最適。

①下地
②プライマー
③弾性モルタル

http://www.abc-t.co.jp/

防犯／屋外床材
Crime prevention, Outdoor floor material

セコム（株）
フリーダイヤル TEL (0120) 025-756

（株）アトラス
TEL (06) 6765-2360 FAX (06) 6765-2366

セキュリティ
いつでもどこでも、ご家庭に安心をお届け

■セコム・ホームセキュリティ
〈オンラインのホームセキュリティ〉

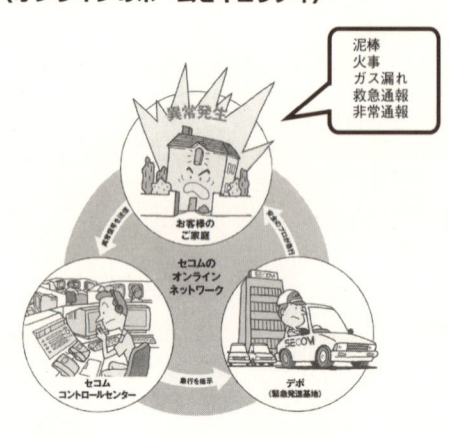

泥棒
火事
ガス漏れ
救急通報
非常通報

●特徴
・24時間・365日、休みなくご家庭を見守る。
・万一の時に、安全のプロが急行。
・必要に応じて110番、119番にも通報。
・ガス漏れ・救急通報サービスはオプション。

契約料　　　¥4,000 台/月～
工事費　　　¥31,500～

5年間のレンタル契約
　　　　　　保証金　¥20,000
※内容により契約金額は異なるので、
　個別に見積もりが必要

http://www.secom.co.jp/

グレーチング
周囲の景観に違和感なくマッチ

■アクトライングレーチング

フラットバータイプ AKM(P-10) ステンレス

●特徴
周りと同種のタイルを充填することにより、排水溝の機能を損なうことなく、その存在感を少なくする。あるいは、周りとは全く違う異なる自然素材を充填し、存在を強調すると共に、金属にはない温かさを強く演出することも可能。

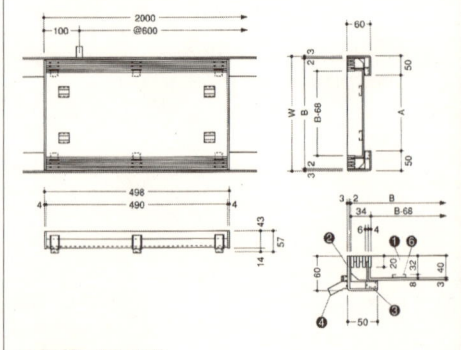

●価格／サイズ

品番	溝幅(mm)	寸法(mm)	価格
歩道用 AKM-1 (P-10)	150	240×498	¥18,000
	200	290×498	¥20,000
	250	340×498	¥21,700
軽荷重用 AKM-2 (P-10)	150	240×498	¥19,500
	200	290×498	¥21,800
	250	340×498	¥23,300
重荷重用 AKM-14 (P-10)	150	240×498	¥23,200
	200	290×498	¥25,700
	250	340×498	¥27,500

http://www.atlas-net.co.jp/

屋外床材
Outdoor floor material

（株）エービーシー商会
TEL (03) 3507-7282　FAX (03) 3507-7395

バルコニー床材

**ベランダ・バルコニーの段差を解消。
床の高さを変えられるレベル調整型大判パネルデッキ**

■ リザルト

● 特徴

- デッキ材には安定した品質が得られる「セランガンバツ材」を使用。
- 防水層下地の上に直接施工できるNH工法と低床工法、コンクリート・モルタルに直接施工する独自のARS工法の3工法を用意し、最適な工法での仕上げが可能。
- すべての工法で高さの調節ができるため、段差のないバリアフリーの床づくりができる。
- パネルとボーダーの組み合わせや、現場でのパネルカットによる端部の納めが可能。このためスペースを自由にレイアウトでき、美しく仕上げることができる。
- パネルデッキとしては大判の620角パネルのコーナー部を六角ボルトで固定するので、がたつきのないフラットな床に仕上がる。

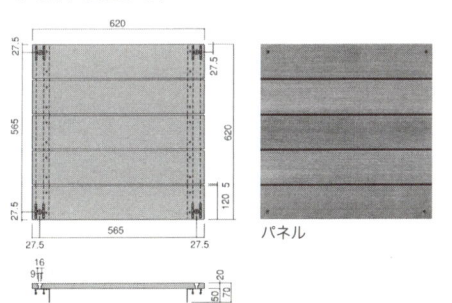

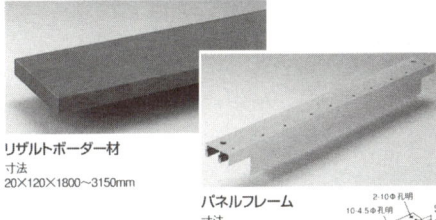

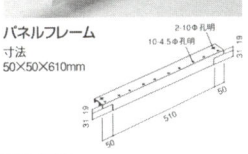

リザルトボーダー材
寸法
20×120×1800～3150mm

パネルフレーム
寸法
50×50×610mm

● NH工法

① アルミ・ベース・セムスボルトセット
② 全ネジボルト・六角ナット2個・スプリングワッシャー1個・平座金1個
③ NHベース

下地：塗膜防水・アスファルト防水・タイル・石材等（1/50の水勾配対応）
高さ調節範囲：H120～460mm

材料設計参考価格　　￥32,840/m²

● 低床工法

① アルミ・ベース・セムスボルトセット
② 全ネジ六角ボルト1本・六角ナット1個
③ 低床ベース

下地：塗膜防水・アスファルト防水・タイル・石材等
高さ調節範囲：H80～135mm

材料設計参考価格　　￥31,840/m²

● ARS工法

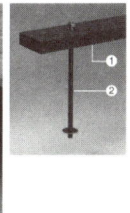

① 根太材（オセアーノデッキ材）
② 全ネジボルト1本・六角ナット2個・スプリングワッシャー1個・平座金1個
丸ナット50φ、40φ各1個

下地：コンクリート・モルタル
高さ調節範囲：H90～460mm

材料設計参考価格　　￥34,840/m²

http://www.abc-t.co.jp/

屋外床材
Outdoor floor material

フクビ化学工業(株)
TEL (0776) 38-8013　FAX (0776) 38-8083

(有) バリアフリー静岡
TEL (054) 205-9852　FAX (054) 205-9854

バルコニー床材
部屋からバルコニー バリアフリーを実現するバルコニー用デッキ

■フリーデッキR

施工例

● 特徴
居室床とバルコニー床との段差を解消し、歩行時の安全性と共に万一の転倒時にも安心な柔らかさを持つ置敷型デッキ材。
材質：耐候性ポリエチレン、及び、ポリプロピレン

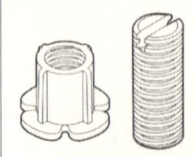

アジャスター脚
φ20×50mm
レベル調整はデッキ材の表面からマイナスドライバーで簡単に行なえる。ボーダー部の補助脚としても使える。

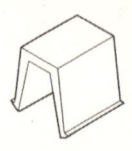

ジョイント
18.5×29×30mm
デッキ材をワンタッチでしっかりと固定し、安定した床を形作る。

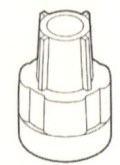

嵩上げリング
φ46×36mm
床仕上げ高が120mm　以上に使用。リング1つにつき36mm高くなる。一般的には3段(仕上がり床高228mm)まで、取り付けられる。

1梱包　4枚入　￥3,600/枚

http://www.fukuvi.co.jp/

車いす用プランター
園芸療法として植物と触れ合うことができる立ち上がり花壇

■ユニバーサルプランター(コンパクトタイプ)

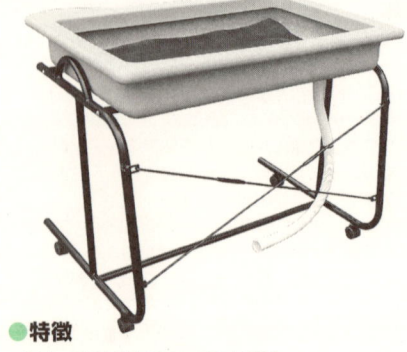

● 特徴
・室内・室外対応のコンパクト設計。
・キャスター付で移動もラクラク。
・排水機能付で水のあげ過ぎも防止。
・ドライバー1本で簡単組み立て。
・トレー部は弾力性のある樹脂素材を使用した安全設計。

● 仕様
サイズ：幅96×奥行73.5×高さ76cm
重量：10.5kg
材質：本体／スチール　トレー部／ポリプロピレン

● 用途
園芸(家庭・リハビリ施設・デイサービス等)

● 価格　￥60,900

http://www.bf-shizuoka.co.jp/

屋外照明
Outdoor lighting

大光電機（株）
TEL (06) 6222-6250　FAX (06) 6222-6252

屋外照明

人を感じて、調光から点滅へ。うれしい心配り

■ 光防犯® 赤色フラッシュ調光タイプ

● 特徴

夕方になると、自動点滅機能が働いてほんのり点灯。この状態で帰宅する人を待ち、人が近づくと100％点灯する。
点灯から6(8)時間後、タイマー機能の働きで自動的に消灯して電気を節約。人が近づくと、不審者が最も嫌悪を感じる赤色フラッシュ点滅状態となり、防犯にも役立つ。

他にも付いている便利機能
・ソフトスタータ：ゆっくり明るくなり4秒で100％点灯。
・フェードアウト機能：100％の明るさから5秒で消灯。
・センサー可動タイプ：センサー部を可動させてエリアを設定。
・強制ON機能：8時間放置すると、自動的にセンサー作動で消し忘れ防止。
・壁スイッチで100％点灯維持も可能。

● 調光モード……通常は50％調光の常夜灯。人を感知すると100パーセント点灯します。

● 赤色フラッシュ6h(8h)タイマーモード……6(8)時間を経過すると、調光モードから赤色フラッシュタイマーモードに自動切り替え。

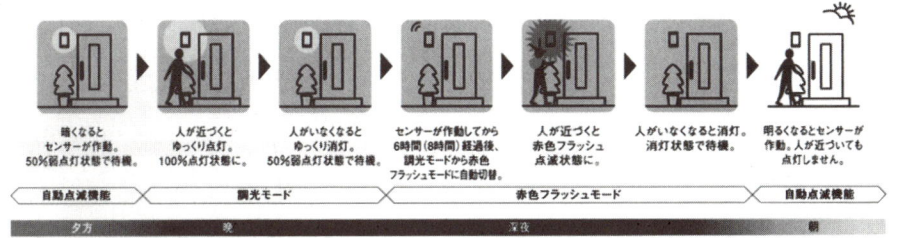

DWP-35845　¥30,450
W150 × H185 × D130mm
40W (E17) ＋ 1W (LED・赤色)

DWP-35848　¥48,300
φ200 × H1100
（埋込深300mm）
40W (E17) ＋ 1W (LED・赤色)

http://www.lighting-daiko.co.jp

屋外照明
Outdoor lighting

オーデリック（株）
TEL (03) 3332-1123　FAX (03) 3332-1412

屋外照明

車庫やポーチ・アプローチに最適の人感センサ付アウトドアライト

■人感センサ調光型アプローチライト
● 特徴
- 昼間には作動せず、暗くなるとほんのり点灯する。
- 人が来ると100％点灯し、離れると約1分後にほんのり点灯に戻る。
- 6時間のタイマーモードもある。

OG 043 207　　　¥31,390
60W 白熱灯
サイズ：径200φ　地上高980 mm（埋込深300 mm）
重量：3.5kg
材質：ガラス（乳白）、アルミ管（黒色塗装）
防雨型

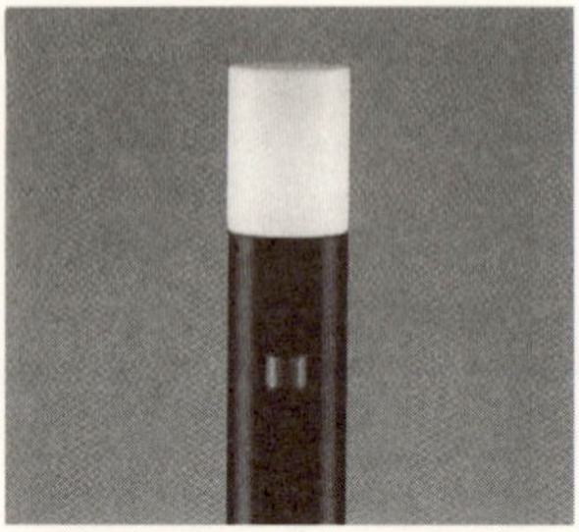

OG 043 204　　　¥33,600
60W 白熱灯
サイズ：径102φ　地上高931 mm（埋込深300mm）
重量：3.2kg
材質：ガラス（乳白）、アルミ管（黒色塗装）
防雨型

OG 043 354　　　¥52,290
ミニクリプトン球（60W×1）
サイズ：径136□　地上高1,020 mm（埋込深300mm）
重量：3.6kg
材質：アルミ管、アルミダイカスト（オータムブラウン色塗装）、ポリカーボネート（透明ケシ）防雨型

■人感センサ ON／OFF 型スポットライト
● 特徴
- 昼間の明るい間は明暗センサで作動しない。
- 暗くなると人感センサが待機中になり、人が来ると100％点灯する。
- 人が離れると設定時間後に消灯する。

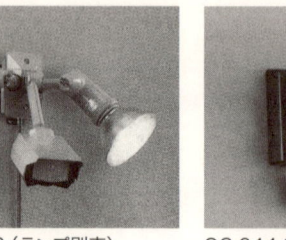

OG 043 200（ランプ別売）　　　¥48,090
150W×2 ビーム球
壁面取付専用　フラッシュ機能付
重量：2.3kg
材質：アルミダイカスト、プラスチック（ベージュ色）防雨型、プラグ付キャプタイヤコード 3m

OG 044 051　　　¥20,790
50W レフ形ミニクリプトン球
壁面取付専用
重量：0.9kg
材質：アルミダイカスト（黒色サテン塗装）
防雨型、カバー：強化ガラス（透明）

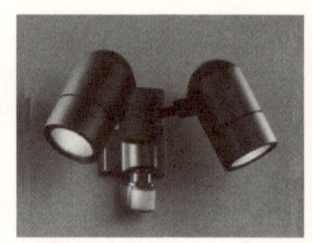

OG 044 052　　　¥29,400
50W レフ形ミニクリプトン球×2
壁面取付専用
重量：1.4kg
材質：アルミダイカスト（黒色サテン塗装）
防雨型、カバー：強化ガラス（透明）

http://www.odelic.co.jp/

屋外手すり
Outdoor handrail

ーカ工業（株）
EL (03) 5437-3722　FAX (03) 5437-3723

イズミ（株）
TEL (076) 451-6225　FAX (076) 451-6801

外部手すり　耐候性樹脂被覆で手にやさしい

■グラハン　廊下・階段手すり

施工例

●特徴
熱伝導率は金属の1/10で、冬でも笠木の冷たさを軽減、半永久的に抗菌性も持続。

●価格

・品番：O-40G（Φ40）
笠木：耐候性樹脂二層成形

価格／m　　￥13,800～
取付施工費　￥4,200～

・品番：O-34G（Φ34）
耐候性樹脂二層成形

価格／m　　￥12,500～
取付施工費　￥4,200～

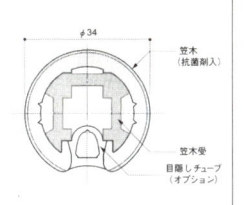

※価格はブラケット、エンドキャップの種類・R曲げ加工により異なる。

http://www.naka-kogyo.co.jp

外部手すり　樹脂をコーティングした手すり

■システム手すり　リンクラインコート

●特徴
・アルミ、ステンレスのパイプに樹脂を被覆してあるので滑りにくく、熱さや冷たさを和らげる。
・使用している被覆材は耐候性があり、環境にも配慮してある材質。
・手すりの色は景観に合せて選ぶことができる。
・角度調整ができるアイテムが豊富に揃っているので、イメージ通りの手すりを組み立てることができる。

●価格
￥60,900　※上に掲載した写真の場合の材料費

http://www.izumi-web.com

移動

屋外手すり／スロープ
Outdoor handrail, Slope

マツ六（株）
TEL (06) 6774-0605　FAX (06) 6774-2353

（株）イーストアイ
TEL (03) 3897-9393　FAX (03) 3897-9535

外部手すり
メンテナンスフリーの耐候性樹脂手すり

■アプローチ E レール

●特徴
・握る部分は汚れや色落ち、われがないメンテナンスフリーの耐候性樹脂（積水樹脂製）を使用。
・樹脂製なので暑い時や寒い時でも握ることができる。
・取付後も高齢者の身体状況にあわせ高さ調整が可能。
・現場で曲げ加工や高さ調整が簡単にできるシステム部材（特に斜面地などの段差が多い場所での施工性が大幅に up）。
・ベースプレートをアンカー止め出来る後付けに最適なシステム。

一段目が異常に高い、不均一な階段にも対応可能。足元の不安を解消。

玄関アプローチ等の急なスロープにも対応可能。上りも下りも、疲れ知らず。

●色
PC（チョコレート）
木目 MB（木目ミディアムブラウン）
木目 LB（木目ライトブラウン）

http://www.mazroc.co.jp/

スロープ
公共施設にもおすすめ。連結タイプの幅広スロープ

■アルミシステムスロープ PVX90

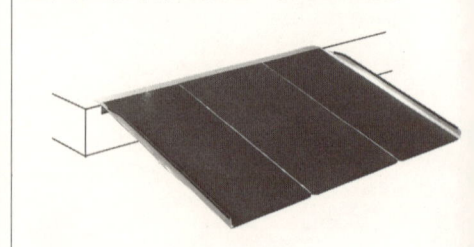

●特徴
・横連結ができる幅広スロープ。
・中間パネルを使用することで幅を 1.2m、1.6m、2.1m と広げることができます。
・車いすや歩行者が横並びに通行できるので、多くのひとが集まる公共施設等の場所におすすめ。
・スロープの両端には脱輪防止をサポートするエッジ付き。
・スロープの長さは 90cm、1.5m の 2 タイプあり。

●仕様
全長：91cm　　　全幅：120cm
エッジ：4cm
総重量：10.3kg　　耐荷重：260kg

●価格
PVX90-3　¥69,300（税抜 ¥66,000）

※組み合わせ例：5 枚タイプ

※レンタル対象商品、住宅改修対象商品

http://www.easti.co.jp

スロープ／移動補助
Slope, Transfer support

(株) イーストアイ
TEL (03) 3897-9393　FAX (03) 3897-9535

(株) モリトー
TEL (0586) 71-6151　FAX (0586) 72-4555

屋外スロープ

収納・持ち運びに便利なスロープ

■ ポータブルスロープ

ポータブルスロープアルミ 4折式タイプ

● 特徴
・必要なときに簡単に広げて使えるスロープ。
・約1/2、約1/4サイズに折りたたみができるので持ち運び・収納に便利。
・優れた耐久性と高品質の滑り止め仕上げ。
・車いす、介助車はもちろん、電動3輪・4輪車でも使用可能。

● 価格・仕様　　（高さ、奥行、長さの単位：cm）
ポータブルスロープアルミ 2折式 90cm タイプ
全長：91　有効長：85　全幅：76
有効幅：74.5　エッジ：4　重量：6.2kg
収納サイズ：91 × 39 × 12.5（長さ×幅×厚み）
参考段差：22（15°）　耐荷重：260kg
　　　　　　　　　¥47,250（税抜 ¥45,000）
ポータブルスロープアルミ 4折式 2.1m タイプ
全長：213　有効長：207　全幅：76
有効幅：74.5　エッジ：4　重量：15.2kg
収納サイズ：118 × 39 × 21（長さ×幅×厚み）
参考段差：53（15°）　耐荷重：260kg
※レンタル対象商品、住宅改修対象商品
　　　　　　　　　¥120,750（税抜 ¥115,000）

■ ESKスライドスロープ 3m Rタイプ

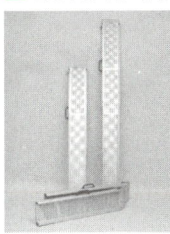

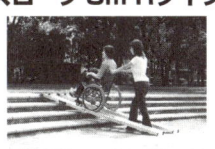

● 特徴
・任意の長さに調節して使用できるので、1タイプで複数の段差に対応できます。
・本体表面の特殊加工により、滑り止め効果は半永久的です。

全長：300　有効長：292　全幅：25　有効幅：18
エッジ：5.5　収納サイズ：121 × 25 × 8（長さ×幅×厚み）
重量：8.6kg／本（セットで17.2kg）　参考段差：25～52（10°）
耐荷重：250kg　　　¥126,000（税抜 ¥120,000）
※レンタル対象商品

http://www.easti.co.jp/

ベッド用リフト

静かで、安全、低価格のリフト

■ つるベー Bセット　※介護保険レンタル対象品

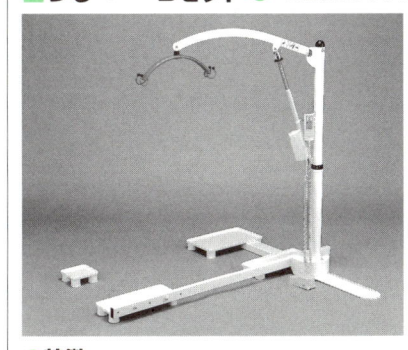

● 特徴
アーム、モーターが簡単に脱着できる「つるベーシリーズ」。Bセットはベッドからの移動に便利なタイプ。360°回転し、車いす、床への移動が簡単に行える。

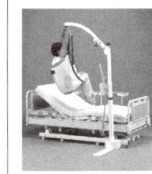

セット価格（本体、モーター、スイッチ、コントローラー、鉄製アーム）
　　　　　　　　　¥409,000（非課税）
ステンレスアームセット
　　　　　　　　　¥439,000（非課税）
※バッテリー仕様は、プラス ¥20,000
本体価格　　　　　¥208,950

● つるベーシリーズ共通部品

アーム
モーター
スイッチ
コントローラー

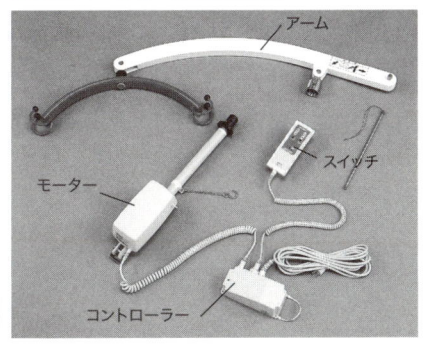

鉄製アーム　　　　　　　　　　　　　　　¥68,250
ステンレス製アーム　　　　　　　　　　　¥99,750
電装品（モーター、スイッチ、コントローラー）　¥152,250
電装品（モーター、スイッチ、バッテリー付コントローラー）
　　　　　　　　　　　　　　　　　　　　¥173,250

http://www.moritoh.co.jp/

移動

トレーニング機器／移動補助
Training equipment, Transfer support

酒井医療（株）　パワーリハ事業推進部
TEL (03) 3814-8680　FAX (03) 5842-2124

(有) オオタ商会　ウエルネット事業部
TEL (03) 5699-9393　FAX (03) 5699-9394

トレーニング機器
乗り降りや指導・介助がしやすい

■ コンパス Z シリーズ

起立・着席動作の改善、足・膝・股関節周囲の安全性向上に
● ホリゾンタルレッグプレス
　COP-1201Z
　W2040 × D1055 × H1665mm
　総質量：430kg
　ウェイト質量：100kg

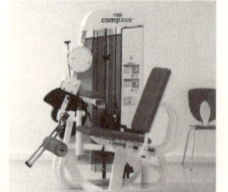

起立・歩行の安定、膝関節周囲の可動性と安定性の向上に
● レッグ EXT/FLEX
　COP-2201Z
　W1090 × D1120 × H1665mm
　総質量：265kg
　ウェイト質量：50kg

起立・着席動作の改善に
● トーソ EXT/FLEX
　COP-2301Z
　W1230 × D1125 × H1665mm
　総質量：240kg
　ウェイト質量：50kg

歩行の安定性向上、股関節周囲の可動性と安定性の向上に
● ヒップ AB/ADD
　COP-2202Z
　W1315 × D1190 × H1665mm
　総質量：235kg
　ウェイト質量：50kg

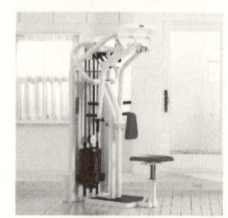

姿勢の改善、肩甲骨周囲の動応性と安定性の向上に
● ローイング MF
　COP-0104Z
　W1270 × D715 × H1995mm
　総質量：210kg
　ウェイト質量：50kg

身体を支える動作、肩関節・胸郭の可動性と安定性の改善に
● チェストプレス
　COP-1101Z
　W1310 × D1350 × H1988mm
　総質量：285kg
　ウェイト質量：50kg

http://www.sakaimed.co.jp

車いす用階段リフト
狭い階段にも対応した、車いす昇降機

■ ステアラック

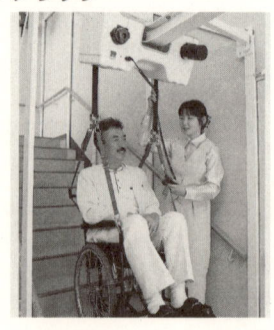

● 特徴

現場組立て設置式のため、大がかりな工事は不要。幅73cm の狭い階段や曲がり階段にも対応している。ツインラック方式、インターロック機構、ラック脱輪防止機構など、安全性を追求。また、緊急停止時には利用者用の降下レバーがあり、停電時にもバッテリー充電式のため使用が可能。

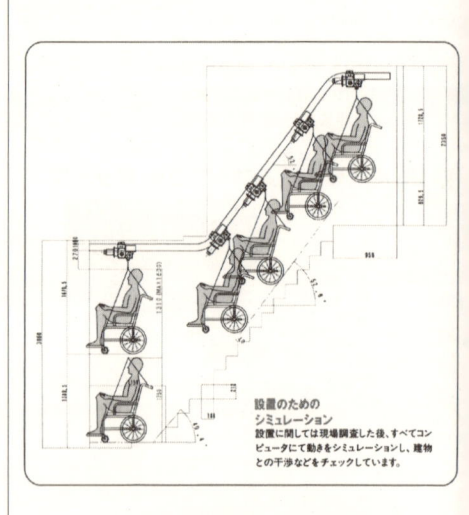

設置のためのシミュレーション
設置に関しては現場調査した後、すべてコンピュータにても動きをシミュレーションし、建物との干渉などをチェックしています。

● ステアラック価格（概算・設置費込み）

　　直線階段　　　　¥2,338,350 〜
　　90°曲線階段　　¥2,583,000 〜
　　折り返し階段　　¥2,971,500 〜

http://www.ohta-shokai.co.jp/

移動補助
Transfer support

フランスベッドメディカルサービス（株）
TEL 0120-083413　FAX (03) 3363-2892

床走行リフト

介護を受ける方の状態や
家の構造などに適したものを選択できる

■ベッドリフト　フランスベッドリフト FL-501

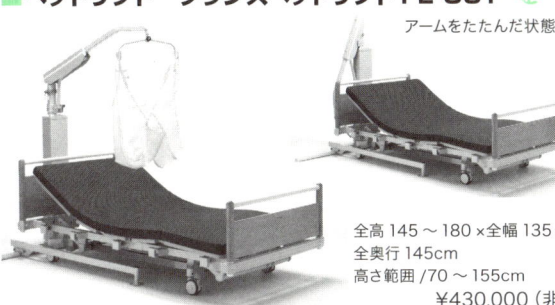

アームをたたんだ状態

全高 145〜180×全幅 135×
全奥行 145cm
高さ範囲 /70〜155cm
¥430,000（非課税）
月額レンタル料
¥15,000（非課税）

●特徴
・電動で人を吊り上げ、手動でアームを回転させおろす
・ベッドの頭部に設置するため場所をとらない

■据置式リフト

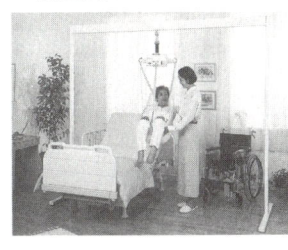

かるがるプチ（充電式）
¥490,000（非課税）
アーチサイズ
高さ 220×長さ 250×幅 100cm
月額レンタル料　¥20,000（非課税）

●特徴
・電動で人を吊り上げ、体を支えてレールの下を移動する。
・フレームを組み立てるだけなので工事不要で容易に設置ができる。
・軽量なので取り外しが可能、使用しない時も邪魔にならない。

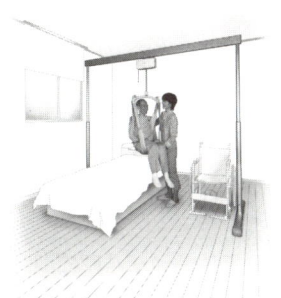

アーチパートナー
アーチサイズ（6畳用）
全高 230×最大全長 260×全幅 100cm
レンタル料月額　¥20,000（非課税）

■天井走行式リフト

電源：AC100V 50/60Hz
動力電源：DC24V
（バッテリー搭載）
※吊り具、レール、取り付け部材、工事費は別売、別途見積もり。

パートナー
¥945,000 より
吊り上げ重量：100kg
吊り上げ距離：約 2m

●特徴
・全ての操作がリモコンでできる
・レール取付工事が不要

吊り具　　　　¥28,000
パートナーシリーズ専用吊り具
※アーチパートナーと同時購入の場合は、1組までは非課税扱い。

●別売吊り上げシート

ハーフサイズ
¥30,000

入浴用ハーフサイズ
¥34,000

フルサイズ
¥35,000

入浴用フルサイズ
¥39,000

※レンタルの場合、吊り上げシートは買い取り
※リフトと同時購入の場合は、1枚までは非課税

移動

http://www.homecare.ne.jp/

移動補助
Transfer support

パラマウントベッド (株) お客様相談室
TEL (0120) 03-3648　FAX (03) 3648-1178

床走行リフト

車いす、ベッドなどへの移動を補助し、
介護の負担を軽減する

■床走行式電動介護リフト

※介護保険レンタル対象

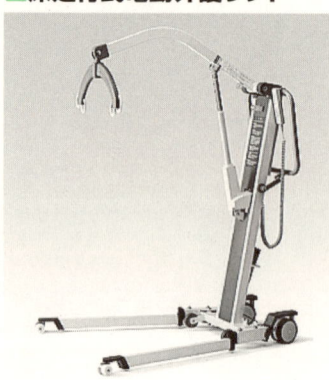

ベッドから車いすへ、車いすからベッドへ移る時、介護する方には重労働。同時に療養中の方には心身共に大きな負担となる。床走行式電動介護リフトは、電動式でブームの動きは滑らか。

●特徴
・ブームの上げ下げを手元スイッチ操作でコントロール。
・バッテリー付 (家庭用電源 AC100V で充電)。
・本体はスチール製、保管用カバー付 (一枚) で、耐荷重 120kg。
・スリングシート別売。
　(スリングシートはリフト本体と同時購入の場合、一枚だけ非課税扱いとなる。)

KQ-771
¥371,000 (非課税)

●使いやすいデザインのハンガー
顔の近くで使うことを考慮して安心して使えるように、柔らかな曲線、素材、質感にこだわっている。

●脚セット
前モデルの電動介護リフト KQ-770 の脚部を交換するセット。交換後は在宅ケアベッドの全機種で利用可能。  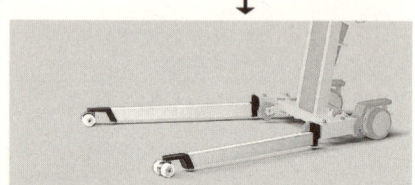
Q-771B
¥47,250

●安心設計の操作部分
ブームの上下操作は手元スイッチで行うが、安全機構も付いている。
・緊急停止ボタン
　万一の時に押すと動作が停止。
・バッテリーインジケーター
　バッテリーの残量が一目でわかる液晶表示付き。

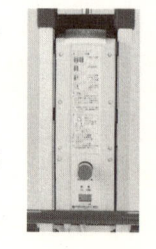

●省スペース設計
保管時には、使用時の約 1/4 の床面積に収まる省スペース設計。保護カバー付で、リフトを埃や汚れから守る。

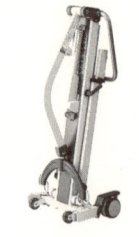

折りたたみ状態

●使用方法
1. ベッドの背を起こし、スリングシートを装着。 
2. 手元スイッチで介護される方を持ち上げる。 
3. 車いすに合わせて介護される方を降ろす。 
4. スリングシートを外す。

http://www.paramount.co.jp/

移動補助
Transfer support

竹虎ヒューマンケア（株）
TEL (03) 3762-2686　FAX (03) 3762-3718

据置型・天井走行式リフト

部屋から部屋へ
かるがると移動、広がる快適な生活

■かるがるIII（据置型・天井走行型リフト）

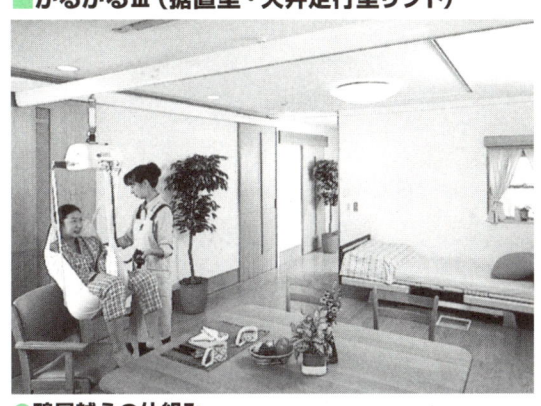

●特徴
- 鴨居・たれ壁をくぐって移動するので、家を傷付けない。
- 直線レール・カーブレール・XYレールシステムなど、豊富なレールバリエーション。
- 組立式・天井吊り下げ式のどちらでも取付可能。
- バッテリー充電式なので、電気工事が不要。
- 吊り具は立体裁断で、体にフィット。

※部材及び工事費別途お見積もり
（設置方法により、課税、非課税が異なります。）

●鴨居越えの仕組み

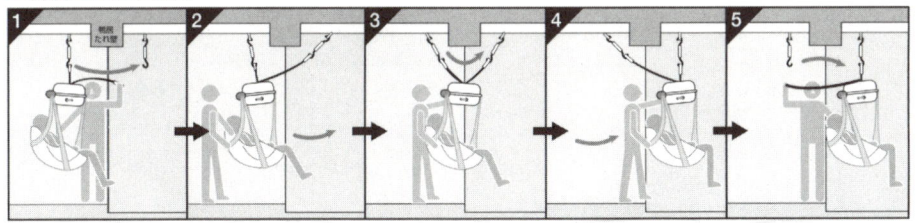

1. リフト本体のベルトを引き出し、隣の部屋の吊りベルトにかける。
2. 本体のギアを切り替え、乗っている人に手を添えながら移動を開始。
3. 上昇ボタンを押すとゆっくり鴨居（たれ壁）を越えてリフトが移動。
4. リフトが隣の部屋に移り、カチッという音がしたら一旦移動をやめる。
5. 移動してきた部屋側のベルトを吊りベルトから外し、隣の部屋へ移動。

■かるがるプチ（据置型介護リフト）

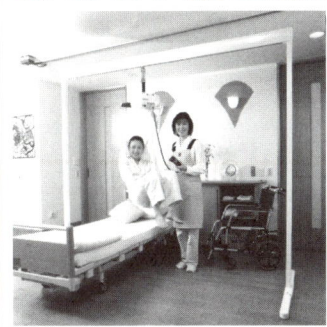

●特徴
- ベッドから車イス等への移動をサポート。
- 最大150kgまで吊り上げ可能。
- 架台は約10分で組み立てられ工事は不要。
- 本体は軽量なので、女性でも楽に持ち運びが可能。レールから取り外して、複数の部屋で使用できます。

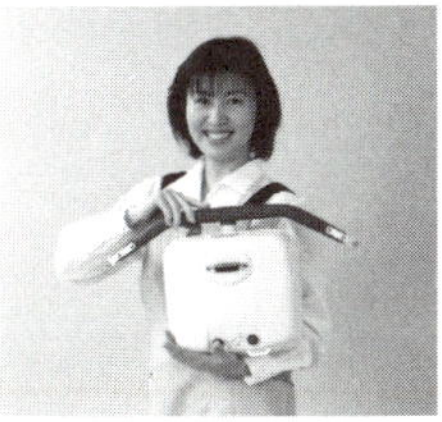

介護保険貸与適用品
標準セット価格 ¥490,000（非課税）
（リモートコントロール、スリングシートは別売）

●価格

項　目	かるがるIII	かるがるプチ
本体ベルト	2本	1本
移動方法	2本のベルトの掛け換えで移動	リフト本体をレールから外して移動
本体重量	12.5kg	7.5kg
本体寸法	W435 × D415 × H215mm	W500 × D265 × H175mm
税抜き価格	¥750,000(リフト本体)	¥365,000(リフト本体)

http://www.taketora-web.com/

移動

移動補助
Transfer support

(株)マイクロエレベーター
TEL (03) 3848-3724　FAX (03) 3880-2871

アートテクニカ(株)
TEL (075) 572-5004　FAX (075) 572-5377

段差解消機　取付スペースにジャストフィット

■レベール H type

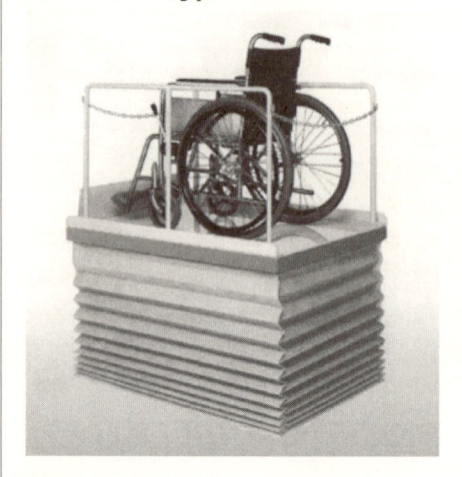

●特徴
昇降高さ別の機種で取り付けスペースにジャストフィット

屋外設置例

●価格
¥800,000～(工事費込み)

http://www.microelevator.co.jp

段差解消機　安全でシンプルな住宅用昇降装置。操作は簡単

■ストレーター(屋外用デラックスタイプ)

●特徴
・屋外の使用もOK。
・ガレージのある住宅にも最適。
・屋外設置でも昇降路が不要。

●価格
ST-EX　¥2,268,000

■ストレーター

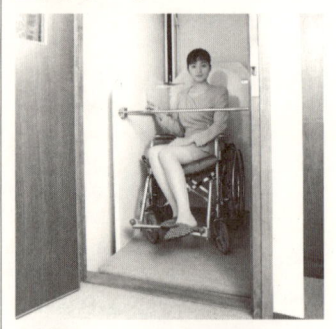

●特徴
・従来の不安感を解消。　・場所を取らない。
・設置工事が簡単。　・ピット、機械室不要。
・スペース、積載荷重などに合わせて16タイプ用意。

●価格

| ST-3S | ¥1,562,400 |
| ST-2SA | ¥1,068,900 |

http://kyoto.cool.ne.jp/arttechnica/

移動補助 / Transfer support

(株)ツバキサポートセンター
TEL (075) 954-1130　FAX (075) 956-8533

段差解消機

安全、快適な乗り心地の、ピット工事不要の設置型リフト

■お多助リフト　TDK040 シリーズ

●特徴
・テーブル寸法を 90cm × 1m とコンパクトにし、地面側のフラップはスペースに合わせて取り外し可能な構造となっています。モータとボールネジを組み合わせた直線作動機を使用したユニークな駆動方式で、小さいながらもキースイッチ、ジャバラ、車止め、滑り止めシートを標準装備。ピット工事は不要で、屋外の設置も可能です。

●仕様
テーブル寸法：W90 × D100cm
概略質量：65kg
最大積載量：120kg
テーブル昇降範囲：4.5～43.5cm
電源：AC100V
消費電力：50W

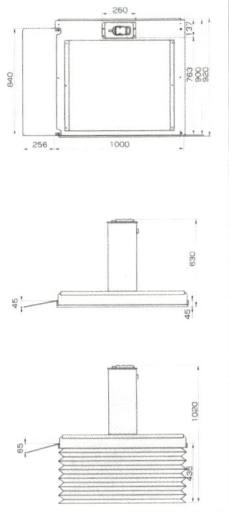

●価格
TDK040　　　¥420,000

TDK040 シリーズ 外形寸法図

■お多助リフト　TDK100 シリーズ〈形式適合認定取得品〉

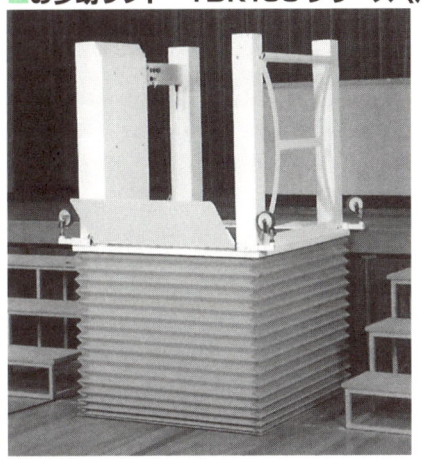

●特徴
・モータとチェーンでの駆動・昇降（4点荷重保持方式）で1mの昇降行程を実現しました。複数人数での使用が可能なリモコン仕様への変更や、舞台・ステージの段差解消用に移動式への追加もオプションとして対応可能です。テーブルの落下防止等の安全面も重視した製品です。

●仕様
テーブル寸法：W115 × D120cm
概略質量：165kg
最大積載量：180kg
テーブル昇降範囲：6.5～106.5cm
電源：AC100V
消費電力：90W

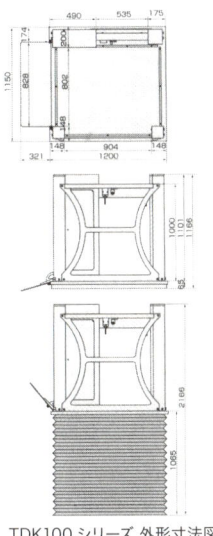

●価格
TDK100　　　¥840,000

TDK100 シリーズ 外形寸法図

http://www.tsubakimoto.co.jp

移動補助
Transfer support

(株)イーストアイ
TEL (03) 3897-9393　FAX (03) 3897-9535

(株)ツバキサポートセンター
TEL (075) 954-1130　FAX (075) 956-8533

杖
台座サイズはSタイプとLタイプの2種類

■ 4点ステッキ

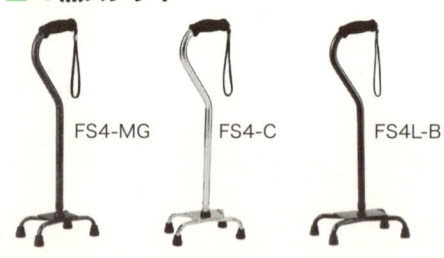

FS4-MG　FS4-C　FS4L-B

● 特徴
- 台座サイズはSタイプとLタイプの2種類。利用者の状態や、使用環境によって選べる。
- 1本杖では歩行が不安な方におすすめ。
- ステッキの高さは65～85cmと低めの設定。小柄な方にも対応しやすい。
- Sタイプのステッキ色は6色。マーブル模様がおしゃれな、マーブルグリーン、マーブルレッドは高級感のある仕上がり。他に、ブラック、シルバー、グリーン、ワインレッドも用意している。Lタイプはブラック、シルバーの2色を用意。
- 使用者に合わせて、右手用、左手用の切り替えが簡単にできる。
- グリップは握りやすいウレタン製。

● 仕様
使用時高さ:65～85cm（2.5cmずつ9段階調整可能）
〈FS4-シリーズ〉
台座サイズ：幅14.5×奥行23.5cm　重量：750g
〈FS4L-シリーズ〉
台座サイズ：幅17×奥行27cm　重量：970g

● 価格
① Sタイプ　マーブルグリーン　FS4-MG
② Sタイプ　マーブルレッド　FS4-MR
　　　　　　　　　　　　　　￥7,000（非課税）
③ Sタイプ　ブラック　FS4-B
④ Sタイプ　シルバー　FS4-C
⑤ Sタイプ　グリーン　FS4-G
⑥ Sタイプ　ワインレッド　FS4-R
　　　　　　　　　　　　　　￥6,300（非課税）
⑦ Lタイプ　ブラック　FS4L-B
⑧ Lタイプ　シルバー　FS4L-C
　　　　　　　　　　　　　　￥7,000（非課税）
※レンタル対象商品

http://www.easti.co.jp/

段差解消機
工事不要、移動・撤去も容易なリフト

■ お多助リフト TDK065 シリーズ
＜形式適合認定取得品＞

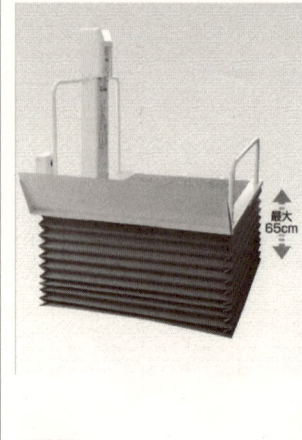

ハンドスイッチ

● 特徴
- 屋外設置を可能にする防水設計。
- 電源は、家庭用コンセント（AC100V）に、差し込むだけ。
- 挟み込み防止にジャバラが標準装備。
- 標準装備のキースイッチでいたずら運転防止。
- 高さ設定機能により上昇高さは、自動的に停止。
- 据置型でピット工事不要、移動・撤去も容易。
- 薄さは55mm。乗降がスムーズ。
- 日常操作は、簡単なワンタッチ方式。
- 本体重量は、約120kgで移動が簡単。
- 設置方法により前後左右の四方向より乗り入れ可能。

● 価格／仕様

電源	AC100V　50／60Hz
消費電力	90W
操作方法	専用ハンドスイッチ
概略質量	120kg
昇降方式	電動ネジ式
最大積載量	180kg
昇降範囲	55～650 mm（テーブル高さ）
使用環境	屋外仕様
標準本体価格	525,000円（地面側フラップ付）

※据付工事費と輸送費は別途。

http://www.tsubakimoto.co.jp

移動補助 / Transfer support

アビリティーズ・ケアネット（株）
TEL (03) 5388-7200　FAX (03) 5388-7502

段差解消機

設置場所や使い方に応じて選べる段差解消リフト

■ ドリームステージ（ジャバラ付き）

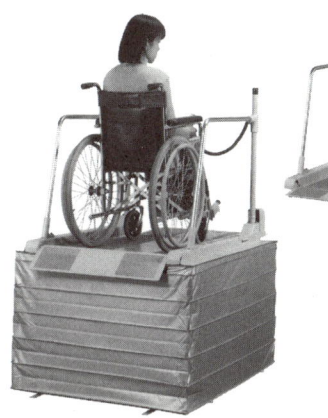

● 特徴
- 地上高さは最低でわずか2cm。
- サッシの敷居もらくに乗り越えることができるフロントフラップを装備。
- ピット工事不要。屋外にも設置できる。
- 利き手を選ばず、介護者にも操作が簡単なカールコードスイッチを採用。
- 電動油圧式。

乗り込み口

● 価格
7027-30　　　　　　　　　¥365,400

■ パワフルレーターシリーズ

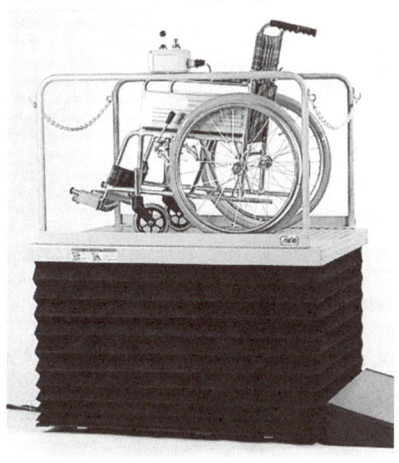

● 特徴
- オーダーメイドによるリフト。昇降高など、既成のものでは利用できなかったケースにも十分対応できる。
- テーブルサイズ、仕様、スイッチや手すりなどのオプションも充実。
- 電動油圧式。

※価格は見積り

■ アクティブレーターⅢ

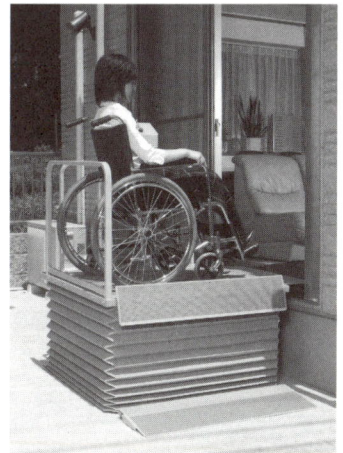

● 仕様
寸法／全幅105 × 全長110cm、有効テーブル寸法：幅81 × 長さ103cm、テーブル高さ：5〜65cm、マスト高さ：89cm、昇降幅／60cm、電源／AC100V、消費電力／150W、スロープ・渡り板・手すり標準装備

● 特徴
- 約65cmまでの段差に。最低位5cmで乗り込みがスムーズ。
- スロープ、渡り板、手すりの位置を変えると、テーブル上で90度方向転換が可能。
- ピット工事不要の据置きタイプ。組み立て式で設置時間を短縮。

● 価格

月額レンタル料	利用者負担額
¥18,000	¥1,800

http://www.abilities.jp/

移動補助
Transfer support

(株)ミヤマ姫路営業本部
TEL (0792) 87-0089　FAX (0792) 87-0059　(株)東京ミヤマ　TEL (03) 3698-4288　FAX (03) 3698-6936

段差解消機

車椅子でも自由自在に移動。置くだけの簡単設置で快適な暮らしをサポート

■ミヤマリフト　SRシリーズ

●特徴
・低価格で高品質の電動モーター方式段差解消機を実現。
・オプション品を必要としない充実機能を搭載。
・天板上で90°回転できる大型(SR-900)も用意。

写真はSR-650

※SRシリーズのSはステンレス製の意味。さびに強いのでメンテナンスが楽にでき、レンタルに最適である。

●仕様

	SR-650	SR-900
搭載荷重	180kg	
上昇高さ	650 mm (600st)	900 mm (850st)
収縮時高さ	61 mm	63 mm
上昇速度	22.5 mm/s	60サイクル
下降速度	22.5 mm/s	60サイクル
天板寸法	1,000 × 980 mm	1,100 × 1,250 mm
本体重量	80kg	85kg
動力	単相90W ブレーキ付ギヤードモーター	
電源	AC100V 50/60HZ 1.7 / 1.9 A	

●価格

SR-650	¥483,000
SR-900	¥651,000

http://www.miyamalift.co.jp/

移動補助
Transfer support

（株）マイクロエレベーター
TEL (03) 3848-3724　FAX (03) 3880-2871

段差解消機　ピット工事不要。屋外の段差もらくらく出入り

■段差解消機 KL 型

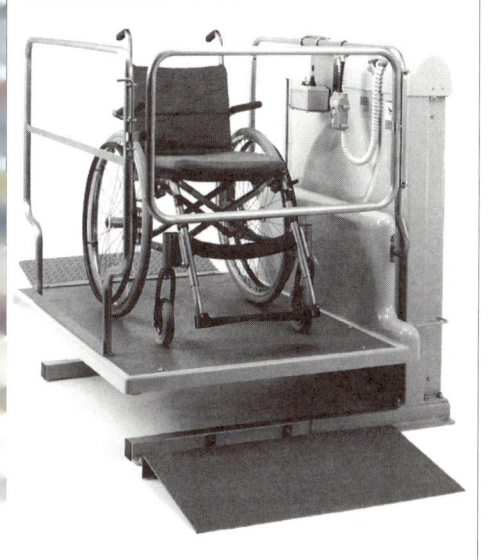

●特徴
分解組立式で設置が簡単。屋外設置が可能。操作も簡単でオプションも豊富。

●サイズ
テーブル：120 × 90 cm
最大積載荷重：200 kg

●価格
￥598,000 ～

http://microelevator.co.jp/

（株）ハーツエイコー
TEL (045) 984-1882　FAX (045) 984-0616

段差解消機　オーダーメイド方式で、様々な環境に対応できる

■もちあげくん

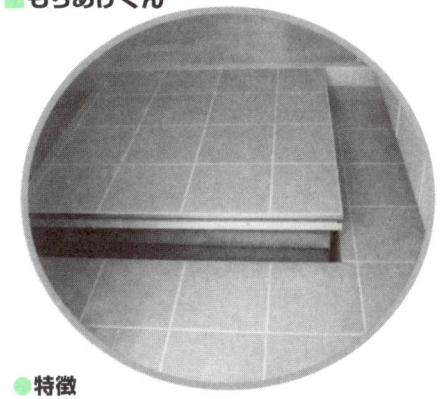

●特徴
・車いすのままで部屋から楽に外に出ることでき、手すりは脱着仕様や位置設定も可能。
・屋外設置に適したステンレス製（テーブル・手すり）。
・設置場所に合わせ、テーブルの寸法・形状・仕上げ等変更可能なオーダーメイド方式。

■ステアリフト　エスカルゴ

●特徴
車いすのまま搭乗ができるので、乗せ変え等の面倒がない。直線・曲線・螺旋等様々な階段に対応できるオプションあり。テーブルは使用しないときに折りたたむ事ができるので、邪魔にならない。屋内・屋外共に使用可能。コンパクトでスマートなデザイン。さまざまな設置環境の空間に調和します。

●価格

品　名	高さ (cm)	標準テーブル寸法 (cm)	荷重 (kg)
もちあげくん	～2500	120 × 120	150～
エスカルゴ		85 × 70	160

※・電源は AC100V。
　・寸法の変更も可能。
　・価格は、そのつど見積もり。
　・型式適合認定仕様有り。

http://www.hearts-eiko.co.jp

移動補助
Transfer support

クマリフト（株）
フリーダイヤル TEL (0120) 070-570

階段昇降機
直線型・曲線型・屋外型の3タイプで様々な階段に対応。
安心設計でやさしく、使われる方、ご家族の気持ちになって開発

■ 自由生活

●直線型
真っ直ぐな階段に設置できる、レール幅が世界最小10cmのコンパクト設計。

● 価格 ¥661,500～
製品代・運搬費・工事費含
（一部地域は除く）

●曲線型
曲がった階段に設置でき、錆びないアルミレールで、1階から3階まで1台で移動できます。

● 価格 ¥1,260,000～
製品代・運搬費・工事費含
（一部地域は除く）
※階段形状によって価格は異なる

●屋外型
大雨や暴風といった屋外の過酷な天候に対応し、屋内と変わらず快適な暮らしが広がります。

● 価格 ¥1,029,000～
製品代・運搬費・工事費含
（一部地域は除く）
※階段形状によって価格は異なる

	「自由生活直線型」	「自由生活曲線型」	「自由生活屋外型」
定員	1名（100kg）		
速度	6m/分（回送時9m/分）	6m/分	6m/分
電源	単相交流100V（50/60Hz）		
モータ容量	200W		
駆動用電源	―	充電式バッテリー	―
最大傾斜角度	55度		
最小傾斜角度	30度	0度（水平）	0度（水平）
走行行程	5m（標準）	7m（標準）	6m（標準）
駆動方式	チェーンラックピニオン式		
制御方式	インバータ		
レール素材	アルミ（アルマイト仕上げ）		
標準装置	回転シート（上階側のみ）60度、90度※1　上下階乗場操作盤	回転シート（上階側のみ）60度　上下階乗場操作盤　速度切替スイッチ（2段階）　バッテリー残量注意ランプ	回転シート（上階側のみ）60度　上下階乗場操作盤　屋外カバー
安全装置	巻き取り式安全ベルト　リミットスイッチ　ファイナルリミットスイッチ　チェアフレームセーフティ　押し続けボタン　着座スイッチ　電磁ブレーキ　キースイッチ　足置き台セーフティ　回転シートスイッチ　足置き下セーフティ　過速度検出装置（落下防止装置兼用）		
オプション	乗場操作盤キースイッチ　レール延長　補助バッテリー2倍仕様・3倍仕様　下階レールベンド　ひじ掛けオプション　人体感知センサー（フットライト）　ペンダントスイッチ　途中階給電　走行中メロディ（乗場操作盤操作時）　回転レバーショートタイプ　電動回転シート　両回転レバー（回転角度50度）／折り畳みレール　両回転レバー（回転角度50度）		

※この他のオプションについては、ご要望に応じて検討いたします。
※1 電動回転シート仕様（オプション）時は、90度のみとなります。

http://www.jiyuuseikatsu.net/

移動補助
Transfer support

アビリティーズ・ケアネット（株）
TEL (03) 5388-7200　FAX (03) 5388-7502

階段昇降機

曲がり階段にも取付可能。
静かで安全、ワンタッチでたためるコンパクト設計

■スーパーレーター（いす式階段昇降機）
●特徴
・曲がり及び直線階段に取付可能。インバータ方式で省電力。
・折りたたむととてもコンパクト。αは43cm、βプラスはさらにスリムな33cm。
・75cm位の狭い階段にも取付が可能。
・アームレストに標準装備された手元スイッチでラクラク操作。

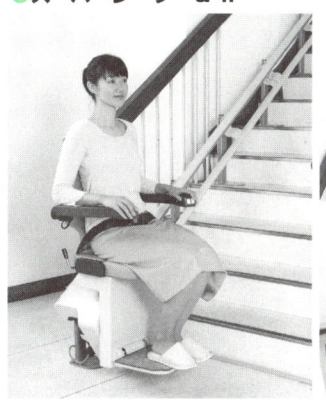

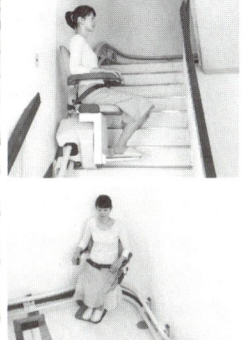

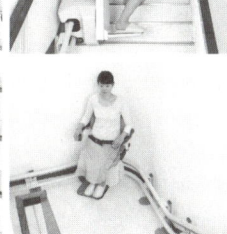

●スーパーレーターαⅡ
曲がり階段、直線階段タイプ

●価格　※都度お見積もり（無料）

●スーパーレーターβプラスⅡ
直線階段タイプ

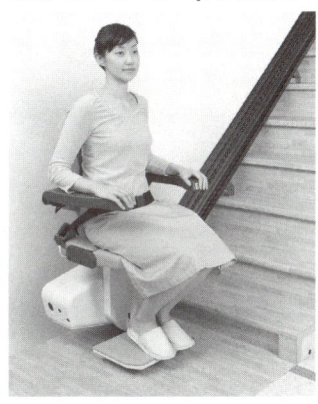

●価格
直線階段　　￥682,500

●仕様

	スーパーレーターαⅡ	スーパーレーターβプラスⅡ
電源（V、Hz）	単相100V（50／60Hz）	単相100V（50／60Hz）
駆動方式	ラック＆ピニオン式	チェーンスプロケット式
定員	1名	1名
積載荷重	92kg	92kg
速度（分）	6m/min または 4m/min	6m/min
傾斜角度（最大）	0〜53度	25〜55度
階段必要巾	750mm	750mm
階段必要高さ	水平1,450、斜1,600、らせん2,000mm以上	1,800mm以上
本体重量	90kg	58kg
壁〜レール突き出し	14cm	22cm

http://www.abilities.jp/

移動補助
Transfer support

大澤工業(株)
TEL (076) 469-3288　FAX (076) 469-2736　東京営業所 TEL (03) 3456-3588

車いす用階段移動装置
車いすに乗ったまま階段をラクに昇り降りできるプラットホームタイプの昇降機

■フレンドリーリフト P 型　スパイラルタイプ・ストレートタイプ

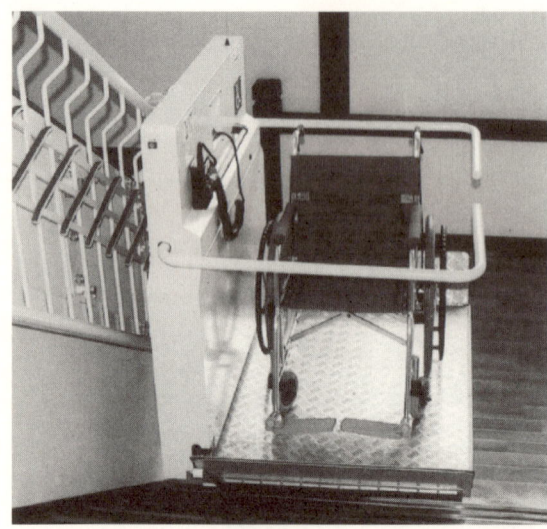

● 特徴

① どんな階段にも OK
・可動装置に特殊なドライブローラー方式を採用。直線階段はもとより、急な曲線階段、踊り場のある階段など、どのような構造の階段にも設置できる。

② 室内でも屋外でも、心地よさを実現
・バッテリー方式駆動：漏電、感電の心配がなく、停電で止まることもない。充電は自動的に行う。
・オプション：屋外仕様、補助シートの設置。

③ 技術の粋を集めた人にやさしい昇降機
・ペンダントスイッチ：手元で操作ができる。
・アクセスフラップ（渡し板）：走行時は車止め、乗降時は渡し板になる。
・マイコン制御。

● 価格／本体のみ：¥4,725,000 〜

P 型スパイラルタイプ

P 型レール（壁取付タイプ）

● 標準装備品
1. 本体プラットホーム
2. ガイドレール
3. レールブラケット付属部品
4. キースイッチ
5. ペンダントスイッチ
6. オーバースピードセーフティ装置
7. バッテリー (DC24V)
8. バッテリー充電器
9. バッテリー充電ターミナル

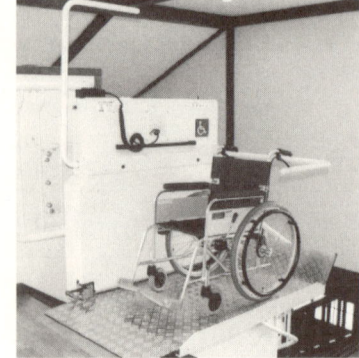

昇降部

http://www.osawa-kk.co.jp/

移動補助
Transfer support

(株)アルバジャパン
TEL (03) 5619-7251　FAX (03) 5619-7252

車いす用電動階段昇降機

人が歩くように階段を登り降りします

■ スカラモービル

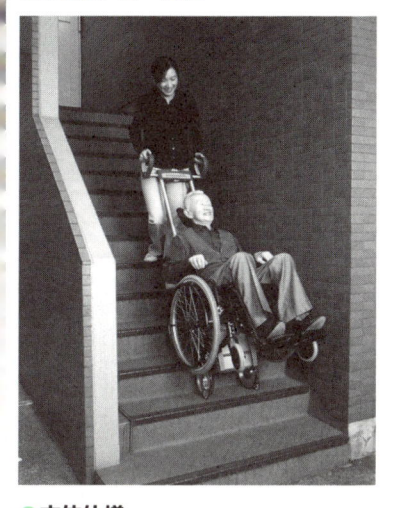

● 特徴
1. 階段を傷つけず安定した昇降をするユニークな駆動システム
2. 階段昇降での介助者の負担を著しく軽減 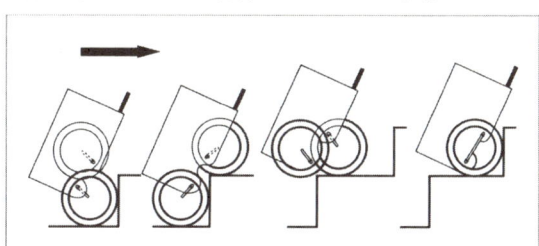
3. 簡易エレベーターやリフトに比べ大幅に費用低減
4. 設置工事の必要がなく、すぐに使用可能
5. 小型・軽量で分解性に優れ、積込みや収納が簡単
6. 本体を車いすに装着したまま平地走行可能
7. 本体は簡単に取付け・取り外しができ、車いす単独でも使用可能

● 本体仕様
原産国	ドイツ
型式	S 30
寸法（高×幅×奥行）	1140〜1540 mm × 350 mm × 300 mm
重量	24・5kg（バッテリーパック含む）
最大再積載荷重	120 kg
昇降可能段差	踏み幅最小12cm・蹴上げ最大21cm
証可能可能角度	45°〜50°
昇降速度	6〜18段／分
モーター	DC 24 V・176 W
バッテリー	鉛シールド電池・DC12V・3.4Ah × 2
充電時間	通常、5〜6時間、過充電防止機能付
満充電時動作容量	約300階段
標準付属品	バッテリーパック、専用充電器、専用ヘッドレスト
オプション	予備バッテリーパック

● スカラポート仕様
仕様している車いすをそのまま積載するタイプ

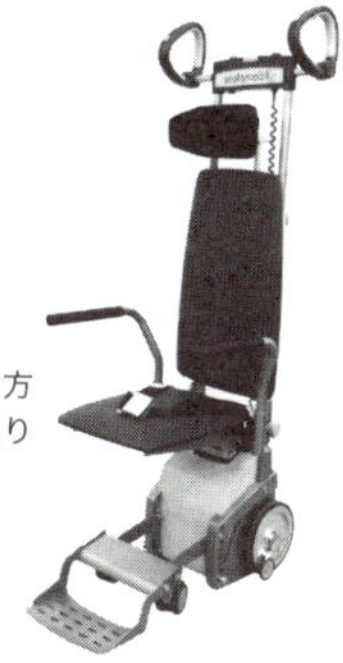

● コンビ仕様
車いすを必要としない方向けで、狭い階段や踊り場に最適。主に屋内用

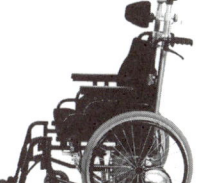

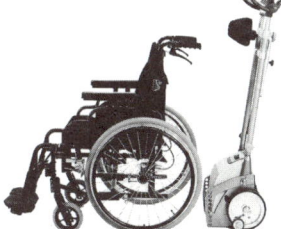

● 専用車いす仕様

● 価格
S30-W（専用車いす仕様）　参考価格 ¥1,155,000（税込）
S30-P（ポート仕様）　　　参考価格 ¥1,165,500（税込）
S31（コンビ仕様）　　　　参考価格 ¥1,081,500（税込）

※介護保険レンタルに適用中（市町村判断）

http://www.alber.jp

移動補助
Transfer support

(株) アルバジャパン
TEL (03) 5619-7251　FAX (03) 5619-7252

車いす用イージードライブユニット

座面の下に差し込むだけで、
あなたの車いすがスクーターに変身

■ クイックス

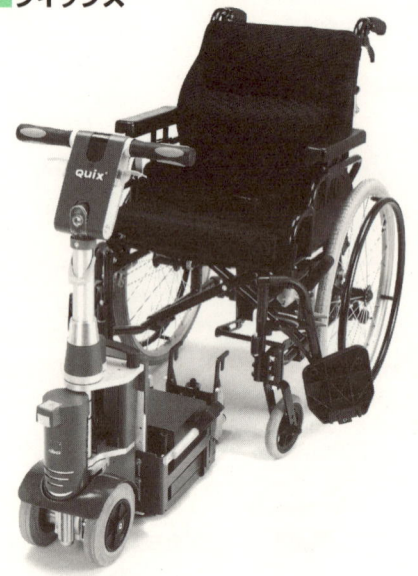

● 特徴
1. 普段使用している手動車いすに取り付けて、電動車いすとして使用できる「2イン1設計」
2. 前輪リフティング機構でユニットの駆動輪と車いすの後輪の3輪駆動方式
3. 自転車感覚の直感的なハンドル操作でスムーズに走行可能
4. 人間工学に基づいたデザインのハンドルレバーは、高齢者や障害者のさまざまな指の動きに対応
5. スポットターンができるため、狭い廊下や室内、狭い歩道の方向転換が容易
6. ユニットは3分割でき、車での移動のための省スペース設計
7. 車いすとのユニットの脱着もワンタッチ
8. 加齢による歩行機能障害で車いすが必要な方、脳梗塞による片麻痺、大腿骨骨折、下肢切断、リウマチ、運動障害、パーキンソン病などの症状がある方、複雑な機械が苦手な方、できることはなるべく自分でしようという意欲のある方に最適

● 本体仕様

原産国	ドイツ
型式	QX10
重量	30 kg（バッテリーパック含む）
モーター	DC24V100W
バッテリー	DC12V12Ah × 2
充電時間	通常、5～6時間。過充電防止機能付
走行距離	約15 km（85 kg荷重時）、約11 km（130 kg荷重時）
登坂角度	5～9度（荷重による）
標準付属品	バッテリーパック、専用充電器

● 価格

クイックス・ユニット　　　　参考価格 ¥522,900（税込）
クイックス＋同社イーウイング22　参考価格 ¥650,000（非課税）
※介護保険レンタル対象品

http://www.alber.jp

移動補助
Transfer support

(株)星光医療器製作所
TEL (072) 870-1912　FAX (0728) 70-1915

歩行器

ベッドから歩行器への乗り降りが楽

■アルコー DX（デラックス）

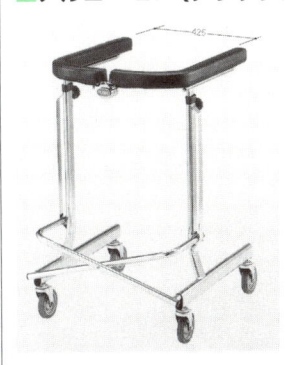

アルコー DX
¥60,000（非課税）

●特徴
・低床型、介護ベッドに最適。
・乗り降りは身体の中心で使用できるため（ベッドの下部に脚部が入る）、重度の不自由者にも安心して使える。
・低重心の安定設計のため、強度の楕円パイプを使用。
・簡単に折り畳める。
・保管場所は他の歩行補助器の1/3になる。
・使用前後も介添え不要。
・本人自身で緊急避難が簡単にできる。
・病院の廊下の片隅に、病室のベッド横に。
・家庭の寝室サイドに。
・玄関先に。（入り口の狭いところも出入り自由）
・持ち運びラクラク。（自動車積載、他の乗り物もOK）

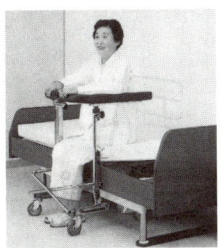

折りたたみ時　　ベッドの下部に脚部が入る

●仕様
材質：スチール製　クロームメッキ
上部マット：ウレタンレザー巻
キャスター：100 mm　自在車
重量：13kg

http://www.aruko.co.jp/

大澤工業（株）
TEL (076) 469-3288　FAX (076) 469-2736

ホームエレベーター

分速25 mのスムーズ快速！

■フレンドリーホームエレベーター

乗場　　　　　　　ルーム内

●特徴
・木造建築にも設置可能。
・停電になっても、最寄りの階まで運転。
・地震発生時はセンサーが感知。最寄りの階まで運転。（オプション）
・出入り口、カゴ戸とも大きな窓を設けて、中の様子が確認できる。
・2方向出入口等も可能（オプション）。
・ルーム内電話器で緊急の場合外部との連絡が取れる。

●定員
IOS-150型：2名（150kg）
IOS-200型：3名（200kg）

●共通仕様
速　度：25m/分
出入口形式：2枚引戸（電動式）
　　　　　ドアセフティシュー付き
電　源：単相3線式200V 50/60Hz
最大停止箇所：4箇所

●価格
本体・設置工事込（鉄骨RC構造）
150型　　　　　　　¥2,205,000～
200型　　　　　　　¥2,394,000～
※建築工事・電気工事関係別途

●かご内寸
150型：幅770×奥行1,000×高さ2,000 mm
200型：幅900×奥行1,150×高さ2,000 mm
※この他にもサイズあり

http://www.osawa-kk.co.jp/

移動補助
Transfer support

クマリフト（株）
フリーダイヤル　TEL (0120) 070-570

三菱日立ホームエレベーター（株）
TEL (0120) 345-594

ホームエレベーター　安全第一設計の半自動ドアシステム

■エザンスS

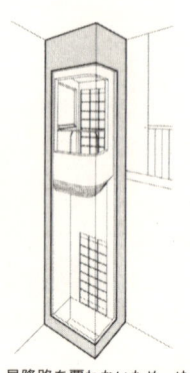

昇降路を覆わないため、ゆとりの空間が生まれる。

●特徴

- 壁とエレベーターに大型の窓を採用することで、視界が拡がり、開放感が生まれる。
- かごと乗り場とのすき間は、業界最小1cm。
- 開くときは自動、閉じるときはボタンを押し続ける開閉方式の半自動ドアシステムを採用。
- 使いやすい大型表示の操作盤を低い位置に設定しているので、車いすでも操作しやすい。
- インバータ制御でスムーズ運転。
- 軒下寸法 240cm。

上：車いすの車輪などが落ちないよう、かごと乗り場のすき間は1cmになっている。
右：窓つきの出入戸を採用することで内部の使用状況を確認でき、安全性を確保。 

http://www.kumalift.co.jp/

ホームエレベーター　自由で快適なライフスタイルのために

■三菱日立ホームエレベーター スイ〜とホーム

Aタイプ（手すりはオプション） 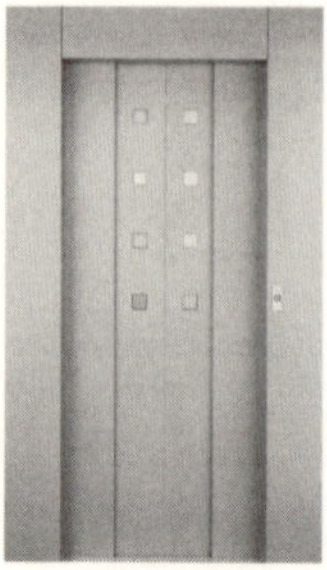　　乗り場（カラーは全7色）

●特徴

- 54本の赤外線が乗り降りを常に見守る「はさまりセンサー」を標準装備。高齢者や車いす利用者でも安心して利用できる。
- 高性能モーターの採用、省エネモードの搭載により、電気代を大幅にカット。
- 停電時には、内臓のバッテリーにより最寄り下方階へ自動運転。
- 静かで滑らかなロープ式を採用。

●平面図　単位：mm

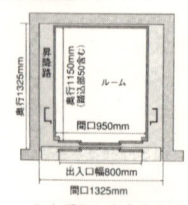

3人乗り一方向出入口	3人乗り二方向出入口
奥行1150mm（踏込高さ含む）／奥行1325mm／間口950mm／出入口幅800mm／間口1325mm	奥行1180mm（踏込高さ含む）／奥行1450mm／間口950mm／出入口幅800mm／間口1325mm

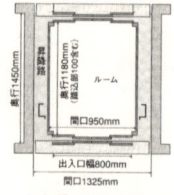

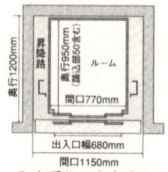

2人乗り一方向出入口	2人乗り二方向出入口
奥行950mm（踏込高さ含む）／奥行1200mm／間口770mm／出入口幅680mm／間口1150mm	奥行980mm（踏込高さ含む）／奥行1250mm／間口770mm／出入口幅680mm／間口1150mm

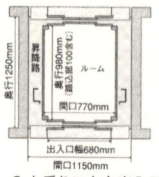

http://www.mh-he.co.jp/

移動補助
Transfer support

(株) イーストアイ
TEL (03) 3897-9393　FAX (03) 3897-9535

歩行器 — 立ち上がりをサポートする2段グリップ付きで更に便利

■ セーフティーアーム SA

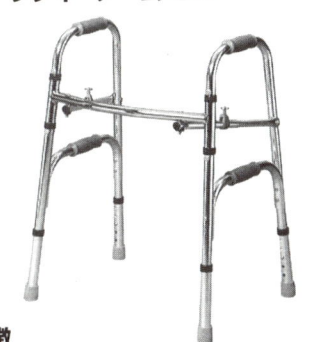

● 特徴
- ブルー、グリーン、ピンク、ブロンズ、シルバーの5色から選べる。
- 折りたたみができ、収納・持ち運びに便利。
- 立ち上がりをサポートする2段グリップ。
- 握り手幅を「ハの字型」「コの字型」の2段階に切り替えでき、便利。
- 握り手高さは、プッシュボタンで5段階（70〜80cm）に調節可能。
- 丈夫な25mm径の太パイプを使用。
- トイレの前に置いて、手すりとしても使用できる。

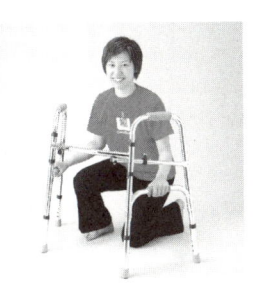

● 仕様
使用時サイズ：W61.5（ハの字：103）× D45 × H70〜80cm
収納時サイズ：W56 × D10 × H71.5cm
重　量：2.7kg
材　質：アルミ（センターシャフトのみスチール）

● 価格　　　　　　　　　　　¥16,000（非課税）

※レンタル対象商品

http://www.easti.co.jp/

(株) イーストアイ
TEL (03) 3897-9393　FAX (03) 3897-9535

歩行器 — 家庭での使用や小柄な方におすすめの歩行器

■ セーフティーアームウォーカーミニ

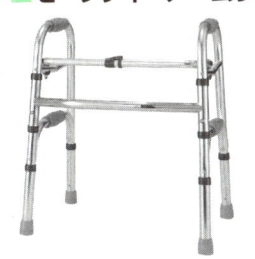

SAWS
¥16,000（非課税）

● 特徴
- 固定型歩行補助器のコンパクトサイズ。
- グリップの高さはプッシュボタンで5段階調節が可能。
- 2段グリップで床からの立ち上がりをサポートする。

● 仕様
使用時サイズ：W54 × D43 × H59〜69cm
収納時サイズ：W54 × D10 × H60.5cm
グリップ内幅：40cm　重量：2.7kg

■ セーフティーアームウォーカーミニGタイプ

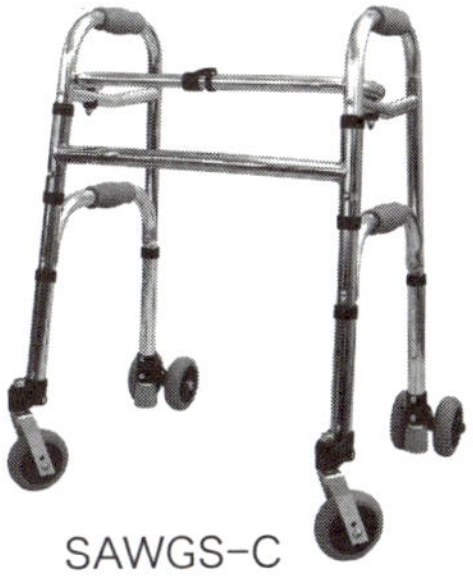

● 特徴
- 屋外でも使用できる6輪キャスター付きの歩行器。
- 6輪とも幅広の4インチゴムキャスターで、安定性が高い。
- 前脚はスイングキャスターが自在に動き、方向転換や歩行がスムーズ。後脚はツインキャスター付きストッパーで、より安定を高めている。
- グリップの高さはプッシュボタンで5段階（72〜82cm）調節が可能。
- 落ち着いたイメージのブロンズ色もあり。

SAWGS-C
¥27,500（非課税）

● 仕様
使用時サイズ：W65.5 × D57 × H72〜82cm
収納時サイズ：W62 × D11 × H75cm
グリップ内幅：40cm　重量：4.5kg

※レンタル対象商品

http://www.easti.co.jp/

移動

移動補助
Transfer support

竹虎ヒューマンケア (株)
TEL (03) 3762-2686　FAX (03) 3762-3718

杖　右利き・左利きの違いに対応したグリップ

■ アンバーステッキ

● 特徴
- 左右の握り手は、掴みやすい"手を握った形"に形成。手のひらにぴったりフィットします。
- 軽く、丈夫なアルミ製。
- 専用の調整ピンで、高さ調節も簡単にできます。

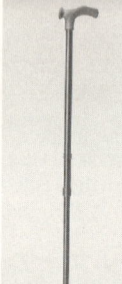

右手用　　左手用

● 仕様
サイズ：φ2/1.7 × H72〜94.5cm（10段階・2.5cmきざみ）
材　質：アルミ
重　量：275g

● 価格
¥5,250（税込）

杖先ゴム
¥525（税込）

竹虎ヒューマンケア (株)
TEL (03) 3762-2686　FAX (03) 3762-3718

杖　握りやすさを追求したグリップ形状の高品質なドイツ製ステッキ

■ コースキーステッキ（右手用・左手用）

● 特徴
- グリップは人間工学に基づいて設計された形状でとても握りやすく、長時間使用してもつかれにくい構造なので、握力の弱い方も安心です。
- シャフトは高品質なアルミ合金を採用。耐腐食性にも優れ、丈夫で安全性を高めます。
- 杖のサイズは高さ調節ピンを差し込むだけ。
- 杖先ゴムは杖をついたときのショックに対する吸収性に優れた構造。地面を的確にとらえます。

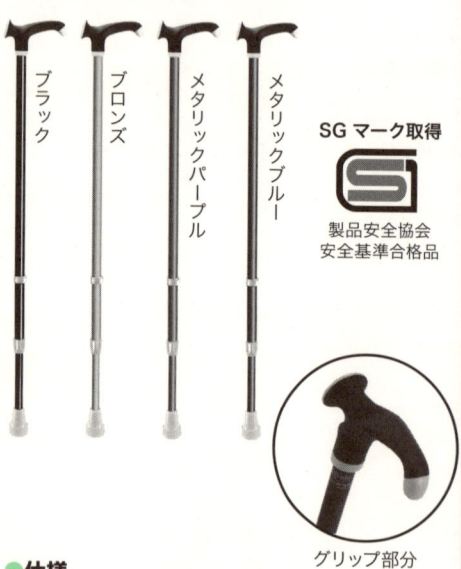

ブラック　ブロンズ　メタリックパープル　メタリックブルー

SGマーク取得
製品安全協会
安全基準合格品

グリップ部分

● 仕様
サイズ：φ16.9/20.0 × H780〜980mm（9段階・25mmきざみ）
色・柄：ブラック、ブロンズ、メタリックパープル、メタリックブルー
材　質：[本体] アルミ合金 [握り手] ポリアミド／TPE
重　量：410g
特記事項：杖先ゴム、高さ調節ピンの別売もございます。
　　　　　杖先ゴム [ブラック・グレー]：525円（税込）
　　　　　高さ調節ピン：315円（税込）

● 価格
¥6,930（税込）

http://www.taketora-web.com/

移動補助
Transfer support

(株) カワムラサイクル
TEL (078) 969-2800　FAX (078) 969-2811

歩行補助車
軽くてシンプルな歩行車

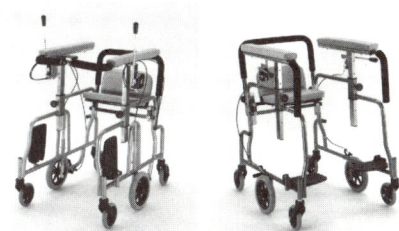

■ ムーンウォーカー

Mタイプ
（中央車輪可動式）

Fタイプ
（中央車輪可動式）

● 特徴
・通路の狭い住宅で使用でき、自宅での歩行訓練にも最適。足の負担が少ないよう、座面に体重の一部をかけた歩行が可能。疲れた時には腰掛けて休憩でき、通常歩行の時は後ろへ折りたたんでおける。
・可動式のハンドルを回転させれば身体を囲めるので安心。ひじ掛けの高さは5段階で調節できる。
・ステップが標準装備されているので、簡易の介助用車いすとしても使用可能。

● 仕様
材質：スチール
重量：(kg)

	S	M	L
Mタイプ	16.4	17.2	17.4
Fタイプ	14.8	5.6	15.7

サイズ：(cm)
Mタイプ

	S	M	L
全幅	57	63	69
全長	83	83	83
全高	76	85	85
ひじ掛け高	62~88 (5段階)	72~98 (5段階)	72~98 (5段階)

Fタイプ

	S	M	L
全幅	59	65	71
全長	83	83	83
全高	75	85	85
ひじ掛け高	62~88 (5段階)	72~98 (5段階)	72~98 (5段階)

● 価格
KW-MM-S/M/L　Mタイプ ¥88,000（非課税）
KW-MF-S/M/L　Fタイプ ¥55,000（課税）

http://www.kawamura-cycle.co.jp

(株) イーストアイ
TEL (03) 3897-9393　FAX (03) 3897-9535

歩行車
買い物や散歩等のお出かけをサポートするおしゃれな歩行車

■ セーフティーアームロレータ　RSA

● 特徴
・欧米等で人気のデザインをベースとし、日本で使いやすいよう工夫を加えたオリジナル仕様のスタイリッシュな歩行車。
・色はグリーンとレッドの2色から選べる。どちらも格調高いマーブル模様。
・歩き疲れた時等に座れる座面付き。座面高さは立ち座りしやすい44cm。
・幅はスリムな51cm。場所を選ばず、室内でも使用しやすいコンパクト設計。
・グリップの高さは67~80cmまで7段階に調節可能。様々な体格の方に対応しやすい高さ設定。
・前輪タイヤは、直径20cm、幅4cmの大型ノーパンクタイヤ。
・グリップは手のひらにフィットする握りやすい形状。
・ハンドル部に反射板がついているので、夜間の歩行時にも安心。
・座面を持ち上げるだけで簡単に折りためる。折りたたみ時は自立するので、収納時に便利だ。

● 仕様
使用時サイズ：W51 × D62（カゴ付 70）× H67~80cm
収納時サイズ：W51 × D42 × H81cm
重量：7.2kg

● 価格
¥23,100（税抜 ¥22,000）

※レンタル対象商品

http://www.easti.co.jp

移動補助
Transfer support

ラックヘルスケア（株）
TEL (06) 6244-0636　FAX (06) 6244-0836

歩行車
機能性・デザイン性を両立したおしゃれな歩行車

■ オパル 2000 ／ 4500・5200

● 特徴
・本格的な歩行訓練に最適。
・腰かけ可能の座面シートは、歩行時には折りたためる機能付き。
・高さが無段階調節できるハンドル。
・シートの跳ね上げが可能で、足元に余裕のスペース。
・プラスチックハンドルを上段に持ち上げるとコンパクトに折りたため、持ち運び便利。
・大きめのタイヤで安定感よく、走行スムーズ。しかも小回りが利く。
・ロック機能付きブレーキ。

● 仕様
（サイズ：mm）

	小 (4500)	大 (5200)
全幅（内）	500	500
全幅（外）	600	600
奥行	590	620
シート高	475	545
ハンドル高	635～785	705～855
ハンドル幅	430	430
材質	スチール製粉体塗装	
重量	7.8kg	8.0kg
耐荷重	約125kg	

● 価格（4500・5200 同価格）

標準	¥49,800（非課税）
オプション：スローダウンブレーキ付	¥59,800（非課税）
オプション：ハイハンドル付	¥57,800（非課税）

http://www.lac-hc.co.jp/

（株）島製作所
TEL (06) 6793-0991　FAX (06) 6793-0992

歩行車
折りたたみ可能、コンパクトで使いやすい

■ シンフォニーSP

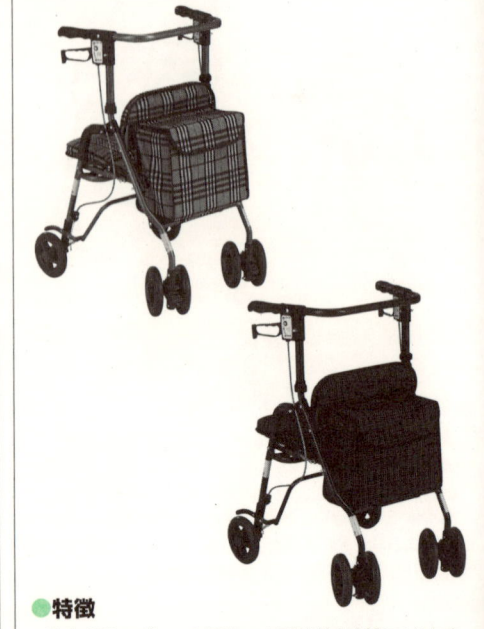

● 特徴
・片方だけのブレーキ操作でも両後輪を制御できます。
・折りたたみレバーを上げるだけで簡単にたためます。
・座面跳ね上げ式で足元ラクラク設計です。

● 仕様

材質	：本体部／アルミ（粉体塗装）　タイヤ／EVA
バッグ素材	：ポリエステル
使用時サイズ	：H 78.5～88 ×W 50 ×D 56 ㎝
収納時サイズ	：H 86.5 ×W 50 ×D 28.5 ㎝
ハンドル高	：78.5～88 ㎝
高さ調整	：4 段階（ピッチサイズ約 3 ㎝）
座面高	：約 41 ㎝
座面サイズ	：W 34.5 ×D 27 ㎝
タイヤ直径	：前輪　約 14.5 ㎝　後輪　約 14.5 ㎝
バッグ耐荷重	：5 kg
バッグサイズ	：H 26 ×W 30.5 ×D 14.5 ㎝（外寸）
重量	：約 5.9 kg

● 価格　　　¥27,300（本体価格 ¥26,000）

http://www.shima-seisakusyo.com/

移動補助
Transfer support

㈱島製作所
TEL (06) 6793-0991　FAX (06) 6793-0992

歩行車

安定性、走行性、さらにメンテナンス性をプラスした歩行車

■シンフォニープラス（大）

●特徴
・片方だけのブレーキ操作で両後輪を制御する両輪ブレーキです。
・2WAYブレーキでストッパーと一体型システム
・3WAYキャスターで固定（0°）、左右各60°（120°）、フリー（360°）の3種類の設定が可能
・足元ゆったり設計
・簡単ブレーキ調整
・折りたたみレバー（黄色）を上げるだけで簡単に折りたためます。

●仕様
材質	：本体部／アルミ（粉体塗装）　タイヤ／EVA
バッグ素材	：ポリエステル
使用時サイズ	：H 82〜88 ×W 59.5 ×D 65 ㎝
収納時サイズ	：H 90.5 ×W 59.5 ×D 35 ㎝
ハンドル高	：80〜86 ㎝
高さ調整	：4段階（ピッチサイズ約2㎝）
座面高	：約42 ㎝
座面サイズ	：W 37.5 ×D 27 ㎝
タイヤ直径	：前輪　約17.5 ㎝　後輪　約17.5 ㎝
バッグ耐荷重	：5 kg
バッグサイズ	：H 26 ×W 32 ×D 13.5 ㎝（外寸）
重量	：約6.8 kg

●価格　￥36,000（非課税）

■シンフォニープラス（小）

●仕様
材質	：本体部／アルミ（粉体塗装）　タイヤ／EVA
バッグ素材	：ポリエステル
使用時サイズ	：H 76〜82 ×W 59.5 ×D 65 ㎝
収納時サイズ	：H 84.5 ×W 59.5 ×D 35 ㎝
ハンドル高	：74〜80 ㎝
高さ調整	：4段階（ピッチサイズ約2㎝）
座面高	：約42 ㎝
座面サイズ	：W 37.5 ×D 27 ㎝
タイヤ直径	：前輪　約17.5 ㎝　後輪　約17.5 ㎝
バッグ耐荷重	：5 kg
バッグサイズ	：H 26 ×W 32 ×D 13.5 ㎝（外寸）
重量	：約6.6 kg

●価格　￥36,000（非課税）

tp://www.shima-seisakusyo.com

移動

移動補助
Transfer support

(株) 島製作所
TEL (06) 6793-0991　FAX (06) 6793-0992

歩行補助車

操作しやすいU字ハンドルで歩きやすさを追求

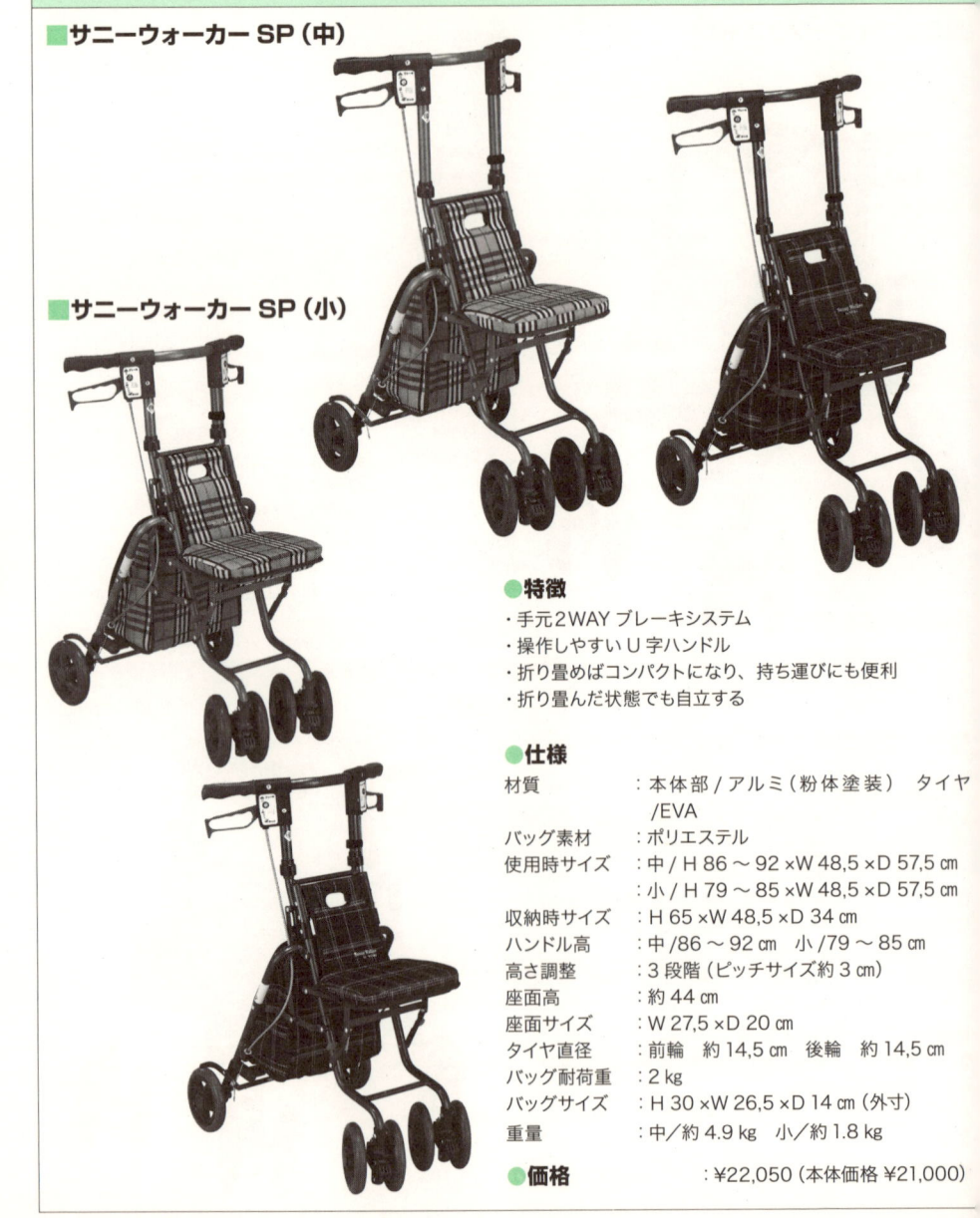

■ サニーウォーカー SP (中)

■ サニーウォーカー SP (小)

● 特徴
- 手元2WAYブレーキシステム
- 操作しやすいU字ハンドル
- 折り畳めばコンパクトになり、持ち運びにも便利
- 折り畳んだ状態でも自立する

● 仕様

材質	: 本体部 / アルミ (粉体塗装)　タイヤ / EVA
バッグ素材	: ポリエステル
使用時サイズ	: 中 / H 86〜92 ×W 48.5 ×D 57.5 ㎝ : 小 / H 79〜85 ×W 48.5 ×D 57.5 ㎝
収納時サイズ	: H 65 ×W 48.5 ×D 34 ㎝
ハンドル高	: 中 /86〜92 ㎝　小 /79〜85 ㎝
高さ調整	: 3段階 (ピッチサイズ約 3 ㎝)
座面高	: 約 44 ㎝
座面サイズ	: W 27.5 ×D 20 ㎝
タイヤ直径	: 前輪 約 14.5 ㎝　後輪 約 14.5 ㎝
バッグ耐荷重	: 2 kg
バッグサイズ	: H 30 ×W 26.5 ×D 14 ㎝ (外寸)
重量	: 中/約 4.9 kg　小/約 1.8 kg

● 価格　　　　　　　　　：¥22,050 (本体価格 ¥21,000)

http://www.shima-seisakusyo.com

移動補助
Transfer support

五十畑工業（株）
TEL (03) 3625-1463　FAX (03) 3625-1468

歩行補助車

体重移動の変化でも倒れない安全設計

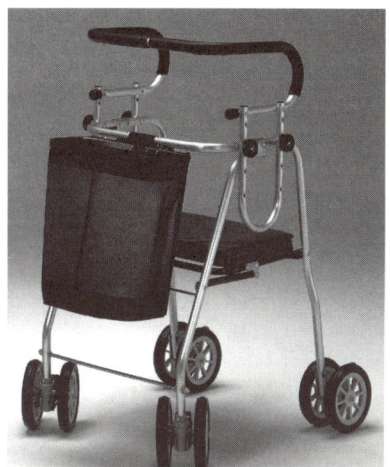

■アシストシルバーカーシリーズ
　ニューデラックス　フットストッパーH007

●特徴
・アルミパイプ仕立
・ロック式キャスター前輪で方向が自在に動かせる
・ハンドルは体型に合った高さ（4段＝84、89、94、99 ㎝）が選べる
・かご付き（取り外し式）

●仕様
完成寸法　　H 84〜99 ㎝×W 56 ㎝×D 63 ㎝
折り畳み寸法　H 91 ㎝×W 56 ㎝×D 31 ㎝
重量　5.5 kg

●価格　　　　¥24,800（非課税）

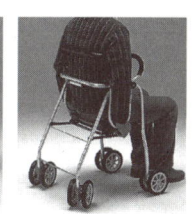

■アシストシルバーカーシリーズ
ニューデラックス
コの字型ハンドブレーキ付き
H0080

●特徴
・アルミパイプ仕立て
・ロック式キャスター前輪で方向が自在に動かせる
・ハンドルは体型に合った高さ（4段＝84、89、94、99 ㎝）が選べる
・かご付き（取り外し式）

●仕様
完成寸法　　H 84〜99 ㎝×W 56 ㎝×D 63 ㎝
折り畳み寸法　H 91 ㎝×W 56 ㎝×D 31 ㎝
重量　5.5 kg

●価格　　　　¥32,000（非課税）

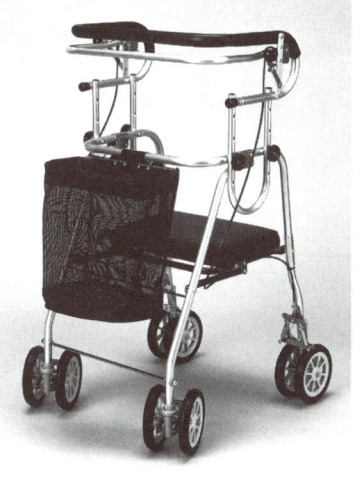

ttp://www.isohata-swan.co.jp/

移動

移動補助
Transfer support

五十畑工業（株）
TEL (03) 3625-1463　FAX (03) 3625-1468

歩行補助車

操作しやすいU字ハンドルで歩きやすさを追求

■コメットシリーズ ベーシックタイプ H034

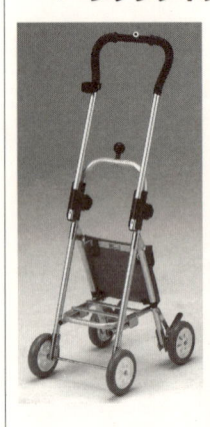

●特徴
・コンパクトに折り畳める
・軽量のスタンダードタイプ

●仕様
完成寸法：H 74～90 ㎝×W 34 ㎝×D 43 ㎝
折り畳み寸法：77 ㎝×W 34 ㎝×D 28 ㎝
重量：3 kg

●価格　¥13,860

■コメットシリーズ マークⅡ（ツー）イス付き H040

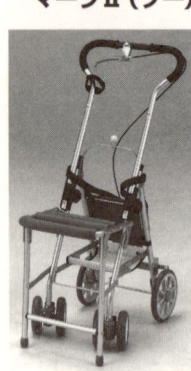

●特徴
・イス付きなので座って休める
・イスを折り畳んで仕様できる
・ハンドブレーキ付きで安心仕様

●仕様
完成寸法：73～94 ㎝×W 39 ㎝×D 50 ㎝
イス出し 60 ㎝／イスたたみ 50 ㎝
折り畳み寸法：H 74 ㎝×W 39 ㎝× 29 ㎝
座高：43 ㎝
重量：5 kg

●価格　¥22,890

■コメットシリーズ イス付き・ハンドブレーキ付き H0340

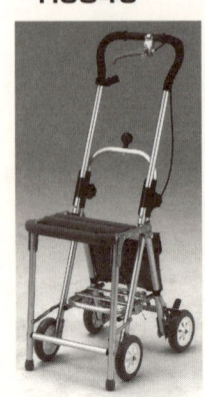

●特徴
・イス付きなので座って休める
・イスを折り畳んで使用できる
・ハンドブレーキ付きで安全仕様

●仕様
完成寸法：H 74～95 ㎝×W 34 ㎝×D 43 ㎝
折り畳み寸法：H 77 ㎝×W 34 ㎝×D 28 ㎝
座高：43 ㎝
重量：4.8 kg

●価格　¥19,320

■コメットシリーズ マークⅡ（ツー）H041

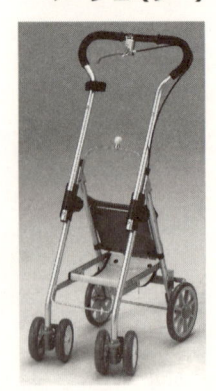

●特徴
・キャスター・ハンドブレーキ付きで安心

●仕様
完成寸法：73～94 ㎝×W 39 ㎝×48 ㎝
折り畳み寸法：H 74 ㎝×W 39 ㎝×27 ㎝
重量：4 kg

●価格　¥20,580

http://www.isohata-swan.co.jp/

移動補助
Transfer support

《株》サツキ
TEL (03) 3619-6211　FAX (03) 3619-6210

ウチヱ(株)
TEL (06) 6482-0230　FAX (06) 6401-6372

| 歩行補助車 | 車いす・歩行車 いずれもコンパクト |

| 車いす | 室内でいすに座る感覚を重視 |

■キューブ530

¥53,000（非課税）

● 特徴
・小旅行、病院の往復、病院内、リハビリ、介護時の移動に最適。
・たたみ方が簡単な簡易型介助車。しっかり自立するから電車、バス、家のなかに置いても邪魔にならない。

● 仕様
寸法：高さ880×奥行660〜780×幅500mm
重量：8kg　色：紺

■ナウ258（歩行車）

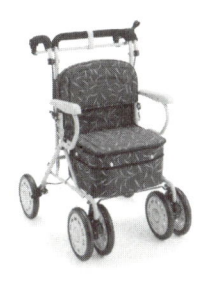

¥25,800（非課税）

● 特徴
・病院の往復、病院内、リハビリ、買い物に最適。
・リハビリや健康のために歩きたいけど、仰々しい歩行器は苦手な方にお勧めできる。
・シルバーカラーのデザインでおしゃれに気兼ねなく使える。

● 仕様
寸法：高さ795・835・865×奥行640×幅510mm
重量：7.7kg　色：リーフネイビー

http://www.satsuki-cart.co.jp/

■らっくるチェア HL

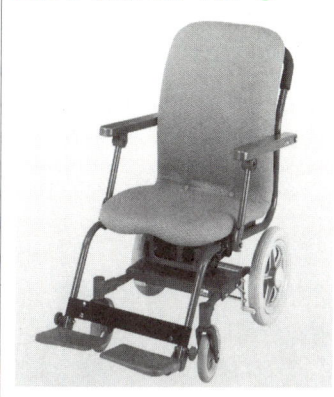

● 特徴
・肘掛けは左右ともはね上げ式で横移動が楽にできる。
・ステップパイプはワンタッチで片側ずつ取外しができる。
・座面は簡単操作で、360度回転（90度ごとにロック）する。
・片足でのワンタッチロックが可能。
・座面の高さは4段階の調節ができる。
　（45.5〜51.5cm、2cm刻み）

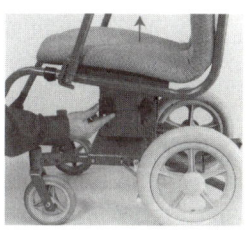

● 仕様
カラー：グリーン（RCH-102G）
　　　　エンジ（RCH-102E）
材質：フレーム／アルミ、ステンレス
　　　シート／ポリエステル、ウレタン、合板
重量：約18kg
寸法：全幅54×全高88.5〜94.5×全長96cm（ステップ有）
　　　69cm（ステップ無）

● 価格
¥102,900

● オプション
シートベルト（フリータイプ）　¥3,150
シートベルト（本体取付）　　　¥3,990

http://www.uchie.co.jp

移動補助
Transfer support

松永製作所 (株)
TEL (0584) 35-1180 FAX (0584) 35-1270

車いす

暮らしのそばに アクティブなパートナー

■ マックスプレジャー
● AIRNESS (エアネス)

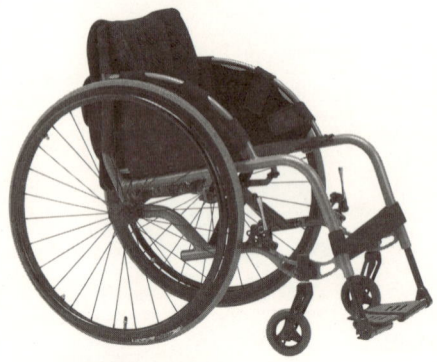

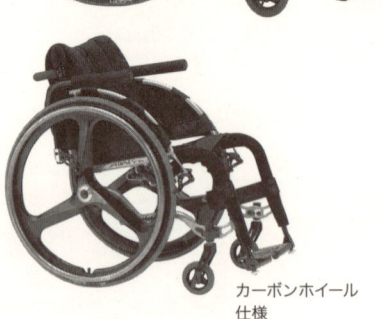

● 特徴
・豊富なオプションの設定により、使用目的や環境に応じてカスタマイズ可能な車いす。
・車軸位置が5段階で前後調整可能。

● 価格　¥120,000～(非課税)

シングルグレースに変更して軽量化を実現

TSS Ⅲを選択すると折りたたみ巾が非常に狭くなります

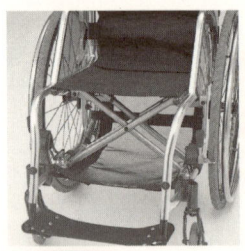

カーボンホイール仕様

オプション
3Dノンスリップネット

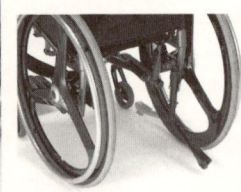

オプション
転倒防止、他にも多数のオプションがあります

■ コンパクト車いす
● MV-2 介助タイプ

● 価格　オープン価格

■ アルミ製超軽量車いす
● MW-SL2 介助タイプ

アルミ製で超軽量9.0kgを実現

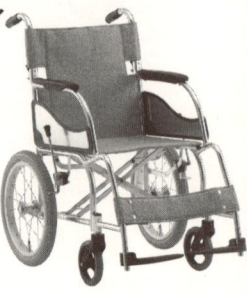

http://www.matsunaga-w.co.jp/

移動補助
Transfer support

(株)ミキ
TEL (052) 694-0333　FAX (052) 694-0800

車いす　操作性、携帯性に優れる、超超軽量・コンパクト車いす

■ 超超軽量シリーズ
● M-43SK
耐荷重 100kg

自操型

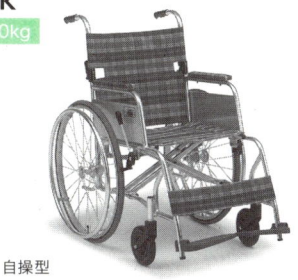

■ コンパクトシリーズ
● MOCC-43
耐荷重 100kg

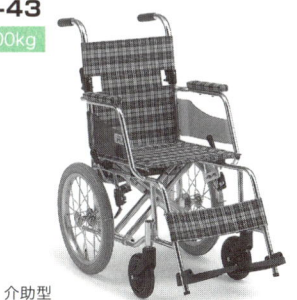

介助型

● サイズ / 重量

品番		サイズ (cm)	重量
M-43SK	自操	63 × 98 × 87	8.9kg
MC-43SK	介助	59 × 98 × 87	8.2kg
MOC-43	自操	53.5 × 94 × 86.5	11.0kg
MOC-43LTA	自操	53.5 × 94 × 86.5	9.97kg
MOCC-43	介助	50.5 × 92.5 × 86.5	9.4kg

※ MOC-43LTA は後輪に細タイヤを使用しています。

● 価格

品番		価格
M-43SK	自操	¥150,000
MC-43SK	介助	¥150,000
MOC-43	自操	¥98,000
MOC-43LTA	自操	¥106,000
MOCC-43	介助	¥88,000

http://www.kurumaisu-miki.co.jp/

ニック(株)
TEL (052) 692-3330　FAX (052) 692-3380

車いす　10kg を下回る総重量を実現

■ 超軽量シリーズ
● N-226K
耐久性と使いやすさを維持しながら、さまざまな軽量部品を採用。自操で初めて、10kgを下回った。

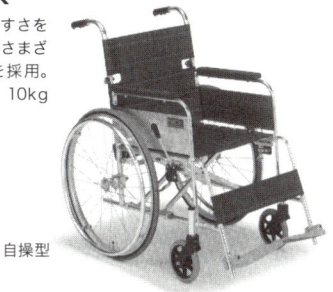

自操型

● NC-145K
9.2kg の超軽量モデル。

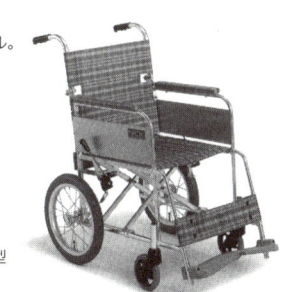

介助型

● サイズ / 重量

品番	サイズ (cm)	重量
N-226K	62 × 96 × 86	9.8kg
N-226Lo-K	62 × 96 × 81	9.8kg
N226-Hi-K	62 × 96 × 86	10.0kg
NC-145K	57 × 94 × 86	9.2kg

● 価格

品番	価格
N-226K	¥109,500
N-226Lo-K	¥109,500
N226-Hi-K	¥109,500
NC-145K	¥95,000

http://www.nick-corp.com

移動補助
Transfer support

㈱いうら
TEL (089) 964-8880　FAX (089) 964-1599

車いす　一人でも移り乗りが可能な車いす

■横乗り車いす
●ラクーネ（KY-350）

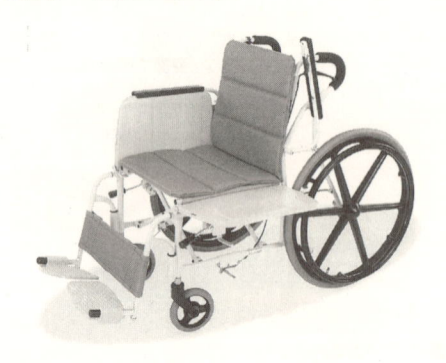

●特徴
・前から乗るだけではなく、トランスボードが開いて横からも乗ることができる。
・足受けステップはスイングアウトで左右に開く。
・シートは、ナイロン素材のパープル・グリーンとレザー素材のオレンジ・イエローの4色から選べる。

●寸法図

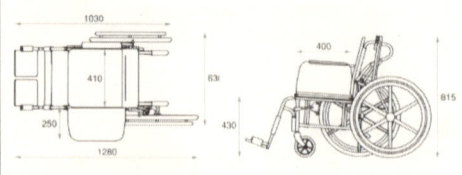

●サイズ／重量

品　番　KY-350

サイズ (mm)　全長1030　全幅630　全高815
　　　　　　　座面幅410　座面高　前430・後410
　　　　　　　座面奥行き400　折りたたみ幅345
重　量　ナイロンシート19kg　レザーシート17.5kg
耐荷重　100kg
主要材質　スチール

●価格
ラクーネ車いす KY-350（シート含む）
¥158,000（非課税）

http://www.iura.co.jp/

㈱カワムラサイクル
TEL (078) 969-2800　FAX (078) 969-2811

車いす　軽くて丈夫なジェラルミン製

■アルミ製モジュール車いす
● KA722-40B

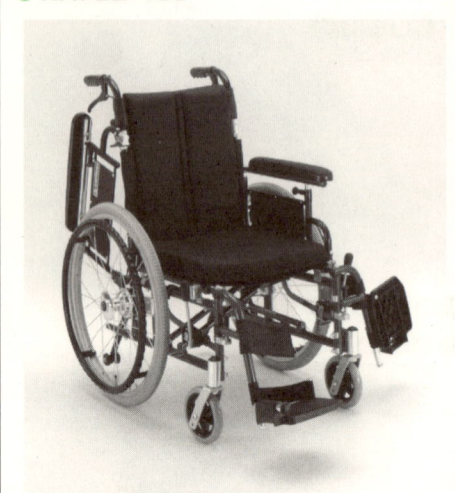

●特徴
・フットレストはスイングアウト＆イン式で、エレベーティング式に変更可能。
・アームレスははねあげ式。
・車輪は着脱可能で後輪軸位置の変更もできる。
・背シートは調整式。背もたれと高さと押し手高さの変更もでき使いやすい。
・肘掛け高さは25～35cmで変えられる。

●仕様

車体寸法	全幅64×前高85～91×全長105～106cm
折りたたみ寸法	全幅34×前高72×全長82cm
座幅	38・40・42cm
前座高	405・430・455・480mm
シート奥行き	40cm
背もたれ高さ	44・47・50・53cm
押し手高さ	後座高＋背もたれ高さ＋6cm
肘掛け高さ	25～35cm
重量 22インチ	18.6kg
重量 20インチ	18.4kg
重量 16インチ	17.1kg
材質	フレーム／超ジュラルミン・ハンドリム／PP樹脂

●価格
¥118,000

http://www.kawamura-cycle.co.jp

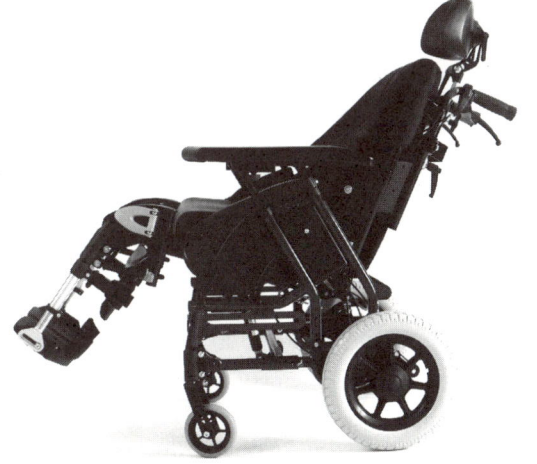

移動補助
Transfer support

パラマウントベッド（株）お客様相談室
TEL (0120) 03-3648

車いす

日本人の体型に合わせたコンフォート型車いす

■ ハンディコンフォート NEW

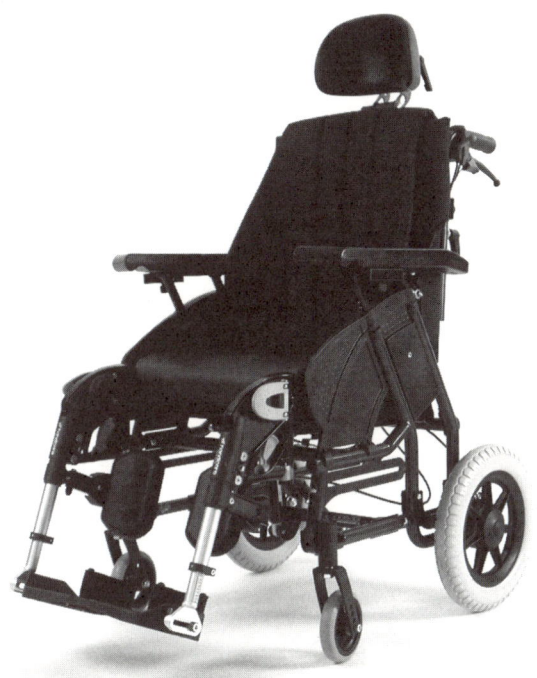

●**特徴**
姿勢保持ができなくても、様々な調整機能やティルト・リクライニング機能により、快適な姿勢で座ることができる。また、身体のズレ等を戻す負担を軽減することができる。

●**主な機能**
- ●ティルト0°〜18°
- ●リクライニング0°〜30°
- ●座奥行調整34〜40cm
- ●ネックレスト位置調整
- ●背張調整
- ●背もたれ高さ調整
- ●アームレスト調整
  高さ調整・前後スライド可能・着脱可能
- ●レッグレスト
  エレベーティング・スイングアウト
- ●フットプレート調整
  高さ調整・角度調整・前後スライド可能
- ●介助ハンドル高さ調整
- ●介助ブレーキ付き
- ●転倒防止バー付き

●**仕様**
サイズ：全高 107cm〜127cm×
　　　　全幅 61cm×全長 90〜123cm
　　　　座面幅 42cm×
　　　　全面奥行 34〜40cm×40cm
タイヤ：前輪 5インチ
　　　　後輪 12インチ
重　量：29kg

●**価格**
オープン価格

ttp://www.paramount.co.jp/

移動補助
Transfer support

(株) 松永製作所
TEL (0584) 35-1180　FAX (0584) 35-1270

室内車いす　真横への移動が可能な、リクライニング車いす

■エリーゼ FR31TR

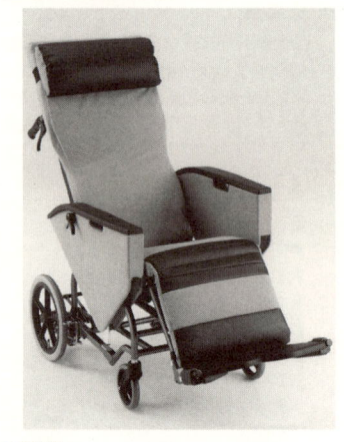

●特徴
- フルリクライニング＆ティルト機構により、リラックスした姿勢が可能。
- リフトアップにより真横への移動が可能。
- フットサポートを後方に跳ね上げて折り畳むことができ、介助の際邪魔にならない。
- アームサポートは10段階の高さ調節が可能で、座面と同じ高さまで下げることができる。

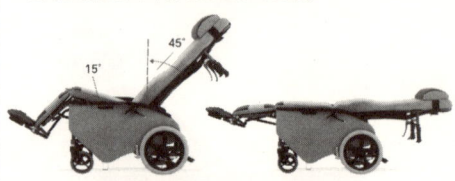

リクライニング45°
ティルト15°

フルリクライニング

リフトアップ機構により、簡単に軽い力で車いすを真横へ移動できる。

・前座高　475mm　・重量 36.5kg

●価格　　　　　　　　¥216,000（非課税）

http://www.matsunaga-w.co.jp

(株) アルバジャパン
TEL (03) 5619-7251　FAX (03) 5619-7252

車いす　アルミ軽合金を使ったモジュールタイプ

■イーウイング（自操・介助兼用型）
※介護保険レンタル対象商品

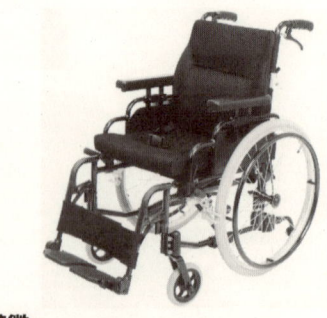

●特徴
①座高調節機能
　前後輪の車軸位置が変えられ、前後座高の調整ができる。
②大車輪脱着機能
　大車輪は簡単に取り外しができ、パンク修理や収納に大変便利。
③バックレスト背折れ機能
　バックレストがコンパクトに折りたためるので、車のトランクに積み込める。
④アームレスト跳ね上げ高さ調整機能
　乗り移りが簡単にでき、クッション使用にも対応。
⑤フットレスト開閉脱着機能
　ワンタッチでスイングイン＆アウトし、取り外しもできる。ステップの位置角度調整もできる。

●仕様
大車輪：22インチ（自操型）、16インチ（介助型）
キャスター：6インチ
座　幅：38・40・42cm
奥　行：42cm
フレーム：アルミ軽合金
※写真のスーパーシートはオプション

●サイズ
（自操型）
W61×L102×H88cm（収納時 W33cm）
重　量：15.8kg
（介助型）
W59×L102×H86cm（収納時 W31cm）
重　量：14.8kg

●価格　　自操型 ¥148,000（非課税）
　　　　　介助型 ¥143,000（非課税）

http://www.alber.jp

移動補助
Transfer support

（株）有薗製作所
TEL (093) 681-0531　FAX (093) 681-0533

車いす

身体拘束ゼロ作戦に対応して開発された、座位保持機能を高めた介助用車いす

■ エイブルチェア　（共同開発：福祉用具研究開発センター）

※介護保険給付対象商品

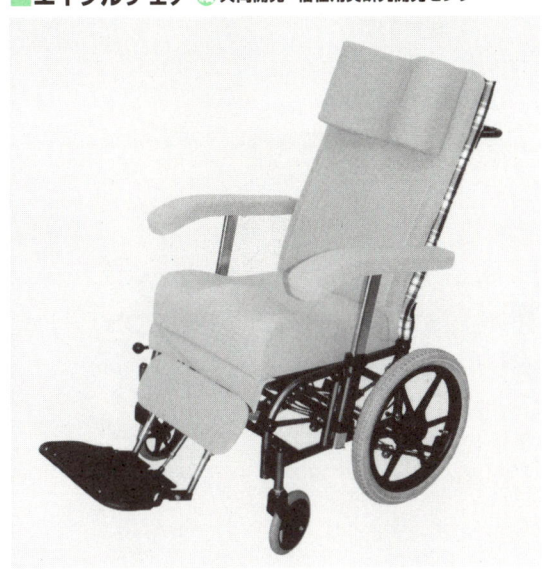

●特徴
- 座面に独自の3次元曲面を採用、高いホールド性と快適な座り心地が得られる。
- 背もたれは、ベルトによって張り具合を調節できる布地シートの上に、クッションマットを敷いた贅沢なつくり。使用者の体格や症状に細かく対応。
- 肘掛けを下げると、ベッドなどへの移乗や食卓への寄り付きが容易。
- 枕とサイドパッドは、位置調節や取り外しが容易。
- フットレストは、操作レバーを片手で倒すとワンタッチで折りたたむことができる。

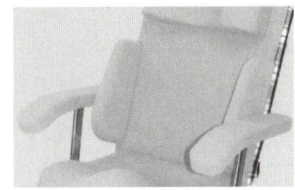

オプションのサイドパッド（¥8,000）

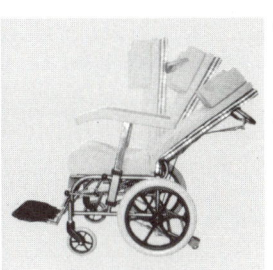

- リクライニング機能
  直立から後45°の範囲で無段階に背もたれの角度が調節できる。
- チルト機能
  水平から後15°の範囲で背もたれと独立して、無段階にシートの角度が調節できる。
- 背シート張り調整機能
  背シートの裏側にある8本のベルトでシートの張りを思い通りに調整できる。

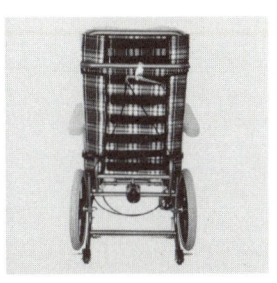

●シートカラー
ライトグリーン、ブルー、グレー、紺色
生地は布製とビニルレザー製がある。

●基本仕様 / 価格（Mサイズ）

シート幅	40cm
シート長	40cm
背もたれ高	70cm
フットレスト高（座面から）	34～40cm
肘掛高（座面から）	0～26cm
全長（背もたれ垂直）	102cm
全幅	62cm
全高（背もたれ垂直）	115cm
重量	25kg
車輪	16インチ
前キャスター	6インチ
リクライニング角度	90～135（直立から後45°）
チルト角度	0～15°（水平から後15°）
ブレーキ	足踏み式パーキングブレーキ
基本仕様価格	¥218,000

※Lサイズ（¥228,000）、Sサイズ（¥212,000）もあり。

http://www.arizono.co.jp/

移動補助
Transfer support

スズキ（株）
TEL (0120) 402-253

（株）カワムラサイクル
TEL (078) 969-2800　FAX (078) 969-2811

電動車いす
やさしく、軽やかに使いやすくを追求した安心設計

■ カインドチェア
● AC22A

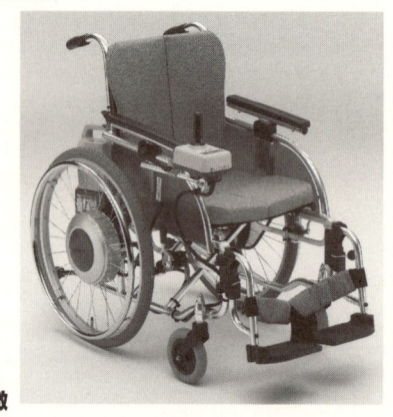

●特徴
・手動でも電動でも使える気軽さと持ち運びできる軽さを実現。
・4灯ライトでバッテリー残量を表示、走行中でも一目でわかる。
・電磁ブレーキ付き高性能モニター搭載。
・充電を外しても装着しても可能、場所にあわせて最適方法で充電できる。
・折りたためば幅は380mm、小型乗用車のトランクにも収納できるコンパクトさです。

¥350,000（非課税）
※介護保険レンタル適用品

● AC22AU（駆動輪22インチタイプ）/
AC20AU（駆動輪20インチタイプ）

●特徴
・使い慣れた車いすを電動化するユニット。

●構成品
駆動輪×2、専用充電器×1、バッテリ×1、ジョイスティックコントロールボックス×1

¥250,000（税別）

http://www.suzuki.co.jp

電動車いす
簡単操作で快適な毎日を

■ 電動車いす
● KE15

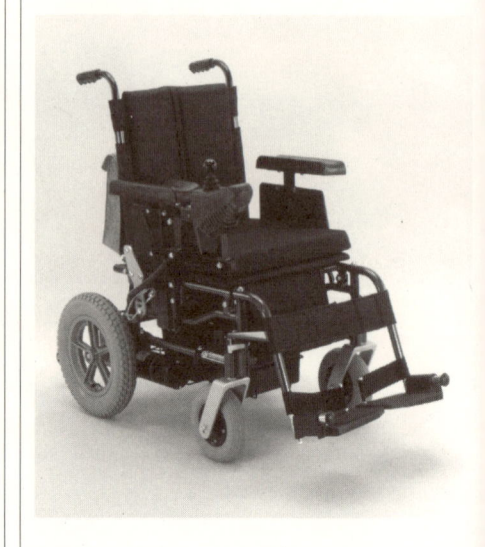

●特徴
・脚部スイングアウト式＆背もたれ角度が調節できる。
・転倒防止付きで安全・安心。
・見やすいコントロールパネルだから操作もラクラク。
・肘掛け着脱式。
・背バック標準装備。

●仕様

車体寸法	全幅59×全高89～95×全長114cm
座幅	40cm
前座高	45cm
シート奥行き	38・40・42cm
背もたれ角度	90～120度（無段階調節）
肘掛け高さ	19～33.5cm（10段階）
前進速度	Ⅰ型0～4.5km/h　Ⅱ型0～6.0km/h
後進速度	Ⅰ型0～2.5km/h　Ⅱ型0～3.5km/h
連続走行距離	25km
付属品	自動充電器

●価格
¥328,000

http://www.kawamura-cycle.co.jp

移動補助
Transfer support

(株) セリオ
TEL (0120) 105238　FAX (053) 486-6088

電動車いす

急な上り・下り坂でも楽に移動でき、軽量で高いフレーム強度をもつ介助用電動車いす

■ アシストホイール

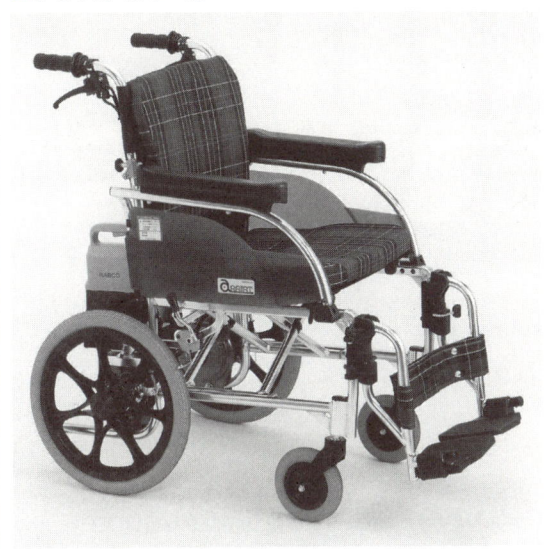

● 特徴
モーターが補助するので急な上り坂でも楽に登れ、下り坂では自動的にブレーキが働く安心設計。グリップセンサーで走行速度を自動制御するので、走行中の面倒な操作は一切なし。折り畳み・背折れ機能で収納もコンパクト。

● 仕様
サイズ：全長 1000 mm×幅 590 mm×高さ 880 mm
重　量：24.2 kg
カラー：グリーンチェック

● 価格　　¥340,000

■ JW アクティブ

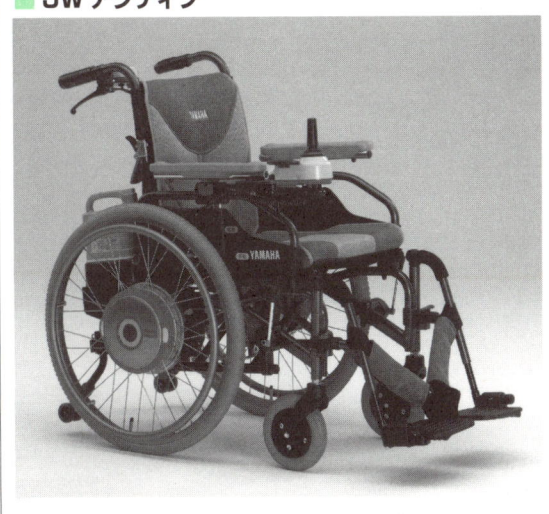

● 特徴
JWX-1ユニットをセットした、スタイリッシュで高いフレーム強度を持つ高性能・軽量型電動車いす。自走用操作部はジョイスティックで思い通りの走行を実現。5段階速度調節が可能で、バッテリー残量を手元で確認できるので安心して走行できる。また、オプションで介助操作部を取り付けたタイプもあり。

● 仕様
サイズ：全長 1075 mm×幅 650 mm×高さ 870 mm
重　量：31 kg
カラー：ブルー

● 価格　　¥398,000

http://www.serio888.net

移動補助
Transfer support

(株)アルケアコーポレーション
TEL (04) 7140-0017　FAX (04) 7140-0018

電動車いす

スムーズな走行性と最高のバランス安定性を実現したプライド社の電動スクーターと車いす

■電動スクーター・電動車いす

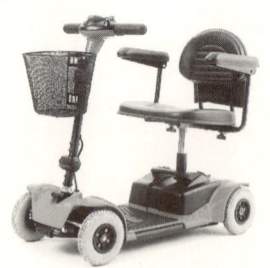

●ゴーゴー
¥280,000
※介護保険レンタル適用品　（非課税）

コンパクトで簡単分解。バッテリーパックが持ち運べるので、室内でも楽々充電
カラー：レッド、ブルー

●セレブレティX
¥400,000
※介護保険レンタル適用品　（非課税）

最高級の操作性と乗り心地をもつハイクラススクーター
カラー：シルバー

●ゴーチェア
¥350,000
※介護保険レンタル適用品　（非課税）

軽量、簡単に分解。室内でも旅行先でも使える電動車いす
カラー：レッド、ブルー

●ジェット3
¥650,000
※介護保険レンタル適用品　（非課税）

その場で回転、乗り心地が良いサスペンション
最小回転半径：47cm
カラー：レッド

●ジャジー1121
オープン価格

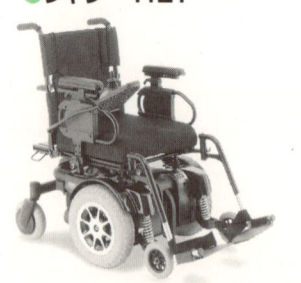

スムーズな操作性とハイパワー。最高水準の乗り心地
最小回転半径：49cm
カラー：レッド、ブルー

●クオンタム6000
オープン価格

スポーツトラックサスペンション他、ハイパワーと安定した走行性

●特徴（ジャジー）
・特許、中輪駆動デザイン。14インチ中輪は可動スプリングシステムにより確立して支えられている。不快な振動を吸収し、快適な走行性と操作性の良さを提供。
・いままでにない小回りの良さで、屋内での使用にも強力な威力を発揮。
・可動フレームに取り付けられた8インチ後輪キャスターがショックを吸収。
・可変スプリングシステムを備えた6インチ転倒防止前輪は独立してコントロールされている。

http://www.alcarecorp.co.jp

移動補助
Transfer support

(株)セリオ
TEL (0120) 105238　FAX (053) 486-6088

電動カート

安全性、盗難抑止など各種機能が充実

■ NEW 遊歩フレンド

レッド

● 特徴
音声ガイドで走行状況や充電情報を知らせる安心機能に加え、握り込み停止機能、コーナー自動減速機能、誤発進防止機能で、安全面でも充実の装備。ハンドルのレバーを握れば発進、離せば停止の簡単操作。回転式シートなので乗り降りもスムーズで快適。

● 仕様
サイズ：全長1195 mm×幅650 mm×高さ1080 mm
重　量：104 kg
カラー：レッド、グリーンシルバー

● 価格　　¥348,000

グリーンシルバー

■ NEW 遊歩パートナー

シルバー

● 特徴
昼間点灯ヘッドライト、バッテリー劣化状況判断機能、盗難抑止など業界初の新機能を搭載。握り込み停止機能や自動減速機能、超低速モード（0.5 km/h）などの安全機能も充実。高性能表示パネルを備えたハンドルは操作も簡単。

● 仕様
サイズ：全長1195 mm×幅650 mm×高さ1065 mm
重　量：109 kg
カラー：レッド、シルバー

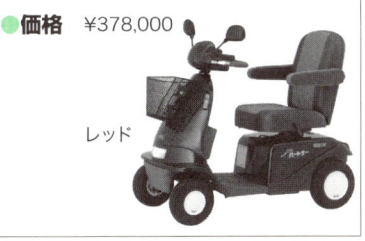

● 価格　　¥378,000

レッド

移動

http://serio888.net

移動補助
Transfer support

スズキ（株）
TEL (0120) 402-253

アビリティーズ・ケアネット（株）
TEL (03) 5388-7200　FAX (03) 5388-7502

電動車いす
バッテリー残量が一目でわかる。

■モーターチェア

● **MC2000S**
最高速度 4.5km/h　￥395,000（非課税）

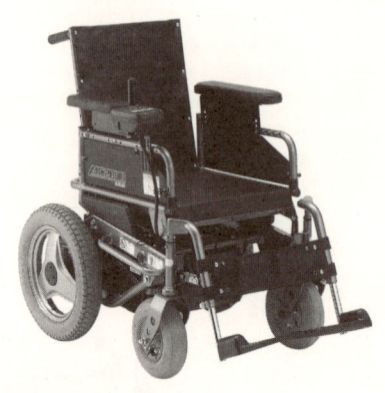

● **MC3000S**
最高速度 6km/h　￥410,000（非課税）

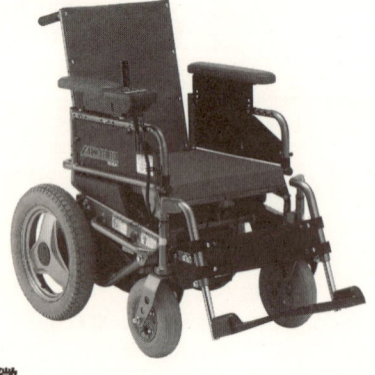

● 特徴
・バッテリー残量をランプで表示し、手元で確認できる安心設計。
・大型ウイングアーム採用の後輪左右独立サスペンションで乗り心地をよくする。
・最新型シールドバッテリー搭載、後方転倒防止リアサブホイール標準装備。
・清音型電磁ブレーキ採用。

※介護保険レンタル適用品

http://www.suzuki.co.jp

体位保持クッション
自在に形が変わるボディポジショニングクッション

■バーサフォーム

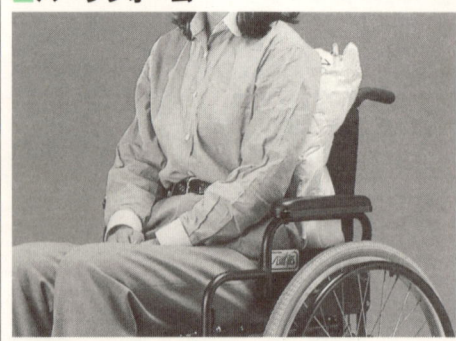

● 特徴
・空気調節により体に合わせて何度でも成形でき、自由自在に形が変わる多機能ポジショニングクッション。
・専用ポンプで空気を抜くとクッションは固くなり、空気を入れると柔らかくなる。
・成形され、固くなったバーサフォームは、空気を入れ直すまで形が変わらないので姿勢保持が楽にできる。

● 材質
中身：スチレンビーズ
カバー：表地　ポリウレタン・裏地　ナイロン（別売）

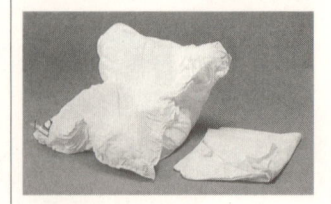

● 価格

品番	サイズ	価格
1332-0C	30 × 56cm	￥52,500
1332-1C	56 × 86cm	￥69,300
1332-2C	80 × 102cm	￥100,800
1332-3C	56 × 66cm	￥65,100
1332-4C	40 × 50cm	￥55,650
1332-5O	専用ポンプ	￥55,650

http://www.abilities.jp

移動補助
Transfer support

(株)松永製作所
TEL (0584) 35-1180　FAX (0584) 35-1270

車いすクッション

車いすの生活がクッションひとつで変わる。
座位保持能力を高めたクッション

■ FC-アジャスト

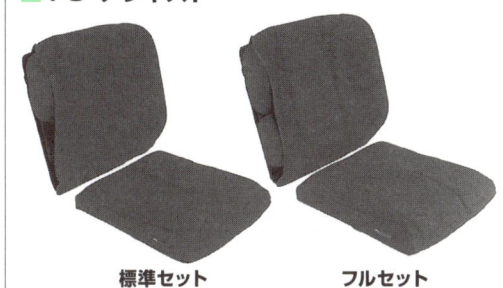

標準セット　　フルセット

●仕様

背クッション / サイドパッド / 骨盤パッド / 座クッション

●特徴
・丸洗いOKの主素材。
・確かな体幹支持力。
・大腿部パッド脱着式により、足こぎが楽にできます。
・密度や性質の異なる、4層の発泡体で構成することにより、ベースはしっかり、表面はソフトです。
・骨盤パッドは骨盤の後傾や回旋を、サイドパッドは体幹の横倒れを防ぎます。
・サイドパッドや骨盤パッドは、体型に合わせ調整が可能。
・背もたれソフトカバー付き。

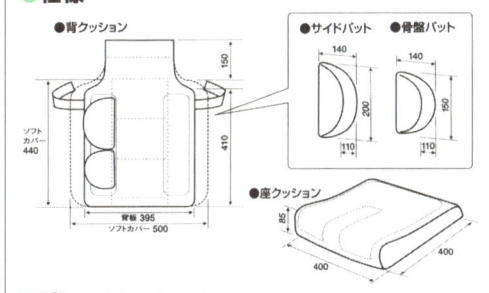

●価格

標準セット	¥31,500
フルセット	¥37,800
単品価格	
背クッション	
(標準タイプ　サイドパッド2個付)	¥14,700
背クッション	
(フルタイプ　サイドパッド2個、骨盤パッド2個付き)	¥21,000
座クッション	¥19,215
サイドパッド	¥6,804
骨盤パッド	¥6,804

■車いすクッション

●ロホクッション

ロータイプ (50mm 厚)　¥49,350
ハイタイプ (100mm 厚)　¥49,350

●ソロストレータス

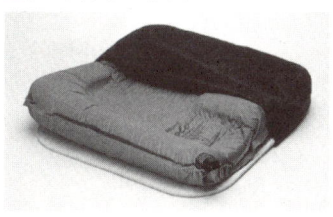

¥33,600

●ソロクッション（エボリューション）

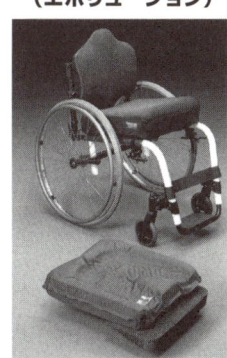

¥50,400
自動膨張エアクッションと特殊フォームを組み合わせたカンツァ型シートサポート

http://www.matsunaga-w.co.jp/

移動補助
Transfer support

スズキ（株）
TEL (0120) 402-253

電動三輪・四輪車

便利の向こうに、楽しさ広がる。

■セニアカー

● ET4D
- シート背面にLED点滅ライト装備の充実4輪タイプ。前方には常時点滅する高輝度の白色LEDランプを装備することで、より被視認性をアップ。
- シートは前後調節が可能で45度と90度に回転し、肘掛が背部まで上がるので、乗り降りがラク。
- 後方の反射板がウィンカー兼ポジションランプと一体で、遠くからもしっかり見える。シート下の両サイド反射板を配置し、側面からの被視認性をアップ。

● ET4E
- シンプルで使いやすい思いやりの標準4輪タイプ。
- 肘掛が背部まで上がるので、乗り降りがラク。
- 車幅灯と反射板で、遠くや周囲に確認されやすく安心。
- シート下にクラッチレバーを装備しているので、腰をかがめなくても操作が簡単。
- 取り出しやすいシート下に充電器を設置。自動巻取り式で充電ラクラク。

● タウンカート TC1A
- 狭い通路もスイスイ。小回りコンパクト(旋回半径1.1m)。
- ユニバーサルデザインを多用したハンドル回り。
- 前方には点滅機能付高輝度の白色LEDランプを、後方には赤色の点滅LEDランプを配置。左右アームレスト外側のウィンカー兼ポジションニングライト、両サイドの反射板とあわせて、被視認性をアップ。
- 大型タイヤが、歩道や建物入口など、段差の多い都市エリアで活躍。

●特徴
- 免許不要でレバーを押す・離すだけの簡単操作。
- とっさの時には自動停止をする。コーナーはゆっくり進む。
- 最高速度は6kmで自分のペースで歩くように進む。
- タイヤは発砲ウレタン入りなのでパンクの心配がない。バッテリーも補水不要と手間がいらない。

●価格
（非課税）

品番	速度	メーカー希望小売価格
ET4D	2～6.0km/h	¥348,000
ET4E	2～6.0km/h	¥278,000
TC1A	1～6.0km/h	¥368,000

介護保険レンタル適用品

http://www.suzuki.co.jp

移動補助
Transfer support

富士重工業（株）
お客様相談センター　TEL (0120) 052215

福祉自動車

手軽に使いやすく、支える人にも優しい

■ スバル トランスケア
● ステラ ウイングシート リフトタイプ

Photo：ステラ L
胸部サポートベルトは架装メーカー装着オプションです。

● 特徴
・助手席の回転・昇降を自動化することで、車への乗降をサポート。
・座ったまま指先ひとつで操作できる助手席電動シートスライドを装備。125mm のスライド幅で、体格を問わず快適なドライブも可能。
・車いす積載のための積載固定ベルトと、積み降ろしの際に車体の傷を防ぐバンパーカバーを装備。

● ウイングシート リフトタイプ価格
（すべて消費税非課税）

車名	仕様	メーカー希望小売価格 （新車架装時）
ステラ ウイングシート リフトタイプ	助手席 回転・昇降	¥1,276,000
フォレスター ウイングシート リフトタイプ	助手席 回転・昇降	¥2,380,000
サンバー ウイングシート リフトタイプ	後席 回転・昇降	¥1,551,000
エクシーガ ウイングシート リフトタイプ	助手席 回転・昇降	¥2,330,000

注1) 上記ステラ ウイングシート リフトタイプは、ステラ L 2WDi-CVT（メーカー希望小売価格 896,000 円）をベースとした場合。フォレスター ウイングシート リフトタイプは、フォレスター 2.0X AWD 4AT（メーカー希望小売価格 1,950,000 円）をベースとした場合。サンバー ウイングシート リフトタイプは、サンバーディアスワゴン 2WD 3AT 車（メーカー希望小売価格 1,201,000 円）をベースとした場合。エクシーガ ウイングシート リフトタイプは、エクシーガ 2.0i 2WD 4AT（メーカー希望小売価格 1,900,000 円）をベースとした場合。

注2) ステラウイングシートリフトタイプの 2WD 寒冷地仕様車は 5,000 円高となります。

http://www.subaru.jp

移動補助
Transfer support

スズキ（株）
TEL（0120）402-253

福祉自動車

車椅子でも乗り降りが簡単。
広々と快適。

■ワゴンR車いす移動車

●特徴
後退防止ベルトを標準装備し、車いすの固定をすべてバックドア側で操作できる。

■ワゴンR昇降シート車

●特徴
地面から座面までの高さを420～627mmと幅広い範囲で調節可能。車いすからの乗り移りも楽。

■エブリイ車いす移動車

●特徴
電動ウィンチを標準装備し、車いすでの乗り降り時、介助する方の負担を大幅に軽減。

■アルト回転スライドシート車

●特徴
助手席が回転・スライドするので、乗り降りの負担が軽減される上に、お求めやすい価格が魅力。

●価格

車名		駆動	ミッション	メーカー希望小売価格
ワゴンR車いす移動車	リヤシート無・電動固定式	2WD	コラム4AT	¥1,442,000（非課税）
	リヤシート付・手動固定式	2WD	コラム4AT	¥1,408,000（非課税）
	リヤシート付・電動固定式	2WD	コラム4AT	¥1,466,000（非課税）
ワゴンR昇降シート車		2WD	コラム4AT	¥1,340,000（非課税）
		4WD	コラム4AT	¥1,452,000（非課税）
エブリイ車いす移動車		2WD	3AT	¥1,510,000（非課税）
		4WD	3AT	¥1,630,000（非課税）
アルト回転スライドシート車		2WD	3AT	¥1,002,750
		4WD	3AT	¥1,130,850

・ワゴンR車いす移動車のリヤシート無・電動固定式に設定の車いす乗員用手すり装着車は30,000円高。
・エブリイ車いす移動車に設定の補助シート装着車は40,000円高。
・回転スライドシート車は全て受注生産。

http://www.suzuki.co.jp

掲載企業一覧 掲載企業一覧
List of enterprise

社名	TEL/FAX	社名	TEL/FAX
アートテクニカ株式会社	075-572-5004 075-572-5377	クネットジャパン	0956-25-2678 0956-25-2699
株式会社アトラス	06-6765-2360 06-6765-2366	クマリフト株式会社	0120-070-570
アビリティーズ・ケアネット株式会社	03-5388-7200 03-5388-7502	クリスタル産業株式会社	052-821-4416
阿部興業株式会社	03-3351-0222 03-5269-9149	クリナップ株式会社	03-3810-8216 03-3893-8095
株式会社有薗製作所	093-681-0531 093-681-0533	株式会社ケープ	046-821-5511 046-821-5522
株式会社アルケアコーポレーション	04-7140-0017 04-7140-0018	株式会社粉河	0736-73-4777 0736-73-4779
株式会社アルバジャパン	03-5619-7251 03-5619-7252	酒井医療株式会社	03-3814-8590 03-3814-9198
アロン化成株式会社	03-5420-1556 03-5420-7750	相模ゴム工業株式会社	046-221-2239 046-221-2346
株式会社イーストアイ	03-3897-9393 03-3897-9535	株式会社サツキ	03-3619-6211 03-3619-6210
株式会社いうら	089-964-8880 089-964-1599	佐藤工業株式会社	0547-45-2174 0547-45-2176
いすず産業株式会社	075-343-2500 075-343-2515	サンウエーブ工業株式会社	0120-1905-21
イズミ株式会社	076-451-6225 076-451-6801	三協立山アルミ株式会社	0766-20-2251
五十畑工業株式会社	03-3625-1463 03-3625-1468	株式会社サンゲツ	052-564-3111 052-564-3191
株式会社INAX	0120-1794-00 0120-1794-30	株式会社シームレス床暖房	045-812-0824 045-812-0804
株式会社ウィズ	06-6536-9990 06-6536-9980	シーホネンス株式会社	0120-20-1001
株式会社上田敷物工場	0739-47-1460 0739-47-3225	株式会社島製作所	06-6793-0991 06-6793-0992
ウチヱ株式会社	06-6482-0230 06-6401-6372	JFE建材住設株式会社	03-5626-7012 03-5626-7211
ウチヤマコーポレーション株式会社	03-5159-5134 03-5159-5141	協業組合ジャパンウッド	054-296-6534 054-296-6546
株式会社ウッドワン	0829-32-3333 0829-32-6237	有限会社水土社	0465-66-1780 0465-66-1781
永大産業株式会社	0120-685-110	スズキ株式会社	0120-402-253
株式会社エービーシー商会	03-3507-7158 03-3581-4939	セイキ総業株式会社	04-2951-7221 04-2951-7220
有限会社オオタ商会	03-5699-9393 03-5699-9394	株式会社星光医療器製作所	072-870-1912 072-870-1915
大澤工業株式会社	076-469-2111 076-469-2736	積水ホームテクノ株式会社	03-5521-0539 03-5521-0540
オーデリック株式会社	03-3332-1123 03-3332-1412	セコム株式会社	0120-025-756
株式会社川口技研	048-255-5411 048-255-8228	株式会社セリオ	0120-105238 053-486-6088
株式会社カワムラサイクル	078-969-2800 078-969-2811	大光電機株式会社	06-6222-6250 06-6222-6252

掲載企業一覧掲載企業一覧
List of enterprise

社名	TEL/FAX
竹虎ヒューマンケア株式会社	03-3762-2686 / 03-3762-3718
株式会社タジマ	03-5821-7731 / 03-3862-5908
株式会社田邊金属工業所	06-6302-3681 / 06-6302-3685
株式会社千代田商会	03-3567-0569 / 03-3561-2050
株式会社ツバキサポートセンター	075-954-1130 / 075-956-8533
株式会社デアマイスター	03-5754-0233 / 03-5754-0234
東亜コルク株式会社	072-872-5691 / 072-872-5695
東京ガス株式会社	03-5322-6000
東京ブラインド工業株式会社	03-3443-7771 / 03-3443-7775
TOTO	0120-03-1010
東洋プライウッド株式会社	052-205-8451 / 052-205-8450
株式会社ナイツ	03-3204-2922 / 03-3204-2069
ナカ工業株式会社	03-5437-3722 / 03-5437-3723
ニック株式会社	052-692-3330 / 052-692-3380
日本住宅パネル工業協同組合	03-3945-2315 / 03-3945-2316
株式会社日本テクマ	06-6373-8930 / 06-6373-8931
株式会社ハーツエイコー	045-984-1882 / 045-984-0616
パナソニック電工ライフテック株式会社	06-6908-8122 / 06-6908-2414
パラマウントベッド株式会社	0120-03-3648
有限会社バリアフリー静岡	054-205-9852 / 054-205-9854
ピーエス株式会社	03-3485-8822 / 03-3485-8833
株式会社日立ハウステック	03-5248-5500 / 03-5248-5514
フクビ化学株式会社	0776-38-8013 / 0776-38-8083
富士重工業株式会社	0120-052215
フランスベッドメディカルサービス株式会社	0120-08-3413 / 03-3363-2892
株式会社ベスト	03-3257-7700 / 03-3256-2708
DIPPERホクメイ株式会社	06-6752-0241 / 06-6758-6485
株式会社マイクロエレベーター	03-3848-3724 / 03-3880-2871
マスラー株式会社	03-5957-3105 / 03-5958-0371
松下電工株式会社	0120-878-365
株式会社松永製作所	0584-35-1180 / 0584-35-1270
松屋産業株式会社	0827-22-2211 / 0827-22-2218
マツ六株式会社	06-6774-2222 / 06-6774-2248
株式会社ミカド	06-6455-2660 / 06-6455-2666
株式会社ミキ	052-694-0333 / 052-694-0800
三菱電機照明株式会社	0120-348-027
三菱日立ホームエレベーター株式会社	0120-345-594
ミハマ通商株式会社	045-773-5858 / 045-773-6159
株式会社ミヤマ	0792-87-0089 / 0792-87-0059
株式会社メトス	03-3542-3455 / 03-3542-6765
株式会社モリトー	0586-71-6151 / 0586-72-4555
MOLZA株式会社	0575-46-1481 / 0575-46-1483
ヤマギワ株式会社	03-3253-5111
山田照明株式会社	03-3253-5161 / 03-3255-3078
ヤマハリビングテック株式会社	053-485-1561
UDハウス福祉開発	06-6934-6905 / 06-6934-6905
株式会社ユニオン	06-6532-3731 / 06-6533-3747
株式会社ヨコタ	03-3831-4141 / 03-3831-4144
株式会社吉野商会	03-3805-3544
ラックヘルスケア株式会社	06-6244-0636 / 06-6244-0836
株式会社リラインス	03-3479-9203 / 03-3479-9200
YKK AP株式会社	0120-72-4134 / 03-5610-8079

情報編

●融資／貸付／助成
1. 全国自治体による融資・貸付・助成
2. 東京都高齢者向け住宅改修費用の助成

●高齢者向け返済特例制度
リフォーム融資に係る制度改正
まちづくり融資に係る制度改正
リフォーム検査

●高齢者総合相談センター一覧

ここに掲載した情報は 2008 年 9 月現在の情報です。

Financing, Lending, Promotion
融資／貸付／助成

1　全国自治体による融資・貸付・助成
（東京都は 330 ～ 339 ページを参照）

全国で行われている自治体レベル（都道府県庁と各県庁所在地を中心）の融資事業、又は助成事業を紹介する。

北海道

●札幌市住宅資金融資制度（高齢者・障がい者のための住宅リフォーム資金融資）

担当部署	札幌市都市局市街地整備部住宅課		電話番号	011-211-2832		
対象者	・札幌市内に住所を有し、満55歳以上の方もしくは障がいのある方（身体障害者手帳または療育手帳の交付を受けた方）、またはその同居親族 ・満55歳以上の方もしくは障がいのある方の親または子である場合は別居であっても申し込み資格あり					
工事内容	・専用居室等の増改築工事／・バリアフリー化工事／・高齢者・障がい者対応設備設置工事／・無落雪屋根等への改造工事／・断熱化工事等／その他、要問合せ ＊新築不可					
限度額	300(400)万円	償還期間	15(20)年以内	融資利率	無利子	介護保険を併用　○（差し引かれる）

【備考】・無担保の場合、償還期間5年以内
　　　　　融資決定にあたっては、取扱金融機関の内部規定が適用される場合がある
　　　　・（　）内は無落雪屋根への改造工事を含む場合

岩手県

●高齢者及び障害者にやさしい住まいづくり推進事業（助成）

担当部署	岩手県保健福祉部長寿社会課	電話番号	019-629-5441	
対象者	介護保険法の要介護者及び要支援者。身体障害者手帳1～3級を持つ方のいる世帯。 ＊所得制限あり			
工事内容	トイレ、浴室等(その他必要と認められる箇所)の改善、段差解消、手すりの設置など、要援護高齢者等の日生活動作又は介護動作に合わせての改善工事 ＊新築不可			
限度額	60万円（ただし市町村によって異なる場合がある）		介護保険を併用	○

【備考】　窓口は各市町村役所

融資／貸付／助成
Financing, Lending, Promotion

宮城県

仙台市高齢者住宅改造費補助金

担当部署	各区役所障害高齢課（高齢者支援係）	電話番号	―		
対象者	65歳以上の方のみからなる所得税非課税の世帯に属する要支援要介護高齢者（市税の滞納がないこと）				
事業内容	要相談（手すり取り付けや段差解消等、日常生活の安全もしくは便宜を図るための設備の設置または改造にかかわる工事で市長が認めるもの）＊新築不可				
限度額	60万円 （対象工事費の4分の3）			介護保険を併用	○

仙台市障害者住宅改造費補助金

担当部署	各区役所障害高齢課（障害者支援係）	電話番号	―		
対象者	所得税非課税世帯に属する65歳未満の身体障害者手帳1～2級保持者、又は療育手帳（重度）保持者				
事業内容	要相談（手すり取り付けや段差解消等、日常生活の安全もしくは便宜を図るための設備の設置または改造にかかわる工事で市長が認めるもの）＊新築不可				
限度額	対象となる工事経費の4分の3（限度60万円）			介護保険を併用	○

秋田県

ほっと安心あきた住宅資金

担当部署	秋田県庁建設交通部建築住宅課		電話番号	018-860-2561	
対象者	秋田県内に自ら居住するために住宅を建設・購入しようとする方、又は増改築・改良などを行なおうとする方で申込日現在、70歳未満の方				
事業内容	要相談 ＊新築可能				
限度額	1000万円（秋田杉利用優良木造型） 700万円（優良木造型） 500万円（標準型） 500万円（住宅改良）	償還期間	25年以内（優良木造型） 25年以内（標準型） 20年以内（住宅改良）	介護保険を併用	○（住宅改良）

【備考】・秋田杉利用優良木造型、優良木造型、標準型については、条件にあえば高齢等者同居、子育て支援割増500万円の利用可
・融資利率　当初10年　2.1％　11年目以降3.0％、秋田杉利用優良木造型のみ当初10年1.95％

融資／貸付／助成
Financing, Lending, Promotion

山形県

●山形市在宅介護支援住宅改修補助事業

担当部署	山形市役所介護福祉課		電話番号	023-641-1212（内線565
対象者	・山形市に在住である ・65歳以上の高齢者又は要介護及び要支援認定者がいる世帯で、生計の中心となる者の前年の所得が400万円以下の世帯 ・身体障害者手帳の交付を受けており、下肢・体幹の運動機能障害の個別等級が1～3級に認定されいる方がいる世帯			
工事内容	・玄関,階段,居室、浴室、洗面所、台所、トイレ等の改造及び設備の設置にかかる住宅改修工事（ただし新築・増築は含まない）			
限度額	30万円		介護保険を併用	○

【備考】・介護保険は一つの工事につき重複して申請できない
　　　　・上記の情報は平成18年9月の情報で、今後対象者、限度額で見直しをする予定
　　　　（平成18年度の受付は終了しました）

福島県

●福島県高齢者にやさしい住まいづくり助成事業

担当部署	実施の市町村または福島県保健福祉部 高齢福祉課	電話番号	024-521-7165	
対象者	介護保険対象外の60歳以上の高齢者			
工事内容	介護予防のための住宅の改修（内容は介護保険に同じ）			
限度額	18万円（県の限度額　なお実施市町村により異なる）		介護保険を併用	×

栃木県

●宇都宮市高齢者にやさしい住環境整備事業費補助

担当部署	宇都宮市保健福祉部高齢福祉課　福祉サービスグループ	電話番号	028-632-2359	
対象者	65歳以上で介護保険の要支援以上の高齢者のいる世帯で前年の世帯の合計所得税額が1.62万円以下			
工事内容	高齢者等がより居住しやすいように行なう浴室、洗面所、トイレ、廊下、階段、専用居室、玄関、台所等の工事＊新築・増築・老朽化による改築は不可　補助率75%			
限度額	90万円		介護保険を併用	可

融資／貸付／助成
Financing, Lending, Promotion

群馬県

●群馬県高齢者住宅改造費助成事業

担当部署	群馬県健康福祉部　介護高齢課		電話番号	027-226-2576		
対象者	・所得税非課税の60歳以上のひとり暮しの高齢者または高齢者のみからなる世帯 ・自立・要支援・要介護1の60歳以上の高齢者（但し所得税非課税のひとり暮らし高齢者または高齢者のみの世帯） ・要介護2以上の60歳以上の高齢者（但し所得税年額8万円以下の高齢者のいる世帯）					
事業内容	要問合わせ　＊新築不可					
限度額	50万円				介護保険を併用	○（上乗せ可能）

●群馬県重度身体障害者（児）住宅改造費補助

担当部署	群馬県健康福祉部　障害政策課		電話番号	027-226-2638		
対象者	県内に居住する上肢1、2級（それぞれの上肢に4級以上の障害のある者）、下肢1、2級・体幹1、2級、下肢及び体幹の重複障害1、2級、視覚障害1級の身体障害者手帳を有する児または者　＊所得制限あり					
事業内容	障害者に適した住宅設備の改造　＊新築・増築不可					
限度額	50万円				介護保険を併用	○（上乗せ可能）

埼玉県

●埼玉県障害者福祉資金貸付制度

担当部署	埼玉県障害者福祉課			電話番号	048-830-3315		
対象者	県内に居住する身体障害者（児）知的障害者（児）、又は精神障害者、もしくは当該障害者（児）を扶養している方						
事業内容	身体障害者に適した配慮のあるものに限る＊新築可能						
限度額	400万円	償還期間	10年以内	融資利率	2.5％	介護保険を併用	併用（上乗せ）可

【備考】・平成21年度に内容の改正等が行われる可能性があります。

●さいたま市高齢者居室等整備資金融資及び利子助成事業

担当部署	西区高齢介護課 北区高齢介護課 大宮区高齢介護課 見沼区高齢介護課 中央区高齢介護課 桜区高齢介護課 浦和区高齢介護課 南区高齢介護課 緑区高齢介護課 岩槻区高齢介護課			電話番号	048-620-2667 048-669-6067 048-646-3067 048-681-6067 048-840-6067 048-856-6177 048-829-6152 048-844-7177 048-712-1177 048-790-0168		
対象者	(1)引き続き1年以上市内に住所を有する方(2)市税を完納している方 (3)満65歳以上の高齢者と同居し、または同居しようとする親族である方 (4)高齢者の居室などの増築などを必要とし、自力で整備を行なうことが困難な方 (5)貸付金の返済が確実であると認められる方						
事業内容	高齢者専用居室及び付属する個所の増改築						
限度額	300万円	償還期間	10年以内	融資利率	市助成	介護保険を併用	要問合せ

融資／貸付／助成
Financing, Lending, Promotion

● さいたま市要介護高齢者居宅改善費補助事業

担当部署	西区高齢介護課 北区高齢介護課 大宮区高齢介護課 見沼区高齢介護課 中央区高齢介護課 桜区高齢介護課 浦和区高齢介護課 南区高齢介護課 緑区高齢介護課 岩槻区高齢介護課	電話番号	048-620-2667 048-669-6067 048-646-3067 048-681-6067 048-840-6067 048-856-6177 048-829-6152 048-844-7177 048-712-1177 048-790-0168
対象者	(1) 市内に1年以上居住し、かつ満65歳以上の方　(2) さいたま市の介護保険の被保険者である方 (3) 身体上の障害のため日常生活に支障があり、 　　かつ介護保健制度における要介護・要支援認定を受けている方 (4) 介護保険料率が1・2・3　である方　(5) 介護保険料を滞納していない方 (6) 介護保険施設または病院などに入所・入院していない方			
工事内容	介護保険給付対象以外の工事			
限度額	30万円		介護保険を併用	要問合せ

千葉県

● 千葉県高齢者及び重度障害者居室等増改築・改造資金貸付事業

担当部署	千葉県庁健康福祉部高齢者福祉課			電話番号		043-223-2237	
対象者	60歳以上の高齢者、身体障害者手帳1〜3級、療育手帳Ⓐ・A1・A2の交付を受けている方と同居又同居を予定している世帯						
工事内容	高齢者等の専用居室又はその付帯設備の増改築・改造＊新築不可						
限度額	500万円	償還期間	10年以内	融資利率	3.0％以内	介護保険を併用	○
【備考】	・窓口は各市町村社会福祉協議会						

● 千葉市高齢者住宅改修支援サービス

担当部署	千葉市高齢福祉課	電話番号	043-245-5168	
対象者	65歳以上の要介護（要支援）認定者			
工事内容	増改築・新築を除くバリアフリー工事			
限度額	70万円（利用者負担額控除：上限2万円）課税所得により異なる		介護保険を併用	差し引かれ

● 千葉市重度心身障害者住宅改造費助成事業

担当部署	千葉市障害者自立支援課	電話番号	043-245-5173	
対象者	身体障害者手帳1級または2級、療育手帳Ⓐ〜Aの2を持つ方			
工事内容	増築・新築を除くバリアフリー工事に限る＊新築不可			
限度額	70万円（所得税非課税世帯）　35万円（所得税課税世帯）		介護保険を併用	○（差し引かれる）

融資／貸付／助成
Financing, Lending, Promotion

千葉市高齢者及び重度障害者居室等増改築・改造資金貸付事業

担当部署	社会福祉協議会地域福祉課ちばし権利擁護センター	電話番号	043-222-3910
対象者	高齢者（60歳以上）及び重度障害者（身体障害者手帳1級から3級までの人、又は療育手帳Ⓐからaの2までの人）と同居又は同居予定している人が居住する千葉市内の住宅で、高齢者や重度障害者の居室等を増改築又は付帯設備の改造をしようとしている人		
事業内容	＊新築不可		

| 限度額 | 500万円 | 償還期間 | 10年以内 | 融資利率 | 3.0％以内 | 介護保険を併用 | 要問合せ |

神奈川県

神奈川県重度障害者住宅設備改良費補助事業

担当部署	神奈川県保健福祉部障害福祉課	電話番号	045-210-4713
対象者	身体障害者手帳1級又は2級、知能指数35以下と判定された者、身体障害者手帳3級かつ知能指数が50以下と判定された者（児童を含む）（横浜市、川崎市、横須賀市、相模原市を除く）		
事業内容	・浴室、トイレ、玄関、台所、廊下、の改造工事 ・その他の住宅設備を障害者に適するように改造する工事　＊新築不可		
限度額	40万円	介護保険を併用	○（介護保険優先）

【備考】
・前年の世帯の所得額に応じて自己負担率が変わる
・窓口は各市町村

横浜市障害者・高齢者等住環境整備事業

担当部署	横浜市健康福祉局障害福祉課（障害者） 横浜市健康福祉局高齢在宅支援課（高齢者等）	電話番号	045-671-2401（障害者） 045-671-4074（高齢者）
対象者	・要支援1・2又は要介護1～5の認定を受けた方 ・身体障害者手帳1級又は2級の交付をうけたものの属する世帯 ・知能指数が35以下の者の属する世帯 ・身体障害者手帳3級で知能指数が50以下の者の属する世帯		
事業内容	既存の住宅であって、住宅内部及びその敷地部分において障害者・高齢者等に適するように改造する工事		
限度額	120万円（高齢者等の場合は100万円）	介護保険を併用	○（介護保険優先）

川崎市高齢者住宅改造助成事業

担当部署	川崎市高齢者在宅サービス課	電話番号	044-200-2677
対象者	・市内に在住する65歳以上の方 ・要支援又は要介護1～5級で住宅改造が必要と認められる方		
事業内容	介護保険では補えない部分の工事　※新築、増改築不可		
限度額	100万円	介護保険を併用	○

情報編

融資／貸付／助成
Financing, Lending, Promotion

● 川崎市やさしい住まい推進事業

担当部署	川崎市障害福祉課	電話番号	044-200-2654
対象者	・身体障害者手帳1級または2級の方 ・知能指数が35以下と判定された方 ・身体障害者手帳3級の方でかつ知能指数が50以下と判定された方 もしくはそれぞれの保護者		
工事内容	介護保険の対象工事を除く障害にかかわる工事＊新築不可		
限度額	70万円	介護保険を併用	要問合せ

新潟県

● 新潟県高齢者・障害者向け安心住まいる整備補助事業

担当部署	新潟県福祉保健部高齢福祉保健課	電話番号	025-285-5511（内線253）
対象者	おおむね65歳以上の介護保険法による要介護・要支援認定者、身体障害者手帳1、2級所持者又は療育手帳A所持者。＊所得制限あり（市町村が行った助成に対する市町村への補助）		
工事内容	増改築を含むが、全面的な建替工事は除くものとする＊新築不可		
限度額	高齢者30万円　障害者50万円	介護保険を併用	○（差し引かれる）

● 新潟市高齢者介護予防リフォーム助成

担当部署	新潟市健康福祉部高齢介護課（高齢者）	電話番号	025-228-1000（高齢者）内線31265
対象者	・要介護認定で、平成16年4月1日以降に「非該当（自立）」と判定された65歳以上の高齢者がいる世帯 ・介護保険第1号被保険者（65歳以上の方）の保険料が第3段階以下の世帯 ・対象者が現在お住まいの住宅		
工事内容	居宅内の手すりの取り付け、段差解消工事のみ対象。助成決定前に工事を着工した場合は対象外		
限度額	第1段階　10万円、助成率100% 第2・3段階　5万円、助成率50%	介護保険を併用	要問合

● 新潟市高齢者・障がい者向け住宅リフォーム助成

担当部署	新潟市健康福祉部障がい福祉（障がい者） 新潟市健康福祉部高齢介護課（高齢者）	電話番号	025-228-1000（障害者）内線31239 （高齢者）内線31265
対象者	高齢者——65歳以上で介護保険による要介護保険法による要介護1～5、要支援の認定を受けられた方 障害者——身体障害者手帳1級・2級または療育手帳A所持者 対象者本人が住んでいるか、工事完了後すみやかに住む見込みがある住宅　＊所得制限あり【備考】参		
工事内容	・廊下や階段、浴室やトイレの手すりの取り付け　・床段差の解消　・玄関先から道路までの段差解消　・すべり止めたは移動の円滑化のための床材の変更　・扉の付け替え　・浴槽やユニットバスの取り替え　＊増築・新築は対象外		
限度額	生活保護世帯は　高齢者——最大70万円　障害者——最大100万円 所得税非課税世帯は上記の75%、所得税課税世帯は50%の助成率	介護保険を併用	要問合せ

【備考】・世帯員全員の前年の収入合計が600万円未満であること

融資／貸付／助成
Financing, Lending, Promotion

●新潟市障害者住宅整備資金融資制度

担当部署	新潟市障害福祉課			電話番号	025-228-1000（内線2625）	
対象者	身体障害者手帳1～4級及び療育手帳A所持者、または同居する親族（予定も含む）					
工事内容	障害者の居住環境を改善するため、障害者の専用居室等の新築、増改築、または改造＊新築可能					
限度額	410万円	償還期間	10年以内	融資利率	1.8%	介護保険を併用	要問合せ

【備 考】・償還期間は70歳までに全額返済ができることが条件

●新潟市老人居室等整備資金融資制度

担当部署	新潟市高齢者福祉課			電話番号	025-228-1000（内線2655）	
対象者	60歳以上の方と同居または同居予定の方（ただし申請者本人は70歳未満であること）					
工事内容	高齢者の居住環境を改善するため、高齢者の専用居室等の新築、増改築、または改造＊新築可能					
限度額	410万円	償還期間	10年以内	融資利率	1.8%	介護保険を併用	要問合せ

【備 考】・410万円のうちわけは老人居室分160万円、浴室分100万円、トイレ分50万円、
住宅内の改修分100万円、高齢者仕様分100万円となる
・償還期間は70歳までに全額返済ができることが条件　・原則として第三者の保証人が必要

富山県

●富山県高齢者が住みよい住宅改善支援事業

担当部署	富山県厚生部高齢福祉課福祉係	電話番号	076-444-3205	
対象者	65歳以上の高齢者または65歳以上の高齢者と同居する方で、居住環境の改善を必要とする方　＊所得制限あり			
工事内容	高齢者が現に居住する住宅の便所、浴室、廊下、玄関、居室等を改善する工事＊新築不可※1			
限度額	要支援・要介護者は30万円　自立者は15万円 ※2		介護保険を併用	○（差し引かれる）

【備 考】※1 ただし、自立者の場合は、このうち段差解消と手すりの設置に限定
※2 対象工事費（90万円限度）の1/3と市町村助成額の1/2とのいずれか低い額

石川県

●石川県自立支援型住宅リフォーム資金助成制度

担当部署	石川県健康福祉部厚生政策課	電話番号	076-225-1411	
対象者	・介護保険制度で要介護又は要支援と認定された方のいる世帯 ・下肢、体幹又は乳幼児期以前の非進行性の脳病変による運動機能障害を有する方であって、障害程度等級1～3級の方（ただし特殊便器への取り替えについては、上肢障害2級以上の方） ・生活保護法で規定する介護扶助の対象者がいる世帯 ・視覚に障害を有する方で障害程度2級以上の方がいる世帯			
工事内容	介護保険法に基づく居宅介護住宅改修費支給制度において対象とする工事。 （手すりの取付け、段差の解消等）			
限度額	100万円 ＊所得制限あり		介護保険を併用	○（差し引かれる）

【備 考】・お申し込み、お問い合わせは、現在お住まいの市町村福祉担当課まで。金沢市民の方は金沢市に独自の制度があります。

融資／貸付／助成
Financing, Lending, Promotion

● 金沢市生活自立のための住まいづくり融資

担当部署	金沢市福祉健康局長寿福祉課	電話番号	076-220-2288
対象者	次のいずれかに該当する方 ・高齢者（申請時に満60歳以上の方）／・身体障害者（身体障害者手帳の所有者）		
工事内容	次のすべてに該当する工事 ・市内にある生活の本拠とする住宅の改造であること ・新築工事でないこと ・申請時に工事に着工していないこと ・関係法令に適合する工事であること		

限度額	610万円	償還期間	10年以内	融資利率	要問合せ	介護保険を併用	○（差し引かれる）

● 金沢市生活自立のための住まいづくり助成

担当部署	金沢市福祉健康局長寿福祉課	電話番号	076-220-2288
対象者	次のいずれかに該当する方 ・高齢者（介護保険制度の要介護認定において要介護・要支援と判定された方） ・特定疾病該当者（40歳から60歳までの方で、介護保険制度で特定疾病により要介護・要支援と判定された方） ・身体障害者（身体障害者手帳1・2級所持者または、重度身体障害者日常生活用具制度による住宅改修費の交付を受けることができる方）		
工事内容	次のすべてに該当する工事 ・市内にある生活の本拠とする住宅の改造であること ・新築工事でないこと ・申請時に工事に着工していないこと ・関係法令に適合する工事であること ・高齢者や障害者の身体状況に合わせた改造工事であること		

限度額	助成額（生計を維持するものの課税状況により、区分があります）			箇所別限度額があり（備考参照）
	世帯の区分	助成率	限度額	
	①生活保護世帯	対象経費の100%	100万円	
	②所得税または市民税非課税世帯	対象経費の90%	70万円	
	③所得税5万円以下世帯	対象経費の70%	50万円	介護保険を併用 ○（差し引かれる）

【備考】 ・浴室 80万円・トイレ 50万円・移動機器 80万円・その他の改造 100万円

福井県

● 福井県要介護老人住環境整備事業

担当部署	福井県健康福祉部長寿福祉課	電話番号	0776-20-0332
対象者	要支援・要介護1〜5の認定を受けている65歳以上の在宅で生活する高齢者		
工事内容	・玄関、トイレ、洗面所、浴室、玄関、玄関ポーチ等の改修 ・在宅生活の維持向上を図るため、高齢者サービス調整チームの意見をもとに決定した下記の改修工事 　①廊下、トイレ等の拡張 　②洗面台等の取替え 　③蛇口の取替え 　④階段昇降機の設置 　⑤その他付帯装置		

限度額	60万円 ＊（改修工事費の8割）新築及び増築は不可	介護保険を併用	×

【備考】 ・介護保険の住宅改修とは対象範囲が異なる

融資／貸付／助成
Financing, Lending, Promotion

●福井県重度身体障害者住宅助成事業

担当部署	福井県健康福祉部障害福祉課	電話番号	0776-20-0339
対象者	県内に住所を有し、身体障害者手帳1、2級を所有する視覚障害者もしくは肢体不自由者		
事業内容	要問合わせ ＊新築不可		
限度額	80万円	介護保険を併用	要問合せ

【備考】・詳しい内容は各市町村へ直接問合せのこと

●福井市要介護高齢者住環境整備事業

担当部署	福井市長寿福祉課	電話番号	0776-20-5400
対象者	要支援・要介護1〜5の認定を受けている65歳以上の在宅で生活する高齢者		
事業内容	介護保険の住宅改修とは対象範囲が異なる ＊新築不可		
限度額	60万円	介護保険を併用	要問合せ

山梨県

●山梨県重度心身障害者居室整備費補助制度

担当部署	山梨県福祉保健部障害福祉課	電話番号	055-223-1460
対象者	身体障害者手帳1、2級又は療育手帳Aの所持者で18歳以上の方		
事業内容	専用居室、浴室、トイレ、玄関、洗面所、台所等をバリアフリー化する工事 ＊新築不可		
限度額	130万円	介護保険を併用	○（差し引かれる）

●山梨県高齢者居室等整備資金貸付事業

担当部署	山梨県福祉保健部長寿社会課			電話番号	055-223-1450	
対象者	県内に在住する親族である60歳以上の高齢者と同居する方であって、高齢者の使用する居室等を真に必要とし、自力で増築、改築又は改造することが困難な方					
事業内容	専用居室、浴室、トイレ、玄関、洗面所、台所等をバリアフリー化する工事					
限度額	226.4万円	償還期間	10年以内	融資利率	3.0%以内	介護保険を併用 ○

●山梨県重度心身障害者居室等整備資金貸付制度

担当部署	山梨県福祉保健部障害福祉課			電話番号	055-223-1460	
対象者	身体障害者手帳1〜4級及び療育手帳Aの所持者					
事業内容	対象者の在宅生活の維持向上を図るための専用居室、玄関、浴室、トイレ等の工事 ＊状況により新築可能					
限度額	226.4万円	償還期間	10年以内	融資利率	3.0%以内	介護保険を併用 ○

融資／貸付／助成
Financing, Lending, Promotion

長野県

●長野県高齢者にやさしい住宅改良促進事業

担当部署	長野県社会部地域福祉課		電話番号	026-235-7114	
対象者	次の㋐・㋑の要件のいずれも満たす世帯 ㋐65歳以上の高齢者で、要介護認定で「要支援」又は「要介護」認定を受けた者、若しくは身体障害者(身体障害者手帳1～3級所持者)又は、以下の者で市町村において支援が必要と認めた者 ・健康診断等において介護予防の措置が必要とされた者 ・運動機能の低下による転倒予防等の措置が必要とされた者 ・1人暮らし、高齢者のみの世帯等の要援護高齢者 ・身体障害者手帳4～6級所持者がいる世帯 ㋑前年の所得税額の合算額が8万円以下の世帯				
工事内容	対象者が常時使用する居室、浴室、便所等を改良する経費。事業の規模は、住宅の一部を改良することにより高齢者の利便が図られる程度のもの。				
限度額	70万円	自己負担額	改修経費の1割	介護保険を併用	○

●長野県障害者にやさしい住宅改良促進事業

担当部署	長野県社会部地域福祉課		電話番号	026-235-7114	
対象者	次の㋐・㋑の要件のいずれも満たす世帯 ㋐65歳未満の重度の身体障害者(身体障害者手帳1～3級所持者)、若しくは身体障害者手帳4～6級所持者で市町村が認めた者(独居者又は常時介護する者がいない者で特に支援が必要とする者)なお、対象の選定に当たっては、身体障害者の身体状況、居住環境、家族との関係及びその世帯の事情を総合的に考慮して決定　＊65歳以上の者については、「高齢者にやさしい住宅改良促進事業」の対象とする。 ㋑前年の所得税額の合算額が8万円以下の世帯に属する者				
工事内容	対象者が常時使用する居室、浴室、便所等を改良する経費。事業の規模は、住宅の一部を改良することにより高齢者の利便が図られる程度のもの。				
限度額	70万円	自己負担額	改修経費の1割	介護保険を併用	×

●長野市福祉住宅建設資金融資制度

担当部署	長野市建設部住宅課		電話番号	026-224-5127	
対象者	次の条件を全て満たしている方(1)市内に居住している方(2)20歳以上70歳以下の方(3)高齢もしくは心身障害者の方、又は高齢者もしくは心身障害者の方と同居している親族				
工事内容	高齢者または心身障害者のための専用居室、玄関、台所、浴室、トイレ、洗面所等を含む住宅の新築または増改築工事(修繕・模様替含む)				
限度額	600万円	償還期間	25年以内	介護保険を併用	取扱金融機関による
融資利率	融資実行後10年間は2.0%、11年目以降は取扱金融機関の定める固定金利				

【備考】＊所得制限あり

融資／貸付／助成
Financing, Lending, Promotion

●長野市要介護被保険者等住宅整備事業

担当部署	長野市保健福祉部介護保険課	電話番号	026-224-7871

対象者	・介護保険の要支援・要介護の認定者で住民登録のある住居で生活している人〔第2号被保険者で身体障害者手帳（障害の程度が1級から3級）の交付を受けている人は対象を除く。〕のいる世帯 ・同一の住居及び生計を一にしているすべての人の市町村民税が非課税である世帯 ・要介護被保健者等が介護保険料を滞納していないこと
事業内容	補助対象者が常時使用する居室、浴室、洗面所等の整備で、要介護被保険者等の心身、住宅の状況等を勘案し、本人の自立支援のために市長が必要と認める必要最低限なもの（介護保険給付対象工事を含む）
限度額	63万円　　　　　　　　　　　　　　　介護保険を併用　○

岐阜県

●岐阜県高齢者いきいき住宅改善助成事業

担当部署	岐阜県健康福祉部高齢福祉課	電話番号	058-272-8296

対象者	岐阜県内に住所を有する方で、65歳以上の在宅要援護高齢者又はこれらの者と同居し、もしくは同居しようとする方で、地域包括支援センター等が住宅改善を真に必要と認めた方
事業内容	65歳以上の在宅要援護高齢者に適応するような居室等の改善工事（新築・増築を除く）
限度額	70万円　　　　　　　　　　　　　　　介護保険を併用　○（差し引かれる）

【備考】・県は、助成制度がある市町村に対して補助します

●岐阜市高齢者住宅改善促進事業

担当部署	岐阜市介護保健課給付グループ	電話番号	058-265-4141（内線2460・2461）

対象者	要介護認定において要介護1～5と判定された方で、市内に1年以上居住　＊所得制限あり
事業内容	高齢者の方が暮らしやすくするために行なう改善工事（居室、浴室、台所、階段、トイレ、洗面所、玄関、廊下などの設備構造などの改善工事、屋外工事も含む）＊新築不可
限度額	70万円　　　　　　　　　　　　　　　介護保険を併用　○（差し引かれる）

静岡県

●静岡県重度身体障害者住宅改造費助成

担当部署	静岡県地域福祉室	電話番号	054-221-2844

対象者	身体障害者手帳1、2級の下肢・体幹・視覚障害者　＊所得制限あり
事業内容	・対象者の方に適した住宅改造に限る ・浴室、トイレ、洗面台、台所、玄関、廊下、その他住宅設備を身体障害者向けに改造する場合 　＊新築不可
限度額	48.6万円　　　　　　　　　　　　　　介護保険を併用　備考参照

【備考】・介護保険　36.6万円限
　　　　・日常生活用具給付等事業の住宅改修費自給者　35.3万円限

融資／貸付／助成
Financing, Lending, Promotion

●静岡市あんしん住まい助成制度

担当部署	静岡市社会福祉協議会			電話番号	054-254-5213（代）	
対象者	・65歳以上で、日常生活に支障のある方 ・下肢、体幹を含む肢体不自由1・2級又は視覚障害1・2級の方＊所得制限あり					
工事内容	・高齢者や身体に障害のある方が生活しやすいように改造する工事 ・介護保険、日常生活用具での支給は対象外＊新築不可					
限度額	補助対象工事限度額100万円			介護保険を併用	○（介護保険優先）	

愛知県

●愛知県障害者住宅整備資金貸付事業

担当部署	愛知県健康福祉部障害福祉課					電話番号	052-961-2111（内線3232）	
対象者	身体障害者手帳1～4級・療育手帳A～B判定の所持者、自閉症候群と診断された方、もしくは同居する親族で県内（で県内（名古屋市、豊橋市、岡崎市、豊田市を除く）に住所を有する方							
工事内容	障害者の方の関わる部分＊新築可能							
限度額	300万円	償還期間	10年以内	融資利率	3.0％以内	介護保険を併用	○（上乗せ可能）	

●名古屋市障害者住宅改造補助支給

担当部署	名古屋市障害福祉課		電話番号	052-972-2587	
対象者	・肢体又は視覚それぞれの障害により1級から3級の身体障害者手帳を所持している方 ・1度から3度の愛護手帳を所持している方 ・医師に自閉症症候群と診断された方＊所得制限あり				
工事内容	障害者の身体状況等に即応した工事であって日常生活の利便の向上、安全性の確保又は介護者の負担軽減に効果があると認められたもの＊新築不可				
限度額	80万円（浴室、便所等個々の工事箇所については50万円）		介護保険を併用	○（差し引かれる）	

三重県

●三重県高齢者及び障害者住宅改修補助事業

担当部署	三重県長寿社会室（高齢者） 三重県障害福祉室（障害者）	電話番号	059-224-3327（高齢者） 059-224-2266（障害者）
対象者	県内に在住し、住宅改造（新築、増築、維持補修的なものは除く）が必要で市町村長が認めた場合		
工事内容	対象者が玄関、台所、洗面台、浴室、トイレ、廊下、居室、階段（昇降機を含む）といった、日常生活において直接利用する住宅の設備等を対象者に適するように改造するもの＊新築不可		
限度額	60万円	介護保険を併用	○（差し引かれる）

【備考】・対象者の所得制限あり　高齢者に関しては2009年度以降未定

融資／貸付／助成
Financing, Lending, Promotion

滋賀県

●滋賀県高齢者小規模住宅改造助成事業

担当部署	滋賀県健康福祉部元気長寿福祉課	電話番号	077-528-3521
対象者	県内に住居を有する65歳以上の高齢者で「障害老人の日常生活自立度（寝たきり度）判定基準」の準寝たきり（ランクA）および寝たきり（ランクB・C）に該当し、本人ならびにその配偶者および扶養義務者の前年の所得税課税所得額が老齢福祉年金の所得制限限度額を超えない方			
事業内容	・対象者の日常生活の便宜を図るために実施する改造工事（既存住宅の浴室、トイレ、居室、玄関、廊下等） ・手すり、スロープの取り付け、障害物や段差の解消等の小規模改造 ＊新築不可			
限度額	16.6万円		介護保険を併用	○
備考	・県の補助限度額が16.6万円。県の補助率は補助対象経費の4分の1以内 （ただし、市町が補助する額の2分の1以内） ・各市町によって助成額等が違う場合があるため、詳しくは各市町へお問い合わせください			

●滋賀県在宅重度障害者住宅改造費助成事業

担当部署	滋賀県健康福祉部障害者自立支援課	電話番号	077-528-3542
対象者	身体障害者手帳の交付者で、その障害が肢体不自由又は視覚障害者で、障害程度が1、2級の方。療育手帳交付者で重度と判定された方			
事業内容	対象者の日常生活の便宜を図る改造工事（要相談）＊新築不可			
限度額	46.6万円		介護保険を併用	○（差し引かれる）

京都府

●京都府住宅改良資金融資制度（21世紀住宅リフォーム資金：バリアフリー型）

担当部署	京都府建設交通部住宅課	電話番号	075-414-5361
対象者	・府内に在住する方。 ・申込時年齢70歳未満（ただし償還完了時75歳未満となるよう償還期間を設定。）					
事業内容	バリアフリー化する改修工事に限定 ＊新築不可					
限度額	350万円	償還期間	10年以内	融資利率	2.00%（H20.8.1〜）	介護保険を併用	○（上乗せ可能）
備考	・利率は変動あり						

●京都市あんぜん住宅改善資金融資制度・バリアフリーリフォーム融資

担当部署	京都市都市計画局住宅室住宅政策課	電話番号	075-222-3666
対象者	市内にある自ら居住する住宅にバリアフリーリフォームをされる本人又は京都府内に移住するその子（親）					
事業内容	段差解消、浴室・トイレの改善、居室変更に伴う工事などバリアフリー工事一般					
限度額	300万円	償還期間	備考参照	融資利率	1.00%　08年8月1日現在	介護保険を併用	○
備考	・抵当権を設定した償還期間は20年以内、その他は10年以内						

融資／貸付／助成
Financing, Lending, Promotion

● 京都市あんぜん住宅改善資金融資制度・一般リフォーム融資

担当部署	京都市都市計画局住宅室住宅政策課			電話番号	075-222-3666		
対象者	市内にある自ら居住する住宅のリフォームをされる本人または京都府内に移住するその子（親）						
工事内容	居住部分を対象（造り付け以外の設置工事を除く）＊新築不可						
限度額	抵当権設定 1500万円 その他　　 350万円	償還期間	備考参照	融資利率	3.00% 08年8月1日現在	介護保険を併用	要問合

【備考】・抵当権を設定した償還期間は20年以内、その他は10年以内

● 京都市重度障害者住宅環境整備費助成事業

担当部署	京都市保健福祉局保健福祉部障害企画課	電話番号	075-222-4185
対象者	市内在住で、身体障害者手帳1級、2級又は療育手帳Aをお持ちの方＊所得制限あり		
工事内容	重度の障害のある方本人や、介護者の状況に配慮し、日常生活上のバリアを取り除いたり軽くしたりするリフォーム＊新築不可		
限度額	50万円	介護保険を併用	○（差し引かれる）

【備考】・相談、申込は京都市身体障害者団体連合会へ（TEL075-822-0779）
・助成金限度額は世帯所得によって変動する

大阪府

● 大阪府重度障害者等住宅改造助成事業

担当部署	大阪府障がい保健福祉室地域生活支援課	電話番号	06-6941-0351（内線2455
対象者	身体障害者手帳1級、2級をお持ちの方（ただし体幹・下肢機能障害については3級まで） ＊所得制限あり		
工事内容	居室、玄関、階段等の段差解消といった、対象者の日常生活の安全かつ利便性の向上を図れる工事 ＊新築不可		
限度額	100万円	介護保険を併用	○（差し引かれる）

● 大阪市高齢者住宅改修費助成制度

担当部署	大阪市高齢福祉課	電話番号	06-6208-8051
対象者	・介護保険制度の要介護認定で要支援以上と認定され同制度の住宅改修費の支給を受ける方 ・介護保険制度の要介護認定で自立（非該当）と認定された虚弱等の方で「生活支援・介護予防」の観点から必要と認められた世帯		
工事内容	介護保険制度の改修に附随する工事で、同改修費の支給対象とならないもの＊新築不可		
限度額	30万円	介護保険を併用	○

【備考】・1世帯1回限り
・同市の融資制度を受けている方は対象外

融資／貸付／助成
Financing, Lending, Promotion

兵庫県

●人生80年いきいき住宅助成事業

担当部署	兵庫県都市政策課 兵庫県高齢社会課	電話番号	078-341-7711（代）	都市政策課（内線4729） 高齢社会課（内線2949）
対象者	・60歳以上の高齢者 ・身体障害者手帳の交付を受けた方 ・療育手帳の交付を受けた方 ・介護保険制度の要介護認定、又は要支援認定を受けた被保険者 　上記のいずれかの方が属する世帯（収入の条件あり） ・高齢者円滑入居賃貸住宅に登録する所有者 ・高齢者世帯又は障害者世帯を受け入れることとして登録されたあんしん賃貸住宅の所有者 ・平成14年9月30日以前に建築された、21戸以上の分譲共同住宅管理組合＊			
事業内容	要相談＊新築不可			
限度額	要問合せ		介護保険を併用	○（差し引かれる）

【備考】・各市町により取扱いが異なるので詳細については市町役場に問合わせください
　　　　＊平成5年10月1日以降に建築された51戸以上のものを除く

●神戸市住宅改修助成事業

担当部署	神戸市介護保健課		電話番号	078-322-5259	
対象者	市内在住で要支援、要介護の認定を受けた方もしくは身体障害者手帳の交付を受けた方またはその方と同居している方（住宅改修後に同居を予定している方を含む）で、住宅改修の必要性が認められる方				
事業内容	・浴室、洗面台 …… 45万円 ・トイレ …… 24万円 ・玄関 …… 18万円	・廊下、階段 …… 16万円 ・居室 …… 19万円 ・台所 …… 16万円		＊新築不可 ＊増改築不可	
限度額	100万円	生計中心者の市民税・所得税の課税状況により 助成率が異なる　＊所得制限あり		介護保険を併用	○（差し引かれる）

【備考】・申し込み窓口は高齢者（各地域のあんしんすこやかセンター）障害者
　　　　（各区健康福祉課あんしんすこやか係）まで

●神戸市高齢者及び障害者居室等改修資金貸付制度

担当部署	神戸市介護保健課			電話番号	078-322-5259	
対象者	市内在住の60歳以上の方及び身体障害者手帳もしくは療育手帳の交付を受けている方、同居している方					
事業内容	特になし＊新築不可　所得制限あり					
限度額	400万円	償還期間	10年以内	融資利率	3.0%	

【備考】・連帯保証人1名が必要　　対象者には住宅改修後に同居を予定している市内在住の方を含む

融資／貸付／助成
Financing, Lending, Promotion

和歌山県

●和歌山県高齢者居宅改修補助事業

担当部署	和歌山県福祉保健部長寿社会課介護予防推進室	電話番号	073-441-2522
対象者	満65歳以上の県内在住者で介護保険法によって要介護又は要支援の認定を受けた方で、所得税非課税世帯に属する方			
工事内容	介護保険法に沿った内容＊新築不可			
限度額	60万円		介護保険を併用	○（差し引かれる）

【備考】・窓口は各市町村（和歌山市は除く）

●和歌山市住宅改造助成事業

担当部署	和歌山市福祉保健部高齢者福祉課	電話番号	073-435-1063
対象者	市内に居住している65歳以上の介護保険法による予防給付又は介護給付を受けている者 ＊所得制限あり（但し、生活保護世帯及び直近年分の市民税が非課税である世帯に限る）			
工事内容	高齢者の日常生活の利便性を向上させるためのトイレ、浴室、玄関、台所等住宅の改造工事 ＊新築不可			
限度額	60万円（平成18年10月13日現在）		介護保険を併用	○（差し引かれる）

岡山県

●岡山市すこやか住宅リフォーム助成事業

担当部署	岡山市福祉援護課	電話番号	086-803-1216
対象者	・市内在住のおおむね60歳以上で身体機能の低下や身体の障害等のため、日常生活を営むうえで介助を必要とする方で、介護保険法による要介護、要支援の認定を受けた方 ・身体障害者手帳の交付を受けた視覚または肢体に障害を有する方のうち、その障害の程度が1級または2級の方で日常生活を営むうえで介助を必要とする方			
工事内容	高齢者・障害者又はその介助者の動作に著しい障害となっている居宅の状況を改善する屋外及び屋内の工事 ＊新築不可			
限度額	60万円		介護保険を併用	○（差し引かれる）

広島県

●広島市高齢者住宅改造費補助

担当部署	広島市高齢福祉課	電話番号	082-504-2145
対象者	広島市内に住所を有する65歳以上の高齢者で、介護保険法の要介護認定又は要支援認定を受けている方＊所得制限あり			
工事内容	現に居住する住宅にかかる改造工事のうち、補助対象者の日常生活の利便性の向上と介護者の負担軽減を図るもの（詳しくは要問合せ）＊新築不可			
限度額	80万円		介護保険を併用	○（差し引かれる）

【備考】・窓口は各区の厚生部健康長寿課
　　　　・所得に応じて補助率が変わる

融資／貸付／助成
Financing, Lending, Promotion

●広島市障害者住宅改造費補助制度

担当部署	広島市障害自立支援課			電話番号	082-504-2148	
対象者	身体障害者手帳1〜4級所持者、療育手帳Ⓐ、A所持者＊所得制限あり					
事業内容	住宅の新築、購入等に伴い行われる改造工事を除く＊新築不可					
限度額	80万円			介護保険を併用	○（差し引かれる）	

●広島市障害者住宅整備資金貸付制度

担当部署	広島市障害福祉課			電話番号	082-504-2147	
対象者	身体障害者手帳1〜4級所持者、療育手帳Ⓐ、A所持者、または同居しようとする方＊所得制限あり					
事業内容	＊新築不可					
限度額	300万円	償還期間	10年以内	融資利率	3.0％以内	介護保険を併用 ○（差し引かれる）

山口県

●日常生活用具の給付（住宅改修費給付事業）

担当部署	山口市高齢障害課	電話番号	083-934-2794
対象者	下肢、体幹又は乳幼児期以前の非進行性の脳病変による運動機能障害（移動機能障害に限る）を有する身体障害者であって障害程度等級3級以上の者		
事業内容	要問合せ＊新築不可		
限度額	20万円	介護保険を併用	×

【備考】・介護保険優先

徳島県

●徳島県重度身体障害者住宅改造助成事業

担当部署	徳島県保健福祉部障害福祉課	電話番号	088-621-2238
対象者	身体障害者手帳の交付を受けた1級又は2級の視覚障害者及び肢体不自由の方＊所得制限あり		
事業内容	・増築は対象としない　・詳細は要問合せ＊新築不可		
限度額	90万円	介護保険を併用	○（差し引かれる）

【備考】・原則として1世帯1回限り　申込み窓口は各市町村

●高齢者住宅改造促進事業（徳島県長寿社会づくり支援総合補助金）

担当部署	徳島県長寿社会課	電話番号	088-621-2173
対象者	日常生活で何らかの介助を必要とする65歳以上の高齢者がいる所得税非課税世帯		
事業内容	トイレ、浴室、洗面所、専用居室、台所、階段、玄関先等における、「手すりの取り付け」、「段差の解消」、「照明器具の改善取り替え」等＊新築不可		
限度額	補助基準限度額90万円	介護保険を併用	○（差し引かれる）

【備考】・負担割合　県・市町村・申請者　各1/3
・県負担額：30万円　公費負担額：60万円（県30万円＋市町村30万円）
（注）上記負担割合、県負担額等は市町村により異なる場合もあります

情報編

融資／貸付／助成
Financing, Lending, Promotion

香川県

● 高松市高齢者・障害者住宅改造助成制度

担当部署	高松市障害福祉課（障害者） 高松市長寿福祉課（高齢者）	電話番号	087-839-2333（障害者） 087-839-2346（高齢者）
対象者	市内に1年以上居住し、以下の要件を満たす方 ・65歳以上の高齢者で、日常生活で介助を必要とする方 ・身体障害者手帳1～2級の交付を受けた視覚又は肢体に障害を有する方　＊所得制限あり		
工事内容	浴室、洗面所、トイレ、玄関、廊下、階段、居室、台所の改造で、対象者が利用する部分を改造することにより対象者の自立が助長され、介助者の負担が軽減される工事　＊新築・増改築不可		
限度額	備考参照	介護保険を併用	○（介護保険優先）

【備考】・所得税非課税世帯：75万円以内、所得税課税世帯：50万円以内　申請は1世帯1回限り

高知県

● 高知県住宅改造支援事業費補助金

担当部署	高知県健康福祉部高齢者福祉課（要介護者等） 高知県健康福祉部障害保健福祉課（障害者）	電話番号	088-823-9630（高齢者） 088-823-9634（障害者）
対象者	介護保健制度の要介護者及び要支援者と認定された方、身体障害者手帳1、2級所持者の方 ＊一部所得制限あり		
工事内容	浴室、玄関、台所、トイレ、廊下、階段、居室等の改修工事＊新築不可		
助成金額	工事費の3分の2　最高額66.6万円	介護保険を併用	○

【備考】・問い合せ：申請窓口は各市町村役場

● 高知市住宅改造助成事業

担当部署	高知市元気いきがい課	電話番号	088-823-9378
対象者	・介護保険法に基づく居宅介護住宅改修費の支給対象となる方 ・身体障害者手帳所持者で1級または2級の交付を受けている方		
工事内容	事前調査あり（要相談）＊新築不可		
限度額	備考参照	介護保険を併用	○（差し引かれる）

【備考】・市民税非課税世帯：66.6万円、市民税課税世帯：50万円

福岡県

● 福岡住みよか事業

担当部署	福岡県高齢者支援課	電話番号	092-643-3249
対象者	・介護保険要介護認定で要支援・要介護1～5と判断された方 ・身体障害者手帳1、2級及びこれに準じる方で車いすの交付を受けている方 ・知的障害者 ・重複障害者		
工事内容	介護保険対象工事及び介護保険対象外工事を含む住宅をバリアフリー化するための工事＊新築不可		
限度額	30万円	介護保険を併用	○（介護保険優先）

【備考】・窓口は各市町村役場（福岡市、北九州市を除く）

融資／貸付／助成
Financing, Lending, Promotion

●福岡市高齢者住宅改造助成事業

担当部署	福岡市在宅支援課	電話番号	092-711-4226
対象者	市内居住で65歳以上、要支援1～2、要介護度1～5 ＊所得制限あり		
事業内容	介護保険法で定められた内容以外（一部上乗せあり）＊新築不可		
限度額	30万円	介護保険を併用	○（上乗せ可能）

●福岡市障がい者住宅改造助成事業

担当部署	福岡市在宅支援課	電話番号	092-711-4226
対象者	①市内に居住する65歳未満の障がい者で、視覚又は肢体不自由の身体障害者手帳1級又は2級の交付を受けた方がいる世帯 ②市内居住の65歳未満で、下肢、体幹機能障がい又は脳原性運動機能障がい（移動機能障がいに限る）の身体障害者手帳3級の交付を受けた方（ただし介護保険の対象となる特定疾病の方を除く）がいる世帯 ③市内居住の65歳以上障がい者で、上記の障がい要件に該当し、介護保険の要介護認定において、要支援又は要介護の認定を受けることができなかった方がいる世帯 ＊①～③につき所得制限あり		
事業内容	障がい者の自立が助長され 又は介護を行なう方の負担を軽減される改造＊新築不可		
限度額	備考参照	介護保険を併用	○（要問合せ）

【備考】・介護保険給付対象者30万円、それ以外の方50万円、障害手帳3級の方20万円

●福岡市障害がい者高齢者住宅整備資金貸付事業

担当部署	福岡市高齢保健福祉課	電話番号	092-711-4226
対象者	以下の要件を満たす世帯の生計中心者 ・60歳以上の親族と同居している世帯 ・身体機能の低下したおおむね65歳以上の方がいる世帯 ・身体障害者手帳1～6級（肢体障がい）、又は1～4級（視覚障がい）を持つ方がいる世帯 ・療育手帳の交付を受けた知的障がい者のいる世帯		
事業内容	対象者の自立を助長し、介護者の負担を軽減する増改築工事＊新築可能		
限度額	200万円　償還期間 10年以内　融資利率 3.0%	介護保険を併用	○

長崎県

●長崎県高齢者・障害者住宅改造助成事業

担当部署	長崎県福祉保健部社会福祉課	電話番号	095-895-2423
対象者	・県内（長崎市を除く）に在住し、介護保険の適用を受ける65歳以上の方 ・県内（長崎市を除く）に在住し、身体障害者手帳1級、2級に該当する方、あるいはそれに準ずる児童又はいずれかと同居する方 ＊所得制限あり		
事業内容	・介護保険法の内容と同じ ・その他トイレの拡張、浴そうの取り替え、シャワーの設置、台所流し台の取替、及びこれらの付帯工事		
限度額	40万円 ＊新築不可	介護保険を併用	○（差し引かれる）

融資／貸付／助成
Financing, Lending, Promotion

● 長崎県高齢者・障害者住宅整備資金貸付事業

担当部署	長崎県社会福祉協議会			電話番号	095-846-8639		
対象者	県内（長崎市を除く）に在住する60歳以上の方（借入申込書を提出した日から1年以内に高齢者となる方を含む）、県内（長崎市を除く）に在住する20歳以上60歳未満の方、かつ身体障害者手帳1級、2級の所有者又は療育手帳「A」の所有者で、これらに準ずる重度の障害者						
工事内容	・居室等の増改築又は改造に要する経費 ・その他、特に必要と認められる部分の改造に要する経費＊新築不可						
限度額	200万円	償還期間	9年以内	融資利率	2.8%	介護保険を併用	○

● 長崎市高齢者住宅改修助成事業

担当部署	長崎市高齢者すこやか支援課		電話番号	095-829-1146	
対象者	日常生活動作（歩行、食事、排泄、着脱衣、入浴など）に支障がある高齢者を含む世帯 ＊所得制限あり				
工事内容	既存の住宅で、高齢者が安全に生活し、介護を行なう家族などの負担を軽減するための工事				
限度額	60万円	＊新築不可		介護保険を併用	○（差し引かれる）

● 長崎市高齢者・障害者住宅整備資金貸付事業

担当部署	長崎市社会福祉協議会			電話番号	095-828-1281		
対象者	・高齢者（おおむね60歳以上）又は高齢者や障害者（身体障害者手帳1級、2級または3級所持者、育手帳「A」所持者）と同一の生計をされている方であって20歳以上60歳未満の方 ・障害者本人で自力で住宅の改造等を行なうことが困難な20歳以上60歳未満の方						
工事内容	要問合せ						
限度額	200万円	措置期間	1年以内	償還期間	9年以内	融資利率	2.8%

熊本県

● 熊本県高齢者及び障害者住宅改造助成事業

担当部署	熊本県障害者支援総室（障害者） 熊本県高齢者支援総室（高齢者）		電話番号	096-333-2235（障害者） 096-333-2215（高齢者）	
対象者	要支援もしくは要介護の高齢者、身体障害者手帳1級、2級または療育手帳A1、A2の障害者（児） ＊所得制限あり				
工事内容	玄関、廊下、階段、浴室、トイレ等の改造工事（新築、改築、増築は除外）				
限度額	高齢者70万円以内、障害者90万円以内	介護保険を併用		○	高齢者（上乗）／障害者（差し引く

【備考】・原則として1回限りの助成　窓口は各市町村役場

融資／貸付／助成
Financing, Lending, Promotion

●熊本市高齢者及び障がい者改造費助成事業

担当部署	熊本市障がい保健福祉課（障がい者） 熊本市高齢介護福祉課（高齢者）	電話番号	096-328-2313（障害者） 096-328-2311（高齢者）
対象者	当該世帯の生計中心者の方の前年分所得税額が14万円以下で次のいずれかに該当する方 ・65歳以上の高齢者で要支援または要介護認定を受けている方 ・65歳未満の方で、身体障害者手帳1～2級を所持している方、または療育手帳A1、A2を所持している方			
工事内容	玄関、廊下、階段、浴室、トイレ等の改造工事（新築、改築、増築は除外）			
限度額	高齢者70万円以内、障がい者90万円以内	介護保険を併用	○ 高齢者（上乗）／障がい者（差し引く）

大分県

●大分県在宅高齢者住宅改造助成事業

担当部署	大分県福祉保健部高齢者福祉課	電話番号	097-536-1111（内線2761）
対象者	要介護認定において、要支援又は要介護と認定された在宅の高齢者のいる世帯又は住宅の改造が必要と認められる在宅の75歳以上の高齢者のいる世帯、もしくは在宅の高齢者のいる高齢者のみの世帯			
工事内容	対象者の日常生活の利便性の向上を図る改造工事＊新築・増築不可			
限度額	60万円	介護保険を併用	○

【備考】・上記の情報は平成17年3月末までの内容

●大分県在宅重度障がい者住宅改造助成事業

担当部署	大分県福祉保健部障害福祉課	電話番号	097-536-1111（内線2739）
対象者	身体障害者手帳1～2級の所持者、又は療育手帳A1、A2（もしくはA）の所持者、精神障害者手帳1級の所持者			
工事内容	対象者の日常生活において直接利用する住宅の設備を対象者に適するように改造する工事＊新築不可			
限度額	60万円	介護保険を併用	○（限度額から控除）

●大分市心身障害者住宅設備改造費補助

担当部署	大分市福祉事務所障害福祉課	電話番号	097-534-6111（内線1441）
対象者	身体障害者手帳1～3級の所持者、又は療育手帳A1、A2（もしくはA）の所持者＊所得制限あり			
工事内容	玄関、台所、浴室、トイレ、廊下、居室、階段、洗面所等の段差解消の工事、その他、それに附随する部分の工事　＊新築・増築不可			
限度額	80万円　（3級の人は33.3万円・要問合わせ）	介護保険を併用	○（差し引かれる）

融資／貸付／助成
Financing, Lending, Promotion

●大分市在宅高齢者住宅改造費助成事業

担当部署	大分市長寿福祉課給付担当班	電話番号	097-534-6111(内線2201)
対象者	65歳以上の高齢者またはその同居者　＊但し、所得税非課税世帯に限る			
工事内容	玄関、台所、浴室、トイレ、廊下、居室、階段、洗面所等の工事＊新築不可			
限度額	40万円		介護保険を併用	○（差し引かれる）

【備考】・1世帯1回だけの利用

宮崎県

●宮崎県高齢者住宅改造助成事業

担当部署	宮崎県福祉保健部長寿介護課	電話番号	0985-26-7059
対象者	世帯員が県内に住所を有し、介護保険法の要支援又は要介護であり、満65歳以上であること			
工事内容	・介護保険法部分を含む ・既存の居室、浴室、洗面所、台所、トイレ、玄関、階段、廊下、又はその他の必要な設備の工事			
限度額	70万円	＊所得制限あり　新築・増築不可	介護保険を併用	○（差し引かれる）

●宮崎県障がい者住宅改造等助成事業

担当部署	宮崎県福祉保健部高齢者対策課	電話番号	0985-26-7068
対象者	○**住宅改造関係** ・世帯員が県内に住所を有し身体障害者手帳を持つ方で1～3級（下肢・体幹・視覚障がい者、脳病変による運動機能障がい者、内部障がい者）又は上肢障がい1～2級の方 ・療育手帳Aの交付を受けている方＊所得制限あり　＊新築不可 ○**施術施設整備関係** ・あんま、マッサージ、はり、きゅうの免許証を所持し、視覚障がい者の手帳を持つ方で県内に施術施設を有して事業を行う予定の方　＊生計の中心となる方が非課税			
工事内容	既存の居室、浴室、洗面所、台所、トイレ、玄関、階段、廊下等、又はその他の必要な設備の改造 施術施設の新規開設に要するもの			
限度額	○住宅改造関係 　100万円　　（一部市町村は限度額が異なる） ○施術施設整備関係 　60万円		介護保険を併用	○

●宮崎市重度障害者住宅改修費助成事業

担当部署	宮崎市障害福祉課	電話番号	0985-21-1772
対象者	市内に居住しており、身体障害者手帳又は療育手帳を所持している方（詳細は問合せ）＊所得制限あり　介護保険対象者を除く			
工事内容	既存の居室、浴室、洗面所、台所、トイレ、玄関、階段、廊下等の改修で対象者が利用する部分を改修することにより、対象者の自立が助長されたり、介助者の負担軽減が図れる工事（新築、増築、維持修的な改修、着工及び完了済み等は除く）			
限度額	100万円		介護保険を併用	×

【備考】・介護保険対象者を除く

融資／貸付／助成
Financing, Lending, Promotion

鹿児島県

●鹿児島市高齢者住宅改造費助成事業

担当部署	鹿児島市障害者福祉課（障害者） 鹿児島市高齢者福祉課（高齢者）	電話番号	099-216-1273（障害者） 099-216-1266（高齢者）
対象者	・高齢者：要介護認定（要支援以上）を受けた高齢者又はその属する世帯の生計中心者 ・障害者：身体障害者手帳1〜2級所持者又はその属する世帯の生計中心者		
工事内容	既存の居室、浴室、洗面所、台所、トイレ、玄関、廊下、その他の特に必要と認められる設備及び構造等を対象者の身体の状況を適応するような改造工事＊新築不可		
限度額	66.6万円	介護保険を併用	○（差し引かれる）

沖縄県

●那覇市住宅改造費給付事業

担当部署	那覇市障害福祉課	電話番号	098-862-3275
対象者	身体障害者手帳（下肢障害、体幹機能障害、視覚障害、内部障害）叉は療育手帳を持つ方で日常生活において介助を要する身体状況にある障害者等 ※日常生活用具住宅改修費給付、介護保険住宅改修費支給優先 ※対象者の属する世帯の所得制限あり		
工事内容	障害者等の自立支援、社会参加支援、事故防止、家族の介護負担軽減等を図る目的で行われる玄関、廊下、階段、居室、台所、浴室、便所、洗面所等の改造及びホームエレベーター、階段昇降機等の設置（新築、全面的な工事、申請前に着手・完了している工事は除く）		
限度額	20万円（限度額内は1割自己負担、生活保護世帯は免除）		
【備考】	・工事は当事業の登録業者に依頼する		

情報編

融資／貸付／助成
Financing, Lending,P romotion

2 東京都 高齢者向け住宅改修費用の助成

東京都福祉改革推進事業　選択事業（サービスの充実）
高齢者の日常生活用具の給付や住宅のバリアフリー化

●住宅改修予防給付
　住宅改修費：1世帯あたり　20万円　　　　　　所得制限：なし
　対象：65歳以上の高齢者であって要介護認定の結果が非該当　　負担率：1割
　給付内容：（介護保険と同じ内容）

千代田区

事業名・担当部課連絡先	住宅改修予防給付			
	住宅改修費（円）	対象者	所得制限	負担率
高齢者自立支援住宅改修給付事業　高齢介護課　介護予防課　03-3264-2111	20万	65歳以上 要介護認定で非該当	無し	1割 （生活保護受給者は免除）

中央区

事業名・担当部課連絡先	住宅改修予防給付			
	住宅改修費（円）	対象者	所得制限	負担率
高齢者住宅設備改善給付事業　介護保険課　03-3546-5377	20万 （住宅設備改善給付）	65歳以上 要介護認定で非該当	無し	1割 （生活保護世帯無料）

港区

事業名・担当部課連絡先	住宅改修予防給付			
	住宅改修費（円）	対象者	所得制限	負担率
高齢者自立支援住宅改修給付事業　高齢者支援課　03-3578-2111	20万	65歳以上 要介護認定で非該当	無し	階層区分 Ⅰ ①生活保護受給者　②老齢福祉年金受給者で世帯全員が区民税が非課税者　0% Ⅱ 世帯全員が区民税非課税者　0% Ⅲ 本人が区民税非課税者　3% Ⅳ Ⅰ～Ⅲ階層以外の者　10%

新宿区

事業名・担当部課連絡先	住宅改修予防給付			
	住宅改修費（円）	対象者	所得制限	負担率
高齢者自立支援住宅改修　介護保険課給付係　03-3209-1111（3621）	20万 （自立支援住宅改修）	65歳以上 要介護認定で非該当	無し	1割

融資／貸付／助成
Financing, Lending, Promotion

●住宅設備改修給付
対象：65歳以上の高齢者
　給付基準額
　浴槽取替え等　　　　　　　　　37.9万円
　流し洗面台の取替え等　　　　　15.6万円
　便器の洋式化等　　　　　　　　10.6万円
※給付内容は、原則として区市町村が決定した現物となりますので、区市町村により内容が違う場合があります。

住宅設備改修給付

住宅改修費（円）		対象者	所得制限	負担率
①浴槽取替	37.9万	65歳以上 機能低下にともなって既存設備の使用が困難な方 ③については介護保険の住宅改修及び住宅改修予防給付を実施していない方 ④～⑦は要支援または要介護1～5 ⑤身体状況または階段の構造上④が利用できない場合 ⑥階段の昇降が困難な場合	無し	1割 階段昇降機・ホームエレベーターは、介護保険料区分に応じて10%～60%負担 （生活保護受給者は負担なし） ①～③は10%～30% （生活保護受給者は負担無し）
②流し洗面台	15.6万			
③便器洋式化	10.6万			
④階段昇降機	100.0万			
⑤ホームエレベーター	70.0万			
⑥便器の移設	10.6万			

住宅設備改修給付

住宅改修費（円）		対象者	所得制限	負担率
浴槽取替	37.9万	要介護認定で要支援・要介護・非該当の方	無し	1割 階段昇降機のみ所得に応じ10～100% （生活保護世帯無料）
流し洗面台	15.6万			
便器洋式化	10.6万			
階段昇降機				
・直線型	87.6万			
・曲線型	185.4万			
（住宅設備改善給付）				

住宅設備改修給付

住宅改修費（円）		対象者	所得制限	負担率
浴槽取替	37.9万	65歳以上 機能低下にともなって既存設備の使用が困難な方で、住宅改修が必要と認められる方。	無し	住宅改修予防給付の負担率に同じ
流し洗面台	15.6万			
便器洋式化	10.6万			

高齢者昇降機設置費助成事業

		対象者	所得制限	負担率
階段昇降機 家庭用エレベーター ＊助成限度額	133.2万	要支援認定・要介護認定を受けた65歳以上の方（その他所定の要件を満たす者） ＊詳しくは問い合わせのこと	無し	所得金額に応じて10%から60%（6段階）を負担

住宅設備改修給付

住宅改修費（円）		対象者	所得制限	負担率
①浴槽取替	37.9万	65歳以上 介護保険の認定結果が判明している方 ①身体状況の変化により、簡易な住宅改修で既存設備の使用が困難な方 ②車いす利用者で本人が調理・洗面を行っていて、既存設備では対応が困難 ③身体状況の変化により、既存設備の使用が困難な方	無し	1割
②流し洗面台	15.6万			
③便器洋式化	10.6万			

情報編

融資／貸付／助成
Financing, Lending, Promotion

文京区

事業名・担当部課連絡先	住宅改修予防給付			
	住宅改修費（円）	対象者	所得制限	負担率
高齢者住宅設備等改造事業　高齢者福祉課 03－5803－1204				

台東区

事業名・担当部課連絡先	住宅改修予防給付			
	住宅改修費（円）	対象者	所得制限	負担率
高齢者住宅改修給付事業　高齢福祉課 03－5246－1222	20万	65歳以上要介護認定で非該当	無し	1割 (生活保護受給世帯は免除)

墨田区

事業名・担当部課連絡先	住宅改修予防給付			
	住宅改修費（円）	対象者	所得制限	負担率
高齢者自立支援住宅改修助成事業　高齢者福祉課 03－5608－6170	20万	65歳以上要介護認定で非該当	無し	1割 生活保護受給者、老齢福祉年金受給者で世帯全員が非課税の者は0% 基準額超過分は全額自己負担

江東区

事業名・担当部課連絡先	住宅改修予防給付			
	住宅改修費（円）	対象者	所得制限	負担率
江東区役所 高齢事業課在宅福祉係 03－3647－4319	予防給付20万	要介護認定は自立（非該当）だが、要支援・要介護状態となるおそれのある65歳以上の高齢者	無し	1割 (生活保護受給者は免除)

品川区

事業名・担当部課連絡先	住宅改修予防給付			
	住宅改修費（円）	対象者	所得制限	負担率
介護保険居宅介護(支援)住宅改修　高齢者自立支援住宅改修給付事業　高齢福祉課 03－5742－6728	20万	65歳以上要介護認定で非該当	有り (生計中心者又は扶養者等の前年所得が基準額以下)	1割

融資／貸付／助成
Financing, Lending, Promotion

住宅設備改修給付				
住宅改修費（円）		対象者	所得制限	負担率
①浴槽取替　　　　37.9万 ②流し洗面台　　　15.6万 ③便器洋式化　　　10.6万 　　　　（住宅設備改造）		65歳以上 要介護認定で要支援・要介護の方	無し	介護保険料の段階により1～3割 （生活保護受給世帯は免除）

住宅設備改修給付				
住宅改修費（円）		対象者	所得制限	負担率
①浴槽取替　　　　37.9万 ②流し洗面台　　　15.6万 ③便器洋式化　　　10.6万 　　　　（住宅設備機器給付）		65歳以上 要介護認定で要支援・要介護・非該当の方 ①機能低下にともなって既存設備の使用が困難な方 ②身体状況の変化により既存設備の使用が困難な方 ＊予防給付介護保険の併用が可能	無し	1割 （生活保護受給世帯は免除）

住宅設備改修給付				
住宅改修費（円）		対象者	所得制限	負担率
20万円 浴槽、流し台、洋式便器の設置補助		65歳以上 介護保険の住宅改修で不充分な方 要介護認定で要支援1以上の方	無し	1割 生活保護受給者、老齢福祉年金受給者で世帯全員が非課税の者は0％ 基準額超過分は全額自己負担

住宅設備改修給付				
住宅改修費（円）		対象者	所得制限	負担率
①浴槽取替　　　　37.9万 ②流し洗面台　　　15.6万 ③便器洋式化　　　10.6万 ④階段昇降機　　　80.0万		65歳以上 要介護認定で要支援・要介護の方 （④のみ、要介護認定は要介護1～5）	無し	1割 （生活保護受給者は免除）

住宅設備改修給付				
住宅改修費（円）		対象者	所得制限	負担率
①浴槽取替　　　　37.9万 ②流し洗面台　　　15.6万 ③便器洋式化　　　10.6万 ④階段昇降機　　　40.0万		65歳以上 要介護と認定された方	有り （生計中心者又は扶養者等の前年所得が基準額以下）	1割

情報編

融資／貸付／助成
Financing, Lending, Promotion

目黒区

事業名・担当部課連絡先	住宅改修予防給付			
	住宅改修費（円）	対象者	所得制限	負担率
高齢者自立支援住宅改修給付　高齢福祉課 03－5722－9839	20万	65歳以上の虚弱な高齢者 要介護認定で非該当	無し	1割 （生活保護世帯のみ免除）

大田区

事業名・担当部課連絡先	住宅改修予防給付			
	助成対象限度額	対象者	所得制限	負担率
高齢者自立支援住宅改修助成事業高齢事業課 03－5744－1252	20万	概ね65歳以上要介護認定で、非該当で住宅の改修が必要と認められる方	無し	助成対象費の1割 （生活保護受給世帯等は免除）

世田谷区

事業名・担当部課連絡先	住宅改修予防給付			
	住宅改修費（円）	対象者	所得制限	負担率
高齢者住宅改修費助成金交付事業高齢施策推進課 03－5432－2407	20万	65歳以上要介護認定で非該当	無し	1割 （介護保険料1段階の方は免除）

渋谷区

事業名・担当部課連絡先	住宅改修予防給付			
	住宅改修費（円）	対象者	所得制限	負担率
高齢者住宅改修給付 高齢者サービス課 03－3463－1211 　　　　（2746）	20万	65歳以上要介護認定で非該当	無し	1割 （生活保護受給者は免除）

中野区

事業名・担当部課連絡先	住宅改修予防給付			
	住宅改修費（円）	対象者	所得制限	負担率
自立支援住宅改修等サービス事業 健康・高齢福祉担当 03－3228－5780	20万	65歳以上要介護認定で非該当	無し	1割 （減免あり）

融資／貸付／助成
Financing, Lending, Promotion

住宅設備改修給付

住宅改修費（円）		対象者	所得制限	負担率
①浴槽取替	37.9万	要介護認定で要支援・要介護	無し	1割
②流し洗面台	15.6万	要介護認定で非該当の65歳以上の虚弱な高齢者		（生活保護世帯のみ免除）
③便器洋式化	16.2万			

住宅設備改修給付

住宅改修費（円）		対象者	所得制限	負担率
①浴槽取替	37.9万	概ね65歳以上	無し	助成対象費の1割
②流し洗面台	15.6万	要介護・要支援と認定された方で、住宅の改修が必要と認められた方		（生活保護受給世帯等は免除）
③便器洋式化	10.6万			
④階段昇降機	133.2万			
屋内移動設備	133.2万			

住宅設備改修給付

住宅改修費（円）		対象者	所得制限	負担率
①浴槽取替	37.9万	65歳以上	有り	1割
②流し洗面台	15.6万	要介護認定で要支援・要介護・非該当	（世帯全員の所得合計額が623.2万円以下）	
③便器洋式化	10.6万	浴槽取替・便器の洋式化は介護保険予防給付において同様の工事を実施していない方のみ		

住宅設備改修給付

住宅改修費（円）		対象者	所得制限	負担率
①浴槽取替	37.9万	65歳以上	無し	1割
②流し洗面台	15.6万	要介護認定で要支援・要介護・非該当		（生活保護受給者は免除）
③便器洋式化	10.6万	①機能低下にともなって既存設備の使用が困難な方		
		②高齢者で本人が調理を行う場合で車椅子使用者		
		③介護保険の住宅改修及び住宅改修予防給付を実施していない方で区が必要と認める方		

住宅設備改修給付

住宅改修費（円）		対象者	所得制限	負担率
①浴槽取替	37.9万	65歳以上	無し	1割
②流し洗面台	15.6万	要介護認定で要支援・要介護の方		（減免あり）
③便器洋式化	10.6万			

融資／貸付／助成
Financing, Lending, Promotion

	事業名・担当部課連絡先	住宅改修予防給付			
		住宅改修費（円）	対象者	所得制限	負担率
杉並区	高齢者住宅改修給付事業 介護予防 03－3312－2111 　　　　　　（1175）	20万	・65歳以上で、住宅の改修が必要と認められる方 ・介護保険非該当と認定された方で、区が必要と認める方（65歳未満の初老期痴呆の方を含む）	無し	1割 （介護保険の保険料段階 第1段階を除く）

	事業名・担当部課連絡先	住宅改修予防給付			
		住宅改修費（円）	対象者	所得制限	負担率
豊島区	高齢者自立支援住宅改修助成事業 高齢者福祉課 03－3981－2006	20万	65歳以上 要介護認定で非該当	無し	1割 （低所得者に減免の制度あり）

	事業名・担当部課連絡先	住宅改修予防給付			
		住宅改修費（円）	対象者	所得制限	負担率
北区	高齢者住宅改造助成事業 高齢福祉課 03－3908－9083 （王子高齢者相談係） 03－3903－4167 （赤羽高齢者相談係） 03－3915－0124 （滝野川高齢者相談係）	20万 （介護予防住宅改造）	65歳以上 要介護認定で非該当	無し	1割

	事業名・担当部課連絡先	住宅改修予防給付			
		住宅改修費（円）	対象者	所得制限	負担率
荒川区	高齢者住宅改修給付事業 福祉高齢課 03－3802－3111	20万	65歳以上 要介護認定で非該当	有り 生計中心者の前年所得が585.2万円以下。扶養家族1人に当り38万加算	1割 （生活保護受給者は免除）

	事業名・担当部課連絡先	住宅改修予防給付			
		住宅改修費（円）	対象者	所得制限	負担率
板橋区	高齢者住宅設備改造費助成事業　おとしより保健福祉センター 03－5970－1120	（介護予防住宅改修）	65歳以上 ①要介護認定で非該当 ②介護予防健診等を受け、転倒の危険が高く住宅の改修が必要な、介護予防ケアプラン作成済の方	無し	助成対象額の1割

融資／貸付／助成
Financing, Lending, Promotion

住宅設備改修給付

住宅改修費（円）		対象者	所得制限	負担率
①浴槽取替	37.9万	介護保険要介護認定で、要支援・要介護（40～65歳で特定疾病の方を含む）と認定された方で、区が必要と認める方	無し	1割 （介護保険の保険料段階 第1段階を除く）
②流し洗面台	15.6万			
③便器洋式化	10.6万			

住宅設備改修給付

住宅改修費（円）		対象者	所得制限	負担率
①浴槽取替	37.9万	65歳以上 要介護認定で要支援・要介護（①・②） ①身体障害者手帳1～3級で、機能低下により既存設備の使用が困難な方 ②身体障害者手帳1～2級、車椅子使用で内部障害1級で家事に従事の方 ③介護保険及び住宅改修予防給付で、便器の洋式化を実施していない方	無し	1割 （低所得者に減免の制度あり）
②流し洗面台	15.6万			
③便器洋式化	10.6万			

住宅設備改修給付

住宅改修費（円）		対象者	所得制限	負担率
①浴槽取替	37.9万	65歳以上 要介護認定で要支援・要介護・非該当	無し	1割
②流し洗面台	15.6万			
③便器洋式化	10.6万			

住宅設備改修給付

住宅改修費（円）		対象者	所得制限	負担率
①浴槽取替	37.9万	65歳以上 要介護認定で要支援・要介護	有り 生計中心者の前年所得が585.2万円以下。扶養家族1人に当り38万円	1割 （生活保護受給者は免除）
②流し洗面台	15.6万			
③便器洋式化	10.6万			

住宅設備改修給付

住宅改修費（円）	対象者	所得制限	負担率
①浴槽取替 ②流し・洗面台	65歳以上 ①要介護認定で要支援・要介護 ②流し・洗面台は原則として居室で車いすを使用している者 介護予防健診等を受け、転倒の危険が高く住宅の改修が必要な、介護予防ケアプラン作成済の方	無し	助成対象額の1割

情報編

融資／貸付／助成
Financing, Lending, Promotion

練馬区

事業名・担当部課連絡先	住宅改修予防給付			
	住宅改修費（円）	対象者	所得制限	負担率
練馬総合福祉事務所 高齢者支援係 03－3993－1111（代） ほか区内3か所の 総合福祉事務所 高齢者支援係	20万	65歳以上 要介護認定 非該当で、 要支援、要 介護状態と なるおそれ のある方	無し	1割

足立区

事業名・担当部課連絡先	住宅改修予防給付					
	住宅改修費（円）	対象者	所得制限	負担率		
高齢者住宅改修事業 高齢サービス課 03－3880－5111 （1965〜1968）	20万	65歳以上 要介護認定 で非該当	無し	階層区分		
				Ⅰ		0%
				Ⅱ	上記以外の者	10%

葛飾区

事業名・担当部課連絡先	住宅改修予防給付			
	住宅改修費（円）	対象者	所得制限	負担率
葛飾区高齢者自立支援住宅改造費及び葛飾区住宅設備改修費助成事業 福祉部高齢者支援課在宅サービス係 03－5654－8259	20万	65歳以上の在宅で生活している特定高齢者（運動機能低下）の方のうち、在宅での生活を継続するために住宅改修が必要と認められた方	無し	1割

江戸川区

事業名・担当部課連絡先	住宅改修予防給付			
	住宅改修費（円）	対象者	所得制限	負担率
江戸川区住まいの改造助成事業 すこやか熟年課住宅係 03－5662－0043				

融資／貸付／助成
Financing, Lending, Promotion

住宅設備改修給付

住宅改修費（円）		対象者	所得制限	負担率
①浴槽取替	20万	65歳以上 要介護認定で要支援・要介護	無し	3割
②流し・洗面台取替	12万			
③便器洋式化	10万			

住宅設備改修給付

住宅改修費（円）		対象者	所得制限	負担率		
①浴槽取替	20万	65歳以上 要介護認定で要支援・要介護	無し 無し	階層区分		
②流し洗面台	15.6万			I		0%
③便器洋式化	10.6万			II	上記以外の者	10%

住宅設備改修給付

住宅改修費（円）		対象者	所得制限	負担率
①浴槽取替	37.9万	65歳以上の在宅で生活している方で、「要支援」「要介護」の認定を受け、在宅での生活を継続するために住宅改修が必要と認められる方	無し	1割
②流し洗面台	15.6万			

住宅設備改修給付

住宅改修費（円）	対象者	所得制限	負担率
・介護保険住宅改修20万を超える部分の費用 ・介護保険住宅改修費に該当しない部分の改修費 ・訪問調査により区が必要と認めた部分の改修費	60歳以上の介助が必要な熟年者 身体障害者手帳の交付を受けた方 概ね介護認定の要介護2〜5の方	無し	

＊1　玄関等への段差解消機の設置（本体は介護レンタル）、玄関アプローチの段差解消及び、手すりの設置

融資／貸付／助成
Financing, Lending, Promotion

高齢者向け返済特例制度
独立行政法人住宅金融支援機構

高齢者向け返済特例制度は、満60歳以上の高齢者が自ら居住する住宅にバリアフリー工事または耐震改修工事を施すリフォームを行う場合について、返済期間を申込本人（連帯債務者を含む）の死亡時までとし、毎月の返済は利息のみを支払い、借入金の元金は申込本人（連帯債務者を含みます。）が亡くなったときに一括して返済する制度。

特徴1

月々の返済は、利息のみ。
例えば、融資額1,000万円を借り入れた場合の毎月の返済額（試算）は、
▼一般的返済方法
　年2.5%10年間元利：94,269円（元金＋利息）均等返済
▼高齢者向け返済特例制度
　年3.5%：29,166円（利息のみ）

※高齢者向け返済特例制度の総返済額（支払利息の総額＋一括返済する元金）は、一般的な返済方法の総返済額を上回る。

特徴2

元金は、借り入れた全員が亡くなったときの一括返済となる。
※相続人が一括で返済するか、あらかじめ担保提供された建物・土地の処分により返済することになる。
※担保提供された建物・土地の処分により、融資金の全額を返済できない場合の残元金は、相続人が返済することになる。

特徴3

融資限度額は1,000万円。

※リフォーム工事費または1,000万円のいずれか低い額が限度額となる。
※高齢者居住支援センター（高齢者住宅財団）が保証する額が限度額となる。
※バリアフリー工事と耐震改修を併せて行った場合でも融資限度額は変わらない。

特徴4

高齢者居住支援センター（高齢者住宅財団）が連帯保証人になる。
※保証料（融資額の1.5%）と事務手数料（融資額の3.5%、消費税別）、上限35,000円（消費税別）が必要となる。また、不動産評価のために費用がかかる場合がある。

特徴5

平成19年度より「住宅バリアフリー改修促進税制」が創設され、平成20年まで所得税・固定資産税の特例措置を受けることができる。

【融資条件の概要】
◎対象
　以下のすべてにあてはまること。
・借入申込時に満60歳以上
※年齢の上限はなし。
※借入申込時に満60歳以上の同居親族は連帯債務者となることができる。
・自分が居住する住宅をリフォームする。
・総返済負担率が次の基準以下であること。
①年収が400万円未満の場合、30%以下
②年収が400万円以上の場合、35%以下
※申込本人の収入だけでは総返済負担率基準を満たさないときは、同居予定者（満60歳以上）の収入を合算できる場合がある。
・日本国籍または永住許可などを受けている外

融資／貸付／助成
Financing, Lending, Promotion

国人。

【対象となる住宅】
　工事完了後の住宅部分の面積が 50 ㎡（共同建ての場合は 40 ㎡）以上の住宅

【対象となる工事】
　バリアフリー工事または耐震改修工事のいずれかの基準に適合する工事
※バリアフリー工事または耐震改修工事以外のリフォーム工事を併せて行う場合も対象となる。
※工事完了後、物件検査が必要。工事検査手数料は自己負担となる。
◎バリアフリー工事
　次のいずれかの工事を行うこと。
・床の段差解消
・廊下および居室の出入口の拡幅
・浴室および階段の手すり設置
◎耐震改修工事
　次のいずれかの工事を行うこと。
　都道府県や市町村の認定を受けた耐震改修計画にしたがって行う工事
※「建築物の耐震改修の促進に関する法律」（平成 7 年法律 123 号）に基づく耐震改修工事。
※物件審査時に都道府県や市町村の発行する「認定通知書」が必要。
※「認定通知書」の発行手続きや認定基準などについては、住んでいる都道府県や市町村の担当課に問い合わせること。
・耐震補強
　機構の定める耐震性に関する基準に適合するよう行う工事

【融資限度額】
　次のいずれか低い額
・1,000 万円（住宅部分の工事費が上限）
・高齢者居住支援センター（高齢者住宅財団）が定める保証限度額
・バリアフリー工事と耐震改修工事を併せて行った場合でも融資限度額は変わらない。

【融資金利】
　借入申込時の金利が適用され全期間固定。
適用される金利は毎月改定される。

【返済期間】
　申込本人（連帯債務者も含む）の死亡時まで

【返済方法】
　毎月の支払は利息のみ（ボーナス併用払いは利用できない）

【毎月の返済額】
　融資金額×融資金利÷12（1 円未満切り捨て）

【保証】
　高齢者居住支援センター（高齢者住宅財団）の保証が必要。

【抵当権】
　土地と建物に機構のための第 1 順位の抵当権の保証が必要。
※抵当権設置費用は、自己負担となる。

【火災保険】
　建物に火災保険をつけ、その保険金請求権に機構のための第 1 順位の質権の設定が必要。
※火災保険は、自己負担となる。

【一部繰上返済手数料】
　5,250 円

【返済条件変更手数料】
　5,250 円

融資／貸付／助成
Financing, Lending, Promotion

【その他】
団体信用生命保険は利用できない。

【手続きの流れ】

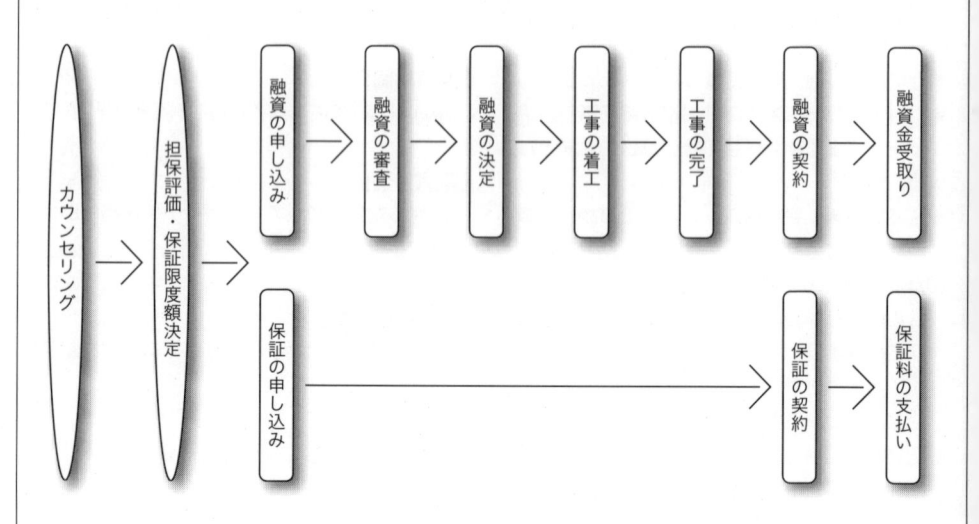

カウンセリング → 担保評価・保証限度額決定 → 融資の申し込み → 融資の審査 → 融資の決定 → 工事の着工 → 工事の完了 → 融資の契約 → 融資金受取り

担保評価・保証限度額決定 → 保証の申し込み → 保証の契約 → 保証料の支払い

◇カウンセリング
　融資の申し込みに先立って、高齢者向け返済特例制度を理解してもらうために、高齢者居住支援センター（高齢者住宅財団）または住宅金融支援機構職員が、制度の説明やアドバイスなどを行う。

◇担保評価
　保証の可否を判定するために不動産鑑定士による建物・土地の評価（有料）を行う。
※担保評価の結果次第では、保証限度額証明証が発行されない場合がある。その場合でも担保評価に要する費用は返金されない。

◇保証限度決定
　担保評価に基づき高齢者居住支援センター（高齢者住宅財団）が保証限度額証明書を発行する。
　固定資産評価証明書や以前行った不動産評価の資料に基づき、保証限度額証明書を発行できる場合もある。
※保証限度証明書が発行された場合でも、住宅金融支援機構の融資審査の結果、融資を利用できない場合もある。
　なお、融資を利用できない場合でも担保評価に要する費用は返金されない。

　高齢者住宅財団は、平成20年4月1日以降に申込んだ個人向け融資について、次のような制度改正を行った。

融資／貸付／助成
Financing, Lending, Promotion

リフォーム融資（高齢者向け返特例制度）に係る制度改正
(平成20年4月以降)

1. 基本融資額の融資限度額の引き上げ

高齢者向け返済特例制度を利用した耐震改修工事及びバリアフリー工事の基本融資額の融資の融資限度額が次の通り変更となった。また、併せてマンション共用部分改良工事を行う場合（高齢者が一時金を負担する場合に限る。）においても高齢者返済特例制度の利用を可能とし、融資限度額を1,000万円とする。
※融資限度額は高齢者住宅財団が保証する限度額以下となるので、上記のようにならない場合もある。

2. 最低融資額の引き下げ

リフォーム融資（高齢者向け返済特例制度）に係る最低融資額を次の通り改正した。

変更前（100万円）→変更後（10万円） リフォーム融資（高齢者向け返済特例制度）共通

3. 融資対象となる住宅の建て方方式の追加

リフォーム融資（高齢者向け返済特例制度）の対象となる建て方を次のように改正した。
改正前（一戸建て）
改正後（一戸建て、連続立て、重ね建て、共同建て）

※共同建てでマンション共用部分改良工事以外の場合、バリアフリー工事（部分的バリアフリー工事含む。）を行うのは専有部分のみでよい。共用部分についてバリアフリー工事(部分的バリアフリー工事を含む。）を行うを必要はない。
※一戸建て以外の場合、耐震改修工事は、建築全体としての工事が必要。（共同建ての場合、耐震改修工事は専有部分において通常行われない。）

4. 融資の対象となる工事の追加

リフォーム融資（高齢者向け返済特例制度）の融資対象となる工事を次のとおり改正した。
改正前
・バリアフリー工事（部分的バリアフリー工事を含む）
・耐震改修工事（耐震化異種・耐震補強）
改正後
・バリアフリー工事（部分的バリアフリー工事を含む）
・耐震改修工事（耐震化異種・耐震補強）
・マンション共用部分改良工事

まちづくり融資（高齢者向け返済特例制度）に係る制度改正
(平成20年4月以降)

1. 融資率の引き上げ

改正前
  建設費（土地取得）又は購入費の80%（ただし、融資額1,000万円が上限）
改正後
  建設費（土地取得）又は購入費の100%（ただし、融資額1,000万円が上限）

融資／貸付／助成
Financing, Lending, Promotion

2. 融資対象者及び対象事業の追加

改正前

【対象物】
　次の事業によって建てられる建築物の従前の建築物に自ら居住していた者で、新たに建てられる建築物んい自ら居住しようとする者。

【対象事業】
・共同建て替え事業
・マンション建て替え事業

改正後

【対象者】
　次の事業により建て替えられる建築物に自ら居住しようとする者。
※従前居住の要件が撤廃された。

【対象事業】
・共同建て替え事業
・マンション建て替え事業
・有効空地確保事業
・地区計画等適合事業
・総合的設計協調建替事業

3. リフォーム融資
「（住みかえ支援）耐震改修」の導入

　住宅金融機構は、平成20年4月1日から財団法人高齢者住宅財団の基金による保証を有する住宅借上制度のうち住宅金融機構がみとめる住宅借上制度の利用予定者が、借上対象となる住宅について、耐震改修工事を行うためのに必要な資金の貸付けを行う。

リフォームローンの融資を受けるには

リフォーム検査

●リフォーム融資の物件検査

　リフォームローンの融資を受けるためには、住宅金融支援機構が定める技術基準に適合していることを証明する適合証明書の交付を受ける必要がある。

　この適合証明書は、検査機関または適合証明技術者へ物件検査の申請を行い、技術基準に適合していると交付される。

　物件検査に当たっては、物件検査手数料が必要で、利用者の負担となる。物件手数料は検査機関によって異なる。

◆適合証明申請の提出書類

　申請の際は、次の書類を検査機関または適合証明技術者へ提出する。

◆工事完了報告の提出書類

◆適合証明書等の提出

　適合証明書の受領後は、次の書類を取扱金融機関へ提出する。

◆工事検査の流れ

耐震改修工事の認定申請 →（申請：都道府県・市町村）→ 耐震改修工事の認定（認定通知書の交付）→（認定）→ 適合証明申請 →（申請）→ 工事計画確認の報告 →（報告）→ 工事着工 → 工事完了 → 工事完了の報告 →（報告）→ 適合証明書の交付（交付）

（検査機関または適合証明技術者）

高齢者総合相談センター

Senior citizen synthesis consultation center

高齢者総合相談センター一覧
＜バリアフリー住宅及び福祉機器に関する相談窓口＞

高齢者総合相談センターでは、専門的な相談体制を整えてバリアフリー住宅や住宅改良の相談にあたっている。また、福祉機器や公的融資給付事業などの情報提供もしている。

なお、以下に記載のない都道府県については、各市町村の地域包括支援センターに問い合わせのこと。

名　称	住　所	電話番号
北海道高齢者総合相談センター	〒060-0002　札幌市中央区北2条西7丁目かでる27 北海道立社会福祉総合センター2階	011-251-2525
青森県高齢者総合相談センター	〒030-0822　青森市中央3-20-30 県民福祉プラザ3階	017-735-1165
岩手県高齢者総合相談センター	〒020-0015　盛岡市本町通3-19-1 岩手県福祉総合相談センター3F	019-625-0110
宮城県高齢者総合相談センター	〒980-0011　仙台市青葉区上杉1-2-3 社会福祉会館内	022-223-1165
秋田県高齢者総合相談センター	〒010-1412　秋田市御所野下堤5-1-1 中央シルバーエリア内	018-829-4165
山形県高齢者総合相談所	〒990-0021　山形市小白川町2-3-30 山形県小白川庁舎	023-622-6511
福島県高齢者総合相談センター	〒960-8065　福島渡利字七社宮111 総合社会福祉センター3階	024-524-2225
栃木県高齢者総合相談センター	〒320-8503　宇都宮市駒生町3337-1 とちぎ健康の森2階	028-627-1122
群馬県高齢者総合相談センター	〒371-0843　前橋市新前橋町13-12 群馬県社会福祉総合センター5F	027-255-6100
新潟県高齢者総合相談センター	〒950-0994　新潟市中央区上所2-2-2 新潟ユニゾンプラザ3階	025-285-4165
富山県高齢者総合相談センター	〒930-0094　富山市安住町5-21 富山県総合福祉会館	076-441-4110
石川県高齢者情報相談センター	〒920-8557　金沢市八田町東1025 石川県社会福祉会館1階	076-257-6677
福井県高齢者総合相談センター	〒910-0005　福井市大手2-9-10 福井県電気ビル3階	0776-25-0294
山梨県高齢者総合相談センター	〒400-0005　甲府市北新一丁目2-12 山梨県福祉プラザ4階	055-254-0110
岐阜県福祉総合相談センター	〒501-1173　岐阜市中2丁目470番地 岐阜県立寿楽苑2階	058-234-0110

情報編

高齢者総合相談センター

Senior citizen synthesis consultation center

名　称	住　所	電話番号
京都府高齢者情報相談センター	〒604-0874　京都市中京区竹屋町通烏丸東入清水町375 京都府立総合社会福祉会館2階	075-221-1165
兵庫県中央高齢者総合相談センター	〒650-0044　神戸市中央区東川崎町1-1-3 神戸クリスタルタワー6階	㈹0120-01-7830 078-360-8522
奈良県高齢者総合相談センター	〒634-0061　橿原市大久保町320-11 奈良県社会福祉総合センター4階	0744-29-0110
和歌山県高齢者総合相談センター	〒640-8545　和歌山市手平2-1-2 和歌山ビッグ愛7階	073-435-5212
ことぶき高齢者事業センター	〒689-0201　鳥取市伏野1729-5 県立福祉人材研修センター内	0857-59-6338
岡山県高齢者サービス相談センター	〒700-0813　岡山市石関町2-1 岡山県社会福祉協議会福祉相談部	086-224-2525
広島県介護予防研修相談センター	〒734-0007　広島市南区皆実町1-6-29 広島県健康福祉センター2階	082-254-3434 082-254-1166
山口県福祉総合相談支援センター	〒753-0072　山口市大手町9-6 ゆーあいプラザ山口県社会福祉会館1階	083-922-1211
徳島県高齢者総合相談センター	〒770-0943　徳島市中昭和町1-2 徳島県立総合福祉センター4階	0120-308-504 088-654-8810
愛媛県高齢者総合相談センター	〒790-0843　松山市持田町3-8-15 愛媛県総合社会福祉会館	089-926-0808
高知県高齢者総合相談センター	〒780-8065　高知市朝倉戊375-1 ふくし交流プラザ内	088-875-0110
福岡県高齢者総合相談センター	〒816-0804　春日市原町3-1-7 クローバープラザ4階	092-584-3344
佐賀県シルバー情報相談センター	〒840-0804　佐賀市神野東2-3-33 佐賀県長寿センターはればれ内	0120-32-4165 0952-30-2565
長崎県高齢者総合相談センター	〒852-8035　長崎市油木町5-3 長崎県すこやか長寿会館内	095-847-0110
熊本県高齢者総合相談センター	〒860-0842　熊本市南千反畑町3-7 熊本県総合福祉センター1階	096-325-8080
大分県高齢者総合相談センター	〒870-0161　大分市明野東3-4-1 大分県社会福祉介護研修センター1階	097-558-7788
宮崎県高齢者総合相談センター	〒880-0007　宮崎市原町2-22 宮崎県福祉総合センター人材研修館内	0985-25-1100
鹿児島県高齢者総合相談センター	〒890-8517　鹿児島市鴨池新町1-7 鹿児島県社会福祉センター5階	099-250-0110
沖縄県高齢者総合相談センター	〒903-6804　那覇市首里石嶺町4-373-1 沖縄総合福祉センター	098-887-0110

2009-2010 実例でわかる福祉住環境
バリアフリー・デザイン・ガイドブック

2008年10月21日　初版発行

編　集／	バリアフリー・デザイン・ガイドブック編集部
発行者／	高橋　考
発　行／	三和書籍 Sanwa co.,Ltd.

〒112-0013 東京都文京区音羽2-2-2
電話 03-5395-4630　　FAX 03-5395-4632
郵便振替 00180-3-38459
http://www.sanwa-co.com/
印刷・製本／モリモト印刷株式会社

乱丁、落丁本はお取替えいたします。定価はカバーに表示しています。
©sanwa co.,Ltd. 2008　本書の一部または全部を無断で複写、複製転載することを禁じます。

ISBN978-4-86251-045-7 C3052

三和書籍の好評図書

Sanwa co.,Ltd.

バリアフリー住宅読本
<高齢者の自立を支援する住環境デザイン>

高齢者住宅研究所・バリアフリーデザイン研究会著
A5判 196頁 並製 定価2,200円+税

　家をバリアフリー住宅に改修するための具体的方法、考え方を部位ごとにイラストで解説。バリアフリーの基本から工事まで、バリアフリーの初心者からプロまで使えます。福祉住環境必携本!!

【目次】

巻頭言　住宅改修工事の基本

1. 日常の動作をバリアフリーにする
   身体機能の変化に合わせた住まいのバリアフリーデザイン

2. 生活の空間をバリアフリーにする
   日常生活の場面に応じた住まいのバリアフリーデザイン

3. 住宅をバリアフリーに改修する
   予算別・場所別のバリアフリー
   改修工事の見積一覧
   浴室工事/トイレ工事/居室工事/
   階段工事/玄関工事/外構工事

三和書籍の好評図書
Sanwa co.,Ltd.

バリアフリーマンション読本
<高齢者の自立を支援する住環境デザイン>

高齢社会の住まいをつくる会　編
A5判　136頁　並製　定価2,000円＋税

　一人では解決できないマンションの共用部分の改修問題や、意外と知らない専有部分の範囲などを詳しく解説。ハートビル法にもとづいた建築物の基準解説から共用・専有部分の具体的な改修、福祉用具の紹介など、情報が盛り沢山です。

【目次】

I　共用部分の改修

1．マンションの分類　共用部分と専用部分

2．バリアフリー化工事の流れ

3．マンションの共用部分のバリアフリー化

4．マンションのバリアフリー施工例

5．バリアフリー改修実態調査報告

II　専有部分の改修

1．専有部分とは？

2．専有部分の改修にあたっての問題

3．専有部分のバリアフリー改修の実態

III　法律を知る

1．改正ハートビル法

2．高齢者が居住する住宅の設計に係る指針

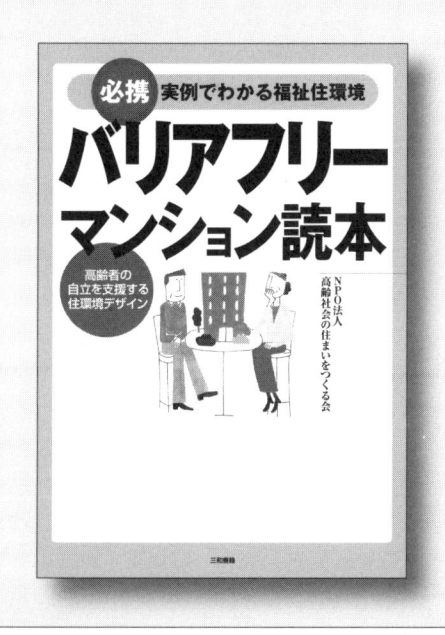

三和書籍の好評図書
Sanwa co.,Ltd.

住宅と健康
＜健康で機能的な建物のための基本知識＞

スウェーデン建築評議会編　早川潤一訳
A5変判　280頁　上製　定価2,800円＋税

室内のあらゆる問題を図解で解説するスウェーデンの先駆的実践書。シックハウスに対する環境先進国での知識・経験を取り入れ、わかりやすく紹介。

【目次】

第1章　問題

第2章　人間への影響

第3章　材料からの発散

第4章　湿気

第5章　換気

第6章　オペレーション

第7章　協力

第8章　オーナーの要求

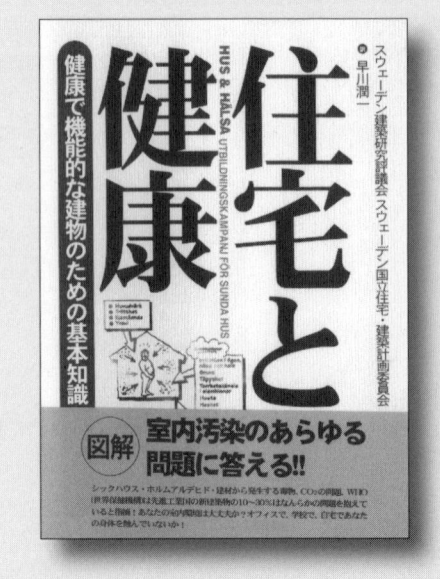

三和書籍の好評図書

Sanwa co.,Ltd.

改正建築士法Q&A
<ポイントと対応>

建築士法研究会編
B6版　130頁　並製　定価1,400円+税

　2006年に一部改正された建築士法等。その改正の経緯から施行に向けての動きまでをわかりやすく解説した一冊。詳しい内容ながらQ&A型式なので知りたいポイントをすばやく理解することができる。行政・関係者団体などの情報も満載。

【目次】

第1章　建築士法等改正の概要Q&A

　　　　建築士法の一部改正

　　　　建築基準法の一部改正

　　　　建設業法の一部改正

第2章　建築士法等の改正までの経緯

第3章　施行に向けての動き

第4章　改正建築士法の施行に向けての課題

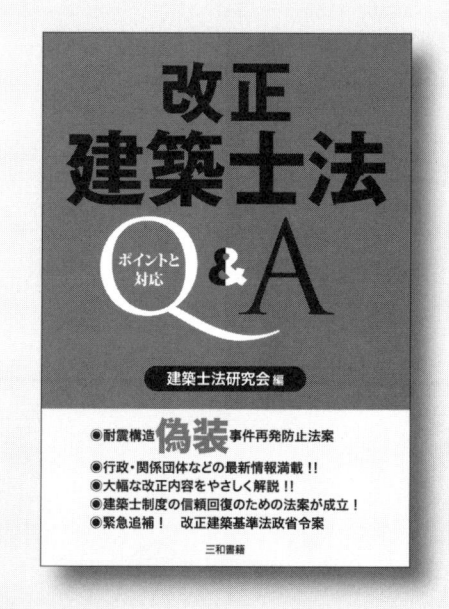

三和書籍の好評図書
Sanwa co.,Ltd.

耐震規定と構造動力学
＜耐震構造を知るための基本知識＞

石山祐二 北海道大学名誉教授・工学博士 著
A5版　344頁　並製　定価 3,800 円＋税

建築構造の「どうしてそうなるのか」を数式で丁寧に解説。地震被害と耐震技術、日本の耐震規定、建築構造の基礎から応用までを網羅。建築構造に興味がある人、構造のしくみを知りたい人、建築構造にかかわる技術者や学生にとって必読の書。

【目次】

第Ⅰ部　地震被害と耐震技術・規定

　　　第1章　地震被害と耐震技術

　　　第2章　日本の耐震規定

第Ⅱ部　振応力学の基礎

　　　第3章　1自由度系

　　　第4章　多自由度系

第Ⅲ部　構造動力学の応用

　　　第5章　地震工学への応用

　　　第6章　非線形応答への展開

　　　第7章　構造動力学ア・ラ・カルト

第Ⅳ部　付録

　　　第8章　海外の耐震規定